犯罪构成的经验与逻辑

彭文华 ◎ 著

中国政法大学出版社

2021 · 北京

图书在版编目（CIP）数据

犯罪构成的经验与逻辑/彭文华著. —北京：中国政法大学出版社，2021.1
ISBN 978-7-5620-9802-7

Ⅰ.①犯… Ⅱ.①彭… Ⅲ.①犯罪构成—研究 Ⅳ.①D917

中国版本图书馆 CIP 数据核字(2020)第 271082 号

出　版　者	中国政法大学出版社
地　　　址	北京市海淀区西土城路 25 号
邮寄地址	北京 100088 信箱 8034 分箱　邮编 100088
网　　　址	http://www.cuplpress.com (网络实名：中国政法大学出版社)
电　　　话	010-58908586(编辑部) 58908334(邮购部)
编辑邮箱	zhengfadch@126.com
承　　　印	北京中科印刷有限公司
开　　　本	720mm×960mm　　1/16
印　　　张	25
字　　　数	410 千字
版　　　次	2021 年 1 月第 1 版
印　　　次	2021 年 1 月第 1 次印刷
定　　　价	129.00 元

犯罪构成理论是刑法学中犯罪论之最核心、最基础的理论。彭文华教授的大作《犯罪构成的经验与逻辑》以犯罪构成理论为研究对象，通过对中西方文化在本体论、方法论、认识论、模式论、逻辑论等方面的分析、比较，总结了一国之犯罪论体系与其文化背景、历史传统、思维模式的密切关系。根据书中的观点，作为一种法律文化，犯罪构成及其理论体系的构建必然植根于一国的文化之中，无论是平面犯罪论构成论体系还是阶层犯罪构成论体系，都有其独特的文化土壤。对两种不同犯罪构成论体系的利弊优缺，该书进行了全面、系统、客观、深入地分析和研究。

该书由七大部分组成，由犯罪构成及其理论体系与文化的密切关联入手，详细分析、论证了中西犯罪构成的法源、中西文化本体论与中西犯罪构成本体论、中西文化方法论与中西犯罪构成方法论、中西文化认识论与中西犯罪构成认识论、中西文化模式论与中西犯罪构成模式论以及各自的优越性与局限性，并就犯罪构成的逻辑推理模式进行了深入探究。本书具有如下主要特点：

一是内容创新。该书所涉犯罪构成之本体论、方法论、认识论、模式论、逻辑论等内容，此前学界均未对之进行深入研究。例如，在论述中西文化本体论与犯罪构成本体论及其要件的内容与关系时，作者指出，中国文化本体论为"天人合一"观，体现的是用"心"思维的认知模式。中国犯罪构成在本体上强调主客观一致，深刻地影响了犯罪构成方法论、认识论和模式论。在主客观一致下的犯罪构成理论体系中，规范要素游离于犯罪构成要件之外，导致犯罪认定的形式与实质脱节。西方文化本体论为"征服自然"观，对应的是用"脑"思维的认知模式。与之相对应，西方国家犯罪构成在本体上强调主客观二分，并进一步影响犯罪构成方法论、认识论和模式论。在主客观二分下的犯罪构成理论体系中，规范要素纳入犯罪构成要件之列，完成了犯罪认定的形式与实质的统一。又如，作者通过对主客观一致原则指导下的苏俄犯罪构成理论体系的产生、发展的分析和研究，认为该理论体系在本体论上存在先天不足，导致移植到我国并进行本土化特色改造后遗留下后天不良。因此，必须将规范要素，即违法性纳入犯罪构成要件之列，确立犯罪构成作为界定具体犯罪的罪与非罪的唯一标准的地位。这些研究内容无疑具有开拓性与创新性。

二是视角创新。以往学者们对犯罪构成的研究，多半立足于具体犯罪构成要件，从司法实践入手分析利弊优缺。该书从不同文化和逻辑推演模式的角度，深刻论述不同犯罪构成理论体系之间的内在差异。例如，作者认为，中国文化在方法论上强调变通，侧重抓住事物的内在实质和机理。意合的犯罪构成对外具有开放性，行为之量决定行为定性，社会危害性及其程度是犯罪成立的充分条件。西方文化在方法论上强调规定，注重寻找普遍、严格遵循的规章制度，建立起社会生活的秩序感。形合的犯罪构成崇尚严格规定性，规范决定行为性质，使犯罪构成对外具有封闭性和稳定性。又如，作者认为，根据逻辑推演模式不同，犯罪构成论体系分为分解式犯罪构成论体系与合成式犯罪构成论体系。前者在逻辑推演上表现为由总到分，犯罪是支命题。后者在逻辑推演上表现为由分到总，犯罪是联言命题。德、日等国与我国通行的犯罪构成论体系分别属于分解式犯罪构成论体系与合成式犯罪构成论体系。不同的犯罪构成论体系具有不同的优缺点。分解式犯罪构成论体系的基本逻辑构造是，通过对犯罪观念形象分别进行事实限制与价值"褪色"，推演犯罪成立；合成式犯罪构成论体系的基本逻辑构造是，通过对行为分别进行事实概括与价值"着色"，推演犯罪成立。这样的研究视角可谓新颖独特，与从犯罪构成要件本身入手审视犯罪构成理论截然不同。

三是方法创新。以往的犯罪构成理论研究，注重立足于犯罪构成要件或者犯罪构成要件要素等，微观地考察不同犯罪构成理论体系的差异，很容易导致以点见面、见仁见智，不利于客观、全面的揭示不同犯罪构成理论的利弊。该书没有就事论事，而是立足于犯罪构成的方法论、模式论、逻辑论等，宏观地考察不同犯罪构成理论体系的认知方法、思维规律等的差异。例如，作者认为，平面犯罪构成论体系与阶层犯罪构成论体系总体上各有优劣。传统四要件平面犯罪构成理论体系将正当事由置于犯罪论体系之外解决，德、日三要件阶层犯罪构成理论体系未考虑罪量要素，均为各自最大的"硬伤"，需要妥善解决。至于犯罪构成要件的排列次序，并不实质性影响犯罪构成理论的功能。这种方法论的创新，使人更加深入地认识和理解犯罪构成理论体系的本质特征。

创新意味着风险、探索伴随着挑战。作者基于问题意识，挖掘自己多年的理论积蓄，敢于对既有的犯罪构成理论问题提出自己的独特见解和观点，表现了作者认真求知、积极探索的精神，不仅在一定程度上充实和丰富了犯罪构成理论的研究成果，而且为司法实践准确、科学地运用犯罪构成理论解决实际问题提供了有益参考，为进一步拓展我国刑法学基础理论研究、丰富刑法学研究方法作出了积极贡献。当然，书中有的观点也还存在值得商榷之处。例如，对于不同犯罪构成理论体系在本体论、方法论、认识论以及模式论等方面的优越性与局限性，还有待进一步深入探讨。

文华教授长期以来专注于刑法基础理论研究，尤其是他在博士学位论文《犯罪构成本原论及其本土化研究——立足于文化视角所展开的比较与诠释》研究的基础上，进一步深入探讨研究，发表了一系列具有一定影响力的高水平论文。《犯罪构成的经验与逻辑》大著的问世，无疑是他严谨治学、努力攀登的见证，期待文华教授求索不辍，耕深学术，硕果累累！

是为序。

莫洪宪
2020 年仲夏于珞珈山畔寓所

Contents ✒ **目 录**

绪 论
Introduction

一

　　文化有广义和狭义之分。狭义的文化通常指大多数政府今天所使用的含义，包括艺术和遗产以及出版、广播、电视、电影、录像、录音等文化产业；广义的文化是指更广泛的社会学的含义，即把它看作一套共享的标志、价值、习俗和信仰。[1]加拿大著名文化学者D. 保罗·谢弗通过对各种文化概念进行比较分析，提出了文化的整体定义。他认为，文化是指一种整体含义，是一种动态的、有机的整体。[2]"与人们看待和解释世界、把自己组织起来、处理自身的事务、提高和丰富生活以及与在世界上定位自身等有关的有机的和动态的整体。"[3]在这里，D. 保罗·谢弗将文化看成是与世界观、价值观有关的整体体系，具有相对合理性。

　　法律的运行离不开文化的支持，其生命孕育于文化之中，与文化交融在一起。在人类社会的发展进程中，人们对外界的看法和对待社会秩序的态度，决定了社会权力的分配以及社会制度的组织形式。自私有制和国家产生后，法律就成为规范社会权力分配和保障社会制度运行不可或缺的工具。法律的运行，既离不开国家和代表国家的统治者的提倡和维护，也离不开个人、群体和社会的认可和支持。法律的实践过程，不仅需要国家强制力作后盾，同时也必须融入社会，为社会所接受。法律所体现的价值取向是否与社会的价值取向一致，是法律能否获得有效推行和取得良好社会效果的保证。从法律

----

　　〔1〕 参见［加］D. 保罗·谢弗：《文化引导未来》，许春山、朱邦俊译，社会科学文献出版社2008 年版，第 9 页。

　　〔2〕 See D. Paul Schafer, *The Cosmological of Culture: Canadian Culture Used as a Case Study for Illustrative Purposes*, World Culture Project, 1992.

　　〔3〕 参见［加］D. 保罗·谢弗：《文化引导未来》，许春山、朱邦俊译，社会科学文献出版社2008 年版，第 51 页。

的社会效果角度上讲，文化是法律的载体，法律是文化的实现。"正因为法律文化必然会构成一般文化定义的一部分，所以很难想象任何范围广泛的法律文化比较研究的方案中，竟未显示法律文化直接或间接受到更大政治、经济和知识背景方式的影响。"[1]法律文化作为文化的一个分支，是社会上层建筑中有关法律、法律思想、法律制度、法律设施等一系列法律活动及其成果的总和，是以往人类法律活动的凝结物，也是现实法律实践的一种状态和完善程度。[2]法律文化包括有形的立法、司法等外在因素，也包含人民对法律的认识及态度等内在因素。[3]

美国法律社会学家弗里德曼对法律文化有过精辟论述。弗里德曼认为，法律文化是针对法律体系的公共知识、态度和行为模式，是作为整体的文化有机相关的习俗本身，包括社会中人们保有的对于法律、法律体系及其各个组成部分的观念、态度、评价、信仰和意见等。[4]弗里德曼还指出了法律文化的多样性，认为每个国家、民族都有一种法律文化，每个国家或者社会都有自己的法律文化，没有任何两个是完全相似的。法律词语和法律实践作为文化的结构，不仅对那些训练有素的业内人士或者从事日常商业交易的人们来说如此，对普通人也一样。[5]

同为西方国家，虽然在价值观念、文化源流、意识形态等方面有共性，但差异是客观存在的。就两大法系而言，由于文化的多样性与丰富性，法律文化存在差异是自然而然的。即使在同一法系的不同国家，由于文化、价值观念上的不同，也不可能出现法律文化的完全趋同。"大陆法系国家的法律制度与法律文化的多样性和丰富性不仅体现在国家间的差异，同时也体现于同一国家在不同历史时期的变化。"[6]因此，我们在研究法律制度时，不应该

---

〔1〕［意］戴维·奈尔肯："法律文化的困惑：评布兰肯伯格"，载［意］D. 奈尔肯编：《比较法律文化论》，高鸿钧、沈明等译，清华大学出版社 2003 年版，第 125 页。

〔2〕参见武树臣："中国法律文化探索"，载北京大学法律系编：《法学论文集》，光明日报出版社 1987 年版，第 317 页。

〔3〕参见黄源盛：《中国传统法制与思想》，五南图书出版有限公司 1998 年版，第 247 页。

〔4〕参见［英］罗杰·科特雷尔："法律文化的概念"，载［意］D. 奈尔肯编：《比较法律文化论》，高鸿钧、沈明等译，清华大学出版社 2003 年版，第 21~22 页。

〔5〕参见［英］罗杰·科特雷尔："法律文化的概念"，载［意］D. 奈尔肯编：《比较法律文化论》，高鸿钧、沈明等译，清华大学出版社 2003 年版，第 24 页、第 46~47 页。

〔6〕［美］约翰·亨利·梅利曼：《大陆法系》，顾培东、禄正平译，法律出版社 2004 年版，译者序，第 6 页。

忘记在漫漫历史长河中那不断沉积而变得厚重的民族文化、民族法治观念和法律意识。"不论是否情愿，在千百年的历史长河中形成的一个民族的法律观念或法律意识不可能在一夜之间发生质的改变，即使承认法律文化随着时代的变迁和社会的发展逐渐发生变化，但同时也不得不承认其变化十分缓慢。而且，无论如何先进的法律制度都不会如同机器一样自动运转，都离不开承载着特定法律文化的人来实施和适用。文化背景不同的人在实施或适用相同的法律制度时，完全有可能出现很大的差异。因此，在任何情况下都不能忽视传统法律文化的存在，忽略其对法律制度的重要影响。"〔1〕当前，国内学者（在刑法学领域比较明显）在谈到法律制度、法学理论建构时，比较喜欢以德、日为例加以论述、佐证，这种论证在许多情形下就事论事，并非具体、全面的分析、解决问题。事实上，仅仅从日本法秩序的结构、框架上理解日本社会的法意识、观念以及法律秩序，是远远不够的。"理解日本的法律秩序时，仅分析法律秩序的上层结构是不够的，还需要从规定法律秩序下层结构的'社会结构'的相关关系中进行综合分析和探讨。"〔2〕

众所周知，日本是一个对外来文化颇为包容的国家，历史上日本从来就不缺乏对异国先进文化的学习、吸纳、移植。特别是在近现代，日本对西方法律文化的学习和移植可谓不遗余力。对此，日本学者争议颇大。以川岛武宜为代表的学者以日本国家法移植于西方近代法体系为前提，主张日本国民具备西方近代法意识是日本走向西方法治的必然选择。"日本国家法移植于西方近代刑法体系，国民只有具备了西方近代法意识，国家才能起到预期作用。但是，具有上述表征的日本人，其法意识不能与西方近代法意识进行整合，这一差距是导致日本法不能完全发挥作用的根本原因。所以，有必要克服这种法意识而形成近代法意识。"〔3〕川岛武宜的法意识论是在西方植入制定法诸规定的逻辑分析基础上进行理念性推理得出的结论，是基于西方人的法意识模型并以此为参照描绘日本现实的理论，虽然赢得了不少学者的支持，但也很快遭到集中的批判与反诘。"难道日本人不具有强烈的权利意识吗？难道说

〔1〕　华夏、赵立新、〔日〕真田芳宪:《日本的法律继受与法律文化变迁》，中国政法大学出版社2005年版，第269页。

〔2〕　华夏、赵立新、〔日〕真田芳宪:《日本的法律继受与法律文化变迁》，中国政法大学出版社2005年版，第36页。

〔3〕　〔日〕六本佳平:《日本法与日本社会》，刘银良译，中国政法大学出版社2006年版，第18页。

日本人原本就不具有权利意识吗？日本这种独有的特点难道不是西方国家所共有的吗？法的功能之所以不济，其原因并不仅仅在于国民的法意识，更在于法制度本身的缺陷。"[1]"不过，对川岛武宜命题的批判还是有一定道理的。在以往的法意识论中，各种论点鱼龙混杂，而且由于概念上的混乱，显示出了一种通俗化的倾向，有陷入对'日本固有的东西'的全面否定或者全面肯定这种简单化或庸俗化的意识形态论的危险。因此，以法文化论的观点对争议的问题进行整理，在明晰概念的基础上加以继承是有必要的。"[2]对于川岛武宜的法意识论，至少在今天看来并没有实现，而日本对西方法律文化和制度的移植，造成了日本社会在法律意识和法制观念上出现了精英话语与大众话语的脱节，从而在日本社会形成了"纸上的法"与"活着的法"并行不悖的现象。"大量的事实证明，即使在继受西洋法已经一个多世纪后的现代日本社会，曾经被视为与继受而来的近代法水火不相容的传统法律观点和法律意识，并没有随着社会的近代化和法律的近代化而'近代化'，反而表现出与其过渡性身份极不相称的稳定性。其共同体的、非权利义务的以及轻视法律作用的特性仍然支配着日本人的行动，使近现代日本社会的法出现传统与现代互动，'纸面上的法'与'活的法'同时共存的局面。"[3]此外，一百多年来日本在法律制度和法律秩序的建构上效法西方，并没有使日本社会的整个法律观念和意识发生根本转变。"日本人传统上轻视法律的作用、回避法律诉讼，不喜欢区别黑白等与西洋法的原则、西洋人的法律观念形同水火的观念和意识并没有发生本质性的变化。"[4]在川岛武宜之后的日本社会学界的一般讨论中，出现了一种对法意识理解的深层次思考，即"日本人的法意识"赖以建立的基础理论模式是否有必要现代化、西方化？传统的文化理念、法律意识是否因为其表现出的长期性与滞后性而变得不合时宜？答案自然是否定的。就连川岛武宜本人也逐渐意识到，不能完全用朝着普遍的现代的转型这一模式，来把握作为日本人固有观念的法意识问题。"川岛之后，在法学

---

〔1〕［日］六本佳平：《日本法与日本社会》，刘银良译，中国政法大学出版社2006年版，第18~19页。

〔2〕［日］六本佳平：《日本法与日本社会》，刘银良译，中国政法大学出版社2006年版，第19页。

〔3〕华夏、赵立新、［日］真田芳宪：《日本的法律继受与法律文化变迁》，中国政法大学出版社2005年版，第250页。

〔4〕华夏、赵立新、［日］真田芳宪：《日本的法律继受与法律文化变迁》，中国政法大学出版社2005年版，第10~11页。

以外的社会学的一般讨论中，围绕着如何理解日本的不同于西方的产业发展模式的问题，从主张进入现代的人口不止一个的多元发展论，到后来提出与现代的理想对立的日本模式才更适合产业发展的日本社会论，逐渐摆脱了现代化的论调，与此同时，在方法论上，也从把意识视为在根本上是社会的从属变量的发展史观，转换到尤其受到结构人类学的影响，把意识作为社会的不变项，认为它会在适应现实环境的变化而发生着转变的社会中留下其固有痕迹的立场上来。"[1]

确实，源远流长的本土法意识，作为文化的组成部分，是不可能通过人为设置的制度和秩序就可以轻易改变的，文化中包含的法律意识在某种程度上决定了法律秩序运作方式的一些根本信息，如果我们设想构建的某种不同于既存文化观念、法律意识的法律制度、秩序和理论体系，一旦脱离本土文化，必将成为空中楼阁，中看不中用。因此，在法律制度构建和法学研究领域，即使变革也不能脱离本土文化，本土文化始终是我们构建新的法律秩序和法学理论的一面镜子，只有这样的变革才是现实的、可靠的。"站在把意识视为社会深层的文化、是社会的不变项的立场上看，正因为文化具有强烈的自主性，才能避免受到作为下层结构的社会、经济发展阶段或者功能性要求等因素所决定的命运。……在这一意义上，强调固有的法文化，乍一看似乎是受了决定论影响，但它却包含了我们这个社会并不必然是现在这样，'还可以是其他社会形态'的可能性，在这一点上，它反而有可能对现状进行彻底的变革。"[2]

二

刑法基于其特殊身份和性质，在相当长的一段历史时期成为人类法律活动的重要依靠。无论是在历史上还是在今天，刑法都被认为是与社会伦理秩序和价值观念联系最为紧密的部门法之一，乃至于在西方产生了刑法是维护社会伦理的法律，还是保护法益的法律的争议。[3]"每个法事实上是一个体

---

[1]　[日] 棚濑孝雄：《现代日本的法和秩序》，易平译，中国政法大学出版社 2002 年版，第 18~19 页。

[2]　[日] 棚濑孝雄：《现代日本的法和秩序》，易平译，中国政法大学出版社 2002 年版，第 24~25 页。

[3]　参见张明楷编：《外国刑法纲要》，清华大学出版社 1999 年版，第 31 页以下。

系：它使用和一定概念相对应的一定词汇；它把规定分成一定的种类；它包含对提出规定的某些技术和解释这些规定的某些方法的运用；它和一定的社会秩序观念联系着，这种观念决定法的实施方式和法的职能本身。"[1]如果说法律和一定的社会秩序观念联系并由这些观念决定其实施方式与职能，那么刑法作为与社会伦理秩序和价值观念联系最为紧密的法律之一，其实施方式和职能必然受后者的影响更大。"刑法必须建立在社会公认的伦理道德基础之上，否则这部法律就会失去公众的认同。"[2]作为刑法核心部分的犯罪构成及其理论，是刑法文化的集中体现，是法律文化的重要组成部分。犯罪构成及其理论的结构体系，与一个国家或民族的文化、价值等密不可分。"一个民族的法律制度的特征主要体现在法律结构和法律文化两个方面。法律结构与政治、经济以及社会的背景关系密切，其重要性自不待言。"[3]脱离一个国家或者民族的文化背景和价值观念妄谈犯罪构成理论体系，是片面的、不充分的。"在结构与文化之间存在一种循环关系；结构关系影响文化价值，反之文化价值也影响结构关系。这种互为因果的情况有助于产生稳定性。制度和价值都倾向于相互强化，但这需要长期维持。"[4]

中华人民共和国成立以来的多数时间里，移植于苏联并加以本土特色改造的我国传统犯罪构成理论体系，特别是其中的"四要件"体系，在各种理论体系中一直处于权威地位。然而，随着全球化进程的推进及其影响的日益扩大，学者们对传统犯罪构成理论体系提出越来越多的质疑。一些质疑之声透过现象深入本质，从传统犯罪构成理论体系自身的性质、功能等方面揭示其内在缺陷与不足，指出其作为历史遗留物，已经完全不能适应新时代认定犯罪的需要。毫无疑问，这种质疑已经超出了理论体系本身，不可避免地上升到推倒重来的地步。在此过程中，德、日等大陆法系犯罪论体系得到了多数质疑者的青睐。这无疑提出了两个新命题：我国犯罪构成理论体系有无保留传统的必要？大陆法系犯罪论体系是否为我国犯罪构成理论构建的必然

---

〔1〕 ［法］勒内·达维德：《当代主要法律体系》，漆竹生译，上海译文出版社 1984 年版，第 22 页。

〔2〕 陈家林："论我国刑法学中的几对基础性概念"，载《中南大学学报（社会科学版）》2008 年第 2 期。

〔3〕 华夏、赵立新、［日］真田芳宪：《日本的法律继受与法律文化变迁》，中国政法大学出版社 2005 年版，第 271 页。

〔4〕 ［意］戴维·奈尔肯："法律文化的困惑：评布兰肯伯格"，载［意］D. 奈尔肯编：《比较法律文化论》，高鸿钧、沈明等译，清华大学出版社 2003 年版，第 132 页。

选择？

在大多数质疑者看来，传统的犯罪构成理论体系总是与过去相联系，是属于已经消失的世界的一部分。一些激进的学者甚至认为，我国传统的犯罪构成理论体系总是成为进步了的社会科学认定犯罪的障碍。这些显然都是对传统犯罪构成理论体系的偏见。事实上，构成传统内容的事物虽然产生于过去，但它们一直没有割断与现在的联络，传统依然存在于现在之中。我国犯罪构成理论同样如此，它不但包括人们对犯罪的认识、理解和态度，也包括人们对犯罪的价值诉求、文化识别，还包括人们对犯罪的思维判断、哲理分析等。可以说，传统的犯罪构成理论体系之所以得到承继、发展，是经过中华民族几千年来共同创造的具有同一性的文化洗礼的，它通过自己所承载的文化，不但影响我们认定犯罪的方法和模式，还影响我们对犯罪的价值判断和认识等。我们完全可以说，传统的犯罪构成理论体系凝结并彰显了我们的文化，民族的文化借助其得以传承。"法律就是地方性知识：地方在此不只是指空间、时间、阶级和各种问题，而且也指特色，即把对所发生的事件的本地认识与对可能发生的事件的本地想象联系在一起。"[1] 全球化浪潮的兴起，使得部分学者涌现出我国犯罪论体系必须变革的念头，这促使他们面对传统的犯罪构成理论采取了断然否定的态度，并借此希望通过变革以构建理想的犯罪论体系。然而，变革虽然可以在形式上去除犯罪构成的理论框架，但不可能革除掉深藏于犯罪构成理论背后的根基——传统文化。缺少本土文化依托的犯罪论体系，再完美也不过是水中月、镜中花，此种意义上的变革和重构只能是东施效颦。

德国人以他们的严谨和缜密，思考着一般犯罪学的任务：系统地研究和梳理为所有的犯罪行为所共同的结构元素。由此，在费尔巴哈犯罪论体系的基础上，他们创立了阶层式犯罪论体系，以犯罪构成的规范形式为核心，通过严密的层次推理和逻辑分析认定犯罪，寻求刑法适用上的公正性和可靠性。"它在探讨这个问题，什么时候和基于什么样的前提条件，对某个具有社会危害性的结果或者以此为目的的举止可以对某个一定的人将这个举止作为构成要件符合性的、违法的和有责的行为向他归咎责任（Zurechnen）。它提出这

---

〔1〕　［美］克利福德·吉尔兹："地方性知识：事实与法律的比较透视"，邓正来译，载梁治平编：《法律的文化解释》，生活·读书·新知三联书店 1994 年版，第 109 页。

个问题的目的（Ziel），是为了寻求使得理性的、符合事实要求的和可以检查的法律适用成为可能，以这个途径的方式来保障在刑法维护和运用上的公正性和可靠性。"[1]古典犯罪论体系创立后，由于在体系、结构、逻辑等方面存在一系列缺陷和不足，在德国先后又出现了新古典犯罪论体系、目的论犯罪论体系等诸多理论体系，层次结构与逻辑推理也越来越精确、严密。"现代的具有多个层次的犯罪概念，则是 19 世纪中期才发展起来的〔特别是由于海德堡法学教授路登（Luden）的贡献〕，由此产生的犯罪论'古典系统'，先是得到了完全认同；但在 20 世纪以来又在不断经历（从行为概念开始的）调整，调整逐步深入进犯罪构造上的所有评价阶段，当前正处于一个自身稳固的时期。"[2]无论何种犯罪论体系，均体现了德国人在思考问题时的一丝不苟与逻辑鲜明，这是德意志民族文化的典型特征。而在法国、意大利等国家，由于文化观念、思维模式上的同质性，其犯罪论在体系上与德国并无本质区别。但是，由于文化的多样性与差异性，在犯罪论体系上，法国、意大利与德国还是存在差异的。至于以英美为代表的英美法系国家，在认定犯罪上与德、日等大陆法系国家明显不同，进一步印证了文化差异对犯罪论体系的深刻影响。

我国传统犯罪构成理论并非完美无缺，随着社会发展和时代进步，对之进行变革、完善不失为理论研究者一种负责任的态度和颇有裨益的探索。但是，这种变革、完善不是想象的，更不是简单的移植，必须遵循一定的原则和方法，之中立足于本土文化价值观念就是必须遵循的前提。首先，犯罪构成理论体系要从内到外保持一致性，充分体现本土、本民族的文化习俗、价值观念和思维模式。文化价值观是由本土、本民族所特有的社会生产和社会生活孕育的，脱离本土、本民族文化价值观的犯罪论体系，必然与本土、本民族的社会生产和社会生活脱节，从而在司法实践中走入死胡同，造成理论严重背离实践，得不偿失。其次，犯罪构成理论体系与文化价值观的一致性，必须在社会中有一定的普遍适用性，因为具有普适性的社会主流文化的存在，对于一个社会的进步是必需的，这是犯罪构成在司法实践中植根并获得权威和尊重的保证。此外，辩证扬弃其他国家、民族的优秀成果，吸收其他学科

---

〔1〕［德］约翰内斯·韦塞尔斯：《德国刑法总论》，李昌珂译，法律出版社 2008 年版，第 490 页。
〔2〕［德］约翰内斯·韦塞尔斯：《德国刑法总论》，李昌珂译，法律出版社 2008 年版，第 491 页。

的营养成分，也是构建犯罪理论体系必须予以考虑的。从这一点来看，我国传统犯罪构成理论体系似乎没有摈弃的必要，大陆法系国家犯罪论体系未必适合我国国情。也许，对于大陆法系国家犯罪论体系，我们可以考虑将之"作为条件，不是要大家从中找出可以仿效的模式，而是要将之作为一个伴有不同摄动的实地观察点"。[1]

在构建犯罪论体系时，如果不对哺育某种犯罪论体系的国家或者民族的文化习俗、价值观念和思维模式等进行深入了解，就事论事，闭门造车，擅言某一犯罪论体系如何不足或如何优越，必然陷入"一叶障目，不见泰山"的狭隘境地，犹如西方人一直以来对博大精深的中华文化产生的种种误解一样。"没有比西方人误解中国世界观的基本性质的过程，更能说明一种文化理解其他文化的方式，以及一个人在理解其他文化时所运用的自己的文化元素的尺度。现代欧美人坚持一种未经检验，而且也被证明是没有根据的假设：所有民族都认为宇宙和人类是外在的造物主创造的产物。（直到 20 世纪，现代科学和西方思想仍然主导着全世界的宇宙论。）由于把假定的基本类比当成事实，西方人在翻译中国典籍时依赖的是用我们自己文化的表达，进行似是而非的比附，并且以此机械地解读中国典籍，这满足的不过是西方人喜欢在其他文化中听到回声的癖好。"[2]如果这种说法确切的话，那么时下我国一些学者确实存在这样的心态：中国在经历了近代的落后与被动之后，当面对包括法律文化在内的西方文化大肆涌入时，反而对自己的文化观、世界观逐渐淡漠，甚至产生误读，乃至于用另一种（西方）文化理解我们自己的文化，在理解自己的文化时过度运用另一种（西方）文化元素的尺度，并进行并不合适的比附，以满足我们骨子里那种希望在自己的文化中听到外来文化回声的嗜好。

最后需要说明的是，考虑到德、日犯罪论体系在我国的巨大影响力，作为本书比较对象的犯罪构成理论，主要以德、日为主。至于英美法系国家，由于其刑法具有不成文特点，使其犯罪论体系具有迥然不同于大陆法系国家的特征和性质。因此，本书在进行中西方对比时，除少数情形外，基本上不以英美法系国家犯罪构成理论作为比较对象。

---

〔1〕［法］米海依尔·戴尔玛斯－马蒂：《世界法的三个挑战》，罗结珍等译，法律出版社 2001 年版，第 93 页。

〔2〕［美］牟复礼：《中国思想之渊源》，王立刚译，北京大学出版社 2009 年版，第 18~19 页。

　　研究犯罪构成[1]及相关理论，离不开对犯罪构成发展史及其源流的考证。[2]"对法律史的比较研究不仅会弥补某一个民族法律史的缺陷，弄清某一个民族法律史的未知的东西，而且，它还告诉我们任何历史时期和所具有的民族刑罚的发展轨迹，它还可以向我们预示未来刑法重大改革方向；它可能成为目标明确的同时与过去的刑事政策相衔接的新刑事政策的先锋。"[3]早期人类在认定犯罪时，并无实质区别，无一例外地均为部族血仇等引发的"原始之罪"。"现代人类学中的法律研究也毫不例外地集中于法律对紧随着部落血仇而引发的毛骨悚然的单一的和奇异的案件的处理上，以及具有犯罪性质的、旨在报复的巫术、乱伦、通奸、违反禁忌或者谋杀的解释上。"[4]在私有制确立、国家产生后，萌生于物质生活条件下的犯罪逐渐多了起来，统治阶级围绕着如何维护自己的统治，确立了众多罪名。这些罪名的认定经历了由天判神罚到法官断狱的不同历程。在后来的历史发展进程中，由于历史传统、文化背景、思维模式以及法治观念的差别，不同法系、不同国家在犯罪认定上出现差别，为此后不同犯罪构成理论的创建埋下伏笔。追根溯源，犯罪构成本为刑事诉讼法上的概念，后来逐渐发展成刑事实体法上的概念。至今，

---

　　〔1〕　本书为了统一称谓，一律以犯罪构成要件来指称犯罪成立意义上的各种要件。德、日刑法中的构成要件该当性，只是犯罪构成要件之一，不应与犯罪构成要件混淆。

　　〔2〕　我国许多学者认为，犯罪构成及其理论应当以意大利语中的 Constare de delicto（犯罪的确证）为起源，这其实是误解。意大利语中的 Constare de delicto（犯罪的确证）几经演变，发展至后来成为德、日等大陆法系国家中的"构成要件"之意，故 Constare de delicto（犯罪的确证）应为"构成要件"之源。由于"构成要件"不过是德、日等大陆法系国家犯罪成立的一个要件而已，与我国刑法理论中的犯罪构成显然不是同一含义。本书以犯罪成立意义上的犯罪构成为研究起点，故论述时并没有以意大利语中的 Constare de delicto（犯罪的确证）为起点。

　　〔3〕　[德] 弗兰茨·冯·李斯特：《德国刑法教科书》，徐久生译，法律出版社 2000 年版，第 29 页。

　　〔4〕　[英] 马林诺夫斯基：《原始社会的犯罪与习俗》，原江译，云南人民出版社 2002 年版，第 48 页。

英美法系仍保留着抗辩理由这一犯罪构成要件，可谓早先犯罪构成之诉讼性质的缩影。

第一节　大陆法系国家的犯罪构成源流

一、中世纪之前及早期的犯罪构成（约公元前 8 世纪至 9 世纪）

以作为欧洲近代三大法律渊源的罗马法、教会法和日耳曼法为基础，中世纪以前的欧洲大陆国家之犯罪构成，可以分为三个阶段：古罗马时期的犯罪构成、教会法中的犯罪构成以及古日耳曼法中的犯罪构成。

（一）古罗马时期的犯罪构成（公元前 8 世纪至 6 世纪）

在欧洲乃至世界的文明史上，罗马法都具有独一无二的地位。[1]人们谈到罗马法，总是由民法说起。实质上，罗马法中同样具有刑法内容，它与世界各国早期的法律一样，体现为民刑混融、诸法合体，实体法与程序法不分的状态。只不过罗马法以民法为中心，体现的是"民刑不分，以民为主"，这与中国古代的"民刑不分，以刑为主"形成鲜明对照；

古罗马早期，由于没有刑法与刑事诉讼之别，犯罪认定不是根据刑法规定，主要是按照审判形式及其处断结果决定行为性质。"古代对于犯人之处罚有两种，即处以死刑（lynch），或放逐于部族之外。"[2]例如，对于伤害行为，即可以因为伤害结果严重而判处死刑或者流放这样的处罚，也可能因伤害结果危害不大而处罚轻微。对于前者，人们自然因为其受处罚的严厉程度而更加关注。多数在今日认为犯罪的违法行为，在古代不过视为一种侵权行为而已，亲属关系与私有财产权之保护，概以侵权行为之诉（action of tort）论之。对刑法而言，其起点在于某种行为对于全社会所产生的反动，因而受到的关注自然不同于私法。"在古代社会，能够对全社会致以反动者，多以共同行为者居多，单独行为者很少，故刑法之起点，实存于对某种可非难行为全

---

[1]　See Hans julius Wolff, *Roman Law*, *A Historical Introduction*, University of Oklahoma Press, Noman, 1951. p. 3.

[2]　[美] 孟罗·斯密：《欧陆法律发达史》，姚梅镇译，中国政法大学出版社 2003 年版，第46 页。

社会所生之直接的本能的反动之中……"[1]这也是刑法自产生以来被列为公法的原因。

通过裁判方式及结果决定行为性质，表明犯罪认定基本上属于诉讼的组成部分。对于最初的古罗马法，表现为一种根深蒂固的含有宗教成分的诉讼。[2]随着犯罪的轮廓逐渐清晰，实体的犯罪构成才逐步形成。"Die Lex Sempronia（公元前123年）将法官职务委托给骑士，使后者不仅有权作出返还被勒索的财产的裁判，而且还有权科处刑罚，甚至包括流放。争议程序（Quaestionenprozess）便因此而演变成刑事诉讼。在其后的数十年里，产生了众多与刑事诉讼有关的法规，其调整范围扩大至其他犯罪类型。但是，当时的犯罪还一直停留在居统治地位的元老院议员的水准上，即绝大多数犯罪是政治犯，这也是构成新诉讼程序的内容，普通犯罪仍然同过去一样被排除在外。"[3]当接受刑事审判的行为逐渐固定下来，并稳步扩充其内容时，受到严厉处罚的行为不仅包括危害全社会公共利益的公犯（如叛国行为等），也包括盗窃、抢劫、侵辱等私犯。[4]虽然刑事实体规范的内容不断获得扩充，但由于受到认识能力、司法体制等诸多条件限制，犯罪构成仍然属于诉讼法上的概念。"公元前82年至前80年，苏腊人（Sulla）进行刑法立法改革，迄今为止被作为正当武器使用的争议程序演变成新创立的罗马刑法的基础。苏腊人在立法中增加业已存在的争议委托的数量，将这些争议问题的裁判权重新委托给元老，将对犯罪构成已作详尽规定的普通犯罪也纳入争议程序。"[5]

在古罗马后期，犯罪构成作为诉讼上的概念并无多大改观。主要原因是：随着私犯的不断扩充，犯罪的内涵也被不断扩大，私犯在其中所占的比重也越来越大。由于多数私犯是否成立仍然取决于当事人自己选择的程序，而不是特别的法律规定，致使程序仍然是犯罪构成主要的决定因素。"刑法好像朝着这个方向发展，即在国王时期的最后阶段，犯罪受害人在大多数针对私人的犯罪方面，是选择民事程序还是刑事程序，并没有作出特别的法律规定。"[6]

---

〔1〕 参见［美］孟罗·斯密：《欧陆法律发达史》，姚梅镇译，中国政法大学出版社2003年版，第46页。

〔2〕 参见何勤华、夏菲主编：《西方刑法史》，北京大学出版社2006年版，第101页。

〔3〕 ［德］弗兰茨·冯·李斯特：《德国刑法教科书》，徐久生译，法律出版社2000年版，第33页。

〔4〕 参见何勤华、夏菲主编：《西方刑法史》，北京大学出版社2006年版，第101页。

〔5〕 ［德］弗兰茨·冯·李斯特：《德国刑法教科书》，徐久生译，法律出版社2000年版，第33页。

〔6〕 ［德］弗兰茨·冯·李斯特：《德国刑法教科书》，徐久生译，法律出版社2000年版，第35页。

（二）教会法中的犯罪构成[1]

在教会法时期，犯罪构成依然具有明显的诉讼性质。一方面，受宗教的性质决定，犯罪认定不可避免地带有强烈的程序（如祭祀仪式等）色彩。"至刑法之所以最初扩充其范围，至包含那些主系对于个人之犯罪，而同时复有危害社会秩序之虞的违法行为者，显然大半由于祭祀之影响所致。换言之，即以前本认为侵权行为之违法行为，最初所以被认为犯罪者，大概系由于祭司之影响。又当时多数处罚犯罪之形式，即为宗教上牺牲祭神之形式，二者间毫无区别之可言。"[2]作为大陆法系组成部分的罗马天主教会的教会法，本身就与程序密不可分，从而影响刑事实体法与刑事程序法。"教会法和罗马法对后来为欧洲国家所接受的共同法的形成起了一定的作用，教会法对共同法的影响主要在家庭法、继承法（罗马私法中的两个部分）、刑法和程序法方面。当欧洲教会法院被剥夺了民事审判权时，它们所发展的许多实体、程序法上的原则和制度，便由市民法院所吸收。"[3]另一方面，教会法庭的特权决定了教会法中的犯罪构成具有强烈的诉讼色彩。由于教会法庭的审判人员主要由神职人员和僧侣组成，他们出于维护宗教的权威和尊严，利用教会赋予的特权，可以随意决定案件性质。在这种情形下，任何刑法规定都显得苍白无力。"在教会法庭的几乎每一起诉讼，甚至是完全的民事案件中，都有可能要求法官去判断是否涉及犯罪。因为在很多场合，犯罪人是不允许在教会审判中作证的。然而对证人的证言表示怀疑在实践中是经常发生的事情，这就需要有一种判断当事人证据能力的方式。"[4]今天看来，由于实体上的犯罪构成相对明确、固定，而程序上的犯罪构成更灵活，容易被人为左右，教会出于实现自己的目标，偏爱在诉讼中认定犯罪，完全值得理解。

值得一提的是，在教会法中，犯罪认定出现了成文化倾向，这主要受教义形式化的影响。例如，基督教教义承认"摩西十诫"和众先知的遗训，尊崇《圣经》。其中，《圣经》中的刑事法律内容对教会制定的有关刑事法律具

---

[1]　通常认为，教会法的形成时期是公元 4 世纪至 9 世纪，鼎盛时期是公元 10 世纪至 14 世纪，衰落时期是公元 15 世纪至 18 世纪。

[2]　[美] 孟罗·斯密：《欧陆法律发达史》，姚梅镇译，中国政法大学出版社 2003 年版，第 47 页。

[3]　[美] 约翰·亨利·梅利曼：《大陆法系》，顾培东、禄正平译，法律出版社 2004 年版，第 11 页。

[4]　何勤华、夏菲主编：《西方刑法史》，北京大学出版社 2006 年版，第 126 页。

有绝对权威和指导作用。教义的这种典章化形式，直接影响后世对犯罪与刑罚的规范，成为刑事法律成文化的源头。

(三) 古日耳曼法中的犯罪构成 (5世纪至9世纪)

古日耳曼正处于中世纪前期，其中的刑事法律同具有浓厚的原始意味的古罗马刑事法并无实质区别。一方面，古日耳曼法具有习惯法、不成文法的特征，通常只在部族和家庭的范围内适用。"古代日耳曼法，与其他古代法同，大部分为不文法。无论在何种情形之下，古日耳曼法乃规律全部族或全民之法律，盖勿待言也，所有部族中之成员，因其为团体员之资格，皆不能不受此部族法之支配。由是可知，古日耳曼法乃属人法，而非属地法。"[1]如果说古日耳曼有刑法的话，也同其他法一样，刑法只不过是习惯法。[2]另一方面，古日耳曼法在内容结构上依然是民刑不分、程序与实体混同、诸法合体的，具有典型的古代法特征。"由于日耳曼法在内容结构上是诸法合体，民刑不分，程序与实体合一，各'蛮族'法典的主要内容就是列举性地规定侵权行为及其处罚，并且由于日耳曼法是具体的法，欠缺抽象的原则和概念，我们极难从基本资料中界定刑法的内容。"[3]在具体犯罪认定上，古日耳曼法并没有区分侵权行为与犯罪的界限，人们仍旧根据处罚的不同，粗糙地将两者划开。"古日耳曼法中，侵权行为与犯罪之区别，即以侵权行为乃产生不法行为者与被害者血族团体间一种敌对的关系。不法行为者所受之处罚，就该被害者血族团体之观点而言，该人不过仅对于该团体为放逐于平和外之人而已。至犯罪则不然，其处罚乃立即将犯人放逐于全部族平和之外。"[4]

由于犯罪行为的种类和严重程度原则上由其造成的外在的结果所决定，[5]古日耳曼法发展到后期，就产生了相对固定的犯罪概念及其处罚方式，犯罪逐渐从一般侵权行为中剥离出来。不仅如此，日耳曼人由于受教会法的成文化影响，纷纷进行地方习惯法的编撰和汇集，使习惯法成文化。与此相对

---

〔1〕 [美] 孟罗·斯密：《欧陆法律发达史》，姚梅镇译，中国政法大学出版社2003年版，第111页。

〔2〕 参见 [德] 汉斯·海因里希·耶赛克、托马斯·魏根特：《德国刑法教科书 (总论)》，徐久生译，中国法制出版社2001年版，第112页。

〔3〕 何勤华、夏菲主编：《西方刑法史》，北京大学出版社2006年版，第126页。

〔4〕 [美] 孟罗·斯密：《欧陆法律发达史》，姚梅镇译，中国政法大学出版社2003年版，第47页。

〔5〕 参见 [德] 汉斯·海因里希·耶赛克、托马斯·魏根特：《德国刑法教科书 (总论)》，徐久生译，中国法制出版社2001年版，第113页。

应，犯罪与刑罚也得以逐步成文化，为刑法学及犯罪构成理论的产生创造了条件。

二、中世纪中后期的犯罪构成（约 10 世纪至 16 世纪）

中世纪中后期，刑法科学得以萌芽、发展，并与司法相结合，对于犯罪构成及其理论的发展具有重要意义。早在教会法时期，意大利的大学里就出现了法律研究的专门机构，并招收学生直至授予博士学位。在意大利的大学里，教会法的研究开始与罗马私法的研究融汇在一起。修完全部课程的学生授予民法博士和教会法博士或者是民法、教会法两科法学博士学位，许多最具影响的教师和学者同时也是兼职律师。[1]虽然说受罗马法影响，意大利大学重视民法、商法的教学，但刑事法律不可能置于其外。其中，最为突出的是有关犯罪成立的基础要件（大陆法系刑法理论中的"构成要件"）的概念，即 Constare de delicto（犯罪的确证）开始在学者们之中传播。

"Constare de delicto"这一概念最早可追溯到 13 世纪，是中世纪意大利纠问程序中所使用的概念。[2]在一般纠问过程中，必须先调查是否有犯罪存在（一般纠问），针对客观存在的犯罪事实，法官必须达到确实的举证程度，在犯罪"确证"后，方可对特定嫌疑者进行纠问（特殊纠问）。1532 年德国的《卡罗林纳法》就承认这种具有刑事诉讼性质的确证犯罪概念。后来，"Constare de delicto"一词几经发展又引申出"Corpus delicti"一词，这是 1581 年意大利刑法学者法利那休斯首先采用的，作为"指示已被证明的犯罪事实的东西"使用，即"犯罪事实"。至此，"Corpus delicti"仍是诉讼法上的概念，主要用于证明客观犯罪事实的存在，强调如果没有严格按照证据法则得来的确证，就不得进行特殊纠问（包括拷问）的原则，从而达到限制官衙主义的目的。[3]在性质上，"Corpus delicti"其实就是一种物证，主要揭示犯罪现场遗

---

〔1〕 参见［美］约翰·亨利·梅利曼：《大陆法系》，顾培东、禄正平译，法律出版社 2004 年版，第 11 页。

〔2〕 当时的犯罪认定主要依赖刑事审判，其纠问式的刑事审判方式可以不必由被害人或者第三人的控告来发动，国家出于维护公共利益的需要，有权自动逮捕犯罪嫌疑人，搜集必要证据，审判程序也不公开。这种刑事程序授予司法机关生杀予夺的大权，导致司法滥用，极大地侵犯人权，遭到后来的启蒙思想家的激烈抨击。

〔3〕 参见［日］小野清一郎：《犯罪构成要件理论》，王泰译，中国人民公安大学出版社 2004 年版，第 3 页。

留下来的客观事实。正如德国海德堡大学的米特迈尔教授所言："Corpus delicti（本意是物证）是中世纪的法学家发明的关于物证的表述，而在杀人犯罪的情况下，如果被杀者的尸体被发现的话，该表述便是指犯罪构成。在日耳曼法中，在杀人情况下提供尸体具有一定的程序意义，法学家们通过将罗马人的观点和德国人的观点相融合，便产生出这样一个观念，在杀人情况下如果没有找到尸体，就缺乏犯罪构成。"[1]

意大利刑事法律的立法和研究情形，在中世纪后期对德国产生了实质影响。在法学研究上，德国人接受了意大利法学家对意大利法的诠释。"随着对中世纪晚期意大利法学（释义法学家 1100-1250 年，后释义法学家 1250-1450 年）的接受，德国刑法的发展发生了转折，人们重新发现、解释和变革罗马法。"[2]意大利法学家的工作成果，以工作手稿和印刷品的方式在德国受到欢迎。在刑事法律方面，这些法学文献主要是与刑事诉讼有关的内容，致使德国文献在刑事法律领域大量著述的突出地方是其内在价值和诉讼箴言。相应地，德国接纳的外国刑事法律，自然以诉讼程序为主，以此为基础制定的大量刑事法律条例也主要调整刑事诉讼，虽然其中也包含一些刑罚的规定。[3]如查理五世时期制定的《卡罗林纳法》（即查理五世刑事法院条例）主要就是刑事诉讼条例，意在去除刑事司法中的弊端，但同时也包含关于犯罪及其处罚的重要规定。随之，"Corpus delicti"这个概念后来也传到德国，适用于整个普通法时代。当时，在认定犯罪的审判程序以及证据规则上，都完全采纳这个概念及其理论。审判时，法官依照职权开始调查程序，首先调查有无犯罪的客观事实存在（一般纠问），在确证存在犯罪事实后，法官开始对犯罪嫌疑人进行特别调查（特别纠问）。不难看出，确证犯罪客观事实的过程依然是在诉讼程序中解决，这种"证明犯罪行为的全部客观事实"就是"Corpus delicti"。也就是在这一时期，在普通法的基础上并与欧洲普通法学相联系，产

〔1〕 ［德］安塞尔姆·里特尔·冯·费尔巴哈：《德国刑法教科书》，1847 年第 14 版，§81，出版者注 1，转引自何秉松："（中俄、德日）两大犯罪论体系比较研究——塔甘采夫体系 VS 贝林格体系（讨论稿）"，中国政法大学刑事法律研究中心 2008 年 11 月，第 10 页。

〔2〕 ［德］汉斯·海因里希·耶赛克、托马斯·魏根特：《德国刑法教科书（总论）》，徐久生译，中国法制出版社 2001 年版，第 112 页。

〔3〕 参见 ［德］弗兰茨·冯·李斯特：《德国刑法教科书》，徐久生译，法律出版社 2000 年版，第 42~43 页。

生了德国刑法学，其蓝本是意大利和西班牙法学家的理论。[1]

三、文艺复兴以后的犯罪构成（约 17 世纪至 20 世纪初）

意大利发明的作为犯罪构成核心内容的"Corpus delicti"概念，虽然只是一个程序法上的概念，也足以使意大利刑法学科发展到顶峰。此后，随着意大利刑法学科的衰落，法国和西班牙的综合法学方法获得胜利。16 世纪以来，刑法学在欧洲大陆取得了显而易见的进步，越来越多的刑事判决被发送到法学系，使大学里的刑法讲座繁荣起来，刑法科学与司法的结合越来越紧密。[2]不过，真正使"Corpus delicti"脱去程序外衣，成为实体法上的概念的，是德国人。17 世纪，萨克森的法学家们打开了局面，以《卡罗林纳刑事法院条例》为基础，对刑法科学进行了深入研究，经过不懈努力，促进了全德通用的刑法科学的繁荣。1796 年，德国刑法学家克拉因依据布伦斯和哈尔的研究，把"Corpus delicti"译成德语"Tatbestand"，即构成要件。克拉因在 1796 年出版的《德国刑法纲要》中首次使用"Tatbestand"一词，用来表明认定犯罪成立需要的客观事实情况，"构成要件"一说由此缘起。不过，克拉因仍然认为需要确证的犯罪客观事实，是在审判程序中获取的，故"Tatbestand"在当时仍然属于诉讼法上的概念。"在普通法的纠问诉讼上，以确定 Corpus·delicti（犯罪事实）的存在为目的的一般纠问和以让犯罪人供认犯罪事实为目的的特殊纠问是有区别的，可是克拉因却把 Corpus·delicti 用德语译成 Tatbestandsmassig。克拉因的构成要件概念是外部的、诉讼性质的，并且是来源于反对法官自由裁量的法定证据法的。"[3]

随着刑事法律科学的不断发展，人们开始积极地探讨刑法与刑事诉讼法在认定犯罪中的作用。米特迈尔教授就指出："构成要件理论之所以没有得到科学界必要的澄清，是因为人们没有足够地区分犯罪构成的刑事诉讼上的意义与刑法的意义。"[4]"在刑事诉讼中，犯罪构成理论的意义在于，每一个调

---

〔1〕　参见［德］汉斯·海因里希·耶赛克、托马斯·魏根特：《德国刑法教科书（总论）》，徐久生译，中国法制出版社 2001 年版，第 116~117 页。

〔2〕　参见［德］弗兰茨·冯·李斯特：《德国刑法教科书》，徐久生译，法律出版社 2000 年版，第 52 页。

〔3〕　［日］泷川幸辰：《犯罪论序说》，王泰译，法律出版社 2005 年版，第 31~32 页。

〔4〕　参见［德］安塞尔姆·里特尔·冯·费尔巴哈：《德国刑法教科书》，1847 年第 14 版，§81，出版者注 2，转引自何秉松："（中俄、德日）两大犯罪论体系比较研究——塔甘采夫体系 VS 贝林格体系（讨论稿）"，中国政法大学刑事法律研究中心 2008 年 11 月，第 11 页。

查均必须基于相关的事实基础，以避免过于轻率地展开调查。这样做的好处是，在刑事诉讼的不同阶段具有不同的意义，在开始调查阶段的意义不同于在下列问题上的意义，例如，是否应当对某人展开特别调查，或者是否要对某人进行起诉。在这里还不能对刑法意义作出判断，而只是涉及，作为调查根据的具有特定范围和形态的犯罪（否则就不存在进行调查的真实的基础）在多大程度上是确实存在的。"[1]"在刑法中，犯罪构成理论的意义在于，只要它涉及行为所具有的特定的性质（状况），如果实施了这样的行为就应当被科处一定的刑罚，以便让民众知道，必须如何避免实施犯罪行为，同时让法官知道，对于这样的行为应当如何处罚。"[2]既然犯罪构成在刑事诉讼与刑法上具有不同意义，那么"构成要件"能否由程序走向实体，就成为学者们深思的课题。之中，赋予"Tatbestand"实体法意义的，是斯求贝尔和费尔巴哈。

斯求贝尔把构成要件引入刑法，使之正式成为一个实体法概念。他认为，构成要件就是那些应当判处法律所规定的刑罚的一切情况的总和，他认为构成要件是客观因素，但反对将犯罪结果纳入构成要件之列。[3]费尔巴哈作为刑事古典学派的一代宗师，既是资产阶级大革命后德国刑法学的新的奠基人，也因参与起草1813年的《巴伐利亚刑法典》而成为德国刑事立法的先驱。[4]他通过概念构成的明了性与独立体系，建立了现代刑法教义学，"构成要件"实体化无疑是其主要贡献之一。[5]与斯求贝尔不同的是，费尔巴哈从一般预防主义、客观主义立场出发，主张犯罪结果也属于构成要件。还从罪刑法定主义出发，要求在确认任何行为成立犯罪并对之科以任何刑罚时，必须根据

---

〔1〕[德]米特迈尔：《刑事程序》（第4版），第44页及以下几页，转引自何秉松："（中俄、德日）两大犯罪论体系比较研究——塔甘采夫体系VS贝林格体系（讨论稿）"，中国政法大学刑事法律研究中心2008年1月，第10~11页。

〔2〕何秉松："（中俄、德日）两大犯罪论体系比较研究——塔甘采夫体系VS贝林格体系（讨论稿）"，中国政法大学刑事法律研究中心2008年1月，第10页。

〔3〕日本学者泷川幸辰教授认为，斯求贝尔和古洛尔曼一起，是19世纪初期的主观主义者、特殊预防主义者。他们认为，犯罪的实质是主观上的犯罪意志的表现，犯罪结果不属于Tatbestand之内。（参见[日]小野清一郎：《犯罪构成要件理论》，王泰译，中国人民公安大学出版社2004年版，第4页。）

〔4〕参见[德]弗兰茨·冯·李斯特：《德国刑法教科书》，徐久生译，法律出版社2000年版，第61页。

〔5〕参见[德]汉斯·海因里希·耶赛克、托马斯·魏根特：《德国刑法教科书（总论）》，徐久生译，中国法制出版社2001年版，第119页。

法律规定确定。从这一原则出发，费尔巴哈将犯罪成立的客观事实条件称之为构成要件，指出：构成要件乃是违法的（从法律上看）行为中所包含的各个行为或事实的诸要件总和。费尔巴哈强调：只有存在客观构成要件的场合，才可以被惩罚。他还从法律规定出发，强调犯罪的违法性，并将违法性与构成要件统一起来，形成了犯罪构成的客观结构论，对于犯罪构成理论的形成与发展产生了深远的影响。[1]费尔巴哈的一般预防理论具有强烈政治色彩，即法治国的国家观。他否认先验的刑罚根据，认为只有外部安全所需的，才应当并可以受到处罚，构成要件具有阻止或限制统治者或法官随心所欲的意义。由此，费尔巴哈推导出刑法的根本原则，即科处刑罚要以刑罚法规为前提；科处刑罚由于被威吓过的行为的存在而受到制约；受到法律威吓的行为被法律上的刑罚所制约。这样，构成要件不但是现实的，而且在法律上也有所证明。据此，费尔巴哈确立了构成要件在实体法中的地位，[2]犯罪构成被认为是违法的（从法律上看来）行为中所包含的各个行为的或事实的诸要件的总和。[3]费尔巴哈认为，如果法规上的概念不同，则犯罪的构成要件也不同，但通常属于构成要件的要素包括：外部行为、主观性事由以及违反法规的一定行为的结果。[4]这一思想在费尔巴哈主持制定的 1813 年《巴伐利亚刑法典》中得以体现。该刑法典第 27 条规定："当违法行为包括依法属于某罪概念的全部要件时，就认为他是犯罪。"[5]

　　巧合的是，费尔巴哈确立构成要件在实体法中的地位之时，正是西方法学理论蓬勃发展、日趋成熟之时。法律理论产生于这样一种需求，即法律可以用一般形式从理论上进行解释，而不必讨论正义问题这一法哲学的基本问题，因此 19 世纪后这样的一种观念占了上风，即人们无法对正义问题作出客观论断的法律理论，或多或少地剥离了哲学基本问题的法哲学，只限于在中度抽象层面上对法律及其在国家和社会中的产生条件和作用方式、适用方法和

---

　　〔1〕　参见陈兴良："犯罪构成的体系性思考"，载《法制与社会发展》2000 年第 3 期，第 47 页。

　　〔2〕　参见［日］泷川幸辰：《犯罪论序说》，王泰译，法律出版社 2005 年版，第 33 页。

　　〔3〕　参见［苏］A. H. 特拉伊宁：《犯罪构成的一般学说》，王作富等译，中国人民大学出版社 1958 年版，第 15 页。

　　〔4〕　参见［德］费尔巴哈："德意志普通刑法纲要"，转引自何秉松："犯罪理论体系研究论纲"，载《政法论坛》2003 年第 6 期。

　　〔5〕　樊凤林主编：《犯罪构成论》，法律出版社 1987 年版，第 370 页。

法学辩论作一般性的论断。[1]构成要件实体化与法律理论化潮流相结合，使得在斯求贝尔和费尔巴哈之后，刑事实体法意义上的构成要件理论得以创立。不过，费尔巴哈虽然开创了犯罪论体系，但没有就犯罪论体系如何组建提出方向和建议。当时，"费尔巴哈只是将犯罪行为的客观要件归入 Tatbestand 中，而把主观属性（罪过）排除在犯罪构成之外，将它们看作是犯罪人负刑事责任和具备可罚性的第二个（除 Tatbestand 之外）独立的条件"。[2]费尔巴哈之后，成文法系国家犯罪论体系形成了两个代表性的体系：德国体系和苏俄体系。[3]

不过，在日本刑法理论中，除了"构成要件"外，还有"犯罪的构成事实"，二者之间究竟有何区别呢？对此，小野清一郎认为日本刑法吸收了一定的法兰西刑法传统。"在法国，旧制度下就已使用'Corpus du délit'一词，其用法主要也是诉讼法性质的。大革命以后的《治罪法》（1808 年）中，在关于现行犯的规定里，使用了这个词。……然而，作为犯罪的理论，奥尔特兰已在使用着'faits coustitutifs（构成事实）'一词，卡洛也使用了'éléments Constitutifs（构成要素）'一词；它们与德国刑法学上的'一般构成要件'意思基本相同。"[4]这种观点不无道理。今天，无论是在意大利还是法国，关于犯罪构成核心内容的要件，与德、日等并非雷同。德、日刑法学中的"构成要件"，在意大利刑法学中被称为"典型事实"，[5]在法国则被称为"事实要件"。[6]

四、小结

在古代，人们对犯罪认识根本不像今天这样通过刑法规范来确认，犯罪

---

〔1〕 参见［德］N. 霍恩：《法律科学与法哲学导论》，罗莉译，法律出版社 2005 年版，第 48 页。

〔2〕 何秉松、［俄］科米萨罗夫、科罗别耶夫主编：《中国与俄罗斯犯罪构成理论比较研究》，法律出版社 2008 年版，第 4 页。

〔3〕 参见何秉松、［俄］科米萨罗夫、科罗别耶夫主编：《中国与俄罗斯犯罪构成理论比较研究》，法律出版社 2008 年版，第 3 页以下。

〔4〕 ［日］小野清一郎：《犯罪构成要件理论》，王泰译，中国人民公安大学出版社 2004 年版，第 7~8 页。

〔5〕 参见［意］杜里奥·帕多瓦尼：《意大利刑法学原理》（注评版），陈忠林译评，中国人民大学出版社 2004 年版。

〔6〕 参见［法］卡斯东·斯特法尼等：《法国刑法总论精义》，罗结珍译，中国政法大学出版社 1998 年版。

与侵权行为之间没有清晰的界限，认定某一行为是否构成犯罪（观念上的而非法律上的）主要根据处罚方式的严厉程度，这当然要在诉讼中解决。随着纳入惩罚范围的行为种类不断增多以及处罚方式和结果的相对固定化，处罚最为严厉的一些行为逐渐从侵权行为中被剥离，形成了最初的犯罪和刑罚。受教会法影响，刑事法律出现典章化趋势，促进了古日耳曼时期习惯法的成文化，成为大陆法系罪刑法定与刑事法律成文化的源泉。刑事法律成文化的萌芽，为具有理论意义的刑法及犯罪构成的滋生开创了契机。考察人类认定犯罪的发展史，犯罪构成首先是从诉讼法开始的，追根寻源它是一个诉讼法上的概念。

在中世纪后期，刑法科学与司法相结合，对犯罪构成及其理论的发展具有重要意义。在意大利、西班牙等国，出现了大学等专门的法律研究机构，使得刑事法律以及犯罪构成的相关理论得以产生、发展。不过，在立法上，虽然存在着刑事实体规范，但刑事诉讼程序法仍然是刑事法律的重心。"在中世纪的纠问主义的诉讼中，实体法的问题所起的作用并不大；这个时期的任务，不是要解决一般问题，而只是要确定具体的犯罪（犯罪人）。"[1]此时，犯罪构成仍然属于诉讼法上的概念。这一时期，最大的成果便是首次出现了针对犯罪构成的明确、清晰的概念。"Constare de delicto"（犯罪的确证）以及后来的"Corpus delicti"虽然不能等同于犯罪构成，却是犯罪构成中最为核心的要件，这为犯罪构成理论的发展成熟打下了坚实的基础。

18 世纪至 19 世纪，既是欧洲大陆刑事立法的高峰时期，也是欧洲大陆法系国家犯罪构成理论迅猛发展时期，以费尔巴哈为代表的刑事古典学派的学者们对犯罪构成理论进行了最详尽的理论研究。[2]1796 年，德国刑法学家克拉因把"Corpus delicti"译成德语"Tatbestand"，即"构成要件"之意，但仍然没有脱离诉讼法意义。真正使"Tatbestand"脱去程序外衣而成为实体法上概念的是斯求贝尔和费尔巴哈。"构成要件"的实体化，使得具有刑事实体法意义上的构成要件理论得以创立。

在我国，按照通说，犯罪构成理论是由资产阶级刑法学建立起来的，

---

〔1〕［苏］A. H. 特拉伊宁：《犯罪构成的一般学说》，王作富等译，中国人民大学出版社 1958 年版，第 15 页。

〔2〕参见［俄］H. Ф. 库兹涅佐娃、И. M. 佳日科娃主编：《俄罗斯刑法教程（总论）》（上卷·犯罪论），黄道秀译，中国法制出版社 2002 年版，第 172 页。

而且是在进入 20 世纪以后才建立起来的。[1] 该观点若是以构成要件理论为出发点，站在刑事实体法的立场上，以德、日等现代犯罪构成理论的成熟与完善为视角加以审视，或许能自圆其说。但是，我国理论界与实务界所谓的犯罪构成与犯罪成立属于同等含义，而犯罪成立的相关理论早在中世纪后期的意大利、西班牙等国就已经萌芽、发展起来了，后来传到德国才逐步发展成为现代意义上的犯罪论体系。如此来看，"犯罪构成理论的起源可以推前近半个世纪，犯罪构成理论的发明权也非 19 世纪末 20 世纪初的刑法学者了"。[2]

总之，大陆法系国家的犯罪构成经历了由程序到实体的演变过程，最终发展成为纯实体性质的犯罪构成。伴随着犯罪构成从程序走向实体，大陆法系犯罪构成理论得以蓬勃发展，并于 20 世纪初逐步走向成熟、完善。

第二节　英美法系国家的犯罪构成源流

一、英国刑事法律中的犯罪构成源流

（一）诺曼人征服前英国的刑事法律制度

英国历史与西欧大陆发展紧密相连，其法律制度也与西欧国家法律发展密切相关。公元 5 世纪初，统治英国的罗马帝国从英国撤军，日耳曼人乘虚而入侵占英国。该时期英国法律基本上沿袭西欧大陆的法律制度，两者之间在犯罪认定的主体、方式等方面并无实质区别。"从公元前一世纪恺撒首次踏上不列颠的土地开始，英格兰就与西欧先后在同一时间段经历了罗马人和日耳曼人的征服，而且都长达数百年之久。因此在 1066 年之前，它们二者的历史大体是同步的，其社会状况也颇为接近。具体到司法领域，1066 年前后两地都存在地方司法机构（如马尔克公社民众大会、郡法庭、百户区法庭等）和领主司法机构（即庄园法庭或封建法庭）。"[3]

1066 年诺曼人征服英国之前，英国法律还处于萌芽阶段。具体表现在两

---

[1]　参见马克昌主编：《犯罪通论》，武汉大学出版社 1999 年版，第 59~61 页。

[2]　刘生荣：《犯罪构成原理》，法律出版社 1997 年版，第 2 页。

[3]　[比] R.C. 范·卡内冈：《英国普通法的诞生》，李红海译，中国政法大学出版社 2003 年版，译者序，第 3 页。

个方面：一是处于罗马人、日耳曼人统治下的英国，基本上承袭了西欧日耳曼部落的原始习惯法，以家族力量保护个人不受其他人的掠夺欺负，通过血亲复仇的方式解决纷争。[1]例如，家族成员被杀，则通过杀害实施者或者其家族中的一位成员的方式获得补偿。这一时期基本上不分刑事法律与民事法律，家族不和引起的斗殴等属于私法之列，犯罪与侵权之间界限模糊，任何造成危害的行为都必须承担刑事责任。如对于他人撞上放置一旁的武器导致身亡的，武器所有人要承担相应责任。[2]二是长期的战争使英国政局始终处于动荡之中，充斥着部族战争与械斗的古代英国，不可能存在统一适用的法律与规则。[3]尽管如此，受西欧大陆法律传统的影响，这一时期英国还是有自己的法律，虽说其中的刑事法律有些杂乱无章，却对普通法的形成与发展具有重要意义，从而对后来之犯罪认定产生影响。"各个王国一般都制定有自己的成文法典，如《埃塞尔伯特法典》（Aethelbret's Code）、《伊尼法典》（Laws of Ine）、《阿尔弗雷德法典》（Laws of Alfred）等，这些法典的内容是以后普通法形成的基础。"[4]在这些法典中，包括有关犯罪认定的刑事法律，只是在形式上主要体现为习惯法的内容和特征，对具体犯罪的规定也只是对某种行为的简单描述，缺乏有关犯罪成立的原则性、概括性的要件规范。更重要的是，由于封建前期的英国部族习惯法占主导地位，各个王国的法典只能适用于本辖区内，故从整个英国来说并没有普遍适用的刑事法律，这与后世的法律制度存在明显区别。正如法国著名比较法学家勒内·达维德所言，与地方习惯相对照而普遍适用于全英国的法律，在1066年以前是不存在的。[5]

总之，在被诺曼人征服之前，包括刑事法律制度在内的英国法律制度尚处于萌芽时期。"就不列颠的法律生活而论，英人的法律制度文明起始于盎格鲁-撒克逊时代。"[6]这一时期英国并没有严格意义上的刑事法律制度，犯罪认定相对简单、模糊，主要通过习惯法以及血亲复仇等方式规定，缺乏系统

---

〔1〕　See Harding Alan, *A Social History of English Law*, Penguin, 1966. p. 14.

〔2〕　See William Holdsworth, *A History of English Law*, Vol. II, Methuen & Co Ltd, 1982, pp. 50~54.

〔3〕　See Derek Roebuck, *The Background of the Common Law*, Oxford University Press, 1990, p. 11.

〔4〕　何勤华、夏菲主编：《西方刑法史》，北京大学出版社2006年版，第297页。

〔5〕　参见［法］勒内·达维德：《当代主要法律体系》，漆竹生译，上海译文出版社1984年版，第295页。

〔6〕　张彩凤：《英国法治研究》，中国人民公安大学出版社2001年版，第6页。

的犯罪认定规则。

(二) 盎格鲁–诺曼时期英国的刑事法律制度中的犯罪构成

1. 被诺曼人征服后英国的刑事法律制度与刑事审判制度

1066 年，诺曼人征服英国，盎格鲁–诺曼统治英国，英国进入封建主义时期。这一时期对英国法律制度的发展具有重大意义，分散的习惯法发展成为极具特色的普通法，凌乱的司法制度发展成为统一的司法制度。"在诺曼征服之后，经过一些重要的发展阶段，至 1135 年，影响普通法形成的关键的社会、政治和法律因素已水到渠成，例如，强大的王权、显赫的领主权、具有重大影响的统治者和地方社区之间的相互联系等。在土地占有等重要法律领域中，这些条件都成为习惯法演进和统一的基础，而且在习惯法的演进和统一过程中都有所反映。这些习惯法的存在，加上前述这些作为其存在前提的先决条件，保障了安茹王朝时期国家治理和法学理论的发展，而普通法也最终在安茹王朝时期得以形成。"[1]1066 年至资产阶级大革命爆发前，是英国封建法律得以确立的时期。与此相对应，英国刑事法律制度也有了长足的发展，与犯罪认定有关的一系列制度相继得以确立。

这一时期，英国刑事法律制度具有如下一些特点：一是刑事法律的渊源得以确立。1066 年之前，英国刑事法律主要由部族习惯法组成。封建时期的英国，通过威廉一世、亨利一世等几代君王的努力，犯罪认定初步有了相对清晰的规则可循，制定法、普通法与衡平法并行成为刑法的三大渊源。当时，一般情形下和特殊案件中的免责及正当化，以及关于误杀、谋杀、人身攻击、盗窃、伪造、伪证、诽谤、非法集会的定义及相关原则属于普通法领域，剩下的都是由制定法规定的。[2]二是罪刑认定规范化，出现了重罪与轻罪的划分。1066 年之前，英国刑事法律中的罪名比较杂乱，虽然也有侵犯国家利益的犯罪、侵犯宗教道德的犯罪，但归类也很随意，主要依靠习惯法调节。诺曼人征服英国之后，刑法在实质内容上发生明显变化，犯罪不再是笼统的、无体系的。"12 世纪的刑法在实质内容上发生了显著的变化；有关犯罪规定的普通法把严重的违法行为概括为可处以死刑的重罪，从而取代了更加偏重

〔1〕 [英] 约翰·哈德森：《英国普通法的形成——从诺曼征服到大宪章时期英格兰的法律与社会》，刘四新译，商务印书馆 2006 年版，第 32~33 页。

〔2〕 See James Stephen, *A History of the Criminal Law of England*, Vol. II, Macmillan and Co., 1883, p. 192.

以赔偿和其他形式的给付为目的的、古老的个人诉讼制度。"[1]三是刑事诉讼与民事诉讼分开。习惯法时期的英国法律，民刑不分，诸事一体，诉讼上也不划分民事案件与刑事案件，这与当时落后的政治、经济体制是分不开的。到了格兰威尔时期，随着普通法的轮廓逐渐清晰，民事审判与刑事审判被区别开来。当格兰威尔把刑事诉讼和民事诉讼区别开来的时候，那种民事诉讼是真正的、老式的对人诉讼；而刑事诉讼是有关罪过的诉讼。[2]四是司法职业化。司法职业化是封建时期英国法制最为重要的成果。法律的分类、不同诉讼的分离以及犯罪的分类等，不可避免地促成司法常规化，专业性的司法机构逐渐建立，法律逐渐与普通社会生活分离，职业法学家成为法律的主宰。而且，英国的司法职业化远比大陆法系要彻底，它尽量避免政治的干扰，极力呵护政府的守夜人——主持人间正义的司法机关和法律专业队伍，成就了他们在整个法律体系中的核心和灵魂地位，使英美法系真正成为法官表演的舞台，"法官法"之名由此而生。

司法权的专属与法律职业化，为犯罪认定的司法（程序）中心主义打下了基础，这也是今日之英美法系国家犯罪论体系迥异于大陆法系国家的渊源所在。当时，英国的司法（程序）中心主义主要体现在以下方面：一是制定法相对匮乏。虽然说封建时期的英国拥有了有关犯罪的制定法，如1351年的叛逆罪法，但绝大多数犯罪还是依靠司法认定，这一特色从威廉统治时期（约1028年~1087年）就初露迹象。"威廉确曾创立了一个法院即皇家法院，以一个诺尔曼的主教为其首长，称为大法官（Chief Justiciary），去行使一切的司法权。但是并没有固定的法制，更无任何法典的制定。"[3]二是犯罪认定的程序性。虽然说格兰威尔把刑事诉讼和民事诉讼区别开来，但许多情况下犯罪与民事违法等并无可循界限，主要取决于当局和被害者选择的裁判形式，在程序中产生犯罪与民事违法等的区别。"当时在理论上，罪错并未分成两种类型即应予惩罚的危害社会的罪行和必须对受害者进行民事赔偿的侵权行为。不过，它们很可能被当局或者是应受害者的请求而提交司法裁判，而且在这

---

〔1〕［英］约翰·哈德森：《英国普通法的形成——从诺曼征服到大宪章时期英格兰的法律与社会》，刘四新译，商务印书馆2006年版，第32~33页。

〔2〕参见［英］S. F. C. 密尔松：《普通法的历史基础》，李显冬等译，中国大百科全书出版社1999年版，第461页。

〔3〕［美］莫里斯：《法律发达史》，王学文译，中国政法大学出版社2003年版，第217页。

些不同的程序中，产生了概念性的区别。"[1]三是诉讼的灵活、便捷。诉讼的灵活与便捷是司法中心主义的保证，因为人们可以在身边不同的司法机关进行诉讼，以及在发生司法懈怠后灵活选择司法机关，保证了司法的独立与正义的实现。"各种法院之间的司法实践必定存在着差异，尤其是在程序问题上，但是也有迹象表明各种法院之间存在着共同的程序和关于实体事项的共同惯例。盎格鲁-撒克逊时期英格兰这种松散的纠纷解决模式也有助于解释各种法院之间这种共同的司法实践，即人们可以在几个采邑法院、郡法院或者百户区法院参加诉讼。"[2]

其实，英国的程序中心主义在法律中确立便产生于这一时期。根据英国历史上著名的大法官、法学家科克（1552~1634年）的观点，程序正义在法律中的表现最早见于1215年的《自由大宪章》第39条。[3]该条规定："凡自由民，如未经其同级贵族之依法裁判，或经国法判决，皆不得被逮捕和监禁，没收财产，剥夺法律保护权，流放，或加以任何其他损害。"爱德华三世时期，首次在法律文件中明确提到"正当法律程序"。1354年，英国国会通过的《伦敦威斯敏斯特自由令》第三章第28条规定："未经法律的正当程序进行答辩，对任何财产或身份的拥有者一律不得剥夺其土地或住所，不得逮捕或监禁，不得剥夺其继承权，或剥夺其生存之权利。"此后，在14世纪后的其他六部成文法中，正当法律程序作为司法的原则被反复表达，程序正义的观念逐渐浮现。[4]从此，程序正义成为英国法的核心价值。

2. 犯罪认定的程序规则：以布瑞克斯坦案为例[5]

布瑞克斯坦是居住在某教堂统辖的位于彻特瑞斯村一所房子里的普通人。

---

〔1〕 ［英］S. F. C. 密尔松：《普通法的历史基础》，李显冬等译，中国大百科全书出版社1999年版，第461~462页。

〔2〕 ［英］约翰·哈德森：《英国普通法的形成——从诺曼征服到大宪章时期英格兰的法律与社会》，刘四新译，商务印书馆2006年版，第62页。

〔3〕 See R. E. Cushman, "Due process of Law", *Encyclopedia of the Social Sciences*, Vol. V, pp. 264~365.

〔4〕 See Faith Thyompson, *Magna Carta: Its Role in the Making of the English Constitution 1300~1629*, University of Mineapolis Press, Mineapolis, Minnesota, 1948, p. 69.

〔5〕 史料保存的盎格鲁-诺曼时期的刑事案件非常少见，《律令汇纂》中记载的也不过是传奇记载。关于布瑞克斯坦案件，源自英国编年史学家奥德瑞克·威塔利斯保存的一封埃里大教堂主教的信件，记录着1115年或1116年发生的这起非同寻常的案件。该案虽然具有轶闻奇事色彩，但依然具有积极意义，毕竟违法行为的本质不会有太大变化。(该案详情参见 ［英］约翰·哈德森：《英国普通法的形成——从诺曼征服到大宪章时期英格兰的法律与社会》，刘四新译，商务印书馆2006年版，第65~67页。)

如其邻居所言，他不招惹任何人也不损害他人财产，而是以一般俗人体面的方式操持着他自己及其家庭的事务。他借钱给穷人但并不放高利贷，不过由于太多人不讲信用，他要从债务人那里索取担保。出于某种信念，他试图寻求接受圣本尼迪特克戒律的约束，期望披上袈裟。可悲的是，亨利国王手下的一个名叫罗伯特的大臣对布瑞克斯坦提出非难，控告他是一个窃取国王钱财并隐匿起来的盗窃犯，竭力想穿上袈裟逃避对所犯罪行的审判和惩罚。他还被控告发现宝藏，并靠秘密偷盗宝藏成为高利贷者，同时受指控的还有布瑞克斯坦的妻子。此案由郡法院审理，王室法官拉尔夫·巴瑟特主持审理，罗伯特及许多教士、僧侣参与了审判。最后夫妻两人被判处刑罚并被投进监狱。所幸的是，最后在神明和圣徒的救助下，布瑞克斯坦重获新生。

该案中，布瑞克斯坦被指控犯有盗窃罪，人们从审判过程切身体会到诉讼程序在定罪中的关键作用。首先，盗窃罪作为实体上的重罪，在罪行及其程度并不明确的前提下，仅仅通过启动诉讼程序就能够认定犯罪，虽说由王室官员提起，也足见程序对认定犯罪的决定作用。"据记载，诉讼程序包括控诉的提出和对控诉的反驳，紧随其后的是对被告人的一般性格和体貌特征等问题的辩论。"[1]其次，布瑞克斯坦实施的是属于被称为刑事案件的那一类违法行为，当时民事诉讼与刑事诉讼并没有区分开来，严格地说直接将该案称为刑事案件并不确切。那么，如何将之作为较重的违法行为——犯罪论处的呢？这就涉及诉讼方式的问题，即布瑞克斯坦的违法行为威胁的是社会安宁，以此为据提出诉讼，从而区分出作为严重违法行为的刑事犯罪。"这种威胁使得这些违法行为可能引起国王的不安，公众将这些违法行为视作违背了一个年逾12岁的人向国王所郑重承诺的基本的效忠誓言，并和他曾向国王承诺应矢志践行的善良举止相抵触，公众的这些观念也会引起国王对这些违法行为的关注。"[2]

通过布瑞克斯坦案，我们可以清晰地发现普通法中程序规则对犯罪构成的决定作用。"到了格兰威尔时期，即公元1187~1189年前后，英国的普通法的轮廓已十分清楚了，其基本要素也已经确立了很久：它由一个紧密联系的

---

〔1〕〔英〕约翰·哈德森：《英国普通法的形成——从诺曼征服到大宪章时期英格兰的法律与社会》，刘四新译，商务印书馆2006年版，第68页。

〔2〕〔英〕约翰·哈德森：《英国普通法的形成——从诺曼征服到大宪章时期英格兰的法律与社会》，刘四新译，商务印书馆2006年版，第68页。

法官群体依循一定的程序来实施。"〔1〕在盎格鲁-诺曼时期，对犯罪行为进行司法裁判的机关和将他们交付审判的机关是同一的，犯罪认定基本上在诉讼程序中解决。"不过现代刑事法律当然起源于这些在王室法院裁判的罪错之中，更确切地讲，是来源于由国王提议而被提交司法裁判的诉讼制度中。刑事案件也可能会由于当事人的请求而被提交司法裁判。在重罪的情况下是通过重罪申诉，而在其他的违反国王的特别法律、破坏国王秩序的情况下，则是通过暴力侵害行为之诉对案件提起诉讼。"〔2〕

3. 程序的犯罪构成：普通法的必然选择

以 1066 年诺曼人征服英国作为发端的标志，普通法的历史至今也不过900 多年，较之大陆法系的历史（以公元 533 年查士丁尼的《国法大全》在君士坦丁堡颁布为始）要短得多。大陆法系悠久的历史、广泛的分布以及深远的影响，无疑让大陆法系的学者们更引以为豪。在他们看来，普通法相对粗糙和无体系，与大陆法难以比拟。确实，时下我国学界在研究犯罪论体系时，普遍以沉浸在德、日等大陆法系国家理论中为荣，对英美法系国家的犯罪论体系，似乎不屑一顾，也不愿意深入探究。"肤浅的大陆法比较研究者也往往会在普通法法学家面前表现出高傲的姿态。尽管他们也许会承认我们经济的发达、羡慕我们的生活方式，但是他们总会把我们的法律制度看成是不发达的制度，把我们的法学家看成是相当缺乏法学素养的人，从而得到补偿性的精神慰藉。"〔3〕

应当说，来自西欧大陆的诺曼人征服英国后，完全可以仿照西欧大陆的法律传统建立起成文法律体系，是什么原因促使他们选择普通法而非大陆法，从而走上一条完全不同于大陆法系的法治之路呢？换句话说，习惯法可以没有书面记录，但王室立法为什么不应像罗马皇帝的法律《优士丁尼法典》那样体现为正式的书面文本呢？对此，格兰威尔有过较为详细地分析。他认为，尽管英格兰的法律不是成文的，但把它们称为"法律"看起来并不荒谬，它们是为解决某些问题而依贵族的提议，并得到国王的支持从而在大谘会议上

---

〔1〕 ［比］R.C. 范·卡内冈：《英国普通法的诞生》，李红海译，中国政法大学出版社 2003 年版，第 4~5 页。

〔2〕 ［英］S.F.C. 密尔松：《普通法的历史基础》，李显东等译，中国大百科全书出版社 1999 年版，第 462 页。

〔3〕 ［美］约翰·亨利·梅利曼：《大陆法系》，顾培东、禄正平译，法律出版社 2004 年版，第 3 页。

颁布的。鉴于"能取悦于王者亦具有法律效力"也是一条法律，如果仅仅因为缺乏成文的形式而那些不成文的法律就不被视为法律的话，毫无疑问，成文的形式要比法律制定者本人的公正或理性所赋予成文法的权威更大。[1]另外，普通法生来就与统一的司法体系和高素养的法律职业人联系在一起。统一的法院体系和司法权下的专业化司法机构，以及完全职业化的法官和律师，促使普通法国家始终拥有一支高素质的司法专职队伍，保证了王权在司法领域内的专业化以及诉讼的强烈抗辩色彩。这种司法模式显然与欧洲大陆一直以来的法治观念形成鲜明对比。众所周知，古希腊、古罗马的先哲们提倡法治，是因为是非曲直在当事人之间难以辨识，而裁判者往往由于私欲难以秉公断案，这就需要规范明确，限制司法权滥用，保证裁判公正。因此，严明的成文法就成为推行法治的关键。然而，法治的终极目标，还是在于恢复事情真相。如果拥有一套完整的职业化审判机构和一支高素质的司法队伍，能够最大限度地秉承事实公正，只要法官和律师们按照他们心中的正义施展才华，则成文法所追求的目标自然可以实现。此时，严明、刻板的规范又何尝不会成为实现事实公正的制约呢？因此，普通法需要专业化的法官和律师而不是理论家，需要灵活变通而不是信奉教条，需要实践而不是长篇大论，需要法律成为生活的"指南针"而不是掣肘。"普通法是活的法，是直接源于解决纠纷并紧密服务于生活的法，是把实际效用置于首要地位的法，是视实践为生命的法，是实践者所创造的法。……在普通法体系内，法律实践者们天然地拥有广阔而自由的施展才华的空间，而法律的理论家必然退居次要的地位，这种角色分配恰与以罗马法为渊源的大陆法系形成对照。"[2]

总之，英美法系选择程序规则作为犯罪认定的根基，既是历史的必然，也是其以普通法为基础的法律渊源发展的当然结果。如果说大陆法系犯罪构成的实体化使得犯罪构成最终成为实体法及理论上的概念的话，那么在没有彻底实体化的英美法系国家，犯罪构成的程序性特征得以保留是情理之中的。"这一诉讼性质的 Corpus delicti 传到英美法中后，直到现在，在有关口供、辅

---

[1]　参见［比］R. C. 范·卡内冈：《英国普通法的诞生》，李红海译，中国政法大学出版社2003年版，第3~4页。

[2]　［英］约翰·哈德森：《英国普通法的形成——从诺曼征服到大宪章时期英格兰的法律与社会》，刘四新译，商务印书馆2006年版，译者前言，第vi页。

助证据方面，仍然使用着这一概念。"〔1〕

（三）资产阶级大革命后英国刑事法律中的犯罪构成

1640 年英国资产阶级大革命爆发，其结局以革命不彻底告终，这种不彻底也体现在刑事法律的发展上。"革命后，刑法制度并没有发生太大的变化，刑法仍遵循着中世纪刑法发展的轨迹前行，一些旧时代的制度在很长一段时间内仍适用。"〔2〕值得提出的是英国 19 世纪刑法改革之法典化与轻刑化。当时，法国率先制定成文刑法，规定罪刑法定原则，对欧洲其他国家产生重大影响，并在世界范围内掀起了法典化高潮。英国自然被这股浪潮席卷，并进行了尝试，著名法学家边沁是其中的极力倡导者。1826 年至 1832 年制定的罗伯特·比尔法案，为制定刑法典打下了基础，并尝试确立罪刑法定、罪刑相适应等原则，制定一部统一刑法典以取代 18 世纪散乱而刑无分别的法律。〔3〕不过，就普通法本身的形成过程而言，不会使刑法成文化获得大的发展机会，其与民法等私法的混同也不会有太大改变。真正导致刑法发生变革的是外部因素——立法。由于刑事法律不断出现的立法趋势，导致制定法日益壮大，与普通法中的刑事法律一道，组成刑法的基本形式。如此一来，到 18 世纪，英美法系中的刑事法律显得极不协调，似乎存在一种背离最基本规律的不一致性。〔4〕此后，英国政府进行了坚苦卓绝的努力，于 1861 年通过了 6 个统一法案，其中有关盗窃、恶意损害、伪造、私铸货币以及侵犯个体的犯罪规定，与后来的《制定法全书》内容极接近。统一法覆盖了一般的刑事法律，并对常发生的大部分罪规定了惩罚措施。但是，由于法案同时认可大量未以权威方式写下来的普通法罪名和刑法原则，使得他们在内容与结构上都存在赘余与混乱，导致法案在颁布后的 21 年间很少被采用。〔5〕

---

〔1〕 ［日］小野清一郎：《犯罪构成要件理论》，王泰译，中国人民公安大学出版社 2004 年版，第 3 页。小野清一郎的这段话说明，今日之英美法系犯罪构成仍然保留有程序性质。不过，他所认为的 "Corpus delicti 传到英美法"，并不确切。因为，"Corpus delicti" 由意大利学者法利休斯提出后已经是 16 世纪末期的事，彼时的英美法系早就形成自己独特的法律风格与犯罪认定体系，又如何接受大陆法系的深刻影响呢？其实，英美法系犯罪构成今日之诉讼特征，乃保留原始之风所致。

〔2〕 何勤华、夏菲主编：《西方刑法史》，北京大学出版社 2006 年版，第 322 页。

〔3〕 See James Stephen, *A History of the Criminal Law of England*, Vol. I, Macmillan and Co., 1883, p. 473.

〔4〕 See such manuals as R. Burn, *Justice of the peace and Parish Officer* (1st edn., 1755).

〔5〕 See James Stephen, *A History of the Criminal Law of England*, Vol. II, Macmillan and Co., 1883, pp. 217~218.

虽然制定法在历史发展进程中取得了一些发展，但英国的法官对于大学里讲授的法律体系并不感兴趣，他们始终觉得"更加重要的是说服王室法院对案件进行管辖的能力，并且在程序的荆丛中寻找出路，因为种种'诉讼形式'中必须遵循最机械的形式"。〔1〕司法实践中，发生了特定的案件事实，首先必须通过特定诉讼方式进行处理，凭借这种特定诉讼形式才能够向王室法院提起诉讼。即使以前的诉讼方式不适宜现实的特定案件，也不能改变通过一定的诉讼方式进行处理的原则，只是需要创造出新的程序规则、引入新的诉讼模式而已。"数世纪以来——事实上直至 1873 年和 1875 年《司法组织法》之前，英格兰的普通法都是由一系列的诉讼和法律救济方式构成的，每一种诉讼和救济方式都要求自己特定的程序。"〔2〕由于普通法影响如此之深，乃至于在历史上英国刑事法律即使有过改革，也缺乏根基。"16 世纪见证了那些特权法庭不断增长的重要性，甚至是亨利八世引进罗马法的某些努力；但 17 世纪却看到了普通法的胜利，由此它保留了其实质性的诉讼制度直至 19 世纪的大变革，而实体法中的许多内容则一直持续到今天。"〔3〕直到 19 世纪才有人使这种结果形成制度，而且即使在那时，对大多数人影响最大的法律还是混乱的。只有最近这些年在英格兰才有人做出巨大努力，使所有层次的刑事法律系统化，并且用比中世纪偶然留下来的更恰当的术语对其进行陈述。〔4〕

尽管时下英国的制定法得到空前发展，罪名也不断扩张，但并不等于英国刑事法律中的犯罪构成彻底走向实体化。在英国刑法中，实体性质的制定法往往只规定行为要件和主观要件，与责任能力有关的犯罪构成要件则被规定在刑事程序法中。例如，1861 年的《侵犯人身罪法》规定："教唆、鼓励、劝说或者企图劝说他人实施谋杀或者建议他人实施谋杀的，不论该人是不是女王的臣民，也不论该人是否在女王的统治范围内，均构成犯罪，经依法判罪者，处终身监禁。" 1883 年的《精神病人审判法》则规定了无责任能力的

---

〔1〕［法］勒内·达维：《英国法与法国法：一种实质性比较》，潘华仿等译，清华大学出版社 2002 年版，第 9 页。

〔2〕［比］R.C. 范·卡内冈：《英国普通法的诞生》，李红海译，中国政法大学出版社 2003 年版，第 113 页。

〔3〕［比］R.C. 范·卡内冈：《英国普通法的诞生》，李红海译，中国政法大学出版社 2003 年版，译者序，第 135~136 页。

〔4〕参见［英］S.F.C. 密尔松：《普通法的历史基础》，李显东等译，中国大百科全书出版社 1999 年版，第 484 页。

精神病患者无罪的情形。"起诉书控告某人的作为或者不作为构成犯罪，而审判中有证据证明该人系精神病患者，根据法律不应对其作为或者不作为负责，若陪审团认为被告人实施了所控告的作为或者不作为，但该行为发生时系精神病患者，则陪审团可作出被告人因系精神病患者而无罪的特别裁决。" 1964年的《刑事诉讼（精神病）法》则对精神病患者以及无行为能力等不适合审判的辩护事由，作了进一步规定。如果考虑到还存在大量具有程序色彩的责任抗辩事由，则英国刑事法中的程序性犯罪构成要件无疑具有重要地位。

二、美国刑事法律中的犯罪构成源流

（一）殖民地时期刑事法中的犯罪构成

美国殖民地时期的法律保存下来的不多，基本上没有什么记载。一般认为，美国法律的基本成分有三：一是定居者带到美国的英国法；二是土生土长的法律规范和法律实践，即由当地自然条件、经济条件、社会习惯以及定居者特征等地方因素决定，为应对当地实际问题而产生的法律；三是由殖民地居民的意识形态所产生的法律，如清教徒掌权时制定的一些与英国法不同，也与当地的自然、社会条件无关的，纯粹反映其信仰的法律。[1]殖民地时期，制定法是美国刑事法律的主要渊源之一。如 1648 年《马萨诸塞法律与自由权汇编》就规定了许多刑事规则，大多数普通犯罪，如谋杀罪、纵火罪、盗窃罪都被收录其中。[2]殖民地时期的美国尚未统一，国家由条块分割的不同区域组成，各地的刑事法律制度和刑事司法制度差别很大。"如同殖民地的法律经验和其他方面一样，殖民地的刑事司法有时是不好概括的。不同的地方和不同时期差别甚大。早期马萨诸塞的情景具有渗透性和强加于人的特点，但却是有效的社会控制体系。"[3]特定的历史时期和特殊的政治形势，使得刑事法律中包含有大量的政治和经济政策，导致犯罪认定充满不少变数，如公民的反抗并不一定是违法或者犯罪行为。[4]

---

〔1〕 See Lawrence M., *History of American Law*, 2nd ed., Simon & Schuster, Inc, 1985, p. 90.

〔2〕 参见 [美] 劳伦斯·M. 弗里德曼：《美国法律史》，苏彦新等译，中国社会科学出版社 2007 年版，第 52 页。

〔3〕 [美] 劳伦斯·M. 弗里德曼：《美国法律史》，苏彦新等译，中国社会科学出版社 2007 年版，第 56 页。

〔4〕 参见 [美] 劳伦斯·M. 弗里德曼：《美国法律史》，苏彦新等译，中国社会科学出版社 2007 年版，第 57 页。

受宗主国影响，殖民地时期美国法律具有典型的普通法特点，即诉讼因素占据重要地位，甚至刑法的实施都有赖于刑事诉讼来保证。因此，刑事程序法的发展、完善始终比刑事实体法要快。如马萨诸塞州1641年通过的《自由主体法》中，就确立了许多现代美国刑事诉讼的基本原则：平等地适用法律；未经法庭审判不得限制人身自由和监禁；不得因同一犯罪受到两次审判；限制刑讯逼供，等等。此外，殖民地时期美国法律还突出体现了刑法与道德相融合的特点。罪与非罪、神法与世俗法、道德戒律与刑法是紧密地纠缠在一起的。如果上帝认为某些行为是极不道德、有罪的，那么殖民地时期美国法律通常都会将这些行为规定为犯罪，因为地方长官有责任抑制此类行为。[1]

（二）独立战争后美国法律的走向

独立战争结束后，美国社会普遍存在对英敌视态度，普通法在某种程度上遭抵触，被认为是君主制产物，与美国民主不符。于是，引进在欧洲大陆具有广泛影响的法国法就成为人们的共识。然而，在英国殖民统治下的美国，其政治、文化、生活习俗、语言习惯以及法律模式都非常具有英国特色，加上缺少懂法语和熟悉法国法律的法律工作者，使得美国法律法国化进展非常缓慢。实际上，长期的殖民统治已经使英国法渗入美国社会的各个领域。例如，受英国的法律职业化影响，殖民地时期美国的法律职业异常繁荣，遍及全国。"盖奇总督抱怨说：'在他的政府里（指马萨诸塞州）所有的人都是律师或者懂一点儿法律的人。'其他的殖民地也有类似的情况。到革命爆发时，巩固的法律职业已遍及全国。情况确实是这样，尽管早期的殖民地居民试图不用律师而和睦相处。"[2]在美国独立后的很长时间内，英国传统法、大陆成文法与美国本土法律观共同推动着美国法律发展，使美国法律呈现多样化特征。[3]不过，由于普通法已经渗透到美国社会的方方面面，以至于任何敌视情绪都是枉然，其主导地位最终还是在美国社会得以确立。此后，受美国特定历史条件以及人文环境等影响，美国在民主法治观念方面比英国更彻底，更倾向于实质化。南北战争以后，美国社会基本确立了自己的法治传统，法律的主要功能不再是压制，而是为经济增长服务，为使用者服务。人们更多

---

〔1〕　转引自何勤华、夏菲主编：《西方刑法史》，北京大学出版社2006年版，第350页。
〔2〕　[美]伯纳德·施瓦茨：《美国法律史》，王军等译，法律出版社2011年版，第6页。
〔3〕　参见何勤华、夏菲主编：《西方刑法史》，北京大学出版社2006年版，第350页。

时候将法律视为实用工具，用来保护财产、维护秩序、扩展中产阶级的利益，促进增长以及释放和利用国家潜藏的能量。[1]因此，美国法较之英国法更重视程序因素，不计较法的形式。即使是判例制度，美国与英国也存在一些差异。"事实上，在美国，我们从未见过严格的遵循先例（stare decisis）原则。遵循先例原则只有在 19 世纪的英国得到真正实现。我们对先例宽松的态度表现了更古老的——但不必然更落后——原则。"[2]

虽然美国刑事法较之英国更为程序化，但在刑事立法方面并非落后，而是坚定地向制定法迈出步伐，其标志是 1962 年由美国法学会完成的《模范刑法典》。这部根据大陆法系国家成文法传统制定的刑法典，虽然对各州不具有约束力，只是发挥指导与参考作用，却在此后的几十年间掀起了美国各州对实体刑法进行广泛修订与法典化的高潮。

（三）正当法律程序与犯罪构成

在英国《自由大宪章》公布 576 年后的 70 余年时间里，美国宪法增加了两个具有里程碑意义的正当法律程序条款：1791 年通过的《宪法》第 5 条修正案，适用于美国联邦政府；1868 年通过的宪法第 14 条修正案，适用于美国各州的州政府。[3]虽然说这两个正当法律程序条款源自英国，但其意义和价值远远高于英国的正当法律程序原则。"正当程序已经发展到不再限于要求行政部门如何执法，也涉及立法机关的所作所为；也就是说，正当程序已经具有了实体方面的重要性。"[4]正当法律程序具体分为程序性正当法律程序和实体性正当法律程序。

程序性正当法律程序要求在一切剥夺私人生命、自由或财产时，必须符

---

〔1〕 See Lawrence M. Friedman, *A History of American Law*, 2nd ed., Simon & Schuster, Inc, 1985, p. 114.

〔2〕 See Wise, "The Doctrine of Stare Decisis", *21 Wayne L. Rev.* 1043, 1046~1047（1975）.

〔3〕 美国《宪法》修正案第 5 条规定："没有人该对死刑案件或其他不显著的罪行负责，除非大陪审团提出或起诉，在战争或公共处于危险时的实际服务期间，产生于陆军或海军，或国民军部队的案件除外；任何人都不能因为同一罪行而使生命或四肢受到两次危险；也不能在任何刑事案件中被强迫成为反对本人的证人，没有正当法律程序，不能被剥夺生命、自由或财产；没有正当的赔偿，私人财产不能作为公共使用。"第 14 条修正案的主要内容是："没有州能制定或实施删节美国公民特权或豁免权的法律；没有正当法律程序，任何州都不能剥夺任何人的生命、自由或财产；不能拒绝管辖范围内的任何人受法律平等的保护。"

〔4〕 [美]约翰·V. 奥尔特：《正当法律程序简史》，杨明成、陈霜玲译，商务印书馆 2006 年版，第 7 页。

合自然正义的要求。其目的在于禁止政府未经正当的手续就剥夺公民的生命、自由和财产，限制政府行为，保障个人。在犯罪认定中，程序性正当法律程序往往侧重于刑事审判具备某种程度上的注意和倾听、传唤证人、交叉质证、说明理由，并要求法官必须是一个理性的决定者。程序性正当法律程序经过扩展，具体包含人身保护令、无理拘捕、搜索与收押、不利证言拒绝权、一事不再理等程序原则，是美国宪法规定的刑事程序公平原则的重要组成部分。这些原则有的虽然在大陆法系也存在，但在本质上决然不同。以一事不再理原则为例，根据美国联邦最高法院的解释，刑事被告人如果已经受到管辖法院的审理，不得对于同一犯罪再加以审理。[1]在举世闻名的"辛普森杀妻案"中，美国法院最终因为证据不足宣判辛普森无罪，即使后来辛普森承认自己杀死了妻子。对此，美国人的态度明显有别于德国人。"美国人的反应是，'得了，我们什么也不能干。检察官试图定罪但没有成功。重新开始刑事程序会是不公正的'。德国人的反应是，'这个认罪是不利于他的新证据。如果时效还没有过去，那么重新审查这个案子和重新进行起诉，都是不会有错误的。法治的要求不能更低了'。"[2]

实体性正当法律程序要求联邦和州议会所制定的法律必须符合公平与正义，政府的行政行为受到必要的限制。实体性正当法律程序开创性应用乃源于 1865 年纽约州的"怀尼哈默案"。当时，纽约州一项法律禁止出售非医用烈性酒并禁止在住所之外的任何地方储放非用于销售的酒类。纽约州法院认为，"该法的实施，消灭和破坏了这个州的公民拥有烈性酒的财产权"，这恐怕与正当程序条款的精神不符。由此，正当法律程序被赋予实质性含义：规定销毁已经为其所有者拥有的财产，这样的剥夺财产权的做法，"即使在形式上符合法律的正当程序，也超出了政府的权限范围。此案所涉及的这项法律，尽管没有法律上的缺陷，也违反了宪法规定的精神。宪法已经明确地表示要保护个人的权利，使其不受专断权力的损害"。[3]这一判决的意义在于纽约州法院

---

[1]　See Kepner v. United States，195 U. S 100（1904）；United States，v. Oppenheimer.，242 U. S 85（1916）.

[2]　[美]乔治·P. 弗莱彻：《刑法的基本概念》，蔡爱惠等译，中国政法大学出版社 2004 年版，第 270 页。

[3]　[美]詹姆斯·安修：《美国宪法判例与解释》，黎建飞译，中国政法大学出版社 1999 年版，第 79 页。

用实质性正当程序代替了自然法，对立法权进行实质性的制约。1865 年，联邦最高法院在"怀尼哈默案"中首次将法律的正当程序条款作为实体法条款使用。

除了程序性正当法律程序和实体性正当法律程序外，英美法系国家的其他抗辩事由或许在大陆法系国家能够轻易归入实体的犯罪构成中，但在英美法系国家却找不到归入的依据，只能从程序方面寻求出路。例如，德、日刑法中的正当防卫、紧急避险等违法阻却事由，并不在英美刑法的规定之中，不具有实体性质。"与德国理论形成对照的是，普通法法院不承认法律上的'违法性'是任何犯罪都内在具有的。所以，在承认紧急状态或者较小恶害之正当性时，普通法法院遇到了特殊的困难。这个抗辩事由通过对宪法权利、自然权利和契约权利的讨论而得到过滤，但据我所知，还没有哪个法院用广泛而原则化的语言承认这一要点。理由在于，普通法法院对立法权威的遵从超过了对刑事责任轮廓的尊崇，这一点它们已经习惯了。"[1]于是，对于这一存于英美法中的抗辩事由，只能从宪法规定的权利以及程序规则中寻找理论依据。"只要这一抗辩事由存在于英美法中，就能在特定的犯罪的缝隙中找到它，同时借助各种各样的支持这一主张的论点。例如，在一些案件中，法院借助合同解释理论来论证水手们在极度危机状况下的反抗是正当的。"[2]

最后需要说明的是，虽然正当法律程序源自英国，发达于美国，但两国的正当法律程序是存在区别的。首先，英国的正当法律程序原则确立于普通法，而美国的正当法律程序原则规定于宪法；其次，英国的正当法律程序观念主要侧重于程序公平，其实体正义的内容被法治、议会主权和分权理论所吸收，而美国的正当法律程序既有程序性正当法律程序的意义，也有实体性正当法律程序的含义，不仅其程序性正当法律程序与英国的程序公正原则不一致，而且美国的法院在运用正当法律程序原则处理案件时，要求当事人必须有与其生命、自由和财产密切相关的利益，且该利益正受到政府的立法、行政行为的影响。[3]

三、英美判例制度与犯罪构成

与普通法相辅相成的是先例制度，即法官在解决当事人的纠纷中创制出

---

〔1〕 ［美］乔治·弗莱彻：《反思刑法》，邓子滨译，华夏出版社 2008 年版，第 417~418 页。
〔2〕 ［美］乔治·弗莱彻：《反思刑法》，邓子滨译，华夏出版社 2008 年版，第 572 页。
〔3〕 参见徐亚文：《程序正义论》，山东人民出版社 2004 年版，第 36~37 页。

具有约束力的法律——判例。虽然判例不像制定法那样具有普遍强制力，但一个正式公布的判例，对后来的法官是可能具有"约束力"（"说服力"）的。法官有义务遵循具有约束力的判例。如果一个已决判例成为法律上的判例，并因而作为其后判决的一个形式依据，那么后来的适当级别的法官，如下级法院的法官，首先要将它视为权威。因而，这种判例就具备了我们通常所说的权威形式性。在判例成为形式推理渊源后，受其权威约束力影响的法官必须赋予它一定的强制形式性。

在英国，遵循判例的理由多种多样。如对相似案例同等对待，体现法律面前平等；限制偏见、专断的范围；有利于当事人作出安排，增进信赖；有助于保护败诉方对法律的遵守；节省重新调查案件的资源，提高效率；促使法官决断时仔细考虑，认识自己担负的责任。[1]判例主义不但是普通法建立的根据，而且是普通法规则的源泉。"刑事案件中判例原则的确立，一般来说与陪审团的裁断无关（陪审团的裁断可能是法官意料之外的，甚至与法官就适用法律的指导意见相反）。如果案件被提起上诉，则上诉法院所作出的与原法官就适用法律的指导意见直接有关的评论，就成为该案所创立的判例。上诉法院所作的其他关于法律的说明，则被称为'附论'（不是裁决所必需的陈述）。这些附论虽然对以后的案件发生具有说服力影响，但它们决不能成为具有约束力的判例，其作用的大小取决于该法院的地位是否显赫。"[2]至于上诉法院作出的判决，并非无条件成为具有法律约束力的判例，而是存在某些例外。例如，上诉法院的判决必须以下级法院法官所确认的事实为基础，否则就可能不具有法律约束力。"治安法官在简易审判中所作的判决，以及经上诉以后由刑事法院作出的判决，都不能构成判例。……上诉中的判决将在治安法官或刑事法院确认已得到证明的事实的基础上作出，这种判决将构成具有法律约束力的判例。"[3]

法官遵循判例的另一重要原因是，他们被支持该判决的实质推理所说服。

---

〔1〕　参见［美］P. S. 阿蒂亚、R. S. 萨默斯：《英美法中的形式与实质——法律推理、法律理论和法律制度的比较研究》，金敏、陈林林、王笑红译，中国政法大学出版社 2005 年版，第 96～97 页。

〔2〕　［英］鲁珀特·克罗斯、菲利普·A. 琼斯：《英国刑法导论》，赵秉志等译，中国人民大学出版社 1991 年版，第 9 页。

〔3〕　［英］鲁珀特·克罗斯、菲利普·A. 琼斯：《英国刑法导论》，赵秉志等译，中国人民大学出版社 1991 年版，第 9 页。

如果先例之判决有误，或者先例裁判法院认为有必要重新考虑或不遵守自己的先例是正确的，则可能被认为不具有权威拘束力。由此，我们不难理解英美法系中采纳的判例原则之于普通法的重大意义，这也是普通法在英美法系国家经久不衰的主要原因之一。直至今天，英国刑法法典化虽然还在进行，但终未有结果。即便将来真正的刑法典出台，也并不等于普通法就会完全退出历史舞台，强大的普通法传统必然会一直陪伴其内，英国法官创制判例法的惯例也不会改变。不过，英国的制定法具有悠久的传统，在刑事法中发挥着一定作用，加之沿袭以来的判例法传统，这些为实体性因素渗透到犯罪构成中打下了基础。"从 12 世纪到 14 世纪，王座法院的法官们详尽阐述了关于较严重的犯罪（即后来人们所知的'重罪'）的规定。14 世纪，关于较轻的犯罪（即后来人们所知的'轻罪'）的规定也这样逐渐形成。后来，通过法官在一些特殊案件中的裁决以及新法院的活动，又创制了一些关于轻罪的罪名。王政复辟以后，普通法的法官们又增加了一些轻罪罪名，这些法官们'总是要求拥有把某些特定行为定为轻罪的权利，虽然他们从来没有试图对重罪案件也这么做'。但是到了现代，制定法则在刑法中占据着重要地位。"〔1〕判例制度的确立，为以诉讼程序为中心的普通法提供了有力保障。

四、制定法时代的英美法系犯罪构成

在美国，19 世纪末期的刑法发生了相当大的变化，即已经积累了一大堆制定法保存并得以下来。"到 1900 年止，尽管多数州仍然机械地承认普通法犯罪的可能，但有些州已制定成文法特意取消了这一概念。这些成文法明确规定，所有犯罪都列入刑法典，除此之外不是犯罪。在一些州里，法院通过解释刑法典（悄然地）取消了普通法犯罪，在这些州里，普通法犯罪概念虽然幸存下来，但却几乎不曾引用，刑法典实际上取得了完全的、独占的地位。"〔2〕今天，无论是在美国还是在英国，抑或是其他英美法系国家，制定法确实在很大程度上已经慢慢地取代了普通法在认定犯罪中的主导作用。"最近的 50 到 80 年间，美国法发生了一个根本性的变化。这段时期内，我们已经

---

〔1〕 [英] 鲁珀特·克罗斯、菲利普·A. 琼斯：《英国刑法导论》，赵秉志等译，中国人民大学出版社 1991 年版，第 3 页。

〔2〕 [美] 劳伦斯·M. 弗里德曼：《美国法律史》，苏彦新等译，中国社会科学出版社 2007 年版，第 57 页。

从一个由法院所宣示的普通法主导的法律制度，进入到一个由立法者所制定的制定法成为首要法律渊源的法律制度中。"[1]

制定法在认定犯罪中的作用上升，并不等于普通法退出历史舞台，更不等于推翻英美法系犯罪构成的程序化特征。一方面，无论是程序规则还是实体规则，均可以由制定法规定。制定法时代不但意味着刑事实体法的大肆出现，也表明刑事程序法不断涌现。且不说英国颁布的大量的刑事程序法，就是在美国、加拿大等国，刑事制定法也并非等同于大陆法系国家那样的专门规定犯罪成立要件的刑法典，而是实体法与程序法的统一。因此，制定法的大量出现，恰恰也说明了程序规则在英美法系犯罪构成中的重要地位。另一方面，制定法时代并不意味着普通法在认定犯罪时被完全取代。今天的英美法系国家，虽然刑法中大量规定了犯罪成立的基本要件，但在具体认定时同样离不开普通法。例如，在美国，没有统一适用的刑事实体法，制定法上的具体犯罪构成要件，除极少数由宪法明确规定外，均由各州酌情而定。以殴打（伤害）罪为例，《亚利桑那州刑法典》第12章"殴打及相关犯罪"之1201条规定，一个人受到威胁肆意危害他人，有相当程度的可能性导致迫在眉睫的死亡或人身伤害。危害涉及相当程度的危险造成迫在眉睫的死亡，是第六级重罪。在所有其他情况下，是一类轻罪。《爱达荷州刑法典》将殴打界定为："（1）任何不法企图，加上明显的能力，犯下对人的暴力损伤；或（2）故意的，非法的威胁。一个人实施暴力，具有明显的能力这样做，且有理由这种暴力行为是迫在眉睫的。"[2]在英国，国会与地方议会都没有制定刑法典，犯罪构成要件只能从散乱的单行刑事法令以及其他相关法令中去寻找，模糊的规范非常普遍。以盗窃罪为例，根据《1978年盗窃罪法》规定，"盗窃行为乃指把他人所有的财产据为己有，其犯罪意图是不诚实和与此相联系的永久性地剥夺他人财产所有权的潜在的故意"。[3]不难看出，上述刑事法典、法令中的"肆意危害""相当程度的可能性""迫在眉睫""明显的能力""不诚

---

〔1〕［美］盖多·卡拉布雷西：《制定法时代的普通法》，周林刚等译，北京大学出版社2006年版，第1页。

〔2〕See Idaho-Title 18, Criminal Code, State Criminal Codes, U. S. Law, Regulations & Agencies, http：//www.hg.org/crime.html.

〔3〕参见［英］鲁珀特·克罗斯、菲利普·A. 琼斯：《英国刑法导论》，赵秉志等译，中国人民大学出版社1991年版，第197页。

实的""潜在的故意"等措辞含义极不明确，只能依靠法官按照普通法精神去诠释。而英国盗窃罪的责任要件以及非正当性要件只能从其他法令或者普通法等法律中寻找。不难看出，规范含义的模糊性，是普通法的特征之一，也是其中的犯罪构成要件难以传继的主要原因之一。"从留下来的资料和其他学者的研究中，很难判断出普通法上构成犯罪明确地需要哪些要件，那些诉讼文献所记录下来的主要是刑事案件管辖、诉讼形式，其中最多的是关于抗辩、证据和陪审团。"〔1〕这也从另一个方面证明，古老的普通法在当今的英美法系犯罪构成中仍然具有不可替代的作用。"在英国，罪行的定义起源于普通法。基于如果刑事罪行只限由普通法定义，对于罪行之处分将缺乏充分的告知，所以美国大多数州采用成文法方式。然而，法规通常由普通法法典化。因此，美国各州的刑法颇为相似。而这也代表着罪行成立要件和抗辩的普通法定义仍然非常重要。"〔2〕

无论是在英国还是在美国，制定法都显示了顽强的生命力。但是，我们不应该以此为依据，妄言在英美法系国家中制定法已经取代普通法。正如英国学者达维和布莱尔利指出："今天，我们说在英国成文法的地位并不低于法官法，这是不错的。但同样正确的是，在当代条件下，英国法律仍然保持着它的法官法的本质特征。因为，司法判决继续在一些领域引导着法律的发展，而且这种引导具有重要意义；其次，英国的立法者们由于习惯于数世纪以来法官立法占优势的观念，尚未从他们的传统的立法风格中解脱出来。"〔3〕相反，在某种程度上，制定法的出现是为了弥补普通法的不足，为古老的普通法注入新鲜血液，使之焕发新的活力。最后需要强调的是，第二次世界大战以来，统治经济论的影响与日俱增，英美国家制定法的数量越来越庞大，但其中被法院适用过的相对只占少数。〔4〕可见，虽然说英美国家传统的法律观念发生了一些改变，但由此断言制定法时代来临，还为时过早。

五、小结

我国学界普遍认为，英美法系国家犯罪论体系是双层次结构。如有学者

〔1〕 〔比〕R.C. 范·卡内冈：《英国普通法的诞生》，李红海译，中国政法大学出版社 2003 年版之译者序，第 20 页。

〔2〕 〔美〕伯纳姆：《英美法导论》，林利芝译，中国政法大学出版社 2003 年版，第 249 页。

〔3〕 转引自张旭主编：《英美刑法论要》，清华大学出版社 2006 年版，第 3 页。

〔4〕 参见〔日〕大木雅夫：《比较法》，范愉译，法律出版社 2006 年版，第 235 页。

认为，犯罪成立除应具备犯罪本体要件外，还须具备责任充足要件。在理论结构上，犯罪本体要件为第一层次，责任充足要件为第二层次。这种双层次犯罪构成模式，被认为是与大陆法系的递进模式和中国的耦合模式并列的为当今最具代表性的三大犯罪构成模式。[1]还有学者在肯定英美法系国家犯罪构成要件包括实体性犯罪构成要件和程序性犯罪构成要件的同时，认为英美法系犯罪构成体现的是诉讼因素对犯罪构成模式的渗透，并对其赖以形成的历史和现实原因进行了分析。[2]也有学者认为，英美法系与大陆法系在犯罪构成理论构建思路上一致。[3]

上述观点有合理之处，却都存在误解。理由在于：首先，英美法系犯罪构成的责任充足要件属于程序性要件，而犯罪行为和犯罪心态组成的犯罪本体要件属于制定法规定的实体要件，两者法律性质有着根本不同，难以根据一个标准划分层次。其次，认为"英美法系犯罪构成最大特色就是诉讼因素对犯罪构成的渗透和影响"，是对英美法系缺乏实质了解得出的结论。实质上，"Corpus delicti"（犯罪事实）作为程序性要件传入英美法系后至今仍被使用，主要原因在于其诉讼性质与英美法系普通法之程序性特性不谋而合，从而能够在英美法系的犯罪构成中永葆本色。可见，英美法系犯罪构成从来就没有像大陆法系那样呈现出纯实体性，何谈诉讼因素渗透呢？我们完全可以说，英美法系犯罪构成体现的是实体因素对犯罪构成模式的渗透。再次，构建等同论认为英美法系的犯罪成立在构建思路上与大陆法系犯罪构成是一致的观点，乃生搬硬套。"法系是指关于法的性质，法在社会和政治中的地位，法律制度的实施及其相应的机构，法律的制定、适用、研究、完善和教育的方法等等一整套根深蒂固的并为历史条件所限制的理论。法系与文化相勾连，而法系又是文化的一部分，法律制度被置于文化的视野而加以考察。"[4]既然分属不同法系，英美法系与大陆法系在价值观念、历史背景、法律文化等方面应当有所不同，何以在犯罪构成的构建上思路一致呢？

总之，出现上述误解，皆因人们习惯于站在实体法角度思考问题，从而偏离英美法系犯罪构成的实质。构成要件并非注定为刑事实体法的范畴，

---

〔1〕 参见陈兴良：《本体刑法学》，商务印书馆2001年版，第198页。

〔2〕 参见陈兴良主编：《犯罪论体系研究》，清华大学出版社2005年版，第104~115页。

〔3〕 参见王志远：《犯罪成立理论原理——前序性研究》，中国方正出版社2005年版，第133页。

〔4〕 ［美］约翰·亨利·梅特曼：《大陆法系》，顾培东、禄正平译，法律出版社2004年版，第2页。

"'构成要件'可以离开成文刑法而存在"。[1]同样，犯罪构成以及犯罪构成理论，不仅是刑事实体法的范畴，同样也属于刑事程序法的范畴。

第三节　社会主义法系的犯罪构成源流

一、苏俄犯罪构成理论的发展沿革

19世纪的俄国是一个落后的封建农奴制国家，沙皇专制下的司法制度私密且腐败，充满着等级特权与不平等，但是，传统上作为欧洲国家的沙俄还是受到了欧洲大陆资产阶级先进法制文化的影响，刑事立法以及刑法理论得到很大发展。

当时，在刑事立法上，沙皇俄国仿效欧洲大陆法系国家制定了刑法与刑事诉讼法。"在一八三二年出版了共十五卷的法律集。在这十五卷中，包含了刑法和刑事诉讼法。刑法分总则与分则两部分。总则的某些条例，是受了亚历山大一世时所起草而未颁布施行的法典草案的影响。刑法集清楚的说明那些是现行法，并且废止了一六四九年法典与军事法规以及从一六四九年所颁布的一切法令。但这法律只是研究沙皇刑事立法的初步。"[2]1881年，沙皇政府决定起草新的刑法典，由俄国最著名的古典学派刑法学者塔甘采夫与浮恩尼茨基领导起草工作。该法典模仿1810年法国刑法典的体系和内容，反映了古典学派的观点。[3]

在古典学派的影响下，沙俄涌现了一大批刑事法理论工作者，著名的有塔甘采夫、斯巴索维奇、基斯佳科夫斯基等，在犯罪构成理论上提出了许多创造性的观点，发展了费尔巴哈的构成要件理论。[4]其中，四要件平面式犯罪构成体系在1875年出版的基斯佳科夫斯基教授的《普通刑法基础教材》就有体现。基斯佳科夫斯基教授认为："作为类的概念的犯罪构成是由下列各项

---

〔1〕　张明楷："犯罪构成理论的课题"，载《环球法律评论》2003年第3期，第273页。

〔2〕　苏联司法部全苏法学研究所主编：《苏联刑法总论（上册）》，彭仲文译，大东书局1950年版，第94页。

〔3〕　参见何秉松："（中俄、德日）两大犯罪论体系比较研究——塔甘采夫体系 VS 贝林格体系（讨论稿）"，中国政法大学刑事法律研究中心2008年11月，第244页。

〔4〕　参见何秉松："（中俄、德日）两大犯罪论体系比较研究——塔甘采夫体系 VS 贝林格体系（讨论稿）"，中国政法大学刑事法律研究中心2008年11月，第246页。

· 042 ·

必要的与本质的因素组成的：（1）犯罪的主体或犯罪实施人，（2）客体或犯罪加于其上的对象，（3）主体的意志对犯罪行为所持的态度，或是它所表现出来的活动（也就是主观方面——作者注），（4）行为本身及其结果，或是主体的外部活动及其结果（也就是客观方面——作者注）。"〔1〕值得提出的是塔甘采夫及其犯罪论体系。"塔甘采夫是革命前俄罗斯最伟大、最有影响的刑法学者。他领导制定的1903年俄罗斯新刑法典，在当时就有很大的影响，近来更受到俄罗斯刑法学者的推崇。1993年，在纪念1903年《刑法典》90周年的科学大会上，人们指出该法典'极高的学术水平和立法技术上的完善程度'。他的《俄罗斯刑法教程》先后于1892和1902年再版，代表了俄国革命前刑法理论的最高水平。他创立的沙俄犯罪论体系，在1903年《刑法典》和《俄罗斯刑法教程》中得到了充分的体现。"〔2〕塔甘采夫犯罪论体系在保持费尔巴哈犯罪构成理论的完整性和统一性的同时，为了充分揭示犯罪构成内部结构和要素，创立了主体—中介—客体的犯罪论体系。在塔甘采夫看来，主体通过行为中介作用于客体，作为中介的行为可以区分为行为的主观方面与行为的客观方面，这是现实生活中任何一个犯罪所固有的完整的结构，因而是科学的、合理的。〔3〕时至今日，塔甘采夫犯罪论体系还在我国学界引起争议，〔4〕这不能不令人感叹其长久魅力。19世纪末20世纪初，宾丁、贝林格等人的构成要件学说相继传到俄国，但是并没有得到大的发展。"革命前俄国的刑法传统上受到德国刑法的影响最大（许多俄国学者都是在德国的大学毕业并获得硕士学位），德国学派，如宾丁、贝林格等人的犯罪构成学说没有得

　　〔1〕　［苏］A. H. 特拉伊宁：《犯罪构成的一般学说》，王作富等译，中国人民大学出版社1958年版，第99页。
　　〔2〕　中国政法大学刑事法律研究中心编写的"犯罪论体系"，全球化时代的刑法理论新体系国际研讨会文件之二，2007年10月，第178页。
　　〔3〕　参见何秉松："（中俄、德日）两大犯罪论体系比较研究——塔甘采夫体系VS贝林格体系（讨论稿）"，中国政法大学刑事法律研究中心2008年11月，第249页。
　　〔4〕　何秉松教授是塔甘采夫犯罪论体系的提倡者。他提出中国的犯罪论体系基本框架是：犯罪构成就是由主体–中介–客体三个基本要素相互作用的系统过程。犯罪主体和犯罪客体是犯罪构成这个有机整体的两极，连接这两极的中介是犯罪活动。［参见何秉松："'犯罪论体系国际研讨会'讨论稿（第3卷）"，山东大学第二次犯罪体系国际研讨会文件之三，第67页以下。］有学者则认为，塔甘采夫犯罪论体系对于中国犯罪论体系的构建不具有合理性。（参见蔡道通："论'塔甘采夫'犯罪论体系的不可行——基于人权保障立场的分析"，载中俄与德日两大犯罪论体系比较研究国际研讨会文件之二——《国际研讨会论文集》，中国政法大学、最高人民检察院检察官国家交流中心，2008年11月，第40~48页。）

到发展。"〔1〕

十月革命以后，苏联刑法学家在批判借鉴德国等构成要件论的基础上，创立了社会主义犯罪构成理论。俄罗斯刑法学者认为，苏俄的犯罪构成理论，主要是在十月革命以后特别是在 1936 年以后才建立和发展起来的，而特拉伊宁起着重要作用。〔2〕特拉伊宁的犯罪构成理论集中体现在其 1946 年出版的《犯罪构成的一般学说》一书中。这是苏联时期第一部全面、系统地论述了犯罪构成理论的专著。受意识形态影响，特拉伊宁在构建苏联刑法犯罪构成理论时，始终以法的阶级性为纲，对刑事古典学派和刑事实证学派的观点给予否定。在批判资产阶级割裂主观与客观的构成要件论的基础上，特拉伊宁立足于本国刑法，从马克思列宁主义关于犯罪的阶级性这一根本原理出发，把犯罪构成要件的客观因素和主观因素辩证地统一起来。这样一来，在苏联犯罪论体系中，刑事责任就不是与主观要素和客观要素处于对立和分裂的地位，认定犯罪必须根据行为人及其具有的身份要素、行为及其产生的后果等所有情况，去客观、辩证地考察。于是，主客观相结合的犯罪构成就成为刑事责任的唯一根据。"这种犯罪构成理论的特点是，赋予犯罪构成以社会政治的实质内容，在社会危害的基础上建构犯罪构成，使犯罪构成成为社会危害性的构成。尤其是将大陆法系刑法理论中作为犯罪成立条件之一的构成条件论改造成犯罪条件之全部的犯罪构成论，形成了完整的犯罪构成理论。"〔3〕苏联的犯罪构成理论后来被传到包括我国在内的其他社会主义国家，成为独具特色的犯罪论体系。

二、小结

19 世纪时期，沙皇俄国的刑事立法与刑法理论均源自以德国为首的欧洲大陆法系国家，犯罪构成不可避免地烙上实体法标识。19 世纪的沙皇俄国，已经产生了具有现代特色的犯罪构成理论，与 20 世纪初的贝林格体系一样，均源自费尔巴哈犯罪构成体系。"19 世纪中叶，俄国的刑法学者接受并将 Tatbestand 引入到了学术用语中，这个词译成俄语后就是犯罪构成。这样，这一

---

〔1〕 ［俄］Н. Ф. 库兹涅佐娃、И. М. 佳日科娃主编：《俄罗斯刑法教程（总论）》（上卷·犯罪论），黄道秀译，中国法制出版社 2002 年版，第 172 页。

〔2〕 参见何秉松、［俄］科米萨罗夫、科罗别耶夫主编：《中国与俄罗斯犯罪构成理论比较研究》，法律出版社 2008 年版，第 445 页。

〔3〕 陈兴良："犯罪构成的体系性思考"，载《法制与社会发展》2000 年第 3 期，第 50 页。

问题（以及其他问题）就'迁移'到了俄国的刑法理论中。Tatbestand 在学说中被广义地解释为一定数量的必要的客观要件与主观要件，不能增加，亦不能减少。"[1]以苏联为首的社会主义国家的犯罪构成理论，在充分尊重本国犯罪构成理论体系传统的基础上，对德国等国刑法中的犯罪构成理论加以了批判借鉴，进行适当改良而成，体现出鲜明的实体性特征，是纯实体性质的犯罪构成。不过，在犯罪构成的结构和内容上，由于阶级对立等因素影响，苏联并没有照搬德、日、法等国的犯罪构成及相关理论，而是创立了具有社会主义特色的犯罪构成及理论。不管沙皇俄国、后来的苏联以及俄罗斯等犯罪构成理论体系与德国犯罪构成理论体系存在何种差别，有一点可以肯定：两者的渊源是一致的。他们共同的理论鼻祖是费尔巴哈理论体系。正如有学者所言，两者有个共同的父亲——刑法"Tatbestand"理论，它是由费尔巴哈创立的。[2]当时，费尔巴哈只是将"Tatbestand"引入实体法中，并对其内容进行了初步的界定。费尔巴哈认为："通常情况下属于构成要件的有：1. 行为的特定的违法后果；常常还有 2. 违法行为的特定的主观（存在于犯罪人的内心）根据；要么是 a. 特定的意图（目的），要么是 b. 特定的意思决定的种类；总是有 3. 属于犯罪构成要件的特定的外在行为的特征。"[3]在这里，费尔巴哈并没有就犯罪论体系如何组建提出开创性的建议，为此后不同的犯罪论体系的创立埋下了伏笔。换句话说，费尔巴哈只是就实体的犯罪构成要件及要素提出了一个总纲性的概要，至于如何安排其内在的结构和关系，构筑何种犯罪论体系，则是各国自己的事情。于是，不管是平面的塔甘采夫体系、基斯佳科夫斯基体系，还是立体的贝林格体系，都在其射程之内，是费尔巴哈理论孵化的不同分支而已。由此来看，费尔巴哈不但是"刑法学之父"，而且也是"Tatbestand"理论之父。[4]

---

[1] 何秉松、[俄]科米萨罗夫、科罗别耶夫主编：《中国与俄罗斯犯罪构成理论比较研究》，法律出版社 2008 年版，第 5~6 页。

[2] 参见何秉松："（中俄、德日）两大犯罪论体系比较研究——塔甘采夫体系 VS 贝林格体系（讨论稿）"，中国政法大学刑事法律研究中心 2008 年 11 月，第 9 页。

[3] [德]安塞尔姆·里特尔·冯·费尔巴哈：《德国刑法教科书》，1847 年第 14 版，§82，转引自何秉松："（中俄、德日）两大犯罪论体系比较研究——塔甘采夫体系 VS 贝林格体系（讨论稿）"，中国政法大学刑事法律研究中心 2008 年 11 月，第 13 页。

[4] 参见何秉松："（中俄、德日）两大犯罪论体系比较研究——塔甘采夫体系 VS 贝林格体系（讨论稿）"，中国政法大学刑事法律研究中心 2008 年 11 月，第 15 页。

第二章

犯罪构成本体论[1]

在古希腊、古罗马哲学中，本体论主要探究世界的本原或基质。在中国古代哲学中，本体论叫作"本根论"，指探究天地万物产生、存在、发展变化的根本原因和根本依据的学说。本章立足于中西文化本体论上的差异，旨在探究犯罪构成的本原与基质，其内容主要包括犯罪构成本体要件、要素及它们之间的关系。不同的犯罪构成本体论，有着与其相辅相成的犯罪构成的方法论、认识论和模式论，体现人们对待犯罪构成的不同立场和态度。

第一节　中西文化本体论与犯罪构成本体论

人类对自然界的认识以及对待人与自然关系的不同态度，构成了一个民族的文化本体论。这种文化本体论，是建立在人类自身的认知模式上的。因此，了解一个国家或者民族的文化本体论，必须先了解这个国家或民族对人与自然关系的认知模式。"要全面比较'用心'的文化与'用脑'的文化，我们却必须从本体论（或者说自然观）谈起，先来讨论传统中国文化和西方

---

〔1〕 本体论是表述哲学理论的术语，在西方哲学史和中国哲学史中分别具有各自的含义。在西方哲学史中，指关于存在及其本质和规律的学说。"本体"一词来自拉丁文 on（存在、有、是）和 ontos（存在物）。德国经院学者郭克兰纽（1547~1628 年）在其著作中第一次使用了"本体论"一词，将其解释为形而上学的同义语。现代西方的一些哲学流派脱离客观物质世界，从抽象的概念出发谈论世界存在及其性质，它们把本体论同认识论和《逻辑学》相分离，并把它作为全部哲学的基础或独立分支。在古希腊罗马哲学中，本体论的研究主要是探究世界的本原或基质。在中国古代哲学中，本体论叫作"本根论"。指探究天地万物产生、存在、发展变化的根本原因和根本依据的学说。中国古代哲学家一般都把天地万物的本根归结为无形无象的与天地万物根本不同的东西。可见，西方哲学一般认为本体论是作为客观的世界，认识论是作为主观的世界。（〔德〕阿图尔·考夫曼、温弗里德·哈斯默尔主编：《当代法哲学和法律理论导论》，郑永流译，法律出版社 2002 年版，第 14~15 页。）中国哲学则通常不从主观与客观分立的角度理解本体论，而是从事物的本源或者根基的角度认识本体论，本文正是据此展开研究的。

文化在人与自然关系上的不同态度。"〔1〕

一、中国文化本体论：天人合一

在中国，人们通常认为，立足于人生论哲学，无论是作为个体的人还是群体的人类，本质上人的身体与心灵的关系（简称为身心关系），是人的原理关系，构成了一个国家或者民族的文化原理。这种文化原理，在中国文化中的对应体现是阳主阴从，是传统社会的中国人对宇宙、自然、社会、国家、家庭和人生一以贯之的基本认识，在中国法律文化中的对应体现是德主刑辅，是中国法律文化展开的轴心和基本的结构原型。〔2〕阳主阴从，并不主张阴阳对立，而是侧重阴阳和谐共筑美好，旨在从整体上认识自然，强调一元化的宇宙整体论，德主刑辅正是这种观念在法律文化中的集中体现。在中国文化中，特别重视"天人合一"，体现的是用"心"思维的独特认识模式。

（一）"天人合一"思想及其认知模式与犯罪观

"天人合一"作为一个明确的思想命题，是由北宋哲学家张载最先提出来的，其根源则可上溯到远古时代。"天人合一"思想发端于原始神学论，发达于儒道教义，升华于宋明理学，共经历了"神人感应""天人感应"和"天人合一"三个阶段。

远古社会，由于生产力水平很低，人们对大自然认识肤浅，遇事必须借助神灵力量，认为人与神、天之间存在必然联系，人的行为必须秉承神志天意，以免得罪天神受到惩罚。人们对待自然神与祖先神非常虔诚、恭敬，祭祀与供给非常频繁。这是神学论产生的社会基础。到了商代，每逢国家重要政事都必须占卜，人们会请求神明赐教。周人则认为，夏、商两代之所以灭亡，在于忤逆天意，天命不佑，故深得上天青睐、敬德保民的文王、武王得以即位。神人互通，神人感应，是神学论的主要表现形式。作为神学论的初始形态，神人感应直接依赖神灵护佑，人受制于天而无所事事，触审制度就是证明。

皋陶曾曰："天叙有典，勑我五典五惇哉！天秩有礼，自我五礼有庸哉！

---

〔1〕　王前：《中西文化比较概论》，中国人民大学出版社 2005 年版，第 13 页。
〔2〕　参见张中秋：《中西法律文化比较研究》，中国政法大学出版社 2006 年版，第 408~410 页。

同寅协恭和衷哉！天命有德，五服五章哉！天讨有罪，五刑五用哉！"[1]这段话表明，"天"在当时社会处于至高无上的地位，是认定犯罪过程中的核心主宰。"西周及其以前的漫长时代里，中国法律有着浓厚的自然法理论的成分。即认为冥冥之中有一种主宰自然、主宰社会的力量，这就是'天'，……人间的一切，包括王位的更替，朝政的建立，法律的制定，国家的治理，都必须服从天命、尊重天意，因为上帝既洞察一切，又赏罚分明，法律就是天意的反映。"[2]在奴隶制社会，"天"被看作人格化的自然神或者"超人"，是操纵人间万物的主宰，能够辨别人间一切真假、善恶、美丑，是多重含义的综合体。人的思想只有体会整个世界的真谛功德，人的行为只有和上天保持一致，惩罚犯罪才能保证公平合理，天与人是完美和谐的。在人们看来，"天人合一"的境界只可意会、难以言传，只能"用心"去领悟、参透。触审制度以神兽认定犯罪，直接携天意降临人间，判断曲直，故认定犯罪时必须"用心"领会（天意）。

舜帝时期，设置了审理狱讼的官员巫觋，即所谓的"无旷庶官。天工，人其代之"。[3]"巫"字本意，上下之"一"各代表天地，中间一竖意为天与地之通道，竖之旁两人代表五帝之一的颛顼帝之孙重、黎（中国古代最早的巫）。重、黎"绝地天通"，将祭祀天神之事交由专职官员统一管理，去除祭祀崇拜的民间特色与普遍性，使祭祀崇拜政治化、专业化、一元化。巫觋制度的确定，并不代表对上天断案的否定，反而代表着神判天罚观念职业化、一统化。只不过代天处断的神兽变成了"通天"之人重、黎，这两人查纳神旨，领略天意，成为主持人间公平的标尺。这种"神人感应"的犯罪认定观，在古代文献中比比皆是。如武王伐纣所举的旗帜是"惟恭行天之罚"，[4]连贵为天子的纣王都能够因违背天意成为罪人接受惩罚，一般官员、民众更不用说。至于"士制百姓于刑之中，以教祗德"，[5]则说明官员是秉承上天的意志执法的。"神人感应"的犯罪观表明，人们只有根据自己的经验、技巧或者事实情况等，"用心"领悟天意，才能准确认定犯罪，扬直去曲，恢复公平。正如

---

〔1〕《尚书·皋陶谟》。

〔2〕高绍先：《中国刑法史精要》，法律出版社2001年版，第82页。

〔3〕《尚书·皋陶谟》。

〔4〕《尚书·甘誓》。

〔5〕《尚书·吕刑》。

孔子所言："五十而知天命，六十而耳顺，七十而从心所欲，不逾矩。"[1]这里的"七十而从心所欲，不逾矩"，正是说明人生七十才能全心领会天意，一言一行不偏离天命。

随着生产力水平的提高和人们认识能力的增强，"神人感应"得到了进一步发展，这便是天人感应。如周人就认为天人是相互感应的，人不再是被动的、无所作为的载体。专职审判官员的设置以及"以德配天""明德慎罚"思想的确立，就是明显例证。所谓"天视自我民视天听自我民听"，[2]甚至"民之所欲，天必从之"。[3]不过，这并不是说民可自行做主承受天意，而是必须通过统治者体恤天颜以明察天意。以德配天，明德就是敬天，以德施刑实质上就是代天行罚思想的体现，这突出了人之于天的主动与积极作用，并非被动、消极盲从。

以"天人感应"为基础，经过儒、道诸家的提倡，"天人合一"观得以萌生。儒家和道家，这两个中国古代最为重要的思想流派，虽然在许多方面存在分歧，但在主张"天人合一"观念时却是一致的。儒家明确体现天人合一思想的是子思（孔子之孙）学派的《中庸》。《中庸》开宗明义说："'天命之谓性'，指出人的道德本性是天赋予的。又说：'诚者，天之道也，诚之者，人之道也。'只有'诚'，才能达到'与天地参'的天人合一的境界，即唯天下至诚，为能尽其性；能尽其性，则能尽人之性；能尽人之性，则能尽物之性；能尽物之性，则可以赞天地之化育，可以赞天地之化育，则可以与天地参矣。"[4]道家的经典说教是"道法自然"，其本意正是顺乎自然，秉承天意。老子言："人法地，地法天，天法道，道法自然。"[5]在这里，人道、地道、天道都是和谐统一的，天地人合一，正是天人感应思想的体现。道家的"道法自然"的顺天思想以及儒家的"赞天地之化育"的助天思想，基本奠定了后世"顺天应人"的思想基础。[6]此后，汉时董仲舒则进一步发展前人

---

〔1〕《论语·为政》。

〔2〕《尚书·泰誓中》。

〔3〕《尚书·泰誓上》。

〔4〕史广全：《礼法融合与中国传统法律文化的历史演进》，法律出版社2006年版，第168页。

〔5〕《老子》，第四十二章。

〔6〕参见吴国盛主编：《自然哲学》（第1辑），中国社会科学出版社1994年版，第256~259页。

的天人思想，将人纳入到天的范畴，提出"以类合之，天人一也"。[1]他还认为，除"圣人""圣王"或"皇帝"外，其他人都不能做到"天人一也"，从而在客观上神化了"天子"——皇帝。为了顺应天命，制约皇权，他系统地提出了"天人感应"学说。"臣闻天之所大奉使之王者，必有非人力所能致而自至者，此受命之符也。天下之人同心归之，若归父母。故天瑞应诚而至。"[2]

北宋时期，张载所谓的"天人合一"强调天与气合为一体，不可强分。天是气的总体，"由太虚，有天之名"，[3]人和其他万物都是由其聚合而成，天人统一于气。与张载气一元论不同的是，朱熹提出了理气一元论。他认为，理是第一性的，是创造万物的根本；气是第二性的，是创造万物的材料。"天地之间，有理有气。理也者，形而上之道也，生物之本也。气也者，形而下之器也，生物之具也。"[4]朱熹的理气一元论，奠定了中国文化中宇宙人生一体之法的理气一体之本体论。"这种存在于形前的本体同一，决定了全部形后宇宙的存在与具体形态，即万物之具体存在，只是形前那个理气一体的多重、多种、多方面的表现，因之是同一来源的。由此推之，宇宙万物虽有形态、存在的差别，然均受理气之制约和决定，不是听之任之、胡作非为的。由此再推之，宇宙万物正因为受支配于同一理气本体，不但实然是同一的，就是未然之将来，也是同向发展和完善的。"[5]王守仁对朱熹的理气一体的本体论进一步诠释道："夫物理不外于吾心，外吾心而求物理，无物理矣，遗物理而求吾心，吾心又何物邪？心之体，性也，性即理也。"[6]道、里、心、性、命合一，目的在于论证"大人"统治天下的合理性。所谓"大人者，以天地万物为一体者也，其视天下犹一家，中国犹一人焉。若夫间形骸而分尔我者，小人矣"。[7]

由"天人感应"到"天人合一"，再经过宋明理学进一步发展，在前人的"天命""天道"思想基础上又衍生了"天理"之说。"礼""道""仁"

---

〔1〕《春秋繁露·阴阳义》。

〔2〕《汉书·董仲舒传》。

〔3〕《正蒙·太和》。

〔4〕《答黄道夫》。

〔5〕 江山：《中国法理念》，中国政法大学出版社 2005 年版，第 328 页。

〔6〕《阳明全书》，卷二，"答顾东桥书"。

〔7〕《王文成公全书》，卷二十六。

"义""理"等要素，在古人眼里是上天的德行与品质在人间的具体表征，故知礼、悟道、识仁、懂义、合理，就是"天人合一"的最佳体现。由于奴隶社会的统治者和封建帝王理所当然被认为是上天的直接使者或者子孙，被人们尊称为圣人或者天子，这就注定无论是礼法、仁法还是理法，都是建立在阶级等级观念基础上的。礼法混同以及等级人性论等，成为几千年来认定犯罪的重要理论依据。因此，中国古代认定犯罪所坚持的实质正义，其实就是在"天人合一"观念指导下对道德礼仪、伦理纲常的一种解读。如根据亲属血缘关系定罪的以服制定刑名制度，就得到了封建统治者的重视，成为唐朝以后历代刑律载于篇首的内容。"欲正刑名，先明服纪。服纪正则刑罚正，服纪不正，则刑罚不中矣。"[1]现在看来，服制之于犯罪，既可以是犯罪成立的决定因素，如因特定关系使与犯罪没有必然联系的人承担刑事责任的株连制度；也可以使本应成立犯罪的行为无罪，如包庇、窝藏行为会因亲属相隐而无罪。

（二）"天人合一"观与"用心"思维

与"天人合一"思想相对应的是思维、认识上的独特性，这便是用"心"思维，即思维之源在于心。中国古代借助上天或者神力量认定犯罪，是出于坚信上天或者神能够主持人间道义，维护公平和正义。中国传统思想中的"义"，所强调的是道义上的正当、正义，注重人在社会生活中的道德功能，具有正当与公正的含义。民间所谓"天道"，很好地说明了上天与道义之间的关系。与天作为抽象承担者一样，中国的"道义"也具有抽象色彩，是一种用"心"才能把握的"天理"。孟子曾言："耳目之官不思，而蔽于物。物交物，则引之而已矣。心之官则思，思则得之，不思则不得也。此天之所以予我者。"[2]在这里，孟子认为心性是天所赋予的，所以知性也就是知天，而心是思维的源泉。只有用"心"去思想才能真正了解事物的真相，否则就得不到，这是上天赋予我们的能力。事实上，中国文化强调大脑右半球的功能，注重思维的直观体悟，是一种"用心"文化。[3]"'用心'和'用脑'

---

[1]（元）龚端礼：《五服图解》。

[2]《孟子·告子上》。

[3] 神经生理学研究表明，左右脑的生理结构和功能之间有明显对应关系。左脑许多功能非常清楚地同一定区域联系着，这些区域都很好地相互隔离。右脑的局部划分不很精细，半球的宽阔区域都参加完成任何一种行动。参加执行严格既定任务的神经元在此扩散得很厉害，并且同从事其他工作的神经元相混杂。

的区别，是中西两种文化的一个相当重要的本质区别。从这样一个视角展开讨论，不仅可以理清很多文化现象的内在脉络，而且能够看到一些从其他视角难以发现的东西。"〔1〕

在犯罪认定过程中，"用心"意味着立足于犯罪的实质特征，抓住其根本，达到曲径通幽的效果，保证认定和惩罚犯罪的准确性和效益，做到法网恢恢、疏而不漏，体现公正严明。这种追求实质正义的目标，是刑法的最终归宿，也是最高境界的刑法正义。其实，中国传统文化中的"天人合一"以及用"心"思维，其核心价值都是围绕着人的社会存在而建立起来的，并不是为了刻意于神灵与宗教的寄托，也不是追求纯自然的知识体系，而是专注于人类社会关系的和谐与道德人格的完成。在犯罪认定上，注重道德伦理、社会公理与实质正义的作用，从致力于维护社会关系、伦理秩序的角度去认识犯罪、界定犯罪，体现的是主客一元化的唯理论。"这种倾向从雅斯贝尔斯所说的轴心时代已显露端倪，以儒家思想为代表的中国传统文化那时即开始将关注的中心由神转向人类社会，致力于讨论人格塑造、人的社会活动、人际关系、人与自然的关系等人文学的问题，并在此基础上创造了一套迥异于西方科学文化的独特的伦理文化。"〔2〕

二、西方文化本体论：征服自然

与中国文化不同，文化原理在西方文化中对应的体现是精神对物质的支配和上帝对人类的指导，在法律文化中体现的是理性对非理性的控制（指导与规范）。〔3〕因此，西方文化侧重从自然界的本质认识上把握人与自然的关系，强调人对自然界的认识和改造，这就需要理性地认识人的实践能力，发掘自然界的客观规律。与此相对应，西方文化特别重视人对自然的征服，强调用"脑"去进行理性分析和逻辑推断。

（一）"征服自然"思想及其认知模式与犯罪观

与中国不同的是，古代西方国家更加侧重从自然本身认识客观世界，虽然他们的观念中也有神灵，但却像人一样有血有肉、有情感、有私欲、有喜

---

〔1〕 王前：《中西文化比较概论》，中国人民大学出版社 2005 年版，第 4 页。

〔2〕 徐行言主编：《中西文化比较》，北京大学出版社 2004 年版，第 72 页。

〔3〕 参见张中秋：《中西法律文化比较研究》，中国政法大学出版社 2006 年版，第 410~411 页。

怒哀乐。如在古希腊，人们认识世界时，并不信奉超越自然的力量，他们是立足于自然本身认识自然。如泰勒斯认为，水是原始的要素，万物生于水。阿那克西曼德认为万物的本原或要素是无限，即一种永恒不灭的实体。阿那克西米尼则认为事物的原始基质是太一和无限，是空气、蒸气或雾。〔1〕这里所说的水、无限、太一、空气、蒸气或雾等，虽然不是站在现代科学意义上理解的，但确实渗透着强烈的自然倾向。先哲们认为这些自然的东西具有灵性或灵魂，拥有生机和活力，因而它们作为本原才能衍生出整个世界。不过，从客观世界出发认识自然，会萌生出不会将自然理解成超越人力不可战胜的力量，不会迷信超自然的神秘力量解决人间纷争、认定是非曲直。自毕达哥拉斯开始，古希腊人眼中的"自然"逐渐增加了理性成分，"自然"从抽象走向具体，成为自然物。相应地，自然与灵魂、神灵的意愿等相分离，也与人的种种现象相分离，变成了"纯粹"的"自然"，成为经过人的选择和构造而再现出来的东西。〔2〕如毕达哥拉斯的"数论"（数是万物的本原）、德谟克利特的"原子论"等，对"自然"的理解均已超出感性认识的范畴，日趋理性。亚里士多德更是以此为基础创立了形式逻辑体系，为人们探索事物的原因和规律提供了强大的武器。依靠数学和逻辑的力量，人们不断剖析自然，分解自然，以达到改造自然的目的。

西方"征服自然"的观念很早就形成了，其哲理基础乃源自古希腊甚至早些时期朴素的物活论（自然观念）。由最初对自然的感性认识、对超自然力量的畏惧与膜拜，到理性认识自然，体现了古希腊人认识、征服并改造自然的成长历程。要想驾驭、征服自然，首先便要认识并掌握自然规律，这便是古希腊人特别钟情于能帮助人认识、利用自然知识的原因。伊壁鸠鲁曾说："一个人没有自然科学的知识就不能享受无疵的快乐。"〔3〕在西方文化发展史上，征服自然观的明确提出，是在文艺复兴之后。当时，自然科学得以高度发展，人类对地球的认识进一步深入，促进了经济大发展、社会大繁荣。"西方人为实现驾驭自然的目的，强调尊重物质世界的客观规律，这在科学研究中则表现为注重实验与实证。在逻辑推导和抽象思辨的方法外，他们也把观

---

〔1〕 参见 ［美］梯利著，伍德增补：《西方哲学史》，葛力译，商务印书馆1995年版，第8~9页。

〔2〕 参见王前：《中西文化比较概论》，中国人民大学出版社2005年版，第41页。

〔3〕 周辅成编：《西方伦理学名著选辑》（上卷），商务印书馆1987年版，第94页。

察与经验作为获得知识的重要途径。"[1]征服自然观的提出，使人们能够立足于客观世界发掘客观规律和物理法则，充分重视经验在其中的重要作用，这一点与崇尚和谐与理性观念、长于思辨的中国明显不同。在中国，任何一个领域都似乎没有先天注定的规律存在，但是只要适当的礼教与风俗规范能被遵行，正义与和谐就能维系。无怪乎有西方学者认为，中国人始终未能按照西方的模式，以先天性因果法则为基础建立起一套科学观。[2]

征服自然的本体论具有非凡意义，它使得人们能够理性认识外界，刺激了科学思想的萌芽和诞生，并促进了社会科学领域中的法则意识的形成。"科学思想就是承认外界世界有它的独立性、存在性。所以先要对外界世界作一种观察和实验，来了解这个外在的世界。这是科学的开始。科学的进步在于把对外界世界的学习和理性的思考结合在一起，产生所谓的科学的理论，产生一种法则，产生一种规则的概念。"[3]征服自然的本体论在哲学社会学领域体现为自然哲学观，在法学领域体现为自然法则观，这也使得西方国家很早就产生了崇尚法治的传统。"即使是中国人，尽管他们在文化与文明方面有着极高的发展，而且绵延了许多世纪，依然未曾获得宇宙自然界乃由固定物理法则支配的观念。中国人不接受拟人化的神圣立法者，不相信他可以为宇宙与人类制定法规，但偏好和谐的观念，认为它是治国的原则。这种贯穿物理世界与人类事务的'和谐'并非自然法或实证法所能达到。"[4]根据自然法则，犯罪认定时应当立足于犯罪行为本身，根据犯罪发生的客观规律认识犯罪、界定犯罪。因此，虽然古希腊刑法也存在威吓主义和擅断主义，但并没有形成"替天行罚""天人合一"的观念，更没有以抽象的理性作为犯罪认定的依据，而是立足于犯罪现象本身认识犯罪、诠释犯罪。"在古希腊，刑事犯罪行为是所有公民所共同关心的，每一个公民都有权提出控诉。刑法只施于实在法所规定的犯罪行为。"[5]在古罗马，随着国家权力的确立以及民事法律关系的发展，则出现了公犯与私犯的区分。前者是指侵犯共同利益并由公共权力机关科处刑罚的犯罪行为，后者是指侵犯私人权益的违法行为。不仅

---

〔1〕 徐行言主编：《中西文化比较》，北京大学出版社 2004 年版，第 79 页。

〔2〕 See J. Needhom, *Science and Civilization in china*, vol. 2（1956），Chapter 18.

〔3〕 ［美］成中英：《中国文化的现代化与世界化》，中国和平出版社 1988 年版，第 109 页。

〔4〕 ［英］丹尼斯·罗伊德：《法律的理念》，张茂柏译，新星出版社 2005 年版，第 53 页。

〔5〕 何勤华、夏菲主编：《西方刑法史》，北京大学出版社 2006 年版，第 94 页。

如此，古希腊哲学家还注意到了惩罚的功效，并用客观的政策理由来证成惩罚的正当性。如柏拉图认为惩罚具有两面性：矫正的一面，即强迫做了错事的人修正他的行为；威慑的一面，即警示他人不要仿效行恶之人。而德摩斯梯尼则在他的《斥安卓生》的演讲中告诉法官，目睹有罪之人因其罪行而受到惩罚足以警诫别人谨慎行事。[1]由此可见，西方对于犯罪的认识是务实的、循规蹈矩的、经验的，为客观主义、主观主义以及规范主义的诞生奠定了坚实的基础。

（二）"征服自然"观与"用脑"思维

西方文化强调大脑左半球的功能，注重思维的逻辑和理性，是一种"用脑"文化。"动脑"的特征在于强调主客二分，逻辑推断，理性至上，侧重获得知识的技能，力求严格精确地表述。早在古希腊，柏拉图就提出用理念来识别事物，进行思考，从而促成了把知识当作控制和设计人所面对的世界（包括人自己）的工具的可能。[2]柏拉图的理念论，以及后来在西方发展形成的崇尚理性和逻辑分析的思想传统，无疑都是"动脑"的结果。与中国不同的是，西方文化从来不把"用心"体悟放在首要位置，他们更注重通过直观认识来感知事物，并在大脑中进行精密分析、加工，通过逻辑分析和严密推理得出结论。在逻辑分析思维的不断作用下，西方将人与自然分立开来，形成了人与自然对立的观念。在此基础上，西方逐渐形成了以自然为核心的各种哲理思维理念，促成了自然哲学、自然法观念的形成，奠定了西方的法治意识和传统。

古希腊哲学家一般认为，哲学源于神话，神话源自人与自然的斗争，故古希腊哲学属于自然哲学。这种自然哲学反映到政治法律领域便是自然法，它是正义的化身，是根据自然的要求规定的法律。在古希腊哲学家看来，自然法是人类社会在征服自然的过程中必须遵循的正义准则，也是人类社会与自然现象共同的法则。古希腊早期的自然哲学往往用人类社会的现象来解释自然事物的变化原因，如认为一物的强盛就会"冒犯"他物，这是对他物的"不公正"，因此会受到"惩罚"，而他物得到"补偿"。[3]"在西方文化中，

---

〔1〕 参见［爱尔兰］J. M. 凯利：《西方法律思想简史》，王笑红译，法律出版社 2005 年版，第 31 页。

〔2〕 参见高亮华：《人文主义视野中的技术》，中国社会科学文献出版社 1996 年版，第 128~130 页。

〔3〕 参见全增嘏主编：《西方哲学史》（上册），上海人民出版社 1983 年版，第 37 页。

自然同规律、秩序密切相关的倾向还影响到人们的社会生活。'自然法则'广义上讲也包括人类社会的道德和法律秩序。从古希腊开始，'自然法'就在指导人们的行为和社会秩序方面发挥着十分重要的作用。"〔1〕不过，对于自然法与法律的关系，人们在认识上有一个从对立到统一的过程。如古希腊前期智者派学者吕科弗隆认为，法律是个人权利的简单保证，它不能使公民行善和主持正义，为了保证个人权利（自然权利），人们才缔结了契约，建立了国家，所以，自然法乃是人们保证正义的一种约定。〔2〕苏格拉底则认为，法律同城邦一样，都来源于神，是神定的原则。法是正义的表现，也是强者的意志。法与城邦关系密切，是城邦自身的基石。可以分为自然法与人定法，自然法就是自然规律，是神的意志，具有普遍性。人定法是国家政权颁布的法律、条例、规定，具有易变性。无论是自然法还是人定法，都是正义的表现。无论是自然法还是人定法，人们都要坚决服从，严格遵守。〔3〕此后，亚里士多德进一步阐述了法在国家政治生活中的重要地位，并提出了法治的含义及其较之人治的优越性。在亚里士多德看来，法律是最优良的统治者。法律的统治就是理智的统治，就是神祇的统治，而人治就是在政治中混入了兽行的因素，故"法治应当优于一人之治"。〔4〕从某种意义上讲，从古希腊、古罗马经中世纪，直到近现代所有的思想家、法学家，对于法治的阐述无不以亚里士多德的法治思想为蓝本，并结合时代背景和时代精神加以进一步诠释、完善。他们或者结合自己所处的时代背景和现实要求论证社会成员守法的正当性、合理性和神圣性，并进而设计出保证法律被一体遵循的各项政治法律制度（司法独立、权力制衡、公开审判等），或者从"良法之道"上下功夫，提出自己有关"良法"的一系列形式标准和实质标准。可以说，自亚里士多德以来，基本上确立了西方法治思想的大致走向，也为树立法律在现实生活中的崇高地位奠定了思想基础。

在犯罪认定过程中，"用脑"与"用心"的差别是显著的。"用心"思维总是以"实质"犯罪的发现和确定作为最终目标，认为法律规定的"形式"犯罪不过是确定真正的犯罪（实质犯罪）的手段。"用脑"思维则认为，现

---

〔1〕　王前：《中西文化比较概论》，中国人民大学出版社 2005 年版，第 49 页。

〔2〕　参见 [苏] 涅尔谢相茨：《古希腊政治学说》，蔡拓译，商务印书馆 1991 年版，第 110 页。

〔3〕　参见谷春德主编：《西方法律思想史》，中国人民大学出版社 2004 年版，第 35 页。

〔4〕　参见 [古希腊] 亚里士多德：《政治学》，吴寿彭译，商务印书馆 1981 年版，第 167~168 页。

实生活中哪些行为是实质犯罪，本来就没有一个确定的标准，无论是侵犯法益还是违反社会伦理道德，在不同的时间、地点以及不同人的眼中可能就有不同的标准。因此，必须科学认识犯罪的客观规律，根据经验将值得作为犯罪处罚的行为用法律规定下来，以此确保认定和惩罚犯罪的确定性和规律性，做到按规律（依法）办事，避免枉法裁判，体现公正严明。这种追求形式正义的目标，是刑法的价值所在，也是最高境界的刑法正义。"用脑"思维与追求形式正义，与中国传统文化中的用"心"思维以及追求实质正义相比，最大区别在于其核心价值乃围绕着人与自然而建立起来的，追求的是纯自然的知识体系，而不在意与人的社会关系的和谐与道德人格的完成。由此不难理解，西方文化中的三大支柱——科学、法律和宗教以及所崇尚的理性精神，与中国传统文化所注重的道德伦理、社会公理等感性认识，确实存在本质不同，体现了人与自然的分立，强调的是主体对事物的态度，重视客观规律和经验。主观与客观的分立，促成了西方刑法理论中的客观主义与主观主义的萌芽和发展。西方国家刑法中的犯罪，也总是围绕着客观或者主观的要素，进行不断地调整和完善，犯罪的概念也始终以形式概念为主，真正出现像中国刑法那样以伦理道德或者社会危害性为中心的实质犯罪概念，为数极少。这种追求形式正义的犯罪观，与"用脑"的思维模式无疑是相辅相成的。

三、文化本体论与犯罪构成本体论

法律作为人类规范社会生活的一种制度形态，与人类在社会关系中所体现出来的世界观与价值观密切相关。在人类信史展开的最为远古的时代，可以看出，法律已然秉有自身确定的特性，其为一定民族所特有，如同其语言、行为方式与基本的社会组织体制（constitution）。不仅如此，凡此现象并非各自孤立存在，它们实际乃为一个独特的民族所特有的根本不可分割的禀赋和取向，而向我们展现出一幅特立独行的景貌。将其联结为一体的，乃是排除了一切偶然与任意其所由来的意图的这个民族的共同信念，对其内在必然性的共同意识。法作为一个民族的"共同信念"与"共同意识"，揭示了法律与文化在本质上具有同一性，即以人为原点。陈顾远先生曾指出："文化为各民族团结精神之成就；文化为每一民族中的个人在其生活圈内对其生活方式一致之表现；文化为各民族在其共同生活活动上不断努力之结果而由其子孙接受并应发扬光大之遗传共业。是故每一民族文化团体所孕育之法系，其表现于法制者必与其民族文化息息相关，无论其形成与发展均然，此亦各民族立国精神之所在，法制不过其外部之表现而已。"[1]由于法律与文化的关系密切，因而"在一个社会，一个民族团体，有某种文化，便形成某种法律。最好的立法并不是凭着自己的意识创造某种法律，只是凭着自己的智慧选择出某种法律是民族所需要的，是社会所期望的"。[2]例如，传统的中国是一个国家权力观念和意识高度发达的社会，所谓"普天之下，莫非王土，率土之滨，莫非王臣"。秦汉之后，中国就形成了十分强大的专制主义集权制度，一切以国家利益和社会稳定为最高价值。这种价值观无限扩张，以致渗透到包括纯私人事务的一切领域，私人事务与社会秩序和国家的政治控制不可避免地联系在一起，[3]导致中国人总是将法律与义务联系在一起，从而形成了一种以刑法为主导的公法文化。西方则不然，其法律产生与发展是建立在发达的商品经济和对个人权利的承认上，他们通常将法与权利联系在一起，并建立起一种理性化、私人化的民事法律体系，形成了与东方截然不同的私法文化。可见，中国传统文化是中国法文化的母体，这是中国当下法制建设的思想前提。

既然文化与法律的联系如此紧密，那么我们在构建一种法律制度时，就不可能置文化的价值形态于不顾。"法律是文化的一部分，并且是历史悠久和根深蒂固的一部分。基本的法律意识与深刻的社会、政治、经济思想之间有着错综复杂的密切联系。法律源于其他文化，又给其他文化增添了新的内容，两者之间互为补充，不可分割。"[4]离开文化的滋润与哺育，法律必然沦为无源之水、无本之木，不可避免地走向消亡。钱穆先生曾言："一切问题，由文化问题产生。一切问题，由文化问题解决。"[5]此话有其合理性。

"刑法是一种极其复杂的法社会现象和体系构造，从一定意义上讲，它是感性和理性、经验和超越、工具与价值、实然与应然、历史与现实等的和合；

---

〔1〕 陈顾远：《中国文化与中国法系——陈顾远法律史论集》，范忠信等编校，中国政法大学出版社 2006 年版，第 65～66 页。

〔2〕 陈顾远：《中国文化与中国法律》，三民书局 1977 年版，第 4 页。

〔3〕 参见 [美] 王国斌：《转变的中国：历史变迁与欧洲经验的局限》，李伯重、连玲玲译，江苏人民出版社 1998 年版，第 106 页以下。

〔4〕 [美] 约翰·亨利·梅利曼：《大陆法系》，顾培东、禄正平译，法律出版社 2004 年版，第 151 页。

〔5〕 钱穆：《文化学大义》，中正书局 1981 年版，第 3 页。

是物与词、词与义的联合；是规范与文化的结合。"[1]作为刑法学研究的核心组成部分，犯罪构成及其理论必然滋生于一个国家或者民族的文化襁褓中。然而，以往的学科研究往往忽视文化分析这一重要因素，留下了许多遗憾。因此，一个国家的文化本体论等，是研究刑法学以及犯罪论体系构建所必须具备的给养和前提条件。否则，必将造成新生理论的水土不服或营养不良，影响犯罪构成的价值和功能的发挥，从而背离构建犯罪构成理论体系的宗旨。

无论哪个国家法律规定的犯罪构成，都不可能离开两个基本面：主观与客观。正确认识犯罪构成的主观因素与客观因素及其关系，同样离不开一国之文化背景、思维模式等。"中国传统思维是以主客体统一的整体观为出发点，它具有突出的具象性与体悟性。……西方哲学思维是以主客体对立为出发点的，并追求超越于现实世界之上的最高存在（being）。因而，这就使人们对世界的认识形成了有生命的与无生命的，有理性的与无理性的，灵魂的与肉体的，本质的与偶然的等等一系列两两对立的概念与范畴，形成了一个完整地界定两个相互排斥的存在系统。"[2]中西哲学思维、文化观念上的这种差别，对于科学理解不同犯罪论体系的本体特征具有十分重要的意义。毕竟，不同的文化背景和思维模式，必然有对应的文化本体论，进而催生不同的犯罪构成本体论及其关系体系，深刻地影响人们对犯罪构成本体要素的认识以及在犯罪构成方法论、认识论以及模式论等方面的立场。[3]例如，在西方，由于强调主客观分立，统治者很早就承认法治在社会管理中的主导地位，从而使规范在犯罪构成中获得本体要素地位。这就不难理解，无论是在德、日等大陆法系国家还是在英美法系国家，违法性始终是犯罪构成本体要件之一。在中国，几千年来认定犯罪的最高境界在于"天人合一"，旨在追求实质的公平、正义，无论是礼还是法，均不过是实现实质公平与正义的手段。由于礼

---

〔1〕 许发民：《刑法的社会文化分析》，武汉大学出版社 2004 年版，第 15 页。

〔2〕 郑春苗：《中西文化比较研究》，北京语言学院出版社 1994 年版，第 224 页。

〔3〕 本书除特别说明外，一般以中、西方犯罪构成之本体论、方法论、认识论、模式论作为比较分析对象，不区分法系。缘由在于：西方尽管从法系上可分为大陆法系和英美法系，两者的法律制度也有差异，但从哲理观念、思维模式以及文化背景等角度来看，两者并无本质不同。正如法国著名比较法大师勒内·达维德所言，西洋世界的法存在一个共同的"哲学基础和正义观念"，而且具体以"基督教的道德基础、自由民主主义的政治社会原理以及资本主义经济结构"这三者为基础。（参见［日］大木雅夫：《东西方的法观念比较》，华夏、战宪斌译，北京大学出版社 2004 年版，第 33 页。）

与德较之法更具有概括性、全面性和灵活性，在历代统治者看来更有利于据以实现实质的公平、正义，从而奠定了"德主刑辅"原则的基础地位，致使规范因素在犯罪构成中始终难以获得本体要素地位。

至于犯罪构成之本体关系差异对犯罪构成方法论、认识论以及模式论等的影响，也是非常明显的。例如，西方由于强调主客观分立，更容易在犯罪构成方法论、认识论以及模式论方面形成不同的认识和主张。张明楷教授在《刑法的基本立场》一书中，就论及了刑法理论中有关旧派与新派的学派之争、犯罪论之客观主义与主观主义、构成要件论之形式的解释论与实质的解释论等八大争议问题。[1]这些派别之争，无一不来自于西方刑法理论，与其主客观分立的本体思维模式是相对应的。众多的有关犯罪构成理论派别和争议，丰富了人们的视野，加深了人们对犯罪构成的认识，却也容易把人们引向理论争议的迷魂阵中而失去方向。相反，在主张主客观统一的思维模式的中国，虽然也在相关问题上存在争议，却难以形成派别对立，理论争议始终围绕着解决司法实践中存在的现实问题，不可能也不会因为迷恋理论而本末倒置，乃至于置司法于不顾。

第二节　主客观一元化的犯罪构成本体论

一、主客观一元化的犯罪观的形成

"天人合一"中的"天"，是指认识对象、客体，"人"则指认识主体。"天人合一"则指认识主客体相互依存、相互包容的一体关系。中国传统哲学认为，主体与客体通属宇宙大全，主体若从客体中分离出来，客体就不是完整的客体了。这种哲学思维属于人类哲学思维中的自本体思维，即认为不存在可以独立于人的心灵之外的客观的外部世界，宇宙万事万物，包括宇宙终极存在，与人的心灵是密不可分的。[2]"天人合一"成为中国哲学最基本最重要的命题，构造了一个阴阳、天人、形神、礼物、道器、内外等重大范畴

---

〔1〕　参见张明楷：《刑法的基本立场》，中国法制出版社2002年版。

〔2〕　参见胡伟希："中国哲学：'合法性'、思维态势与类型——兼论中西哲学类型"，载《现在哲学》2004年第3期，第58页。

统一的宇宙。[1]中国古代哲学家主张的"天人合一"思想，不去区分主体与客体，并不是刻意追求主体与客体合二为一，乃至于混淆主体与客体、人与宇宙的界限和区别，而是希望天与人之间维持着和谐一致的关系。这种自本体思维决定了中国文化是一种主客观一元化的本体思维模式。

既然主客体合二为一，那么如何看待主体认识客体呢？由于不能把认识客体置于主体的对立面去分析、观察，而是将客体与主体交融在一起体会其存在，感受并领悟其精神实质，故不可能产生客观主义与主观主义并立的二元认识态度。中国主客观一元化的思维态势，通常表现为两种情形：客观的认识态度或者主观的认识态度。客观的认识态度将个人经验觉悟合理外推，与外在事物融为一体；主观的认识态度则向心内求，将客体纳入主观内心。客观的认识态度或者主观的认识态度，并不是以客观决定主观或者以主观决定客观，乃至于排除主观或者客观，而是指在认识事物的过程中以客观或者主观为出发点，以此推测主观或者客观，做到兼容并蓄。客观的认识态度将主观的东西当然纳入客观评价之中，主观的认识态度则将客观的东西当然纳入主观评价之中，两者属于主客观一元化的表现形态。应当说，充分考虑主观与客观，合理分配主观因素与客观因素在事物评价中的作用，是必要的、合理的。如果不能正确处理两者之间的关系，则可能会走向极端，在认定犯罪时表现为主观归罪或者客观归罪。在中国古代，客观的认识态度走向极端的例子主要表现在对某些重罪的界定上。例如，"造御膳，误犯食禁"和"御幸舟船，误不牢固"是"大不敬"的行为，前者指过失犯食禁的情形，后者指过失导致御舟不牢固的情形，但两者都属于"十恶"重罪。之所以规定为重罪，无非是侵害对象涉及皇家用品，基本上与行为人的主观恶性没有太大关系。主观的认识态度走向极端的典型例子是思想定罪。如汉武帝时期大臣颜异对皇帝新政有看法，不敢公开发表意见而是只在别人议论时嘴唇有微动，被认为心存不满，判处死刑。"异与客语，客语初令下有不便者。异不应，微反唇。汤奏当异九卿见令不变，不入言而腹诽，论死。自是后有腹诽之法比，而公卿大夫多谄谀取容。"[2]"中国封建统治也是以思想专制为特征的，容不得异己思想，反映在刑法上就是混淆思想与行为的原则区别，把一切不利于

---

[1] 徐行言主编：《中西文化比较》，北京大学出版社2004年版，第114页。
[2] 《汉书·食货志》。

封建统治的思想，甚至对真理的宣传都作为'异端邪说'加以惩罚。对思想言论的追究，首先也是通过立法宣布其为犯罪行为，纳入刑法的管辖范围，而这种立法正是经常以帝王'一时的意念'作为依据，即使没有明载刑典，统治者也可将其作为犯罪行为加以惩处。从秦始皇的'偶语弃市'到汉武帝时期的'腹诽论罪'；从唐律的惩罚口误犯讳到明、清的文字狱，都是对思想言论的追究。"[1]思想定罪将客观危害融入主观恶性之中，认为邪恶的内心必然包容客观危害，甚至是客观危害的反应，故在处罚时与具体犯罪行为并没有两样。

由于客观的认识态度或者主观的认识态度可能会走向极端，造成主观归罪与客观归罪。为了避免这种缺陷，主客观相统一原则便应运而生。"主客观相统一的原则是与奴隶制和封建制刑法中的主观归罪和客观归罪的刑事责任原则根本对立的，同时，也是对资产阶级刑法理论中的主观主义和客观主义两种片面的定罪学说的否定。"[2]主客观相统一原则旨在纠正客观的认识态度或者主观的认识态度矫枉过正的弊端，强调主观与客观相互依存、缺一不可，以便实现犯罪认定的主客观并重。

二、主客观一元化与中国犯罪构成

我国现行犯罪论体系，是引进苏联犯罪论体系并加以本土化的产物。"以特拉伊宁为代表的苏俄刑法学家，在资产阶级犯罪论体系尤其是'构成要件论'的基础上，创立了全新的社会主义的犯罪构成学说。在这个理论体系中，'构成要件'已由大陆法系国家刑法理论中纯类型化的范畴演变为主、客观统一的范畴了。亦即，苏维埃刑法理论中的'构成要件'成了犯罪成立的要件或因素；犯罪的'构成'是主客观要件统一的'总和'，而不再是像大陆法系国家刑法犯罪论体系中的'构成要件该当'那样仅指犯罪成立的要件或前提之一。"[3]今天来看，我国现行犯罪构成理论体系不但在理论界处于主导地位，在实务界也有着独一无二的影响力。究其缘由，主要在于这种强调主客观相统一理念的犯罪论体系，同中国主客观一元化的"自本体"文化思维模

〔1〕 高绍先：《中国刑法是精要》，法律出版社2001年版，第170页。

〔2〕 高铭暄、马克昌主编：《刑法学》（上编），中国法制出版社1999年版，第39页。

〔3〕 肖中华：《犯罪构成及其关系论》，中国人民大学出版社2000年版，第35页。

式，有着惊人的一致性。从某种程度上讲，主客观一致是"天人合一"的本体思想在犯罪构成中的体现，与中华民族的价值诉求、文化观念与思维模式非常契合，因而一经引入很快就被司法实践接受。与此相对应，中国犯罪构成在方法论、认识论以及模式论等方面的立场和态度，也与主客观相一致的本体观念相对接。

（一）在方法论上，中国犯罪构成是一种"意合"形态，强调处罚必要在认定犯罪中的核心作用

主客观一元化的犯罪构成本体论，要求通过对主客观的整合归一确定对行为性质的评价标准，这一标准只能是行为在刑法上具有处罚必要。而行为是否具有处罚必要，则根据行为的社会危害性及其程度确定。于是，以社会危害性作为认定犯罪的核心要素就理所当然了。换句话说，无论通过何种主客观要件认定行为性质，最终都要回归到"社会危害性"这一核心要素上来，行为"意合"于一定的社会危害程度，是犯罪成立的最终标志。从这一角度上看，中国犯罪构成在方法论上具有典型的意合性。在我国现行刑法中，体现这一意合特征的是《刑法》第13条的规定。

立足于《刑法》第13条但书的规定，我国刑法理论通说认为，我国犯罪概念是社会危害性与刑事违法性的统一，刑事违法性是由社会危害性派生的。通说的刑法理论可以称为社会危害性理论，其刑法学体系可以称为"社会危害性中心论"的刑法学体系。[1]按照通说，犯罪的社会危害性不仅是犯罪论，而且是整个刑法学体系的基石，有关犯罪与刑罚的一切问题都应从犯罪的社会危害性来解释。换言之，社会危害性对刑事立法、刑事司法乃至于刑事执法均有重要意义。[2]一定的社会危害性是犯罪的最基本的属性，是刑事违法性和应受惩罚性的基础。社会危害性如果没有达到违反刑法、应受刑罚惩罚的程度，也就不构成犯罪。[3]刑事违法性是社会危害性在刑法上的表现。只有当行为不仅具有社会危害性，而且违反了刑法，具有刑事违法性，才能被认定为犯罪。社会危害性是第一性的，刑事违法性是第二性的，刑事违法性

---

〔1〕　参见陈兴良：《刑法哲学》，中国政法大学出版社1996年版，第671页以下。

〔2〕　参见高铭暄主编：《新中国刑法学研究综述（一九四九——一九八五）》，河南人民出版社1986年版，第97页。

〔3〕　参见高铭暄主编：《新编中国刑法学》（上册），中国人民大学出版社1998年版，第70~71页。

是由行为的严重危害性所决定的。[1]只有立法机关认为行为的社会危害性达到了应当追究刑事责任的程度，才将该行为规定为刑法所禁止的行为。司法机关根据刑法认定为犯罪的行为，当然具有应当追究刑事责任程度的社会危害性。因此，不管是就观念上的犯罪（刑法所规定的犯罪）而言，还是就现实的犯罪（司法机关根据刑法认定的犯罪）而言，犯罪的本质特征是统一的，而不是分裂的。[2]

不过，学界也有人对社会危害性中心论提出质疑。如有学者认为，我国《刑法》第 13 条关于犯罪的立法定义，既未采用纯粹的社会危害性标准，也未采用完全的刑事违法性标准，而是一种刑事违法性和社会危害性相结合、规范标准和非规范标准互为补充的复合标准。作为对罪与非罪的判定，不仅要受刑事违法性的形式制约，而且要受社会危害性的实质限定。在这种复合标准之下的犯罪认定可区别为如下四种情况：具有刑事违法性且有相当程度的社会危害性，构成犯罪；（复合标准）没有刑事违法性也没有相当程度的社会危害性，不构成犯罪；（复合标准的逻辑推论）具有刑事违法性但没有相当程度的社会危害性，不构成犯罪；（但书）没有刑事违法性但有相当程度的社会危害性，不构成犯罪。[3]通过分析不难发现，论者所概括的四种情形中，前三种均以社会危害性为中心，体现了社会危害性在认定犯罪中的核心作用。而第四种情形显然是以刑事违法性为核心，驳斥社会危害性在犯罪认定中的核心地位的依据。

问题在于，"没有刑事违法性但有相当程度的社会危害性"的行为，在现实生活中是否存在？如果认为现实生活中确实存在具有相当程度社会危害性的行为，仍然以社会危害性为中心，势必会导致对这些法无明文规定的行为以犯罪论处，从而违背罪刑法定原则。通常，站在刑事立法的角度，如果行为具有相当程度的社会危害性，我国刑法通常会将之规定为犯罪并加以刑罚处罚；如果行为不具有相当程度的社会危害性，我国刑法一般是不会将之规定为犯罪并进行处罚的。在我国，对于达到相当程度的社会危害性的行为，有两种方法将之纳入刑事违法性范畴：一是直接在刑法典中加以规定；二是

---

〔1〕 参见马克昌主编：《犯罪通论》，武汉大学出版社 1999 年版，第 26 页。

〔2〕 参见张明楷：《刑法学》（上），法律出版社 1997 年版，第 84～85 页。

〔3〕 参见储槐植、张永红："善待社会危害性观念——从我国刑法第 13 条但书说起"，载《法学研究》2002 年第 3 期，第 88 页以下。

通过刑法修正案加以规定。特别是后者，由于具有一定的灵活性和机动性，可以充分保证使那些达到相当程度的社会危害性的行为犯罪化。因此，在我国，基本上不存在所谓的"没有刑事违法性但有相当程度的社会危害性"的行为。以强行组织残疾人、儿童乞讨行为为例，2006年6月29日《刑法修正案（六）》首次将之规定为犯罪。对此，我们是否可以认为在2006年6月29日《刑法修正案（六）》公布之前，该类行为就具有严重的社会危害性，因为刑法没有规定而不以犯罪论呢？答案是否定的。理由在于：就强行组织残疾人、儿童乞讨行为而言，在2006年6月29日之前便早已有之，刑法之所以一直将之排除在犯罪之外，是以为这种行为并没有达到相当程度的社会危害性。随着强行组织残疾人、儿童乞讨行为在司法实践中越来越猖獗，该类行为在整体上对社会的危害也就越来越严重。而公众对该类行为日益关注，也使得这类行为在人们心中的不良形象持续恶化，其社会危害性自然更为严重。当这类行为的社会危害性达到立法者认为需要动用刑法惩罚时，便有了《刑法修正案（六）》第17条的规定。可见，行为没有达到相当程度的社会危害性，刑法是不会乱加惩罚的。当某些行为侵犯我们的社会主义国家或公民的利益，具有严重社会危害性时，立法者从维护国家和人民的利益出发，将这些行为规定为犯罪，赋予其刑事违法性的性质。行为不具有社会危害性，或者社会危害性没有达到严重程度，就不会有刑事违法性。[1]因此，所谓"没有刑事违法性但有相当程度的社会危害性"的行为，在司法实践中通常很少见，我国的犯罪构成是以社会危害性为核心的"意合"形态。如此看来，坚持社会危害性为中心的犯罪论体系，与刑法规定的罪刑法定原则并不矛盾。

不过，从刑事立法的角度上讲，不具有相当程度的社会危害性的行为通常不规定为犯罪，并不等于刑事违法性与社会危害性必然统一。有时，在没有刑事违法性也没有相当程度的社会危害性或者具有刑事违法性但没有相当程度的社会危害性的情形下，行为却构成犯罪，这也是客观存在的，这与刑法的滞后性等有关，不能一概而论。

以社会危害性程度作为犯罪成立与否的界限，与主客观一元化的本体关系论是相吻合的。首先，暂且不考虑规范因素，以社会危害性为中心意味着

---

〔1〕　参见马克昌主编：《犯罪通论》，武汉大学出版社1999年版，第25~26页。

评价行为时，只能以客观事实和主观态度为标准；[1]其次，以社会危害性程度评价犯罪成立与否，必然有一个相对确定的临界点，这个临界点对于每一个具体犯罪而言始终是唯一的。达到这个临界点，意味着行为的社会危害性达到一定程度，构成犯罪；在这个临界点之下，意味着行为的社会危害性没有达到一定程度，不构成犯罪。因此，以社会危害性及其程度作为界定罪与非罪的标准，表明我国犯罪构成在本体上具有整体性与一致性，是典型的主客观一元化形态。这与中国传统文化思维模式中的"天人合一"是非常匹配的。

（二）在认识论上，中国犯罪构成强调主观与客观相统一的刑事责任原则，呈现出典型的"平面"形态

在认识论上，我国犯罪构成的主客观一元化主要通过犯罪客体、犯罪客观方面、犯罪主体、犯罪主观方面组成一个平面综合体来体现的。各个犯罪构成要件具有其自身的特定功能和作用，担当认定犯罪中属于自己的独特的角色。这些构成要件从性质上分为主观要件与客观要件，并以主客观相一致原则为引线串联在一起。从我国现行各类教材、著作来看，主客观相一致原则可以细化为两个原则：主观与客观相统一原则与主观方面要件或客观方面要件相统一原则。

主观与客观相统一原则又称主客观相一致原则，是我国学界公认的刑事责任基本原则。它的基本含义是，对犯罪嫌疑人、被告人追究刑事责任，必须同时具备主客观两个方面的条件。即符合犯罪主体条件的人，在其故意或过失危害社会的心理支配下，客观上实施了一定危害社会的行为，对刑法所保护的社会关系构成严重威胁或已经造成现实的侵害。[2]正如特拉伊宁所言："社会主义的刑法，不是建立在客观因素与主观因素的脱离或对立的基础上，而是以辩证地结合对主体和他的行为的评价为基础的。"[3]坚持主观与客观相统一原则，意味着在中国的犯罪论体系中，犯罪构成只能由主观方面要件和

---

〔1〕 例如，对于正当防卫、紧急避险等排除犯罪性行为，即使没有刑法规定，也完全可以将之排除在犯罪之外。在西方刑法理论上，关于正当防卫、紧急避险等违法阻却事由之本质，主要存在法益衡量说、目的说以及社会相当性说三种不同理论。根据这三种理论，作为违法阻却事由的正当防卫、紧急避险等，要么在客观上没有社会危害性，要么符合国家承认的共同生活目的而导致在主观上不具有罪过。因此，根据主客观相一致原则，这些行为是不构成犯罪的。

〔2〕 参见高铭暄主编：《新编中国刑法学》（上册），中国人民大学出版社1998年版，第31页。

〔3〕 ［苏］A. H. 特拉伊宁：《犯罪构成的一般学说》，王作富等译，中国人民大学出版社1958年版，第46页。

客观方面要件组成，因而不存在德、日等大陆法系国家犯罪论体系中的违法性要件与有责性要件，也不存在英美法系国家或法国犯罪论体系中的责任要件。这并不是说我国认定犯罪不需要这些要件，而是它们要么被归入主观要件或者客观要件中，要么在进入犯罪构成评价之前就已经被评价，因而不需要再纳入犯罪构成评价之列。例如，刑事责任年龄、刑事责任能力等情形，在德、日等大陆法系国家犯罪论体系中属于有责性评价范畴，在英美法系国家或法国犯罪论体系中属于责任要件范畴，在我国则属于主体要件要素，属于主观方面要件。正当防卫、紧急避险等正当化事由，在德、日等大陆法系国家犯罪论体系中属于违法阻却事由，在英美法系国家或法国犯罪论体系中属于排除责任事由，在我国则属于不具有或者没有达到一定程度的社会危害性的情形，乃排除犯罪性事由。显而易见，正当防卫、紧急避险等正当化事由，既不属于犯罪构成主观要件，也不属于犯罪构成客观要件，那么如何理解其在犯罪论体系中的地位呢？学界通常的解释是，以犯罪的本质属性——行为具有严重程度社会危害性为依据，由于正当防卫、紧急避险等正当化事由不具有一定程度的社会危害性，因而不可能纳入犯罪构成评价范畴。换句话说，在接受犯罪构成评价之前，正当防卫、紧急避险等正当化事由已经被初步评价过，无须再接受犯罪构成的评价。由此不难看出，以社会危害性为中心的一元化犯罪构成方法论在我国犯罪论体系中具有突出地位。

主观方面要件或客观方面要件相统一原则，是指在我国犯罪构成认识论中，无论是主观态度要件还是主体要件，都归属于主观方面要件，无论是犯罪客体还是行为及与之有关的客观要件，均可归入客观方面要件之列。此外，不存在任何第三种形式的犯罪构成要件。具体地说，主客观相一致的犯罪构成，可以分解为四个层次：位于第一层次的是犯罪成立意义上的犯罪构成整体；位于第二层次的是犯罪的客观方面要件与主观方面要件；位于第三层次的是犯罪主体、犯罪主观方面和犯罪客体、犯罪客观方面；位于第四层次的是犯罪构成要件要素，如行为、结果、故意、过失目的、年龄等。这种细化的结果，是建立在肯定任何行为都能够进行主客观要件分割的基础上的，如果遇到两个行为在效果上需要比较的情况，对其中一个行为的性质如何评价就会很尴尬，这也是我国现行犯罪构成难以容纳违法性的根本原因。

由于主客观相一致强调主客观统一的整体形象，主观要件或要素与客观要件或要素整合在一起，形成一个整体的、概括的观念形象，就能够完成行为在刑法上的性质的评价功能。至于犯罪构成要件或者要素是否按照一定逻辑关系和特定的层次去组合，并不重要。这样的犯罪构成所呈现出的形态，具有典型的"平面"特征，是一种平面的、概括的、整体的犯罪样态。在认定犯罪时，这种平面的犯罪构成无须遵循严格的程序和加以井然有序的逻辑推理，只要任何一个犯罪构成要件或者要素不具备，就可以在整体上认定犯罪不成立，因而就没有必要再进行犯罪评价或者与此有关的评价。各犯罪构成要件之间的评价，也没有必要遵循一定的顺序，区分一定的层次，在整体上没有评价的先后之分，评价主体完全可以根据自己的认识以及认定犯罪的便利等，选择任何一个要件对行为是否构成犯罪进行逐一评价。例如，一个15周岁的人实施了盗窃，由于没有达到刑事责任年龄，则首先据此可以推断其行为不构成盗窃罪。而且，由于其行为不是犯罪行为，故其盗窃的财物也不是赃物，则窝藏被盗财物的人也就不可能构成窝藏赃物罪。

（三）在模式论上，中国犯罪构成强调犯罪认定的整合与协调效果，
　　　　是一种"机体"形态

中国传统文化中的"天人合一""万物一体"思想，在方法论上主张以社会危害性为中心的"意合"，在认识论上强调简洁、概括的犯罪认知平面样态，在模式上也必然具有相对应的表现形式。

在主客观相一致的犯罪观的指导下，认定犯罪时必须充分重视犯罪构成在功能上的整体效果，将区分罪与非罪作为犯罪构成的目的，至于犯罪构成各要件之间的间架结构以及个性和特点，只是认定罪与非罪的手段，体现的是一种有机的、整体的思维模式。"传统文化的对比和现代文化心理学实验都证实中国人多辩证性和整体思维。"[1]在对"犯罪现象"的认识和评价过程中，需要站在整体、宏观的高度，立足于形形色色、千变万化的犯罪现象，不为复杂的、具有社会危害性的行为迷惑，重在发现、认识犯罪现象的规律性与对称性。在具体评价活动中，要么行为具有严重的社会危害性构成犯罪，要么行为不具有严重的社会危害性不构成犯罪。这两个对立面使得人们在认定犯罪时，只要进行有机的、整体的认识与评价，从统一中把握罪与非罪的界限，则所有的犯罪行为必将清晰地展现在人们面前。具体地说，认定犯罪

---

〔1〕 董燕萍："中国人的思维方式与中国的语言学研究思维取向"，载《现代外语》2003 年第 4 期，第 4 页。

时，犯罪主观方面要件或客观方面要件内部具有高度的一致性与协调性，其中的一个要件或者要素，总是与其他要件或者要素联系起来作为一个整体理解才具有实质意义。例如，主体要件作为犯罪构成主观方面要件，其中的刑事责任年龄，单纯地理解并不具有任何意义。因为，主体是否年满 12 周岁，揭示的是一个人在某个年龄段上的一种客观状态，对于任何人来说并没有特殊的意义。但是，如果与客观方面实施的危害社会的行为联系起来，然后结合主观上的心理态度，来评价侵害了某种刑法保护的社会关系的行为的性质时，是否年满 12 周岁就具有决定性的作用了，直接关系到行为人是否承担刑事责任。这样的犯罪构成，无疑呈现出鲜明的机体模式，各要件只有整体地、有机地协调与整合，才具有刑法意义。

以社会危害性为核心，从整体上综合考察行为的性质，必须侧重构成犯罪的主观、客观要件及其内部要素之间的联系。在认定犯罪时，要从局部到整体，注重分析犯罪的本质特征，获取对犯罪现象的总体印象或原则。例如，根据我国《刑法》第 13 条但书规定，"情节显著轻微"和"危害不大"是界定犯罪成立与否的标志。这就意味着，在评价某一行为是否构成犯罪时，必须考虑行为侵犯的客体、行为结果、行为的时间、地点和方法、主体身份、年龄、刑事责任能力、主观过错、目的和动机、事前和事后态度、政治经济形势以及社会影响等属于犯罪情节的一切情形，并在整体上分析、评价这些因素之间的相互作用，综合判断是否达到一定程度的社会危害性。如果达到，就不属于"情节显著轻微、危害不大"的行为，成立犯罪；反之，不以犯罪论。由此可见，机体的犯罪构成模式，是通过对各个犯罪构成要件及其要素进行有机、统一的整合，形成一个整体的犯罪观念和印象，从而确立其与刑法规定相吻合，并获取国家的否定评价和谴责。这样的犯罪评价模式，具有鲜明的由分到总的特征。

三、主客观一元化与犯罪构成本体要素

（一）主客观一元化下的犯罪构成本体要件

主客观一元化表明，犯罪构成是主客观要件的有机整体，具体包括犯罪客体、犯罪客观方面、犯罪主体、犯罪主观方面四个要件，它们处于同一平面、并列平行，都是犯罪成立不可缺少的要件。"客体通过损失这一要素与客观方面相互作用。客观方面作为行为的动作与犯罪主体相互作用，因为主体

正是实施对客体造成损害的某一作为或者不作为。主观方面与客观方面相互联系着，因为行为本身在其最原始的心理特征上就是受动机支配和追求一定目的的，而客观方面的内容包括在罪过–预见、对具体行为的心理态度、行为一定社会危害性等的内容之中。"[1]在这四个要件中，犯罪客观要件处于基础地位。"在犯罪构成诸要件中，犯罪客观方面处于中心地位，它既是连接犯罪主体与犯罪客体的纽带，也是认定犯罪主观方面的客观依据。"[2]特别是客观要件中的危害行为，在犯罪构成中处于核心地位，没有行为就没有犯罪和刑罚。正如马克思指出的，"我只是由于表现自己，只是由于踏入现实的领域，我才进入受立法者支配的范围。对于法律来说，除了我的行为以外，我是根本不存在的，我根本不是法律的对象"。[3]

主客观相一致是我国犯罪构成理论的基本指导原则，在具体犯罪认定中处于核心地位。有学者认为这种观点本身是正确的，但这样的理解极为肤浅。"主观与客观相统一的主观与客观，不仅仅是指犯罪的主观要件与客观要件，更主要的是指对犯罪的评判标准。主观，指主观标准，以此作为唯一评价标准的就是主观主义。客观，指客观标准，以此作为唯一评价标准的就是客观主义。我们主张的主观与客观相统一的定罪原则，就是指对犯罪的评价采取主观与客观的双重参照标准。"[4]笔者认为，这种理解并不准确，主观主义与客观主义，乃西方刑法理论发展过程中的两种不同派别。客观主义主张重视犯罪的客观要素。这就意味着以行为为中心的各种罪行要素，如行为、行为主体、行为客体、行为结果等，在定罪量刑中必须得到重视，在刑罚规范中应当得到充分体现。客观主义并不反对主观罪过，在客观主义论者看来，主观罪过也是需要的，也是犯罪成立的条件之一，只不过在定罪和认定刑事责任时附随于行为及其诸要素。主观主义则将犯罪人的性格作为定罪科刑的最重要标准，使刑法学研究完成了由重视客观到重视主观的转变。"应当惩罚的不是行为而是行为人"，李斯特的这句名言表明了这一观点。主观主义也不反对客观行为及其结果在定罪与量刑中的地位，只不过附随于犯罪人的人格及

---

〔1〕 [俄] Н. Ф. 库兹涅佐娃、И. М. 佳日科娃主编：《俄罗斯刑法教程（总论）》（上卷·犯罪论），黄道秀译，中国法制出版社 2002 年版，第 180 页。

〔2〕 高铭暄、马克昌主编：《刑法学》（上编），中国法制出版社 1999 年版，第 123 页。

〔3〕 《马克思恩格斯全集》（第 1 卷），人民出版社 1972 年版，第 16~17 页。

〔4〕 陈兴良：《刑法哲学》，中国政法大学出版社 1997 年版，第 574 页。

其诸要素而已。刑事实证学派的出现，真正赋予了主观要素在刑法理论中的应有地位。可见，客观主义和主观主义与犯罪构成的客观要件和主观要件，完全是两回事。一对范畴是理论派别，一对范畴是犯罪的构成要件，不能相提并论。不管如何理解，至少在犯罪构成的具体要件上，主客观一致下的犯罪构成还是具体分解为主观要件与客观要件的，不可能根据抽象的主观主义与客观主义的标准，而是必须将界定犯罪的标准具体化、个别化。在我国，主客观相一致的具体化、个别化，只能是客体要件、客观要件、主体要件和主观要件。

（二）主客观一元化的犯罪论体系与犯罪构成的封闭性

在我国主客观一元化的犯罪论体系下，犯罪构成具有封闭性。这种封闭性主要体现在两个方面：一是本体要件的封闭性，即犯罪构成要件的封闭性；二是本体要件要素的封闭性，即犯罪构成要件要素的封闭性。

本体要件的封闭性是指犯罪构成的本体要件包括主观的要件与客观的要件，主观的要件与客观的要件之外的其他要件不能成为犯罪构成的本体要件。那么，作为主观的要件与客观的要件之外的要件究竟包括哪些呢？显然，凡是不能归入主观的要件或者客观的要件之列的均属于其他要件，常见的有社会危害性、社会危害性程度、违法性、犯罪情节、国家的政治经济形势因素等。例如，犯罪情节既包括主观的因素，如主观态度等，也包括客观的因素，如行为次数等，因而犯罪情节既不是主观的要件，也不是客观的要件。[1]

本体要件要素的封闭性，是指犯罪构成要件的要素具有相对固定性、封闭性，这与本体要件的封闭性是相辅相成的。例如，谈到犯罪的主观方面，一般是指犯罪成立意义上的故意与过失，其他主观认识不包括在内。像一个13岁的少年实施盗窃，刑法对之评价是缺乏犯罪故意。实质上，13岁的人并非没有意识，也不是没有故意，只是不具有刑法意义上的故意。又如，刑法规定的排除犯罪性的行为只有正当防卫和紧急避险，由于我国刑法将排除犯罪性的行为规定在犯罪构成评价要件体系之外，理论上也基本认可这种定位。那么，对于被害人承诺等事由，是否应当成为排除犯罪性的正当行为，不无争议。但是，从罪刑法定的角度来看，是不应当纳入的。这也是我国犯罪构

---

[1] 我国现行各类教材，基本上都将犯罪情节置于犯罪客观要件中论述，忽视了犯罪情节中包含的主观的因素以及主客观之外的因素，是欠妥的。

成封闭性所导致的结果。

犯罪构成的封闭性，决定了一些混合的以及非主观或者客观的犯罪构成要件要素，不能归入犯罪构成要件要素之中。下面以近来在我国学界引起热议的期待可能性理论为例，来说明犯罪构成要件要素的封闭性所带来的问题。

对于期待可能性理论在犯罪论体系中的地位和作用，我国学界主要存在四种不同看法：第一种观点认为，应当将期待可能性理论置于犯罪构成的主观方面，作为罪过的一个要素加以研究，不具有期待可能性则意味着缺乏犯罪构成的主观要件，不承担刑事责任。[1]第二种观点认为："我国刑法中的故意、过失本身便是心理事实与规范评价的统一，已经完全体现了期待可能性思想。主张将期待可能性引进我国犯罪主观要件中加以完善罪过的观点是完全不足取的。"[2]第三种观点认为，期待可能性理论也可解决违法性的一些问题。"一般认为，刑法规定的对防卫过当、避难过当的处罚减轻处罚，就是以期待可能性的理论为依据的。"[3]第四种观点认为，应当将期待可能性理论放在刑事责任理论中加以研究，作为归责的第四个要素。[4]对于第四种观点，考虑到犯罪论体系的实质差别，将期待可能性理论移植到我国并归入刑事责任理论中，是非常勉强的。众所周知，在我国犯罪构成理论中是否承担责任与犯罪是否成立，具有同等意义，我国根本不存在像德、日那样的作为犯罪成立要件之一的责任理论，又如何将期待可能性理论放在刑事责任理论中加以研究呢？前三种观点的分歧，恰好揭示了期待可能性理论在我国犯罪论体系中定位的困惑。"期待可能性标准的合理性选择，只能建立在具体行为人在具体的非正常情况下的个人的行为是否具有可选择性上，在个案中有无期待可能性只是提示了决定明了正当性和法的义务不明确界限之途径，所以，判断有无以及程度所依据的事实应当是行为人自身的状况和行为时的具体情境，脱离具体的行为人状况和具体的行为环境，就不可能真正实现期待可能性所追求的目的。"[5]由此看来，期待可能性既包括犯罪时的特殊情境这一客观因素，也包含行为人在特殊情境下的主观态度，这种蕴涵主观因素与客观因素

---

〔1〕 参见陈兴良、曲新久：《案例刑法教程》（上卷），中国政法大学出版社1994年版，第171页。

〔2〕 李立众、刘代华："期待可能性理论研究"，载《中外法学》1999年第1期。

〔3〕 张明楷编：《外国刑法纲要》，清华大学出版社1999年版，第246页。

〔4〕 参见冯军：《刑事责任论》，法律出版社1996年版，第234页以下。

〔5〕 林亚刚：《犯罪过失研究》，武汉大学出版社2000年版，第218~219页。

的混合要素，确实在我国犯罪构成的四个要件中难以找到合适的位置。"在我国传统的耦合式犯罪构成体系中，尤其是在故意的心理事实与规范要素未加界分的情况下，是无法确定期待可能性的体系性地位的。"[1]

需要指出的是，期待可能性理论中的不可期待，与丧失控制能力是两回事，故亦不能将之归入犯罪主体要件之中。因为，德、日等国刑法中的期待可能性理论，是以心理受强制为阻却责任之事由，并非身体受到强制导致丧失意志自由。我国刑法理论中的丧失控制能力，是指身体受到强制乃至于没有意志自由的情形。德、日等国刑法中的期待可能性理论与我国传统的刑法理论是有不相符合甚至大相径庭之处的。[2]因此，期待可能性理论虽然合乎情理，但要引入我国，在犯罪论体系中如何定位，确实是个十分棘手的问题。究其缘由，主客观一元化下的犯罪构成体系所固有的封闭性，是一个重要因素。

主客观一元化下的犯罪构成的封闭性，会给犯罪认定的开放性与灵动性带来一些约束。正如有学者指出："但客观标准和主观标准都不是认定犯罪的全部标准，因为这种主客观相统一原则指导下得出的犯罪成立标准仍然带有齐合填充的色彩。不利于以实现刑法的机能为目的加深犯罪成立理论的研究。"[3]该学者由此提出一种新的主客观相统一观："从犯罪构成要件的设定方式出发，就可以得出另一种主客观相统一观，就是作为思维的罪的观念与作为形式化存在构成要件的统一。同时，这种主客观统一观也表明了观念和事实之间的差距。"[4]不难理解，该论者指出的是当前中国犯罪构成理论中认定犯罪的事实与规范的脱节问题，如正当行为符合犯罪成立的形式标准（形式上符合犯罪构成），但由于缺乏犯罪成立的实质标准（没有达到一定程度的社会危害性），导致出现犯罪认定的形式与实质的冲突。问题在于，如果坚持思维的罪的观念与作为形式化存在构成要件的统一，就意味着主客观统一下的犯罪认定存在两套标准，即思维的罪的标准与形式化的构成要件标准，这与犯罪构成作为认定犯罪的唯一标准的理念相矛盾。

---

〔1〕 陈兴良、周光权：《刑法学的现代展开》，中国人民大学出版社 2006 年版，第 307 页。

〔2〕 参见侯国云：《过失犯罪论》，人民出版社 1996 年版，第 262~263 页。

〔3〕 王志远：《犯罪成立理论原理——前序性研究》，中国方正出版社 2005 年版，第 79 页。

〔4〕 王志远：《犯罪成立理论原理——前序性研究》，中国方正出版社 2005 年版，第 80 页。

四、规范要素在主客观一元化的犯罪构成体系中的地位

这里的规范要素，是指对刑法规定的正当防卫、紧急避险等正当行为为什么不构成犯罪而提出的，即违法性问题。对违法性是否属于犯罪构成的主观因素或者客观因素及其与犯罪构成的关系，理论上存在不同意见。

1. 苏联、俄罗斯学者关于违法性是否为犯罪构成特征的争论

在苏联，关于社会危害性与违法性是否应当属于与犯罪构成的其他特征并列的特征，有两种不同观点：第一，肯定说。该观点认为，社会危害性与违法性属于与犯罪构成的其他特征并列的特征，是犯罪构成要件之一。持该观点的学者认为，在具有《苏联刑法典》第6条附则[1]所规定的条件即阻却社会危害性的其他情况下，行为的犯罪性及应受惩罚性，即因没有犯罪构成而消失，社会危害性及违法性是与犯罪构成的其他特征并列的特征，属于犯罪构成的特征之一。[2]持该观点的学者指出，如果从犯罪构成特征中取消社会危害性，那么，犯罪构成就变成没有政治特性的、只是行为的各个事实特征的单纯的总和。如果从犯罪构成诸特征中取消社会危害性，那么就使犯罪构成由刑事责任的唯一基础，变成只是依法院裁量有无犯罪问题的一种"根据"；这样，审判员就有可能借口行为没有社会危害性，而不认为某人的那些符合法律规定的犯罪构成的行为是犯罪，这一切足以使审判员对犯罪构成采取虚无主义态度，并使其迷失方向。[3]第二，否定说。该观点主张社会危害性与违法性不是与犯罪构成的其他特征并列的特征，不能作为犯罪构成要件之一。如特拉伊宁认为，社会危害性乃是整个行为所固有的属性，它是决定犯罪构成产生的因素。因此，社会危害性不是犯罪构成的一个特征，它是在犯罪构成诸特征的总和中来说明犯罪构成的一切特征的。证明某人的行为中有法律所规定的犯罪构成的一切因素，同时也就是证明这些行为的社会危害性。"苏维埃法律借助犯罪构成的因素所描述的作为（或不作为），如果对社

---

〔1〕《苏联刑法典》第6条附则规定，行为在形式上虽符合本法典分则某一条文的特征，但由于显著轻微且无损害结果而丧失社会危害性的，不是犯罪行为。

〔2〕参见［苏］B. M. 契柯瓦则主编：《苏维埃刑法总则》（中册），中国人民大学刑法教研室译，中国人民大学出版社1954年版，第56页。

〔3〕参见［苏］B. M. 契柯瓦则主编：《苏维埃刑法总则》（中册），中国人民大学刑法教研室译，中国人民大学出版社1954年版，第62页。

会主义国家没有社会危害性，法律也就不会对它规定刑罚了，但也正因为如此，所以不能把社会危害性降低为犯罪构成的因素之一。社会危害性的意义比其作为犯罪构成的一个因素的意义要大得多，因为社会危害性明显地体现在犯罪构成的全部因素的总和中，它是在刑法上对整个作为（或不作为）的评价。不这样理解社会危害性，企图把它看成是犯罪构成的一个因素，就必然会导致对社会危害性的意义估计不足，歪曲它的政治意义和刑法性质。"[1]还有学者认为，非常明显，既然社会危害性及违法性，是对整个行为的评定，也就是说，是对整个犯罪构成的评定，那么，他们就不能同时又与其他特征并列而作为这一整体的犯罪构成的个别特征了。[2]也有学者在赞成否定说的同时，作了例外说明。"但是，没有例外的规则是没有的。关于判明某人行为中的犯罪构成，同时就意味着判明这一行为的社会危害性及违法性的这一规则，同样也是有例外的，这种例外，首先表现在《苏联刑法典》第六条附则上。根据这个附则，'行为在形式上虽符合本法典分则某一条文的特征，但由于显著轻微且无损害结果而丧失社会危害性的，不是犯罪行为'。"[3]总的来说，否定说得到了多数学者的支持。"关于犯罪构成的概念和社会危害性和违法性之间的相互关系，在苏维埃刑法学者中有过争论。这种争论在《苏维埃国家和法》杂志上也得到了反应。讨论的结果，得出一个共同的结论：犯罪构成与社会危害性和违法性之间是密切相关联的，人的行为具备犯罪构成是刑事责任的唯一根据，没有社会危害性和违法性也就没有犯罪构成。人的行为具有犯罪构成，是以该人实施了有社会危害性和违法性、应受法律惩罚的行为为前提的。"[4]

　　既然否定说认为违法性不是犯罪构成的一个特征，那么其性质究竟是什

---

〔1〕 参见［苏］A. H. 特拉伊宁：《犯罪构成的一般学说》，王作富等译，中国人民大学出版社1958年版，第64页。

〔2〕 参见［苏］M. Д. 萨尔格罗德斯基、H. C. 阿列克谢也夫："《苏维埃刑法总则》一书的评论"，载《苏维埃国家和法》1953年第8期，第109页，转引自［苏］T. B. 采列捷里、B. F. 马卡什维里："犯罪构成是刑事责任的基础"，载《苏维埃刑法论文选集》（第1辑），中国人民大学出版社1955年版，第66页。

〔3〕 ［苏］T. B. 采列捷里、B. F. 马卡什维里："犯罪构成是刑事责任的基础"，载《苏维埃刑法论文选集》（第1辑），中国人民大学出版社1955年版，第67页。

〔4〕 ［苏］B. M. 契柯瓦则："苏维埃刑法中的犯罪构成的概念和意义"，载中国人民大学刑法教研室编译：《苏维埃刑法论文选集》（第3辑），中国人民大学出版社1957年版，第14页。

么呢？对此，有人认为是排除社会危害性的情节，有人认为是排除刑事责任和刑罚的情节，有人认为是排除行为违法性的情节。[1]现在，俄罗斯学者一般认为，正当行为属于排除行为有罪性的情节，但其表面上与犯罪行为是相似的。"如果情节的存在使表面上与犯罪行为相似的行为成为合法行为，甚至使某些行为成为对社会有益的行为，则这样的情节就是排除行为有罪性质的情节，例如，正当防卫和在拘捕犯罪人时造成的损害。"[2]

应当说，关于违法性是否为犯罪构成特征，肯定说并非毫无道理。一方面，刑法对社会危害性以及正当行为的规定，完全是与主体、主观方面等并列的形式出现的，没有理由只将主体、主观方面等纳入犯罪构成要件之列而将违法性排除在外。另一方面，仅仅根据犯罪构成四个要件，有时并不能完全划定罪与非罪的界限。[3]否定说则认为，犯罪构成四个要件本来就包含了社会危害性与违法性的评价，如果将之纳入犯罪构成特征，将导致重复，实在没有必要。而且，社会危害性与违法性是作为一个总的标准界定罪与非罪的，将之作为犯罪构成的一个特征，有失其身份。现在，俄罗斯学者多数倾向于否定说。

2. 中国学者对正当行为在犯罪构成中地位的认识

我国通说认为："正当行为，是指客观上造成了一定损害结果，形式上符合某些犯罪的客观要件，但实质上既不具备社会危害性，也不具备刑事违法性的行为，例如，正当防卫、紧急避险、依法执行职务、正当冒险行为等。"[4]"排除犯罪的事由，是指虽然在客观上造成了一定损害结果，表面上符合某些犯罪的客观要件，但实际上没有犯罪的社会危害性，并不符合犯罪构成，依法不成立犯罪的事由。"[5]按照通说，正当行为符合某些犯罪的客观要件，不符合某些犯罪的主观要件，不构成犯罪。其中的主观要件是正当行为的目的要件，即为了避免国家、公共利益、本人或他人的人身、财产或者其他权益免受损失或者更大的损失。"回到我国刑法对正当防卫、紧急避险的法律内容来

---

[1] [俄] Н. Ф. 库兹涅佐娃、И. М. 佳日科娃主编：《俄罗斯刑法教程（总论）》（上卷·犯罪论），黄道秀译，中国法制出版社2002年版，第438页。

[2] [俄] Н. Ф. 库兹涅佐娃、И. М. 佳日科娃主编：《俄罗斯刑法教程（总论）》（上卷·犯罪论），黄道秀译，中国法制出版社2002年版，第438页。

[3] 关于犯罪构成四要件难以完全胜任罪与非罪的标准问题，下文将展开论述。

[4] 高铭暄、马克昌主编：《刑法学》，北京大学出版社、高等教育出版社2007年版，第138页。

[5] 张明楷：《刑法学》，法律出版社1997年版，第219页。

看，已经明确规定了行为人主观上必须是为了保卫国家、社会公共利益、本人或者他人的合法权益，这种目的的正当性显然排除了行为人主观上具有故意或者过失的罪过内容。"[1]

不过，也有学者肯定正当行为在形式上具备了犯罪构成。"在阻却犯罪性事由出现时，强调具备犯罪构成是必要的，其意义有二：（1）使阻却犯罪性的理论更符合逻辑顺序，更为严谨，从理论逻辑上看，一切侵害行为，在确认其符合了犯罪构成的全部要件后，并不直接定罪，而是在排除了阻却犯罪性的可能后，才进入定罪程序。（2）使定罪建立在更为严谨科学的基础上。在正常的诉讼中，行为的各种因素在被确认符合了犯罪构成要件后，已经说明在此之前没有发现阻却犯罪性的事由，但为慎重起见，再排查一遍是否存在阻却犯罪性事由，可以起到避免冤假错案的效果。"[2]

根据通说，正当行为符合犯罪的客观要件，缺乏犯罪构成的主观要件，因而不构成犯罪。这样理解初看起来似乎有道理，却经不起推敲：

首先，通说并没有解释清楚刑法对不正当行为特别规定的原因。根据罪刑法定主义，凡是不为刑法规定的行为，无论危害多么严重，都不能以犯罪论处。从形式上看，正当行为有时与刑法规定的某种犯罪行为并无不同，如正当防卫杀人、伤害等。正是由于正当行为容易与犯罪行为混淆，刑法才对之加以特别规定。可见，通说的理由与立法目的并非完全吻合。否则，直接以法无明文规定不为罪否定即可。另外，如果说刑法特别规定符合犯罪客观要件而缺乏犯罪构成主观要件的行为，为什么对符合犯罪构成主观要件而缺乏客观要件的行为，不作特别规定呢？由此看来，刑法对正当行为予以特别规定，并不是因为正当行为符合犯罪的客观要件而缺乏犯罪构成的主观要件，而是为了避免其与犯罪行为混淆。既然如此，我们就不能说正当行为不符合犯罪构成，至少在形式上是符合犯罪构成的。因此，认为正当防卫不符合犯罪构成，并不确切。

其次，通说认为正当行为缺乏主观要件并不客观。以正当防卫杀人行为为例，行为人杀人时是否有杀人故意呢？答案是肯定的。如果没有杀人故意，即使造成他人死亡也应当属于意外事件，而非正当行为。有学者认为，正当

---

〔1〕 杨兴培：《犯罪构成原论》，中国检察出版社 2004 年版，第 309 页。
〔2〕 刘生荣：《犯罪构成原理》，法律出版社 1997 年版，第 40~41 页。

行为中虽然存在故意，但并不是刑法上的犯罪故意。"防卫行为是行为人'故意'实施的，但这种'故意'不是刑法上的故意。刑法上的故意是明知自己的行为会发生危害社会的结果，并且希望或者放任这种结果发生的心理态度。而正当防卫时，行为人是明知正在进行的不法侵害会给国家和人民利益造成危害，明知自己的反击行为是保护国家和人民利益所必需的行为，行为人希望国家和人民利益免受不法侵害。由此看来，行为人不仅没有主观恶性，而且品德高尚，行为人不是蔑视或轻视社会主义社会关系，而是保护社会主义社会关系，故行为人主观上完全没有犯罪主观因素——罪过。"[1]笔者认为，这种解释也是勉强的。以正当行为的主观目的合法推断缺乏犯罪故意的观点，是不科学的。一方面，目的作为一种价值判断，并不必然决定行为的性质及其在刑法上的意义。"目的正当是一种价值性的判断，目的正当性意味着行为人对自己行为不具有社会危害性的一种主观判断，但行为在客观上是否具有社会危害性，并不是以行为人的意志为转移的，因而行为人自己的价值判断并不具有刑法意义上的绝对参考价值。目的的正当与否并不影响其对自身行为的性质、行为对象、行为结果的认识，以及在此认识基础上的意志因素，那么因目的正当而自然排除主观罪过的说法就行不通。"[2]目的具有普遍性与特殊性之分，行为并非仅仅取决于普通目的，而且也取决于特殊目的。黑格尔曾言："人的目的决定其行为，有什么样的目的，便会产生什么样的行为，但行为的发生并不是只由某种特殊目的决定的。换句话说，行为的发生只有与某人的目的相符合，这一行为才是该人目的的肯定内容。例如，杀人放火这一行为是一个普遍性行为，它可以由不同目的所导致，其中必定有一个特殊的、肯定的目的，他绝不是为了杀人而杀人。如果，它本身就喜欢杀人，或者说杀人是他的本性，那样，杀人就成了他的目的，而他的行为则是为了满足这个目的。"[3]黑格尔的这段话告诉我们，行为的普遍目的是同一的，但可以有不同的特殊目的。如果说行为的普遍目的与行为具有统一性，决定其行为性质、意义及后果等，行为的特殊目的则因其多样性总是与普遍目的存在偏差，并非同一。以正当防卫杀人为例，杀人目的是杀人行为的普遍目的，

---

〔1〕 张明楷：《犯罪论原理》，武汉大学出版社1991年版，第320页。

〔2〕 欧明艳、梅传强："犯罪构成与犯罪阻却事由关系论"，载梁根林主编：《犯罪论体系》，北京大学出版社2007年版，第310页。

〔3〕 ［德］黑格尔：《法哲学原理》，杨东柱等编译，北京出版社2007年版，第58页。

对任何杀人行为而言都是一致的，具有普遍性。防卫目的则是杀人行为的特殊目的，并非任何杀人行为的普遍意图，不同的杀人行为具有不同的、特殊的、肯定的目的。不难发现，决定行为人主观心理态度的，是行为的普遍目的，而行为特殊目的的多样性使得其并不能作为行为人主观心理态度的评价标准。其实，许多犯罪的行为人主观上都有为了国家、社会利益的特殊目的。例如，大义灭亲行为，如果行为人主观上不是为了剪除亲人对国家、社会的危害，何故会杀死自己的亲人呢？可以说，大义灭亲行为人之品德高尚，远非正当行为所能比拟，但这并不能否定行为人具有杀人的主观心理态度。另一方面，对行为人来说，正当行为通常是面对两种不同利益进行衡量、取舍后实施的。针对不同利益，行为人具有不同的主观意图，是再正常不过的。防卫目的正是行为人为了保护一种利益时的心理状态，其存在并不影响行为人毁损另一种利益的直接目的。换句话说，防卫目的、避险目的等既不能代替对一种利益的毁损目的，更不能决定后者。

再次，如果以主观目的推断罪过，就无法解释防卫过当、避险过当为什么构成犯罪。因为，在防卫过当、避险过当的场合，行为人同样具有为了避免国家、公共利益、本人或他人的人身、财产或者其他权益免受损失或者更大的损失的目的，那为什么却能构成犯罪呢？通说对此无法自圆其说。

如此看来，肯定正当行为在形式上具备了犯罪构成要件的观点，还是有其道理的。正如有学者指出，犯罪构成要件应当是积极要件，而不应当包括消极要件。因此，不构成犯罪的情形作为构成犯罪的例外，不应在犯罪构成体系中考虑，而应当在犯罪构成体系之外，作为正当化事由专门加以研究。[1]

笔者认为，我国刑法对正当行为的评价，确实不是通过犯罪构成进行的。这样理解，许多学者可能无法接受，因为会造成犯罪认定的二元化，即在犯罪构成之外，还存在一个评价行为违法性的标准，它与犯罪构成一道，成为界定某种行为最终是否成立犯罪的依据。不过，心里是否愿意接受，并不能成为否定事实的依据。

---

[1] 参见陈兴良："犯罪构成的体系性思考"，载《法制与社会发展》2000 年第 3 期。

第三节 主客观二元化的犯罪构成本体论

一、主客观二元化的犯罪观的形成

"征服自然"观是人类哲学思维中的对本体思维，是指将人的心灵世界与作为人的认识对象的宇宙万事万物，尤其是宇宙终极实在作截然二分。[1]一直以来，古希腊的哲学家们就以探究宇宙自然的终极原因为己任，他们的思维武器不是情绪化的直觉、顿悟，而是理智化的思辨以及为思辨提供证据的经验观察，并在此过程中发现了物质和精神的区别。公元前4世纪，阿那克萨哥拉就提出了心灵统治宇宙的观点，从而区分出物质与精神，尽管其所谓的心灵具有模糊性，却是西方二元论哲学思想的萌芽与开端。[2]此后，柏拉图等人继承并发展了阿那克萨哥拉的二元论思想，使之由模糊逐步走向精确。值得提出的是西方近代哲学的创始人笛卡尔的"心物二分"论，其认为精神与肉体是完全对立的，肉体的属性是广袤、被动的，精神的属性是思维、主动而自由的。[3]在这里，笛卡尔不但提出了精神与物质的区分，而且就两者的关系做了说明，阐述主观对于客观的主动、积极态度，强调了主体的主观能动性，使主客观二元论逐步走向成熟、完善。在西方哲学家看来，主体（人）与客体（自然）是天然分离的，主体的任务便是解释客体的"是"与"何以是"，从而形成了主客观分立的二元模式，并导致了整个西方文化的理性主义和经验主义的发展。

主客观对立的逻辑前提导致了一个分裂的宇宙，由此西方人建立了无数对立的范畴：人与自然、人与他人与社会、人与神、灵与肉、有限与无限、主体与客体、实体与属性、质料与形成、现象与分体、原因与结果、理性与经验、主观与客观、理论与实践。[4]从实证的角度来看，西方文化最初是从人与自然的对立出发展开思维与联想，从中吸取经验，总结规律，形成理性

---

〔1〕 参见胡伟希："中国哲学：'合法性'、思维态势与类型——兼论中西哲学类型"，载《现在哲学》2004年第3期，第58页。

〔2〕 参见〔美〕梯利著，伍德增补：《西方哲学史》，葛力译，商务印书馆1995年版，第20页。

〔3〕 参见〔美〕梯利著，伍德增补：《西方哲学史》，葛力译，商务印书馆1995年版，第187页。

〔4〕 参见徐行言主编：《中西文化比较》，北京大学出版社2004年版，第120页。

主义与经验主义的分野。理性主义和经验主义的分野，最终促进了主体与客体、主观与客观的二元对立观念的形成。西方文化的这种本体思维态势，是典型的主客观二元化的本体思维模式。对于犯罪构成理论而言，主客观二元化最为直接的表现，便是客观主义的犯罪构成理论和主观主义的犯罪构成理论的对立。[1]

　　早在古希腊时期，客观主义法理念就已经诞生，这便是原始、朴素的自然理性法思想。古希腊时期人们的规则意识，首先表现为对自然力量的崇拜。在他们看来，自然世界具有一定规律，万事万物均受自然法则和自然理性影响、统治和制约。人类社会作为自然界的一个有机组成部分，也受到某种规律和法则的统治和支配，人类社会之世俗法则乃自然理性法则不可分割的组成部分，是自然理性的集中体现。与古希腊相比，古罗马时期的自然法理念更为明确、系统和清晰。如西塞罗认为，自然法与自然相适应，本质是正确的理性，具有普遍的效力，居于人定法之上。[2]中世纪后期，启蒙思想家为抨击封建罪刑擅断主义，极力倡导客观主义的犯罪构成理论。如孟德斯鸠就坚决反对思想定罪，认为行为是定罪处罚的基础。"马尔西亚斯做梦他割断了狄欧尼西乌斯的咽喉，狄欧尼西乌斯因此把他处死，说他如果白天不这样想夜里就不会做这样的梦。这是大暴政，因为即使他曾经这样想，他并没有实际行动过。法律的责任只是惩罚外部的行动。"[3]刑事古典学派则根据自由意志论，提出了自己的客观主义刑法理论。他们认为，"由于有自由意志者的精神状态所有的人都是一样的，所以犯罪的大小轻重依所实施的犯罪行为（客

---

　　[1]　学者蔡墩铭认为，在刑法理论上，主观主义与客观主义大体有三种不同意见：一是关于判断结果之妥协性。即判断结果只对判断者为妥协性，为主观主义；判断内容不但对判断者，且对一般人亦属妥当者，为客观主义。二是关于判断内容之价值。即视个人价值为绝对的，为主观主义；重视社会及国家价值的，为客观主义。三是关于价值判断之对象。即观察人的行为时，着重主观要素的，是主观主义；着重客观外部动作及外界所引起的结果的，是客观主义。（参见蔡墩铭：《现代刑法思潮与刑事立法》，汉林出版社1977年版，第31页。）陈兴良教授认为，第二种意义上的主观主义与客观主义乃指个人本位与国家或社会本位，在我国刑法理论中使用极为罕见，可予不考虑。第一种含义是刑法方法论问题，第三种含义是刑法价值论问题。并认为，"刑法中的主观主义与客观主义以及主客观相统一的问题，具有价值论与方法论两个方面的含义，主要是在刑法价值论上讨论的，本义也以此为主，兼而论及方法论意义上的主观主义与客观主义"。（陈兴良：《刑法知识论》，中国人民大学出版社2007年版，第267页。）本书赞同陈教授观点，并以此为据展开论述主观主义与客观主义。
　　[2]　参见万斌、陈柳裕：《西方法理思想的逻辑演变》，人民出版社2006年版，第25页。
　　[3]　[法]孟德斯鸠：《论法的精神》，张雁深译，商务印书馆2006年版，第128页。

观的事实）的大小轻重而定，刑罚亦应适应之而科处（客观主义）"。[1]客观主义刑法理论最为显著的特征是罪与刑的客观化。一个人即使主观恶性再大，没有行为是不能构成犯罪的。同时，对犯罪加以处罚的基本依据也只能是行为，对犯罪行为所科处的刑罚轻重，应当以行为及其造成的危害结果的大小轻重为基础。"客观主义重视的是行为，或者说客观的内容主要是行为，所以，客观主义又称行为主义。客观主义所称的行为是现实的行为，这是科刑的基础，只要行为没有现实地表现在外部，就不能科处刑罚，这被称为现实主义。"[2]客观主义认为，如果以主观恶性作为定罪和刑罚的基础，则无法将犯罪行为与一般违法行为甚至不道德行为加以区分。以行为为中心的客观主义能够有效指导人们的行为规范化，防止法官自由裁量权过分滥用，有利于实现人们的预测可能性，维护法律的权威。

主观主义萌芽于古希腊，早期的代表人物是普罗泰戈拉。"他的出名主要的是由于他的学说，即'人是万物的尺度，是存在的事物存在的尺度，也是不存在的事物不存在的尺度'。这个学说被人理解为指的是每个人都有万物的尺度，于是当人们意见分歧时，就没有可依据的客观真理可以说哪个对、哪个错。……不相信有客观真理，就使得大多数人在实际的目的方面成为自己究竟应该相信什么的裁判者。因此普罗泰戈拉就走到了保卫法律、风尚和传统道德的路上去。"[3]不过，自古希腊以来，客观主义一直处于主导地位，虽偶有主观主义法律思想出现，终难以抗衡。直到近代，主观主义才冲破客观主义的垄断地位，成为与客观主义相提并论的法律思潮，其最主要的思想基础，当属实证主义哲学。"实证主义"（Positivism）作为一种思潮，为19世纪以来的事。实证主义在思想方法论和认识方法的一般特点是，"研究'确实存在的'东西，追求'确实的'知识。在价值问题上，实证主义或者认为价值不可知，或者坚持价值中立或价值多元（相对）主义"。[4]实证主义反对先验的推测、假设和虚幻的理性，主张将一切研究立足于实在的、确切的、可观察的事实材料之上，杜绝一切超出经验的、感觉的材料之外理解、分析和研究。具体到刑事法领域，在犯罪急剧增长的大环境下，对刑事古典学派的

---

〔1〕 转引自马克昌主编：《近代西方刑法学说史略》，中国检察出版社 1996 年版，第 38 页。

〔2〕 张明楷编：《外国刑法纲要》，清华大学出版社 1999 年版，第 17 页。

〔3〕 ［英］罗素：《西方哲学史》，马元德译，商务印书馆 2006 年版，第 48~49 页。

〔4〕 参见张文显：《二十世纪西方法哲学思潮研究》，法律出版社 2006 年版，第 65 页。

理论进行彻底反思，将实证主义方法论引入刑法学、犯罪学研究中，从而促成了刑事实证学派的创建。其代表人物有意大利的龙勃罗梭、菲利、加罗法洛和德国的李斯特。刑事人类学派创始人龙勃罗梭是将实证主义方法论引进刑法学、犯罪学研究的第一人，他本人深受孔德的实证主义影响，并根据孔德的实证主义，运用达尔文的进化论思路，提出了天生犯罪人理论及与此相对应的犯罪定型说。在刑事人类学派看来，所谓自由意志是不可靠的，生物学因素决定人类生来就有危险性，这才是犯罪的根源。与刑事人类学派不同的是，刑事社会学派侧重于从社会因素等缘由中寻求犯罪的原因，菲利便是该学派的奠基者之一。他认为："自由意志的幻想来自我们内在意识，它的产生完全是由于我们不认识在作出决定时反映在我们心理上的各种动机以及各种内部的和外部的条件。"[1]与刑事人类学派相比，刑事社会学派对人身危险性的理解更为深入。"人身危险性在刑事古典学派那里没有地位，它是刑事实证学派所竭力主张与推崇的一个概念，在某种意义上也可以说是刑事实证学派的中心思想。……刑事人类学派与刑事社会学派在人身危险性这一点上是一脉相承的，从而构成区别于刑事古典学派的根本标志。"[2]如果说刑事古典学派以理性为基础，抛开具体、现实的情形于不顾，抽象地假设罪犯在生理因素和社会因素都正常的情形下，为什么去实施犯罪，并据此探究犯罪的抽象特征，那么刑事实证学派则通过解剖学、生理学以及社会学，以罪犯个体为出发点，在实验室里和社会上将罪犯与正常人进行比较，把抽象的犯罪理论建立在具体的、生动的行为个体上，从而寻找到了在他们看来更为现实的理论依据。从这一点来看，较之刑事古典学派，刑事实证学派的理论体系完成了由思辨方法到实证方法、从理性到现实的转变。这种清新的、务实的理论体系，成为刑事实证学派在 19 世纪末、20 世纪初风行于西方国家刑法学界的主要原因。当然，主观主义重视主观恶性与人身危险性，并不等于否认行为等客观要素。

　　无论是主观主义还是客观主义，都没有将主观与客观看作是平起平坐、协调统一的对应关系，而是区分主观与客观在事物评判中的不同地位和角色，这与强调主客观一致会产生不同效果。强调主客观一致，等于将主观与客观

---

〔1〕 ［意］菲利：《实证派犯罪学》，郭建安译，中国政法大学出版社 1987 年版，第 14 页、第 16 页。

〔2〕 陈兴良：《走向哲学的刑法学》，法律出版社 1999 年版，第 387 页。

之间的关系固定成一种模式，即主观与客观并重、相辅相成。但是，区分主观与客观的不同地位和作用，至少会基于主观与客观的不同角色和地位产生多种不同关系，从而为主客观二分奠定了基础。

对于主观与客观在事物评判中的主导地位和角色，在西方哲学史上一直不乏争论。至19世纪后半期，自然科学的发达、繁荣使得人们对客观因素的重视超乎从前。"在19世纪后半期，由于自然科学的发达，此前作为认识主体的人类也成为科学分析的对象。医学、精神医学、心理学、社会学等学问发展起来，连此前被认为由人的主体意志所支配的人的行为，也陆续被证明与普遍受到因果支配的物是不同的。"[1]这样，人们对在客观主导下主体和主观的弱化与沦丧产生了抗拒心理，随着实证主义的兴起被彻底激发出来，新康德学派理论登上历史舞台。"自然科学的发达使人类不断接近于物，产生了使人的主体性、尊严逐渐丧失的结果。在19世纪末，对于这一思潮的心理抵抗以及与自然科学发达之间的忧怨情绪达到了极限。'人不是物，而是主人！'这种内心的呐喊，在世纪转换之际成为一种哲学思想而突然兴起，很快就席卷德国的哲学界。这就是新康德学派的理论，它实际上也是构成要件论的思想背景。"[2]新康德学派认为，在人的认识之前，认识的对象就已经具备了普遍、一般意义上的观念形象。在进入人的认识视野之后，无论这种价值判断是从客观还是从主观开始，必然赋予人类对其价值的判断内容，进而成为有意义的东西。犯罪判断同样如此。"为了判断眼前发生的各种事物中是否存在成为犯罪的东西，认识工作的第一个课题就是选出符合事先由法律规定的杀人、伤害、盗窃等犯罪类型的情况。但是，在进行这一工作时，必须在工作之前就在认识主体的头脑中存在构成要件。……这就是构成要件符合性的判断，人们对这种符合构成要件的情况，接着就应该判断它是否违法，如果违法的话，就应该判断它是否能够归于行为人的责任。"[3]于是，主客观二分的价值判断被纳入犯罪构成体系之中，成为阶层性犯罪论体系的思想渊源。

---

〔1〕［日］西原春夫：《刑法·儒学与亚洲和平——西原春夫教授在华讲演集》，山东大学出版社2008年版，第113页。

〔2〕［日］西原春夫：《刑法·儒学与亚洲和平——西原春夫教授在华讲演集》，山东大学出版社2008年版，第113页。

〔3〕［日］西原春夫：《刑法·儒学与亚洲和平——西原春夫教授在华讲演集》，山东大学出版社2008年版，第114页。

二、主客观二元化与西方国家犯罪构成

主客观二元化的本体论思想，对西方国家犯罪构成的方法论、认识论以及模式论等产生了重大影响。无论是大陆法系国家还是英美法系国家，犯罪构成体系都呈现出一致的阶层性与框架结构。归根结底，这种犯罪论体系与西方国家主客观二元化的"对本体"文化思维模式，是相吻合的。

（一）在方法论上，西方国家犯罪构成强调规范治理的核心作用，是一种典型的"形合"形态

主客观二分，要求人们在认识客观事物时，首先尊重其客观性与规律性，根据事物的本来面目去认识客观世界。但是，由于客观世界毕竟要通过人的认识进入人的视野，这就必然引出如何定位主客观之间的关系问题。由于西方的对本体思维模式并不提倡主客观统一，于是在本体方法论上，西方国家选择了优先尊重客观事物的规律性，反映在犯罪认定中便是崇尚客观的、形式的规定。

早在古希腊时期，人们便在探索自然和人类自身发展进程的过程中，自觉地立足于自然本身、根据自然界的客观规律认识自然、改造自然，达到征服自然的目的。古希腊的智者、哲人们提出法律产生于自然，为城邦、国家的产生、发展、进步提供了合理化的理论基础。整个中世纪，由于基督教思想的统治和罗马文化的影响，加上日耳曼民族的入侵，欧洲占统治地位的政治思想是以基督教神学为基础的，所以中世纪的神学家、哲学家等继承了古希腊、古罗马的自然法思想，同时给它披上了一件神学的外衣。这样，在自然法观念的指导下，强调规范治理的概念法学最终成为西方国家的主要法学流派。"在很大程度上，十九世纪的法学笼罩在所谓的概念法学之中。其贡献在于形成一种——比较特殊的概念应隶属于适用范围较广，表达内容较少的概念之下为原则而构成的——抽象的概念体系。它不仅能指示概念在整个体系中应有的地位，也能将具体的案件事实涵摄于法律规范的构成要件之下。"[1]概念法学秉承自然法理念，强调规范治理的重要作用，表现在犯罪认定上便是侧重从法的形式上概括犯罪的特征、确定犯罪的观念形象，作为人们界定罪与非罪的依据。只要行为"形合"于法律规定的犯罪轮廓，就构成犯罪。

---

〔1〕　[德] 卡尔·拉伦茨：《法学方法论》，陈爱娥译，商务印书馆 2003 年版，第 42~43 页。

　　罪刑法定原则是西方国家犯罪构成形式化的主要见证，乃针对罪刑擅断主义提出来的。在罪刑擅断主义时代，法官拥有极大的自由裁量权，甚至可以造法，这在极权主义时代很容易导致侵犯公民权益的事件发生。这就有必要在法律上明确犯罪的行为类型，防止法官随意草菅人命。时至今日，人们对法官拥有绝对的自由裁量权的造法行为依旧心存芥蒂。哈特认为："在这些非常根本的事情的边缘，我们应当欢迎规则怀疑主义，只要他不忘记正是在边缘上他是受欢迎的；并不要使我们对以下事实视而不见，即：法院之所以能在最根本的规则方面获得引人注目的发展，在很大程度上是由于法院在广大的、关键的法律领域中作出了毋庸置疑的规则治理工作并成效卓著。"〔1〕在成文的大陆法系法官们眼中，坚持罪刑法定主义意味着司法解释必须限定在规范的含义之内。"尽管在具体的案件中有一些不同的变化，但是，大多数司法判决与本书所代表的立场基本是一致的。"〔2〕德国学界通常认为："解释与原文界限的关系绝对不是任意的，而是产生于法治原则的国家法和刑法的基础上；因为立法者只能在文字中表达自己的规定。在立法者的文字中没有给出的，就是没有规定的和不能'适用'的。超越原文文本的刑法适用，就违背了在使用刑罚力进行干涉时应当具有的国家自我约束，从而也就失去了民主的合理性基础。"〔3〕如果说德国刑法坚持形式解释，是在刑法没有明确的情形下的一种价值取向，那么法国明确规定形式的刑法解释，为摈弃理论与实践中任何实质解释的主张定下基调。《法国新刑法典》第 111-4 条规定：法律应严格解释之。这便是著名的严格解释原则（poenalia sunt restringenda）。所谓严格解释，"是'罪刑法定原则'的一个直接的必然结果。因为，既然只有广义的法律（法律或条例）唯一有权以刑罚威慑来禁止某些行为，限制个人自由，那么，法官就不得托词进行'解释'，在法律之外增加并专断地惩处立法者并未明文规定加以惩处的行为"。〔4〕因此，法国刑法典是绝对禁止规范含义外的解释的。可见，坚持规范治理是西方国家刑事法治的经验总结。

---

　　〔1〕 ［英］哈特：《法律的概念》，张文显等译，中国大百科全书出版社 1996 年版，第 152 页。

　　〔2〕 ［德］克劳斯·罗克辛：《德国刑法学　总论》（第 1 卷），王世洲译，法律出版社 2005 年版，第 86 页。

　　〔3〕 ［德］克劳斯·罗克辛：《德国刑法学　总论》（第 1 卷），王世洲译，法律出版社 2005 年版，第 86 页。

　　〔4〕 ［法］卡斯东·斯特法尼等：《法国刑法总论精义》，罗结珍译，中国政法大学出版社 1998 年版，第 137 页。

需要指出的是，在属于法官法的英美法系国家，法官造法似乎在一定程度上得到认可。"规范性语言和描述性语言的纠纷在英美刑法中是无所不在的，以至于影响了整个学术语言。完全避免了模糊性的术语是屈指可数的。"[1]不过，考虑到模糊的刑法规范容易被曲解、滥用，导致规范适用背离实质正义的要求，为此英美法系在认定犯罪时设置了大量的程序条件和规则，通过程序正当保证实质正义在司法实践中得到充分体现。"英美刑法规范的描述性、模糊性，旨在实现处罚必要与实质正义之价值目标。为了避免司法偏离这一方向，英美法系建立了以程序正义（即自然正义）为核心的严格的程序规则体系，限制司法人员肆意擅断，确保处罚必要得到贯彻。"[2]由于决定犯罪性质的大量的程序要件的存在，如果从刑事法律而不是刑法的角度去考量，那么认为英美法系国家的犯罪构成具有形式化特征也是完全可行的。另外，英美法系国家也有不少人反对法官造法。西方当代著名法理学家德沃金在论述法律阐释和司法治理等问题时就指出："法官创造适用于未来的、他们认为最有利于整个社会的法规，不受源出于一致性的任何假定的权利约束，只是由于某些未知的理由披上过去法规外套而提出这些新法规，是难以自圆其说的。"[3]英国当代法理学权威、女王法律顾问罗伊德勋爵则指出："而司法造法却受到限制。一般来说，它是在追求法律规定的逻辑含意，通常不能超越这个范围，或者是在涉及成文法案的解释时，不能超过这些法案的语意结构。何况'法官应当避免使自己卷入政策性决定'的原则非常重要，因此在疑义发生，必须作出一抉择的时候，也应当基于逻辑上必须一致的考虑，而不能为法律以外的因素所左右。譬如社会目的、道德、正义或便利。"[4]在司法实践中，"过去有一个时期公开允许州法院处罚新的且独特的反社会行为，而这些行为并没有为现行法规所明确禁止。当代各州法院很少以创立新罪名的方式来填补法律方面的空白"。[5]

以规范治理作为认定行为是否成立犯罪的核心，意味着只要规范设置的，

---

〔1〕 ［美］乔治·弗莱彻：《反思刑法》，邓子滨译，华夏出版社2008年版，第290页。

〔2〕 彭文华："刑法规范：模糊与明确之间的抉择"，载《法学评论》2008年第2期，第28~29页。

〔3〕 参见［美］德沃金：《法律帝国》，李常青译，中国大百科全书出版社1996年版，第144页。

〔4〕 ［英］丹尼斯·罗伊德：《法律的理念》，张茂柏译，新星出版社2005年版，第212页。

〔5〕 ［美］道格拉斯·N.胡萨克：《刑法哲学》，谢望原等译，中国人民公安大学出版社2004年版，第14页。

均属于犯罪构成要件或者要素，从而不受主观要素或客观要素的束缚。这样，不但可以将作为物质和精神的客观因素和主观因素纳入其中，而且能够将客观因素和主观因素不能分别涵盖的因素，如既不单纯属于客观因素又不单纯属于主观因素的那些要素（犯罪情节等）纳入其中。此外，对于规范设立的、主客观因素不能包含的那些要素，即所谓的纯规范要素，也完全可以归入犯罪构成要件或要素之列。如此一来，犯罪构成就脱离了主观因素与客观因素的制约，从而使犯罪构成更加具有开放性。这与主客观二元化的本体关系论是相辅相成的。

（二）在认识论上，西方犯罪构成强调主观与客观分立，是一种"立体"形态

在认识论上，虽然说西方国家的主客观二元化的犯罪本体观必须借助主观要素与客观要素认定犯罪，同时也离不开主观要件/要素与客观要件/要素的统一考量。但是，这并非意味着强调主客观必须一致，这与主客观一元化的中国犯罪构成存在明显不同。

如果说平面式的犯罪构成能够像"切蛋糕"一样，将犯罪在整体上切成两大块，其中的一块是犯罪构成的主观要件，则另一块只能是犯罪构成的客观要件。由于犯罪构成的平面性，所切开的犯罪构成要件无论是客观的还是主观的，都只能是纯粹平面的。而对于立体的犯罪构成来说，在进行切分时显然不能像平面式犯罪构成"切蛋糕"那样，简单区分出犯罪的主观要素与客观要素。因为，立体的犯罪构成切割出来的，必然是立体式的犯罪构成要件，而不是单纯的主观要件或者客观要件。由此看来，立体的犯罪构成中的每一个犯罪构成要件都可以是主观要件与客观要件的结合体，而不像平面的犯罪构成那样只是单纯的主观要件或者客观要件。以德、日等大陆法系国家的犯罪构成为例，构成要件该当性相当于一个大的网络，将所有符合刑法规定的行为构成并且具有构成要件故意或者过失的行为，均涵盖于其内。然后，通过违法阻却事由排除一块不属于犯罪的情形，责任阻却事由排除另一块不属于犯罪的情形。德、日等大陆法系国家刑法理论通常认为，违法性尽管具有客观主导性，但并不限于客观的违法性，已包含对法认识的主观因素在内。事实上，正当防卫、紧急避险等也并非单纯的客观形态。虽然说从法益衡量的角度出发，要依赖客观结果才能比较法益，但这只是一种总体的结论性评比，并不代表不包含有主观因素在内。同样，责任阻却事由也并非纯粹由主

观因素组成，如期待可能性中的一般人标准就是一种客观标准，且期待所发生的特殊的条件，本身就是一种客观形态。英美法系国家的犯罪构成也不例外。作为犯罪本体要件的行为和心态，本身就是客观因素与主观因素的结合。而免责抗辩事由的诸情形，既包括正当防卫、紧急避险等，也包括缺乏主观罪过的意外事件、不可抗力等。因此，在大陆法系国家和英美法系国家，由于各犯罪构成要件本身就是主观因素与客观因素的结合，故不需要强调所谓的主客观相一致。

其实，强调主客观分立的立体的犯罪构成，是无法用主客观相一致原则来解释的。因为，在每一个犯罪构成要件中所包含的主观因素与客观因素，含义并非相同，各自代表的是行为发生的不同阶段或者说不同状态下的一种性质。例如，大陆法系三阶段的犯罪构成体系中，构成要件该当性中的行为故意与过失只是一种概括的、宏观的形态，强调的是作为人的一种认知状态，与行为人的年龄等因素并无直接关联。而责任的故意和过失，则主要指具有刑法意义的故意和过失，与行为人的年龄、智力发展水平有着直接关联。具备行为的故意与过失，不一定具有责任的故意和过失；具有责任的故意和过失，则肯定具有行为的故意与过失。既然犯罪构成要件都是立体型的，而且在具体内容上并非雷同，那么这些立体的犯罪构成要件之间，究竟通过何种方式保证获得犯罪的观念形象呢？由于犯罪构成在整体功效上依赖于对各个要件和要素进行评判、分析，故如何构建各个要件之间的认定顺序、规则和方法就显得非常重要。这就需要梳理它们之间的关系，理清其间的层次与等级。因此，立体的犯罪构成在获得性质上的立体性（主客观组合）后，对各犯罪构成要件的性质已基本定论，此时需要的只能是厘清各犯罪构成要件之间的关系，通过层次划分和严格的逻辑推理，最终确定作为行为构成犯罪的具体形象。当然，在对具体构成要件或者要素进行评价时，其自身的特殊个性可以保留，不受其他要件或者要素的制约。

总之，西方国家判断行为是否构成犯罪，也需要借助主观因素与客观因素相一致来评价，但并非通过划分成犯罪的主观要件和客观要件来认定犯罪。在德、日等大陆法系国家的犯罪构成中，三个犯罪构成要件本来就是立体式的，并非单纯具有主观特征或者客观特征，不能像我国犯罪构成要件那样加以主客观归纳。不过，在每个犯罪构成要件内部却可以划分为主观要素与客观要素。例如，构成要件符合性就包括行为、结果等客观要素，也包括故意、过失等主观要素。而在我国犯罪构成各要件之中，所包含的要素只能像犯罪构成要件本身一样，要么是纯客观性质，要么是纯主观性质。

（三）在模式论上，西方国家犯罪构成强调犯罪认定的层次和步骤，是一种"机器"形态

西方传统文化中的征服自然、主客二分的思想，奠定了机械架构式的层级思维基础，是为机器化的犯罪构成模式的文化源泉。"与所有其他文明一样，西方文化中也出现过早期人类与自然混沌一体的通灵认识。在它逐步进入文明发展的高级阶段，对自然的认识与驾驭能力不断提高的过程中，人与自然的关系便由简单地适应、依赖变为积极的利用、改造的进攻性关系，像古希腊罗马人较为彻底的以奴隶制扫荡了原始氏族社会的遗迹那样，他们也较为彻底地扫荡了原始思维，创立了人与自然分离的哲学认识，由原始混沌、物我相通的朦胧关系走向物我分离，主客观对立的二元世界。"[1]由于主客观二元化总是将事物进行分解，强调各个组成部分的独立性及其鲜明的个性特征，因而与注重整体概念和共同目标的主客观一元化思维，在模式论上具有明显区别。

机器模式论表现在犯罪认定上，便是将形形色色、千变万化的犯罪现象作为独立的个体分离出来，进行个别分析，在微观层面上像一台机器那样进行"解剖"，发现每个零部件的鲜明个性，并在刑法层面上得出处罚与否的结论。这样，认定犯罪不必受到整体、宏观的罪与非罪的标准约束，但必须尊重犯罪构成各个具体要件、要素的"个性"。既然如此，就必须抛弃以社会危害性程度作为界定罪与非罪的一元化归责方式，将重点转移到对具有危害行为的鉴别、分析、判断上来。这样，围绕着某个具体危害行为的犯罪构成，将之作为一台"机器"进行详细、细腻的结构建造、层级梳理。不管具体危害行为具有的社会危害性的程度如何，都不影响犯罪构成的分析、论证，犯罪与社会危害性程度之间不存在对称性。行为只要具有构成要件该当性，便会纳入刑法的评价范畴，接受违法性以及有责性的评测，或者具备犯罪的基本要件（通常是行为和行为的故意或者过失）后，再承受责任抗辩事由的评估。如果不存在违法或者责任阻却事由，或者不存在免责抗辩事由，行为最终构成犯罪。以德、日等国犯罪构成模式为例，当某地发生一起杀人案，在

---

〔1〕 徐行言主编：《中西文化比较》，北京大学出版社 2004 年版，第 115 页。

评价这一危害行为时，首先考虑的是该行为的性质，即该行为是否属于刑法上的行为。这就需要分析该行为是不是在杀人者心理态度支配下（不区分年龄和智力发育程度）实施的。如果是就具备了杀人罪的构成要件该当性，接着就分析这一杀人行为的规范价值，这种规范价值不局限于刑法，还包括其他规范。如果不存在正当防卫等违法阻却事由，则该杀人行为具有违法性。接着就要进行主体是否担当责任的评价，即行为人在实施行为时是否存在责任阻却事由。如果不存在，犯罪宣告成立；否则，不成立刑法上的犯罪。可见，犯罪构成的机器模式重在个性分析与评价，至于结果则是个性分析后当然的结论。就好比寻找一台机器的机芯那样，只要将机器的其他部件分别拆卸下来，机芯自然显露出来。受犯罪构成要件的立体性影响，机器的犯罪构成模式总是在宏观上确立一个犯罪的观念形象，然后再排除其中的非罪成分，最终确定犯罪这一模型，故其认定总是体现出由总到分的过程。

三、主客观二元化与犯罪构成本体要素

（一）主客观二元化下的犯罪构成本体要素

尽管在观念和思维上，西方国家的主客观二元化并不否定犯罪的成立需要主观要素与客观要素，但由于强调主客观的分立，并没有将犯罪构成按照主观与客观的标准区分为不同要件，这与我国传统犯罪构成理论存在明显区别。

在德、日等大陆法系国家，犯罪成立在观念上需要具备三个要件：犯罪构成符合性、违法性和有责性。构成要件该当性是指行为符合刑法规定的某一犯罪之构成要件，只要不存在违法阻却事由或者责任阻却事由，就成立犯罪。构成要件该当性虽然不能够等同于犯罪成立，但在一般情况下，行为只要符合构成要件，就初步认定为违法的、有责的类型，从而具备了犯罪成立的观念模型。"构成要件在将行为的违法性加以类型化的同时，也要将行为人的道义责任类型化，还要将违法并且有责的行为中具有可罚性的行为用法律概念加以规定。"[1]构成要件该当性在内容上主要包括行为、行为的故意和过失、行为对象、行为结果等要素，是一个主观的因素与客观的因素的混合体。由于符合构成要件的行为通常被推断为违法的、有责的行为，故构成要件该

---

〔1〕 ［日］小野清一郎：《犯罪构成要件理论》，王泰译，中国人民公安大学出版社 2004 年版，第 28 页。

当性在形式上是违法的。[1]构成要件该当性本身具有特定内容和要素，在性质上属于犯罪成立的积极要件。违法性是指行为在法上的一种评价，即行为违反法，不被法所允许。[2]违法性不但有形式的违法性与实质的违法性之分，还有主观的违法性与客观的违法性之分。与构成要件该当性不同的是，违法性本身并没有特定的内容，它的内涵主要是通过违法阻却事由的排除来揭示的，因而又被称为犯罪成立的消极要件。此外，违法性还存在可罚的违法性与超法规的违法阻却事由之别。有责性是指能够就犯罪行为对行为人进行非难。[3]有责性既包括行为人的一些客观因素，如年龄等，也包括行为人的主观因素，如故意、过失等，还包括由客观因素和主观因素组成的混合因素，如期待可能性。与构成要件该当性和违法性不同的是，有责性有自己特定的内容，但在评价上却通常是将其要素作为消极要素进行排除的，即通过排除责任阻却事由来说明需要对行为进行非难谴责。

英美法系国家，由于其属于不成文法体系，因而其犯罪论体系不像大陆法系国家那样完整、成熟，但这并不等于没有犯罪论体系。英美法系国家同样具有自己的刑法理论，具有自己认定犯罪的特殊规则，这便是实体要件与程序要件相结合的混合模式。在英美法系国家中，犯罪实体要件（本体要件）包括行为和心态，犯罪程序要件为责任充足条件（辩护理由包括年龄、精神状态、认识错误、正当防卫、紧急避险、被害人同意、警察圈套等）。"在理论结构上，犯罪本体要件（行为和心态）为第一层次，责任充足要件为第二层次，这就是美国刑法犯罪构成的双层模式。……美国刑法犯罪构成双层模式与德国、日本等大陆刑法犯罪构成三元结构有类似之处。美国的犯罪本体要件（第一层次）与德国的构成要件该当性在内容和功能上大致相当。德国的犯罪成立的违法性和有责性，在内容和功能上大体相当于美国的责任充足要件（排除合法辩护）。"[4]与德、日等大陆法系国家相比，英美法系国家将

---

[1] 所谓形式上违法，其实指行为在性质和样态上是刑法规定的行为；所谓形式上有责，实质指行为人在主观上具有行为的意思，而不是意外事件。

[2] 参见［日］大塚仁：《刑法概说（总论）》，冯军译，中国人民大学出版社2003年版，第299页。

[3] 参见［日］大塚仁：《刑法概说（总论）》，冯军译，中国人民大学出版社2003年版，第372页。

[4] 储槐植：《美国刑法》，北京大学出版社1996年版，第52页。

违法阻却事由和责任阻却事由合并为免责抗辩事由，是作为排除犯罪性的消极要件加以规范的。缺乏免责抗辩事由，即具备了责任充足要件，犯罪宣告成立。

（二）主客观二元化的犯罪论体系与犯罪构成的开放性

在主客观二元化的犯罪论体系下，犯罪构成具有开放性。这种开放性同样体现在两个方面：一是本体要件的开放性，即犯罪构成要件的开放性；二是本体要件要素的开放性，即犯罪构成要件要素的开放性。

本体要件的开放性是指犯罪构成要件能够包容社会生活中出现的影响犯罪成立的各种要素。以德、日犯罪构成的要件为例，作为犯罪成立要件的构成要件该当性、违法性和有责性，都是包括主观因素与客观因素在内的混合概念，而不是单纯的主观或客观的要件。这样，现实中影响犯罪成立的各种因素，无论是主观的要件还是客观的要件，抑或是不能归入主观的要件或者客观的要件之列的其他要件，都可以根据情况归入其中。例如，社会相当性是一个近来引起中国学者广泛注意的概念。社会相当性理论最早由威尔泽尔提出，他认为"在历史中形成的共同生活的社会道德制度内部活动"的各种行为，就是"社会恰当的"，从来也不会隶属于一个行为构成，即使人们能够根据原文字将其如此加以归类。[1]但是，对于社会相当性究竟属于何种性质，德国学界一直争论不休。"今天，在学者们对如何确定它的适用范围存在很大争论的情况下，在研究社会恰当性时，部分地是把它看成是排除行为构成的情况，部分地是把它看成是正当化的根据或者甚至是免责的根据。很多人因为它的标准所具有的不明确性对法安全有危害，以及它与公认的解释方法相比是多余的，所以拒绝这个概念，或者想让它最多作为一般的解释原则适用。"[2]如德国学者Albin Eser认为，"'社会相当性'的思想即使不是作为单纯的'解释原则'而具有可替代性，它至少也不表现为排除构成要件的特殊'要素'。对于贿赂犯罪来说，这种以法益为指导的解释得出结论，小额的广告赠品（就像圆珠笔、袖珍日历、拍纸簿）作为轻微的馈赠而被排除了构成要件该当性，因为这一行为并没有威胁到公众对公务员廉洁性的信赖。……因此，社会相当性的概念提供了一个灵活的标准，该标准使得个案的具体情

---

〔1〕 参见［德］克劳斯·罗克辛：《德国刑法学　总论》（第1卷），王世洲译，法律出版社2005年版，第192页。

〔2〕 ［德］克劳斯·罗克辛：《德国刑法学　总论》（第1卷），王世洲译，法律出版社2005年版，第192页。

况在行为构成要件该当性的问题上能够被纳入考虑的范围，并由此将当罚的和不当罚的利益提供或者利益取得行为区分开来"。[1]除了社会相当性之外，德国刑法学界还提出了许多类似的其他概念，并对之性质加以分析，尝试性地破解其类别。"还有一些独立的方案，例如达姆的规范性行为类型，或者由萨克斯'通过规范的保护目的'发展出来的一种行为构成性的'责任限制'理论。这些方案像社会恰当性的理论一样，以类似的途径追求类似的目标。"[2]暂且不管社会相当性以及其他类似概念被归入何种犯罪构成要件之列，至少说明一点，即德、日刑法中的犯罪构成要件是具有开放性的。

本体要件要素的开放性，是指犯罪构成要件的要素具有灵活性、开放性，这与本体要件的开放性是相辅相成的。以期待可能性理论为例，期待可能性既包括客观因素，也包括主观因素，但由于其判断标准主要是根据主体（行为人标准说、平均人标准说和国家标准说）的一种态度进行的，因而最终被归入责任要素。"所谓期待可能性的客观情形标准的观点，实际上混淆了期待可能性的征表与期待可能性的标准这两个问题。期待可能性的征表当然是客观的附随情状，对于判断有无期待可能性具有重大意义。而期待可能性的标准是指在一定条件下，这种客观的附随情状对于行为人是否具有影响从而确定期待可能性之有无的标准。一定的客观附随情状的存在，当然是期待可能性判断的第一步，但据此还不足以认定期待可能性之有无。因为客观的附随情状对每个人的影响是不同的，因而期待可能性的有无也可能具有不同的结果。"[3]又如，对于那些危害十分轻微的行为，如盗窃一张纸，在德、日刑法中也是一种犯罪行为，但是，刑法的谦抑性又不允许对现实生活中的这些行为加以处罚，在司法实践中也不可能毫无例外地惩罚这些行为。对此，尽管依照刑法规范制裁该类行为，但德、日审判实践和刑法理论通常以超法规的违法阻却事由否定其违法性。"在违法性论中，虽然只考虑符合构成要件的行为是否存在违法阻却事由，但是，在违法性被阻却的时候，有两种情形，一种是某行为被认为完全缺乏犯罪性、完全是合法的，另一种是虽然在其他的

---

〔1〕 Albin Eser："'社会相当性'：一个多余的抑或是不可放弃的法律形象？——根据社会中通常的利益提供行为而展开的思考"，陈璇译。

〔2〕 ［德］克劳斯·罗克辛：《德国刑法学 总论》（第1卷），王世洲译，法律出版社2005年版，第192页。

〔3〕 陈兴良、周光权：《刑法学的现代展开》，中国人民大学出版社2006年版，第302页。

法律领域被评价为存在违法性但在刑法上从科以刑罚的角度来看却缺乏合法性。而所谓缺乏可罚的违法性正是指后一种情形。这样，根据对违法性的实质性评价认为某行为不存在可罚的违法性时，其违法性就被阻却。"[1]由此不难看出，不管出现何种犯罪构成要件要素，总能够找到可以接纳的地方，尽管人们由于理解而存在定位问题上的不同看法，但可以定位却是共识，这与我国封闭性的犯罪构成细分为客观的或主观的要件之后，在根本上难以接纳这些要素，存在明显不同。

四、规范要素在主客观二元化的犯罪构成体系中的地位

如前所述，自古希腊以来，物质与精神分野、主客两分的本体现象，已经得到西方社会的普遍认同。在哲学上，物质与精神被当作一个命题来探讨由来已久，它跟思维与存在一样，都是哲学的基本问题。古今中外所有的哲学家及其学说，可因该问题的回答分成两大阵营：认为精神是世界的本源，是第一性的，物质是派生出来的第二性的，属于唯心主义阵营；认为物质是世界的本源，是第一性的，精神是派生出来的第二性的，属于唯物主义阵营。不管是唯物主义还是唯心主义，都没有把物质和精神绝对对立起来，他们讨论的只是第一性问题，是次序上的先后问题。尽管彼此对立，但精神与物质作为命题本身始终保持它的整体性。如果说主客两分的本体论为违法性的独立做了铺垫的话，那么以客观现实和概念世界分立为基础，由新康德主义所发明的方法二元论（价值二元论），则为违法性理论的形成准备了必要条件。

众所周知，近代西方哲学都是在相信人类心灵能够获得知识的前提下，就如何得到知识、用什么方法得到知识以及知识的范围能扩展到何种程度产生分歧，由此也分为理性主义与经验主义两大流派。[2]"经验主义者和唯理主义者都认为真正的知识是普遍和必然的，一直到休谟为止几乎都宣称在某些

---

〔1〕　[日] 大塚仁：《犯罪论的基本问题》，冯军译，中国政法大学出版社 1993 年版，第 128 页。

〔2〕　唯理主义又称直觉主义或先验论，认为真正的知识全由全称和必然的判断组成，思维的目的是制定真理的体系，其中各种命题在逻辑上相互有联系；经验主义又称感觉主义，认为没有与生俱来的真理，一切知识都发源于感官知觉和经验，所谓的必然的命题根本不是必然或绝对确实的，只能给人以或然的知识。

领域里可能有自明的命题。"〔1〕康德在把真正的知识规定为普遍和必然的知识的同时，辩证扬弃了唯理主义与经验主义的观点。康德认为，知识是属于观念性质的知识，并非是关于事物本来状态的，而是关于现象的、感官所感受的事物的知识，理论形而上学（宇宙论、神学和心理学）是不可能的；接着他又指出，普遍和必然的真理不能得自经验，感觉提供知识的材料，心灵按照它的本性所形成的必然的方式予以整理。〔2〕"无感性则无对象能授予吾人，无悟性则无对象能为吾人所思维。无内容之思维成为空虚，无概念之直观，则成为盲目。故使吾人之概念感性化，即在直观中以对象加于概念，及使吾人之直观智性化即以直观归摄于概念之下，皆为切要之事。此二种能力与性能，实不能互易其机能。悟性不能直观，感官不能思维。唯由二者联合，始能发生知识。但亦无理由使此二者混淆；实须慎为划分，互相区别。"〔3〕新康德主义继承了康德的思想，认为思辨哲学忽略事实或试图从他自己内在的意识中编造事实，乃至于名声扫地。自然科学的进步推动了对经验做更加深入的研究，导致实证论以及对形而上学日益增长的轻蔑。如奥斯特瓦尔德就主张摈弃唯物主义和机械论，赞成唯动力论或"唯能"论，认为物质的各种特性是能的特殊形式，诸如动能、热能、化学能、磁能和电能等等，其中一种不能化归另一种。心理能是能的另一种形式，它是无意识或有意识的神经能。相互作用被解释成从无意识的能向有意识的能的推移或相反的变化。〔4〕当时，自然科学的研究风潮几乎波及了包括法学在内的所有社会科学，直至今日依然影响深远。"无论是过去还是现在，人们在自然科学研究中总是试图将个别的知识推而广之成为对整个世界的解释。这种现象在今天主要表现在人们试图对宇宙、地球、生物和人类生命（进化）的发展给出一个普遍的解释。……在法学界和所有其他社会科学中，人们都对此感兴趣，……"〔5〕

新康德主义〔6〕的一支——西南德意志学派，对法学影响很大。其所提出

---

〔1〕 ［美］梯利著，伍德增补：《西方哲学史》，葛力译，商务印书馆1995年版，第254页。

〔2〕 参见［美］梯利著，伍德增补：《西方哲学史》，葛力译，商务印书馆1995年版，第256页。

〔3〕 ［德］伊曼努尔·康德：《纯粹理性批判》，蓝公武译，商务印书馆2007年版，第51页。

〔4〕 ［美］梯利著，伍德增补：《西方哲学史》，葛力译，商务印书馆1995年版，第316~317页。

〔5〕 ［德］N.霍恩：《法律科学与法哲学导论》，罗莉译，法律出版社2005年版，第67页。

〔6〕 新康德主义认为，事物本身并不能作为直接理解，掌握的对象，它是只能透过经验理解的现象，是人的直觉使现实的外在世界具有意义，而不是事物本身具有可被理解的意义。

的二元方法论，对刑法学特别是对规范要素成为犯罪构成要件起了决定性的推动作用。"这种文化哲学观所探讨的是各种文化领域中的价值结构，因而提倡所谓的价值哲学（Wertphilosophie）。根据上述客观现实和概念世界分离的二元方法论，Richert认为自然科学和文化科学有相同的物质基础，就是客观现实，它们的区别在于概念的转换过程（begriffliches Umformungsprozess）。因为自然科学和文化科学有共同的客观现实，所以两者可以和平共存，由于方法论上的转换方式不同，自然科学中的自然界和文化科学中的文化现实（历史）才互不相同。它们并不是和理论不相干的客观现实，而只是理论将现实转换所产生的概念成品，自然科学的转换方式是个别化，随着各个文化和历史领域而不同；自然科学是价值中立的，而文化科学则是有价值关系的，能确定是否有不同价值的文化（Kulturgüter）存在，但不论断好坏。"[1]以犯罪行为为例，作为符合犯罪构成的行为，虽然是一种客观存在，不可能从它本身加以直接理解，其之所以成为符合构成要件的行为，是因为主体的理解行动将之描述成一个可以被理解的、刑法上的对象。也就是说，符合构成要件的行为进入人的认知体系，经过人们的经验加以概括，并以价值的形式呈现的。"换言之，白色、黑色都是人的观念的产物，水桶、茶杯并不是先天即表现出它的功能、有它的名称，是因为人把它们拿出来装水、提水、装饮料，它们才透过主体赋予功能而成为能被掌握的物、能放入生活秩序中的物、在生活秩序中有意义的物。"[2]根据新康德主义，对客观世界的认识并非物在人的印象中得以直接反应，那么规范本身就不能被描述成客观加主观的简单定式，而是有其独特的性质和结构。"既然物本身没有意义，是一团混乱，从物当中无法产生概念、无法产生规则，一切的概念、体系、规则当然都是人类思想的产物，概念、规则只能从人的理性当中产生，所以规范的形成过程和物的本身是不相干涉的，规范体系结构和物的存在结构是两个无法相通的体系，规范只能从规范当中形成，不能从客观现实的存在构造当中形成……"[3]于是，规范理所当然地成为独立于主观和客观之外的，犯罪成立的另一个不可缺少的要件。

宾丁规范论的提出，最终使以规范要素为成立要件之一的犯罪论体系得

---

[1] 许玉秀：《当代刑法思潮》，中国民主法制出版社2005年版，第129~130页。

[2] 许玉秀：《犯罪阶层体系及其方法论》，成阳印刷股份有限公司2000年版，第85页。

[3] 许玉秀：《当代刑法思潮》，中国民主法制出版社2005年版，第128~129页。

以确立。法规范之所以不同于物质的或精神的要素，在于其所具有的主观性与客观性，这可以从法规范的性质上得到证明。法规范作为评价规范，体现的是一种客观性。但是，在具体评价人的行为是否存在违反规范的情形，则需要介入人的价值判断，这种界定人的行为是否具有违反规范的价值判断，自然介入主观性。如果将评价规范与违反规范混淆，就会抹去法规范的主观性与客观性的界限，是不科学的。宾丁曾指出，"无论过去或现在，人们都将犯罪的本质视为破坏和平、法及规范。犯人的称呼也因此而来，于是乎犯罪人违反法规、犯法，或者他不适应法规，蔑视法规等，不仅古希腊罗马人这样想，在现代的各民族中也普遍能看到这种情况。……这种说法尽管在根本上有其古老而正确的一面，但是，由于现在几乎毫无例外地在错误意义上对其进行理解，便使得不仅在刑法学中，而且在其他所有的部门法律中都生出了不当的结论来。……因为它将犯人所违反的法规和据以评价犯人的刑罚法规视为同一了。"〔1〕宾丁的这种认识无疑具有合理性。"宾丁的规范性区分违反法规与违法规范，似有烦琐之嫌。但这种违法的二元论结构，坚持了犯罪概念的形式性与实质性的统一，因而具有一定的合理性。"〔2〕总之，在认定犯罪过程中，规范因素确实不同于单纯的物质世界和精神世界，既不能将之归入犯罪的主观要件中，也不能将之归入犯罪的客观要件中。

---

〔1〕 ［日］竹田直平：《法规范及其违反》，有斐阁1961年版，第73~74页，转引自马克昌主编：《近代西方刑法学说史略》，中国检察出版社1996年版，第207页。

〔2〕 陈兴良：《刑法的价值构造》，中国人民大学出版社1998年版，第62页。

第三章

犯罪构成方法论〔1〕

犯罪构成方法论，主要指在刑法学中研究犯罪时，从何种角度、通过何种方式去认识犯罪，即探讨行为构成犯罪的原因以及如何界定罪与非罪的界限的具体方法的理论。本章立足于中西文化方法论的差异，在分析中西方对行为的罪与非罪的解构以及以此为基础构建的犯罪构成理论体系的基础上，就中西犯罪构成在方法论上的优缺点以及对犯罪论体系中的其他问题的影响，进行深入研究、探讨。

第一节　中西文化方法论与犯罪构成方法论

中国传统文化在方法论上注重灵活变通，以直观体验为认知的基础，崇尚用"心"体悟。西方文化在方法论上注重严格规定，以逻辑分析为认知的基础，强调用"脑"推理。〔2〕中西文化在方法论上的差异，在语言、艺术、建筑等诸多方面都表现得十分明显，在法律上也不例外。"法律以及语言，存在于民族意识（consciousness of the people）之中。"

一、中国文化方法论：变通

在中国传统文化中，一个人的表现可能在处理不同的社会关系中存在较大反差，对生人和熟人、家人和外人的态度可能有明显不同，在艰苦环境和

---

〔1〕　方法论是关于认识世界和改造世界的方法的理论。方法论有哲学方法论、一般科学方法论、具体科学方法论之分。关于认识世界、改造世界、探索实现主观世界与客观世界相一致的最一般的方法理论是哲学方法论；研究各门具体学科，带有一定普遍意义，适用于许多有关领域的方法理论是一般科学方法论；研究某一具体学科，涉及某一具体领域的方法理论是具体科学方法论。哲学方法论在一定意义上说带有决定性作用，它是各门科学方法论的概括和总结，是最一般的方法论，对一般科学方法论、具体科学方法论有着指导意义。

〔2〕　参见王前：《中西文化比较概论》，中国人民大学出版社 2005 年版，第 114 页。

享乐环境中的表现可能有明显区别。人们需要学会从不同角度、不同实际出发，灵活变通各种"像"的含义，恰当处理各种社会关系，注重灵活变通。[1]

中国思维方法的变通特点，在语言中得到充分反映。"汉语汉字又是中国文化中其他文化项的主要载体，它记录了中国文化，是中国文化的代码，是中国文化传播的媒介，对中国文化的发展起到了很大的作用。"[2]语言文字作为一种彼此交际、交流思想、相互了解的工具，最能够反映文化心理和思维方式的不同。汉语为典型的非形态语言，句法、语法、语义、情境、感情、思想等主要不是通过形态变化来表现的，而是以意统形，通过语言环境和语言内在的相互关系来表述。汉语的表达，不受词性制约，也不必遵循严格语法，每一语段只要语意的搭配符合事理，就可以连接在一起组成句子。这些就是语言学家所说的"意合法"。根据"意合法"所组合的语言，不论是语义因素还是语用因素，都明显大于西方语言意义上的"句法"因素，它能够载荷最大的信息量，统领所有的情景、意境，表达多层次的内容，达到"曲径通幽"的效果。[3]如马致远的散曲《天净沙·秋思》写道："枯藤老树昏鸦，小桥流水人家，古道西风瘦马，夕阳西下，断肠人在天涯。"这首小令前三句均由名词组成，无任何语法，其中所包含的语法关系由读者自己去体会。然而，正是这些毫无"章法"的名词所表达的事物却一气呵成，构成一幅绝妙的山村秋景。画面中，色彩、音响、近景、远景、静态、动态以及凄清悲凉的情调，意境深远，韵味无穷。又如，西湖花神庙（现在的湖山春社）有一副对联云："翠翠红红，处处莺莺燕燕；风风雨雨，年年暮暮朝朝。"对联全部用叠词铺排而成，形成一个和谐的整体重叠，没有任何语法成分，却展现了一副生机盎然的山水画，把人物内心两情相悦、至死不渝的情感生动地表达出来。更为绝妙的是，这副对联还可以倒过来念，即燕燕莺莺，处处红红翠翠；朝朝暮暮，年年风风雨雨。反转念时，其中的意境丝毫没有变化，

---

〔1〕 同为东方民族的日本，由于较早接受了西方法治文化的洗礼，规则意识与中国还是存在很大不同。"日本民族在遵守日常生活中的公共行为准则方面也有很强的自律意识。据说亚运会在日本广岛举行时，闭幕式上六万人参加，闭幕式结束后会场没有一张废纸留下。日本民族在接受西方文化方面比较彻底，很容易建立起西方的政治制度、经济制度和教育制度，这与日本民族严守规定的精神有密切联系。"（王前：《中西文化比较概论》，中国人民大学出版社2005年版，第141页。）

〔2〕 张岱年、方克立主编：《中国文化概论》，北京师范大学出版社2004年版，第117页。

〔3〕 郑春苗：《中西文化比较研究》，北京语言学院出版社1994年版，第205页。

从而把汉语的不遵循语法、随意挥洒的特点发挥得淋漓尽致。可见，意合的汉语很能传神写意。

中国的法律文化与语言文化一样，始终处在"天人合一""宇宙和谐"的整体观念的影响下，不可避免地体现出"意合"的特点。中国人认为，太极和天通过锻炼和修养，是可能与人合一的，因而注重人与人之间的和谐，法往往是管人的东西，而不是保障个人权益的工具，儒家、法家、道家都有这样的意识。因此，在中国，理比法更重要，它联结大家形成和谐的关系，形成一种整体秩序。所以，中国人讲和谐，注重人与世界的一体化，法不过是一种理性秩序，自然要服务于整体秩序。〔1〕从中国的思想发展史可以发现，理性本身没有完整的支柱和内在的动力。理性在经验、在人们的生活经历中包含着，需要借助外源的许多条件，如政治、经济、文化、习俗等条件，才能被激发出来。在这个过程中，法律只是达到理性的一种补充手段，而不是最佳或者最好的手段。"中国人历来（虽然可能是无意识的）将法律看作是对由于个人行为违反道德规范或者宗教仪式，以及由于暴力行为而引起社会秩序紊乱的补救手段。中国人还进一步认为，对社会秩序的破坏，也就是对宇宙秩序的破坏。因为在他们看来，人类生活的社会环境与自然环境是一个不可分割的整体。"〔2〕在中国民间，人们更愿意以和为贵，对诉讼有着一种天然的排斥心理。"乡土社会是个'反诉讼社会'（anti-litigation-societies），因为一切以和为贵，即使是表面上的和谐，也胜过公开实际的冲突。在宗族、乡党、行会等这些面对面团体里，个人被紧紧束缚着，而且得到官府的支持。于焉，法律争执一步步先在这些团体里消融解决掉，非至绝路，绝不告官兴诉。"〔3〕中国人在处理争端时，往往认为规则不一定会达到实质的公平与正义，充其量只是一种手段。而且，规则严明的框架与烦琐的程序，对于迅速解决纠纷也不利。有时，规则之外的东西，如伦理道德、风俗习惯等，能够很快鉴定真伪、明辨是非，同样可以达到公正的目的。因此，中国社会在解

---

〔1〕 [美] 成中英："从本体诠释学看中西文化异同"，载中国文化书院讲演录编委会编：《中外文化比较研究——中国文化书院讲演录》第二集，生活·读书·新知三联书店1988年版，第152页。

〔2〕 [美] D. 布迪、C. 莫里斯：《中华帝国的法律》，朱勇译，江苏人民出版社2004年版，第25页。

〔3〕 林端：《儒家伦理与法律文化——社会学观点的探索》，中国政法大学出版社2002年版，第9页。

决争端时，历来不愿意把规则和定律放在首位，更愿意诉诸规则之外的手段，灵活变通，不拘一格。这也使得中国人的规则意识相对淡泊，而灵活处理以达到预期效果的观念十分突出。虽然，我国古代也存在道德伦理的法律化，但这毕竟是礼法不分的产物，并不等于解决争诉走向规范化、制度化，其最终目的还是为了使法律最终为道德和理性服务。"愚已有《法律与道德同质异态论》一稿，在《大陆杂志》第三卷发表，以破法律道德同质同态及异质异态诸说。根据这一见解，'四维'——礼义廉耻，'八德'——忠孝仁爱信义和平，虽被认为属于道德范围，但就道德与法律的关系而说，'四维八德'不仅是法律行使有效的推动力，而且是法律制定有方的总源头。并依我国数千年来的历史及法律当前应有的使命而说，'四维八德'不仅已有一部分曾法律化，居今日更应加强其法律化，免得只知重视纯法治的精神，而忽略了法律应为道德服役的需要。"[1]

二、西方文化方法论：规定

在西方文化中，个人在处理各种不同社会关系时可能会表现出较多的共性。他们注重寻找人们普遍严格遵循的规章制度，建立起社会生活的秩序感，用以制衡各种社会矛盾冲突，保证社会的稳定发展和不断进步。西方的方法论主张寻找"变"中的"不变"，"以不变应万变"。

西方思维中的规定与制度模式，在语言中表现得十分突出。西方语言为屈折语（inflected language），以形统意，用严密的形态变化来表达语法范畴和语义信息。句子的理解策略（perceptual strategies）是用限定动词和它的句法特征（及物和不及物）来控制格局，规定句界，句中的所有重要词项都必须具备才可以组成句子。这些便是语言学家所说的"形合法"。"在西洋语言里，凡是主谓结构都是句子，也只有主谓结构才是句子。……在句法中，名词不能重叠也被认为是一条定则……"[2]另外，西方语言不能通过情境、意境来使词汇具有不同含义，而是必须通过不同词汇表达不同的含义，揭示不同的境界，表达不同的情感，这与汉语存在明显不同。以英语为例，表达国家的

---

〔1〕 陈顾远：《中国文化与中国法系——陈顾远法律史论集》，范忠信等编校，中国政法大学出版社 2006 年版，第 283 页。

〔2〕 郑春苗：《中西文化比较研究》，北京语言学院出版社 1994 年版，第 205~206 页。

词汇有 country、land、state 和 nation，它们各自有不同含义。country 用作国家时，强调的是国土，包括陆地和海洋；state 用作国家时，强调的是政治概念，指国家政权；nation 用作国家时，强调的是一国的人民，有民族的概念；land 用作国家时，强调的是土地，仅包括陆地面积。像汉语那样的反转表达在西方语言中是不可想象的。由此可见，西方的语言在单词、语法、句法等方面，通常都具有严格的规定性，表现出鲜明的形合色彩。

西方思维的形合特点，在法律中也得到充分体现。在西方法律文化中，形式化的法律早在古希腊便已经成型。古希腊人很早就认识到自然同规律、秩序密切相关，它们结合在一起影响到人们的社会生活，由此促成了早期的自然法思想的萌芽。如柏拉图早先就确立了一个与理性相对应的一般正义原则的存在，此存在是内在性的、真正的和最高存在意义上的。[1]法学的首要任务是铸造出与一般的正义原则或法相符的"国家"模型。[2]在柏拉图看来，"在家庭和国家两方面都要服从我们内心中那永恒的质素，它就是理性的命令，我们称之为法律。……人们说，不要把法律普遍地看成和平，或战争，或德性；它是现存政府的利益、力量和保存，是表明什么是公正的天然定义的最好办法"。[3]柏拉图的法学理论及其形式化倾向，奠定了西方法的形式化基调。在西方，作为法形式化的表现的自然法或自然法则，广义上包括人类社会的道德和法律秩序。亚里士多德就充分肯定实定法规定的重要性。"约定的规则，从一开始它是以何种方式规定的并不重要，一旦被规定之后，这个问题就不再无关紧要；举例来说，比如各种赎金和制裁数量的专断规定等。"[4]从古希腊开始，形式的"自然法"在指导人们的行为和社会秩序方面发挥着十分重要的作用。斯多葛派认为自然、命运、逻各斯和宙斯其实都是一回事，或统统被认为是具有理性或神性，自然法即自然理性。[5]

中世纪以来，神学理性法在欧洲占据主导地位。它实际上是一种综合的基督教神学，以希腊哲学和罗马法为基础，并掺有中世纪经院学派的自然法

---

〔1〕 参见［古希腊］柏拉图：《理想国》，郭斌和、张竹明译，商务印书馆1986年版，第172页。

〔2〕 参见［古希腊］柏拉图：《理想国》，郭斌和、张竹明译，商务印书馆1986年版，第133页。

〔3〕 ［古希腊］柏拉图："法律篇"，载法学教材编辑部《西方法律思想史编写组》编：《西方法律思想史资料选编》，北京大学出版社1983年版，第23页。

〔4〕 ［爱尔兰］J. M. 凯利：《西方法律思想简史》，王笑红译，法律出版社2005年版，第20页。

〔5〕 参见肖巍：《自然的法则——近代"革命"观念的一个解读》，复旦大学出版社1988年版，第64页。

思想。受基督教神学以及经院学派的思想影响。欧洲中世纪神学理性法的重要特征是世俗政权神圣化，主张把神权和政权结合起来，才是理想的统治形式，法律与其他一切思想都是"神学世界观"的体现，是神学的附庸。中世纪神学理性法的最大成就，是法与宗教和道德的分离，以及法的固有作用和独立性的确立。[1]这样，中世纪的法在继承古希腊、古罗马法的基础上，披上了神学这层神秘外衣，自然法几乎就是上帝的法律，教会法的立法者甚至希望并推动将自然法等同于圣经的旧约和新约中所揭示的戒律。由于一切权利来源于上帝乃天经地义，于是自然法作为上帝的人间之法，就获得了一切权利之源头的理由。中世纪神学法之代表人物是圣·奥古斯丁和托马斯·阿奎那。奥古斯丁认为，"神法"是永恒的法律，是最高理性、永久真理、神的理性和意志，也是一种秩序。神法乃整个生物界的自然习惯、自然规律，是人服从上帝的那种永恒的法律，亦即自然法。他认为这种法的基本要求是：爱上帝、爱邻人和爱自己；不得伤害别人；尽力帮助他人，但首先要注意他自己；遵守职责和秩序。[2]阿奎那作为经院哲学的集大成者，从神学的立场出发，将法依据其效力等级分为永恒法、自然法、人法和神法四种类型。他认为："自然法就是上帝用来统治人类的法律，是永恒法的一部分，受永恒法的支配和制约。与其他一切动物不同，理性的动物以一种非常特殊的方式受神意支配；他们既然支配着自己的行动和其他动物的行动，就变成神意本身的参与者。所以，他们在某种程度上分享神的智慧，并由此产生一种自然倾向以从事适当的行动和目的。这种理性动物之参与永恒法，就叫做自然法。"[3]

在西方，上帝是与人分离的，在神学里它几乎是分析差异的原则。西方很注重个性，个人对于上帝、其他人相对独立。个人的独立性和理性差异原则很有关系，它可以建立一种理性秩序，如法律。法是经过理性差异后的一种抽象，每个人都应该遵守，在法律面前每个人都可以突出地去表现自己。法律保障个人完成自我的可能，它有这样的义务。因此，西方的理性发展始

---

〔1〕 参见［法］勒内·达维德：《当代主要法律体系》，漆竹生译，上海译文出版社1984年版，第38页。

〔2〕 参见法学教材编辑部《西方法律思想史编写组》编：《西方法律思想史资料选编》，北京大学出版社1983年版，第92页。

〔3〕 《阿奎那政治著作选读》，马清槐译，商务印书馆1963年版，第104页。

终带有强烈的制度色彩。"欧洲社会主流的刑事司法史表现为以一种准乎'神启'之裁判依据，演变到依人定法凭被告人口供进行裁判，再经所谓'世俗化'、'祛魅'转而完全依赖证据定案的法律发达'自然而然'的进程（即人类诉讼史上所谓的神明裁判、口供裁判和证据裁判之历史性的三大时代)。"〔1〕长久以来的规范意识，在17、18世纪科学思想的激励下，最终促进了西方思维模式的定型化与制度化。科学的分析方法要求人们理性地看待客观现象，从中发现规律，加强对客观世界的认识。"心灵可以掌握心灵的逻辑，那么是否也可以掌握外界事物与世界呢，是否能用心灵、用理性来预测和说明外界的事物呢？来掌握世界呢？经过事实的一个考验，并不如此。所以17、18世纪科学思想的萌芽有其道理。科学思想就是承认外界世界有它的独立性、存在性。所以要先对外界世界作一种观察和实验，来了解这个外界世界。这是科学的开始。科学的进步在于把对外界世界的学习和理性的思考结合在一起，产生所谓的科学理论，产生一种法则，产生一种规则的概念，也就是所谓发现自然规律，把自然规律再解释成科学的理论。"〔2〕

三、文化方法论与犯罪构成方法论

法律文化作为一种强调思辨的艺术，对思维方式的依赖并不亚于其他文化。在一个民族的文化结构中，思维方式无疑处在它的最深层，它深深地植根于一定民族的文化土壤，不同的文化和思维方式，必将孕育不同的法律文化。"文化者也，不外人类由野蛮以至于文明，其继续努力获得之成绩，而表现于政治法律经济伦理学术艺术风俗习惯的综合体之谓也……是故每一个民族文化团体所孕育之法系，其表现于法制者必与其民族文化息息相关，无论其形成与发展均然，此亦各民族立国精神之所在，法制不过其外部之表现而已。"〔3〕刑法学作为一门与社会伦理道德关系最为密切的部门法，受传统文化及思维方式的影响也是最鲜明的。"犯罪构成理论体系作为一种刑法上的认知体系，不仅仅在其体系的建构上反映了特定的思维方式，其本身就是一种刑

---

〔1〕 冯亚东："犯罪认知体系视野下之犯罪构成"，载《法学研究》2008年第1期，第90页。

〔2〕 ［美］成中英："从本体诠释学看中西文化异同"，载中华文化书院讲演录编委会编：《中外文化比较研究——中国文化书院讲演录第二集》，生活·读书·新知三联书店1988年版，第147页。

〔3〕 陈顾远：《中国文化与中国法系——陈顾远法律史论集》，范忠信等编校，中国政法大学出版社2006年版，第65~66页。

法上的思维方式。这种思维方式是一种在具体领域内的微观的思维方式，因而作为民族文化心理结构要素的宏观思维方式，往往以'日用而不知，习焉而不察'的形态制约着这种定罪思维方式，从而潜移默化地影响着犯罪构成理论体系的形成及其在司法裁判活动中的运作。"[1]文化方法论上的不同，当然会造成法律方法论的不同，从而对刑法方法论也产生重大影响。作为肩负着界定罪与非罪的重任的犯罪构成，就其方法论而言，在中西方也将不可避免地存在某种程度上的差异。

中国《刑法》第13条对犯罪定义作了明确规定。这一规定表明，认定犯罪既要根据刑法规定，也要考虑行为的社会危害程度，是形式定义与实质定义的统一。"这一定义如同原来的定义一样，不仅揭示了我国犯罪对社会主义国家和公民权利具有严重社会危害性的实质，同时也揭示了其法律特征——依照法律应受刑罚处罚。所以这一定义是从犯罪的阶级实质和法律形式的统一上给我国刑法上的犯罪所下的一个完整的定义。"[2]其中，刑法分则规定的行为类型，是构成犯罪的必要条件。不过，只根据刑法分则规定的行为类型并不能确定犯罪最终成立，只有实施了刑法分则规定的行为类型，并且行为的社会危害达到一定程度，才是犯罪。因此，行为具有一定程度的（严重的）社会危害性，是犯罪成立的充分条件。这表明，犯罪构成的核心标准，是行为的社会危害程度，它是在行为被纳入刑法评价范围之后，决定行为是否成立犯罪的最终要素。从这个角度上讲，中国的犯罪构成与其说形合于规范，不如说意合于社会危害性及其程度，具有鲜明的意合色彩，属于意合的犯罪构成。

西方国家在犯罪认定上，基本上采取形式的犯罪概念，即仅根据法律特征给犯罪下定义，而不揭示为什么将该行为规定为犯罪。[3]换句话说，刑法规定的行为，无论其社会危害程度多么轻微，都是犯罪。如《德国刑法典》在第12条规定，重罪指最低刑为1年或1年以上自由刑的违法行为；轻罪指最高刑为1年以下自由刑或科处罚金刑的违法行为。由于判处刑罚的行为只能是刑法分则规定的行为类型，这就决定是否犯罪完全根据刑法分则有无规

---

〔1〕 陈兴良主编：《犯罪论体系研究》，清华大学出版社2005年版，第176~177页。
〔2〕 马克昌主编：《犯罪通论》，武汉大学出版社1999年版，第14页。
〔3〕 马克昌主编：《犯罪通论》，武汉大学出版社1999年版，第13页。

定确定。日本刑法典对犯罪的界定，也是根据刑法分则规定的行为类型确定。与德、日不同的是，法国刑法专门针对危害程度轻微的行为规定了违警罪。法国刑法典中的违警罪多半与普通犯罪行为相对应，分为侵犯人身之违警罪、侵犯财产之违警罪、危害民族、国家或公共、安宁之违警罪、其他违警罪。对于违警罪的处罚，多以罚金为主，同时适用限制、剥夺一定权利的附加刑，如吊销驾驶执照、禁止持有或携带需要批准的武器、收回打猎执照、禁止签发支票等。通过违警罪的设置，法国刑法完成了根据行为性质入罪、又区别处罚的任务。同大陆法系国家一样，英美法系国家也是根据行为类型确定犯罪。《美国模范刑法典》将犯罪分为重罪、轻罪、微罪和违警罪，从而不分危害程度轻重，将一切形式的行为在实体法中类型化。[1]例如，该法典第250.7条规定："没有法定特权的行为人明知地或者轻率地，单独或者伙同他人，实施妨碍公路或者其他公共通道的行为，构成违警罪。在受到执法人员警告后继续实施的，构成微罪。"总而言之，西方国家的犯罪构成是以规范的形式规定为依据的，并不追求犯罪背后的本质，具有典型的形合色彩，属于形合的犯罪构成。

　　不难看出，中国的犯罪构成在方法论上迥然有别于西方国家的犯罪构成。我国意合的犯罪构成以社会危害性为"万变之宗"，尽管认定犯罪离不开刑法对行为类别的规定，但最终决定犯罪成立的是行为的社会危害程度。"反过来理解的话，就是要求危害'大'即严重才认为是犯罪。不仅如此，刑法还将这一思想贯彻始终，刑法典以及其他特别刑法都只是将危害严重的行为规定为犯罪。"[2]这就使得我们在认定犯罪时，不必局限于刑法的形式规定，围绕着社会危害性这一认定犯罪之"宗"，始终抓住犯罪的实质，不受形式约束。[3]于是，不管社会形势、道德伦理、价值观念如何变迁并导致人们的犯罪观发生何种实质变化，意合的犯罪构成都能够与时俱进，灵活变通，充分体现实质的处罚必要。意合的犯罪构成能够使刑法规范的适用更加稳定、实用。例如，有关我国刑法的司法解释不谓不多，但是绝大多数并非针对行为本身的规范取舍，而是对行为的出入罪标准加以变更。形合的犯罪构成则不然。它始终以刑法规定作为行为入罪的唯一标准，置行为的实质处罚必要于不顾，罪与

---

〔1〕　《美国模范刑法典及其评注》，刘仁文等译，法律出版社2005年版，第21页。

〔2〕　张明楷：《刑法的基础观念》，中国检察出版社1995年版，第146页。

〔3〕　在我国，以社会危害性为"宗"灵活认定犯罪的例子比比皆是，最典型的是司法解释对盗窃罪的规定。

非罪的界限完全取决于规定，而非社会危害性及其程度。因此，不管社会形势、道德伦理、价值观念如何变迁以及人们的犯罪观发生何种实质变化，形合的犯罪构成总是保持惯有的稳定，充分体现规定性。这种规定性由于缺乏意合的犯罪构成那样的灵活变通特性，很容易造成对行为本身的规范取舍，影响罪的增减。"考虑当时的犯罪现实以及国民的感情，对刑法分则的各个犯罪的构成要件与法定刑进行了全面改正，实现了所谓适应现代社会的犯罪化。但是，《改正刑法草案》受到了日本律师联合会和日本刑法研究会的强烈反对。批判的要点是国家主义、保守主义色彩浓厚，没有考虑日本宪法的价值观的转换。"[1]总之，中西方犯罪构成在方法论上是与其价值观念相适应的，是文化影响在犯罪构成中的又一种表现形式。

值得提出的是，苏俄刑法典有关犯罪的概念业已发生实质变化，转而采取形式的犯罪概念。如《俄罗斯刑法典》第14条规定："行为（不作为）虽然形式上含有本法典规定的某一行为的要件，但由于情节显著轻微而不具有社会危害性，即未对个人、社会或国家造成损害或构成威胁的，不是犯罪。"[2]在这里，《俄罗斯刑法典》规定出罪的标准是行为"不具有社会危害性，即未对个人、社会或国家造成损害或构成威胁的"，这与我国刑法规定明显不同。"在解释新法典的教科书、专著和文章中，俄罗斯刑法学家对犯罪的刑事违法性和社会危害性特征的关系已有明显的改变。大部分学者已摈弃了苏维埃刑法学有关社会危害性是犯罪的基础，而刑事违法性派生于社会危害性的传统。他们认为，犯罪的社会危害性和刑事违法性是相互联系、不可分割的犯罪的基本特征，而且，有些学者直接指出，在法治社会里，刑事违法性特征应占首要的地位。"[3]

---

〔1〕《日本刑法典》，张明楷译，法律出版社1998年版，译者序，第5~6页。

〔2〕《俄罗斯联邦刑法典》，中国法制出版社1996年版，第8页。1960年《苏俄刑法典》第7条第1款规定，"凡本法典分则所规定的侵害苏维埃的社会制度和国家制度，侵害社会主义经济体系和社会主义所有制，侵害公民的人身、政治权、劳动权、财产权以及其他权利的危害社会的行为（作为和不作为），以及本法典分则所规定的其他各种侵害社会主义法律秩序的危害社会的行为，都认为是犯罪。"（参见马克昌主编：《犯罪通论》，武汉大学出版社1999年版，第13页。）该规定只是笼统地规定犯罪是"侵害社会主义法律秩序的危害社会的行为"，没有决然将有无社会危害性作为罪与非罪的标准。

〔3〕蒋慧玲："俄罗斯当代刑事立法关于犯罪概念的变革——兼与中国现行刑事立法相比较"，载《现代法学》2003年第5期，第75页。

此外，在英美法系国家，所谓的罪刑法定或者说规范治理，并不以刑事实体法为限。确切地说，在以普通法为主体的英美法系，罪刑法定主义主要从程序方面加以规定。[1]以刑事程序规范为核心的英美刑法，其所倚重的作为犯罪构成要件之一的免责抗辩的程序规范，无论是从内容上还是从规范的明确性上，都是大陆法系国家难以比拟的。因此，英美刑法中的犯罪构成的形合，不仅限于实体法，更主要体现在程序法上，这是与大陆法系国家有所不同的。

第二节　意合的犯罪构成

一、意合的犯罪构成之本质

中国古代一直没有形成像古希腊、古罗马时期那样高度发达的城邦经济，小农经济始终占据统治地位，人们居住地域相对稳定，人与自然的冲突并不激烈。在这种情形下，讲究"道义"和追求"礼治"的效用确实要好过法治，并培育了中国人以德治国的传统。中国传统文化中的"道义""正当"，是抽象的、理想化的，故中国人始终幻想借助超现实的精神力量来决断事物的曲直，崇尚依托现实之外的上天主持正义。因此，中国自古就热衷借助神的力量来主持人世间的公道，"天道"是判断曲直是非的最佳选择，是解决争诉的最高境界，是一种绝对的公平和正义。在中国古代，占据主导地位的儒家思想认为，要想维系人间正义，离不开两个关键因素：礼和理。理是最终的正义，天理是解决一切纠纷的最高标准；礼是一个社会基本的秩序，是实现理的前提和保证。

礼早在夏朝就有，只是在周公主持下才将其系统、规范化，使之成为法定的典章制度，这就是"周公制礼乐"。其时，礼所涉及的大至国家制度、社会制度、社会生活，小至人们的日常生活言行、应对进退，无不受其约束，所谓"礼以体政，政以正民"。[2]周初统治者也继承了夏商以来的刑罚制度，认为"为下无礼，则不免于刑"，礼和刑成为周代宗法制度下，统治者治理国家的主要手段和周代法律制度的渊源。其中，礼又处于主导地位，并被赋予

---

〔1〕　参见马克昌：《比较刑法原理：外国刑法学总论》，武汉大学出版社 2002 年版，第 60 页。
〔2〕　参见《左传·桓公二年》。

天之道。"礼者，天地之序也。"〔1〕礼的核心是君臣、尊卑、长幼等人伦等级秩序。儒家认为，不同的等级划分最能体现平等，即"斩而齐，枉而顺，不同而一"。〔2〕理在古代中国也存之久远，但使之荣升为一种本体价值观念的则是朱熹。朱熹认为："未有天地之先，毕竟也只有理。"〔3〕在他看来，"理是根本，是决定事物之所以为事物的根据，也就是说'理'是第一性的。这种先于具体事物的一般原则'理'，朱熹又把它叫做'天理'，无非是强调'理'是最高的、绝对的、永恒的和必然的"。〔4〕朱熹所谓的礼是超然的、永恒的，人、国家以及社会都有其理。

无论是"天理"还是"天礼"，都是以"天下为公"为基础的。但是，作为社会的个体，人都有其私欲，这就面临如何处理礼与欲（理与欲）的关系问题。对此，儒家认为礼是最终的目标，礼本身是限制人欲的结果。"理起于何也？曰：人生而有欲。欲而不得，则不能无求。求而无度量分界，则不能不争。争则乱，乱则穷。先王恶其乱也，故制礼仪以分之，以养人之欲、给人之求；使欲必不穷乎物，物必不屈于欲，两者相持而长。是礼之所起也。"〔5〕因此，儒家更注重理的追求，在感性欲求与理性追求之间，理处于优先地位。孔子便说："君子谋道不谋食，君子忧道不忧贫。"〔6〕在儒家看来，追求天理，克制私欲，就能达到"天人合一""人际和谐"，对于统治者来说，需要遵循的"天理"便是民心。"为政之道，以顺民心为本，以安而不忧为本。"〔7〕明代的薛宣更是宣称："法者，因天理，顺人情。"〔8〕天理与人情的混容与归一，使得人情与民心成为维系社会正常运行的必要手段，也是统治者在管理社会过程中首先倚重的筹码。循天理，顺民心，无疑是一种秉承客观事实、追求实质正义的价值取向，属于应然范畴，是事物本身客观存在的正义，也是法制追求的理想和归宿。

我国现行刑法仍然存在所谓的"道"和"义"，这便是社会危害性及其

〔1〕《礼记·乐记》。

〔2〕《荀子·荣辱》

〔3〕《朱子语类》，卷一。

〔4〕中国哲学教研室、北京大学哲学系编：《中国哲学史》，商务印书馆2006年版，第251页。

〔5〕《荀子·礼论》。

〔6〕参见《论语·卫灵公》。

〔7〕《程氏文集》，卷第五。

〔8〕（明）薛宣：《要语》。

程度。也就是说，在我国刑法中，决定某种行为是否成立犯罪，关键看行为是否具有一定的社会危害程度，它是犯罪成立的出发点和归宿，刑事违法性只不过是犯罪在刑法上的表征而已。换句话说，最终决定某种行为是否构成犯罪的是行为的社会危害性及其程度，而非取决于刑法规定的行为样态。近些年，不少学者对社会危害性中心论提出种种质疑，但始终没有动摇其在刑法理论中的地位。

二、意合的犯罪构成之基本特征

（一）行为之量决定行为定性，是意合的犯罪构成之基石

我国刑法在规定犯罪时，并非单纯根据行为性质，只有刑法规定的行为的社会危害性达到一定的程度，才能以犯罪论。同一种性质的违法行为，由于社会危害性及其程度的有无或者不同，可能构成民事违法行为、行政违法行为或者经济违法行为，也可能是犯罪行为。"刑法中规定的行为类型是犯罪成立的必要条件，但却不是犯罪成立的充分条件，符合行为类型，但没有达到量的要求时，仍然不能成立犯罪，但却可以依据其他法律的规定而构成一般违法。这样，刑事违法行为类型与一般违法行为类型就不是处于分立状态。而是处于交叉状态，同样的行为类型可以依据程度的不同，作为不同的违法行为，特别是在刑事违法和行政违法中这种关系更为明显。……因此，在中国，犯罪与一般违法主要不是行为类型的不同，而是行为程度的区别，在刑事违法与一般违法行为之间，存在着行为类型上的交叉或重合。"[1]例如，根据《治安管理处罚法》第 26 条规定，"有下列行为之一的，处五日以上十日以下拘留，可以并处五百元以下罚款；情节较重的，处十日以上十五日以下拘留，可以并处一千元以下罚款：（一）结伙斗殴的；（二）追逐、拦截他人的；（三）强拿硬要或者任意损毁、占用公私财物的；（四）其他寻衅滋事行为。"这里规定的都是作为行政违法的寻衅滋事行为，而作为犯罪的寻衅滋事行为，则规定在《刑法》第 293 条中，该条规定："有下列寻衅滋事行为之一，破坏社会秩序的，处五年以下有期徒刑、拘役或者管制：（一）随意殴打他人，情节恶劣的；（二）追逐、拦截、辱骂他人，情节恶劣的；（三）强拿

---

〔1〕 李洁："中日刑事违法行为类型与其他违法行为类型关系之比较研究"，载《环球法律评论》2003 年第 3 期，第 283 页。

硬要或者任意损毁、占用公私财物，情节严重的；（四）在公共场所起哄闹事，造成公共场所秩序严重混乱的。"其实，《治安管理处罚法》中的绝大多数行政违法行为，在刑法中都有对应的行为，只是由于危害程度不同而被归列到不同的法律部门中。可见，正是由于犯罪行为与其他民事违法行为、行政违法行为等存在交叉，致使刑法事实上成为其他法律部门的最后保护伞。这是我国刑法与西方国家刑法明显不同的特征，也是坚持意合的犯罪构成的必然结果。

（二）意合的犯罪构成以社会危害性作为犯罪构成的充分条件，对外具有开放性

以社会危害性及其程度为中心界定犯罪，使犯罪构成体系不但不能排除社会危害性，还必须融入并服务于社会危害性。同时，罪刑法定原则的确立，又要求必须坚持犯罪的刑事违法性。这样，以社会危害性为犯罪成立的实质要件，以符合犯罪构成为犯罪成立的形式要件，就成为我国刑法认定行为是否构成犯罪的依据。当社会危害性与刑事违法性存在不可调和的矛盾时，选择以社会危害性为中心，充分考虑不同情形下行为的社会危害性程度，从而最大限度地体现了实质的公平和正义。"对行为的评价，不仅是从行为的自然性质，而且还需要考虑到其对社会成员的价值，而这种作为价值事实的行为性质，就难与行为所造成的后果完全脱离关系，相同自然性质的行为，由于其程度、情节不同，作为对其可能做出的评价也就会不同，这是一种从实质上考虑问题的观点，也是与量的变化会引起质的变化的辩证唯物主义观点相一致的，也正因为如此，确认行为程度对行为之性质的影响，应该是有其合理性的。"[1]

以社会危害性及其程度作为犯罪认定的最终标准，使得罪与非罪的界限在不同行为之间以及同一行为之间变得不确定，原来不是犯罪的行为，由于社会危害评价标准的变迁，就有成为犯罪的可能；原来因为社会危害程度轻微不属于犯罪的行为，由于经济形势或者社会治安情形的变化，有可能纳入犯罪之列。这样，犯罪构成对外就极具开放性。例如，刑法修正案（七）就增加了9个罪名，即利用未公开信息交易罪、组织、领导传销活动罪、出售、

---

[1] 李洁："中日刑事违法行为类型与其他违法行为类型关系之比较研究"，载《环球法律评论》2003年第3期，第285页。

非法提供公民个人信息罪、窃取、非法获取公民个人信息罪、组织未成年人进行违法活动罪、非法获取计算机信息系统数据、非法控制计算机信息系统罪、提供用于侵入、非法控制计算机信息系统的程序、工具罪、伪造、盗窃、买卖、非法提供、使用军用车辆号牌罪、影响力交易罪。

以影响力交易罪[1]为例，根据《刑法修正案（七）》第 13 条规定："国家工作人员的近亲属或者其他与该国家工作人员关系密切的人，通过该国家工作人员职务上的行为，或者利用该国家工作人员职权或者地位形成的便利条件，通过其他国家工作人员职务上的行为，为请托人谋取不正当利益，索取请托人财物或者收受请托人财物，数额较大或者有其他较重情节的，处三年以下有期徒刑或者拘役，并处罚金；数额巨大或者有其他严重情节的，处三年以上七年以下有期徒刑，并处罚金；数额特别巨大或者有其他特别严重情节的，处七年以上有期徒刑，并处罚金或者没收财产。""离职的国家工作人员或者其近亲属以及其他与其关系密切的人，利用该离职的国家工作人员原职权或者地位形成的便利条件实施前款行为的，依照前款的规定定罪处罚。"其实，国家工作人员的近亲属或者其他与该国家工作人员关系密切的人，离职的国家工作人员或者其近亲属以及其他与其关系密切的人，利用自己的影响力牟取不正当利益的情形，一直以来在司法实践中就存在。刑法之所以一直没有将该类行为犯罪化，关键在于其社会危害性尚未达到犯罪程度。随着社会的发展，利用影响力交易的行为越来越猖獗，公众对之意见越来越大，其社会影响也越来越恶劣。随着社会公众对这种行为的看法发生变化，其"社会危害"也就相应地严重了，在达到必须动用刑罚制裁时，予以犯罪化也就在所难免。看来，以社会危害程度作为定罪标准，使许多违法行为不断进入刑法评价体系是不可避免的。

除了最高人民法院、最高人民检察院的司法解释外，一些地方司法机关对犯罪标准的重新设置，也表明我国犯罪构成具有开放性特征。例如，2006年 1 月 28 日由广东省公、检、法三家联名印发的《关于办理抢劫、抢夺案件适用法律问题的意见》规定："全省抢夺罪的定罪数额标准统一如下：1. 抢夺数额人民币 500 元以上不满 1 万元的，为"数额较大"；2. 抢夺数额人民币

---

[1]　之所以定为影响力交易罪，主要是参考、借鉴《联合国反腐败公约》第 18 条"影响力交易"的规定，即非公职人员从事影响力交易而接受不正当好处的，应追究其刑事责任。

1 万元以上不满 10 万元的，为"数额巨大"；3. 抢夺数额人民币 10 万元以上的，为'数额特别巨大'；4. 广州铁路运输两级法院办理此类案件，其数额标准按上述规定执行。"这一规定，使得珠三角地区有关抢夺罪的定罪标准由 2000 元降为 500 元，从而将大量原本为行政违法的行为纳入刑罚惩治之列。

三、意合的犯罪构成之优越性

（一）有助于认识和把握犯罪与实质正义之间的有机联系和相互转化，促进更为理性的犯罪认定观念和方法的形成

刑法的目的在于惩罚犯罪、保护人民，这两者并非绝对对立，而是相辅相成的。在惩罚犯罪过程中，如果定罪处罚不准确，实质上等同于侵犯人民的利益。刑法既要维护社会秩序，也要保障人权。要想最大限度地实现社会秩序维护与人权保障机能，刑法必须坚持事实上的公平和正义，始终与现实发生的客观事实相呼应，这是包括刑法在内的所有法律的最高理念。"法律理念（应然）以及由其所导出的一般法律原则（例如，各得其份、不得侵害任何人、须履行契约、金律、绝对命令、公平原则、责任原则、宽容原则……）以及须加以规范的、可能的且由立法者所预见的生活事实（实然）须交互地予以分析处理，以使这二者对应。也就是说，一方面法律理念须对于生活事实开放，它须被实体化、具体化以及实证化，以便于形成概念；而另一方面所预见的生活事实须以法律理念为导向来进行典型建构及形成。"[1]然而，刑法规范与生活事实之间的充分对应，毕竟是一种理想，很多时候还是存在难以两全的情形。是立足于处罚必要还是规范治理，形成了以实质正义和形式正义为核心的两种对立的价值诉求。

实质正义论者认为，"目的是全部法律的创造者，每条法律规则的产生都源于一种目的，即一种事实上的动机"。[2]他们明确提出："无论是现在还是其他任何时候，法律发展的重心不在立法，不在法学，也不在司法判决，而在社会本身。"[3]目的论者主张："我们越来越多地根据法律秩序——过程，

---

[1] ［德］亚图·考夫曼：《法律哲学》，刘幸义等译，五南图书出版有限公司 2000 年版，第 18 页。

[2] ［德］耶林："为权利而斗争"，转引自［美］博登海默：《法理学——法哲学及其方法》，邓正来、姬敬武译，华夏出版社 1987 年版，第 104 页。

[3] Eugen Ehrich, *Fundamental Principles of the Sociology of Law selected from The Grest Leagal Philosophers*, University of Pennsylvania Press, 1958, p.437.

而不是根据法律——即根据公式化的经验实体或规范体系进行思考，我们就越来越多地考虑调整各种关系或协调或统一各种要求与希望的活动，而不是考虑调整本身，或者是作为一种体系的协调和统一本身。"〔1〕基于法的目的性，目的论学者主张对法进行客观解释。"法律解释的目标不在于探求历史上的立法者事实上的意思，而在于探求和阐明内在于法律的意思和目的。……法律漏洞是不可避免的，法官解释法律有创造规范、弥补漏洞的功能。由于这种解释理论认为法律解释的目标是当时法律文本中客观存在的意思，所以被称为解释理论中的客观主义。"〔2〕霍姆斯更是明确提出："法官对法律的解释就是一种创造和改变法律的工作，而且只要在一定的限度内，司法的创造性是好事而不是坏事。这与传统观念认为法律是确定的规则体系，法官对法律的适用是严格按照逻辑推理进行的观点，是背道而驰的。"〔3〕但是，实质正义毕竟仁者见仁、智者见智，缺乏固定的、客观的标准。博登海默就感言："正义具有一张普洛透斯似的脸，变幻无常，随时可呈不同形状，并具有极不相同的面貌"。〔4〕由于正义是理想社会的标志，又因为正义如此"变幻无常"，这就注定现实生活中必须要有权威的、统一的、形式的正义模式，法律便应运而生。亚里士多德认为："要使事物合于正义（公平），须有毫无偏私的权衡，法律恰恰正是这样一个中道的权衡，是恰恰免除一切情欲影响的神祇和理智的体现。"〔5〕正义在刑事法领域的要求，便是以成文的法律规定犯罪与刑罚，使实质正义具体化、实证化。"在论述自然法时，永远不可能是谈论一个完整的、随时随地（hic et nunc）都可以应用的制度，而是仅仅涉及正义的一些原则。但是，这些原则需要进行某种具体化，才能应用于某些特定的生活情景。这种必要的改造由实证化（Positiverung）来完成，实证化把那些原则变为具体的、切实可行的法的规则。"〔6〕不过，坚持规范治理意在实现形式正义，与实质正义有所冲突。

　　不管是坚持事实还是规范，在实现实质正义或者形式正义的价值过程中，

---

　　〔1〕　[美] 罗斯科·庞德：《法律史解释》，曹玉堂、杨知译，华夏出版社1989年版，第149页。

　　〔2〕　陈兴良主编：《刑事法总论》，群众出版社2000年版，第478~479页。

　　〔3〕　参见张宏生、谷春德主编：《西方法律思想史》，北京大学出版社1990年版，第421~422页。

　　〔4〕　[美] 博登海默：《法理学——法哲学及其方法》，邓正来、姬敬武译，华夏出版社1987年版，第240页。

　　〔5〕　参见 [古希腊] 亚里士多德：《政治学》，吴寿彭译，商务印书馆1965年版，第9页。

　　〔6〕　[德] H. 科殷：《法哲学》，林荣远译，华夏出版社2003年版，第171~172页。

都存在缺陷。"像我们所熟知的，对法的局限性、不完整性和不可靠性闭眼不见的法学家，盲目地沉溺于此种法中，导致大难临头。这既是实证主义者，也是自然法论者的立场。实证主义者眼中只有法律，他封杀了法的一切超法律成分，因而，就像我们在20世纪体验的多到厌恶的程度，在被政治权力扭曲的法之面前，实证主义者毫无抵抗。自然法论者则贬实证法律而扬先在规范，由于他不能从认识论上对先在规范予以证明，尤像18世纪自然法所展示的，走入法的不安定性和任意性。这两种理论在法的存在方式上都有缺失，因此，法在它们那里均未走向自我。"〔1〕这样，寻找一条既坚持规范治理，又主张处罚必要的途径，就成为最佳出路。我国刑法对犯罪的规定，就充分体现了这种折中的思想，即认定犯罪以刑事违法性为必要条件，以社会危害性为充分条件，尽量兼顾形式正义与实质正义。由于社会危害性在认定犯罪中居中心地位，有利于认识和把握犯罪与实质正义之间的有机联系和相互转化，使犯罪认定更为尊重客观事实和理性。

（二）有利于摆脱已有的僵化的规范认知模式的束缚，适应现实中认定犯罪的灵活需要，充分发挥司法人员的主观能动性，促进犯罪认定的创造性与科学性

刑法规范再完美，也不可能全面、真实地反映所有事实。"我们的时代已不再有人相信这一点。谁在起草法律时就能够避免与某个无法估计的、已生效的法规相抵触？谁又可能完全预见全部的构成事实，它们藏身于无尽多变的生活海洋中，何曾有一次被全部冲上沙滩？"〔2〕"人们常常揣猜，似乎仅凭经验就可能并且甚为便利地去获得关乎具体案件的完美知识，然后再根据法典的相应规定对其逐一进行裁判。但是，因为各种情形错综复杂，千差万别，所以，无论谁对于法律-案件作过审慎思考，都会一眼看出，此举必败。"要想尽量满足社会生活中惩治犯罪的需要，就需要刑法规范具有一定的开放性，将规范所固有的僵化、滞后降至最低限度，使刑法规范的内在丰富性和逻辑延展力最大限度地涵盖司法的整体需要。"形式、抽象性、一般性以及概念性是对于法律的形成完全不可缺少的，否则法将没有所谓的等同对待，也将没

---

〔1〕 ［德］阿图尔·考夫曼、温弗里德·哈斯默尔主编：《当代法哲学和法律理论导论》，郑永流译，法律出版社2002年版，第18~19页。

〔2〕 ［德］拉德布鲁赫：《法学导论》，米健译，中国大百科全书出版社1997年版，第106页。

有正义存在。如果人们在其中不保证将始终变动的生活关系的独有性及特殊性在法律的发现过程中引入，那么纯粹从法律规范演绎出来的'正义'将会是一种'永久的、重复相同的'僵化机械论，一种自动化——或者是电脑的——'正义'，一种非人性的'正义'。"[1]毫无疑问，开放的、丰富的、具有逻辑延展力的刑法规范，必须在内容上具体化、客观化，使法官在运用规范时能够将规范正义与实质正义对接起来。"一般性的法律规则在这样一个实现的过程中同时获得了内容上的具体化。因此，比如一个法官在适用一定法律规范的时候，可以从该法律规范措辞本身所提供的多种解释可能中选择其一。在这方面，他通常会使自己顺应在其所处之法律社会中占主流地位的，并且并非一成不变的正义观念。通过这种方式，纸面上的法律获得了具体的表现形式，并得以进一步发展。"[2]但是，如果规范的内容不能反映社会需要，违背客观现实，则越是开放的规范，对实质正义的伤害就越大。因此，以社会危害性作为规范适用的根基，使规范适用充分尊重事实，就成为重中之重。

我国意合的犯罪构成以社会危害性为规范的价值核心，在内容上尽量保持弹性和逻辑延展力，使刑法规范最大限度地适应客观事实的需要。例如，《刑法》第 13 条"但书"规定，"情节显著轻微危害不大的，不认为是犯罪"就十分灵活，不但据此明确了刑法分则规定的具体犯罪与相应的行政违法行为、民事违法行为等的界限，也保证了对每一种严重不法行为尽可能地罚当其罪，有效地树立了刑法的权威和尊严。又如，关于侮辱罪、诽谤罪的规定，刑法规定告诉才处理，但又不拘泥于形式。考虑到对社会秩序和国家利益具有严重损害的侮辱、诽谤行为（如针对国家领导人），与普通的侮辱、诽谤行为相比，社会危害性要更严重，且因被害人的特殊身份等不宜行使告诉权，刑法特别规定"严重危害社会秩序和国家利益"的侮辱、诽谤行为，不受告诉才处理的制约。此外，刑法规范用语的弹性与灵活性，有利于发挥司法人员的主观能动性，使规范的内容具体化、客观化，并使刑法规范之生硬的条文获得了具体的、现实的表现形式，既能够充分发挥刑法的秩序维护机能，也有助于落实刑法的人权保障机能。

---

〔1〕　〔德〕亚图 . 考夫曼：《法律哲学》，刘幸义等译，五南图书出版有限公司 2000 年版，第122 页。

〔2〕　〔德〕莱因荷德·齐柏里乌斯：《法学导论》，金振豹译，中国政法大学出版社 2007 年版，第 11 页。

在司法实践中，尽管相同性质的行为很多，但容易混淆的行为也很常见，立足于规范治理，以处罚必要为核心的意合的犯罪构成，能够充分发挥刑法的理性与功效，在犯罪认定上具有较强的创造性与科学性。例如，我国刑法在规定侵占罪时，对侵占他人遗忘物、埋藏物加以例外规定，并没有一律要求合法持有在先以及拒不退还。这显然充分考虑到遗忘物、埋藏物的特殊性质，以及司法实践中确实存在侵占遗忘物、埋藏物的情形，且这种行为在本质上与普通侵占罪并无区别，因而需要特别处遇。这一规定使得司法实践中出现的一些疑难案例得以迎刃而解。以利用他人遗忘在 ATM 机上运作的储蓄卡取款的行为为例，[1] 首先，这种行为不符合信用卡诈骗罪的构成特征，因为该类行为具有单一性，不符合信用卡诈骗罪的行为构造，且利用他人处于运作状态的信用卡是一种客观条件，并非冒用他人信用卡的行为，作为行为人的犯罪对象的机器也不符合信用卡诈骗罪的犯罪对象要求。其次，这种行为不符合盗窃罪的构成特征，因为其本身并不存在破坏他人对财物的控制关系，不符合盗窃罪成立的前提条件，且行为特征也不符合盗窃罪的客观特征。最后，由于不存在合法持有他人财产在先，故该类行为也不符合普通侵占罪的构成特征。唯独根据侵占遗忘物行为的特征，方可认定为侵占罪。此外，将偷盗婴幼儿勒索财物定性为绑架罪，也有异曲同工之妙，体现了我国刑法以社会危害性及其程度为核心认定犯罪方面的创造性与科学性。

（三）有利于节省司法资源，促进对犯罪行为做出精确的社会评价，
有利于实现社会和谐

维护社会的公平、正义是法律和司法者所追求的终极目标。然而，与一切成果的取得都必须依赖于一定的物质成本付出一样，作为国家行为的司法也要以物质基础为运转条件。因此，司法也不得不讲成本。以最小的司法成本，换取最大的司法成效，是必然要考虑的一个因素。刑事司法成本相对于其他司法成本来说要大得多，在国家司法支出中占有相当大的比例。例如，2002 年浙江省绍兴县（今绍兴市河桥区，下同）看守所日平均在押人犯为430 余人，除该看守所固定资产的折旧和患病人犯的抢救、医疗等费用外，以

---

〔1〕 利用他人遗忘在 ATM 机上运作的储蓄卡取款的行为，是指行为人利用他人插入 ATM 机中并且已经输入密码的储蓄卡处于运作状态的有利时机，从 ATM 机直接取走他人卡上现金，据为己有的行为。

每人犯每天 10 元伙食及水电费计算，绍兴县财政就此项开支全年需承担 1 569 500 元。[1]如果加上固定资产投入、狱政管理成本等各种投入，刑事司法成本的绝对数额是非常惊人的。

我国意合的犯罪构成以社会危害性为核心，根据社会危害性程度对同一行为作出罪与非罪的界定，把大量的情节显著轻微、危害不大的行为剔除出犯罪之列。"由于对犯罪成立条件不仅有行为性质的要求，而且有量的要求，能够成立犯罪的，是性质严重的行为，因此，此规定方法不会出现大量轻微事件必须由刑事程序处理的情况，而是用其他方法就可以处理。"[2]这在当前我国刑事司法人、财、物捉襟见肘，刑事司法资源相对薄弱的条件下，能更好地促进刑事司法事业发展的需要。同时，大量情节显著轻微、危害不大的行为不以犯罪论处，有利于刑事司法人员集中有限的人、财、物力，应对现实生活中的那些危害严重的犯罪行为，这对提高司法效率，保证准确、及时地惩罚犯罪，具有十分重要的意义。

另外，由于沿袭已久的传统，我国对犯罪的社会评价一直比较负面，受过刑罚处罚的人无论是在社会声誉还是在人格上都会背上巨大的包袱。当前，我国的一些较为体面的工作（如公务员等）对有犯罪前科的人是根本排斥的，社会就业对有犯罪记录的人也存在歧视，加上我国尚无复权制度，行为人一旦犯罪必将在其工作、生活中投下严重的阴影。以社会危害性为核心评价犯罪，能够做到惩罚轻重分明，保证对犯罪行为做出精确的社会评价，使那些真正需要给予刑罚惩罚的人罚得其所，同时也给予许多处于犯罪边缘的违法者以悔过自新的机会，这对构建和谐的社会环境是很有裨益的。

四、意合的犯罪构成之局限性

（一）容易纵容主观的刑法解释，削弱规范的指导和评价功能，有损刑法的形式正义

以社会危害性为核心的意合的犯罪构成，以处罚必要为核心目标，往往会导致为了达到与事实相符而变通刑法规范，促成人为的、主观的刑法解

---

　　[1]　参见"提高办案效率降低司法成本"，载 http://www.shaoxing.gov.cn/2909/6252.htm。
　　[2]　李洁："中日刑事违法行为类型与其他违法行为类型关系之比较研究"，载《环球法律评论》2003 年第 3 期，第 285 页。

释的诞生，削弱规范的指导和评价功能，不利于维护社会正常秩序。主观解释论认为："法律解释的目标在于探求立法者制定法律当时的真实的、正确的意思，解释结论是否正确，应当以其是否准确地表达了立法者当时的意思为准。"[1]韦伯就指出："实质合理性突出的方面不是符合逻辑的一致性，而是符合道德考虑、功效、便利和公共政策。"[2]在我国司法实践中，以处罚必要性为目标解释刑法，造就了许多特殊司法解释的诞生，对刑事立法冲击很大。

有学者对我国自 1979 年至 1999 年以来的司法解释加以分析后认为，有的司法解释确实完全逾越了国家立法机关制定的刑法规范的临界线，司法解释成了不受羁绊的法律创造活动。这样的司法解释不在少数，大致包括以下几种：一是对刑法规范作补充性修改；二是绝对越权解释；三是相对越权解释。对越权司法解释，该学者给予了坚决批判。[3]2000 年以后，越权司法解释并没有减少。其中，最具轰动性的两个司法解释[4]是：①创设过失共犯的司法解释。2000 年 11 月 10 日通过的《最高人民法院关于审理交通肇事刑事案件具体应用法律若干问题的解释》第 5 条第 2 款规定："交通肇事后，单位主管人员、机动车辆所有人、承包人或者乘车人指使肇事人逃逸，致使被害人因得不到救助而死亡的，以交通肇事罪的共犯论处。"[5]②定性不论主观罪过的司法解释。2003 年 1 月 8 日，《最高人民法院关于行为人不明知是不满十四周岁的幼女双方自愿发生性关系是否构成强奸罪问题的批复》（已失效）规定："行为人确实不知对方是不满十四周岁的幼女，双方自愿发生性关系，……

[1] 陈兴良主编：《刑法方法论研究》，清华大学出版社 2006 年版，第 51 页。
[2] [美]哈罗德·J.伯尔曼：《法律与革命——西方法律传统的形成》，贺卫方等译，中国大百科全书出版社 1993 年版，第 655 页。
[3] 参见王作富主编：《刑事实体法学》，群众出版社 2000 年版，第 23~24 页。
[4] 其实，类似的司法解释远远不止这两个。例如，2001 年 6 月 21 日，最高人民法院、最高人民检察院《关于办理伪造、贩卖伪造的高等院校学历、学位证明刑事案件如何适用法律问题的解释》规定，"明知是伪造高等院校印章制作的学历、学位证明而贩卖的，以伪造事业单位印章罪的共犯论处。"该解释创设了事后共犯的先例。
[5] 这一解释作出之后，在刑法学界引起了轩然大波。因为，交通肇事罪是属于过失犯罪，按照我国现行《刑法》第 25 条的规定以及刑法学的通说，过失犯罪是不可能具有共同犯罪形态的。因此，学界对以上解释持否定态度，甚至有学者认为，《解释》的这一规定不仅从逻辑上说十分混乱，而且也违背了刑法有关共同犯罪的基本理论，不应给予肯定。（参见林亚刚："论'交通运输肇事后逃逸'和'因逃逸致人死亡'——兼评《关于审理交通肇事刑事案件具体应用法律若干问题的解释》的若干规定"，载《法学家》2001 年第 3 期，第 81~87 页。）

未造成严重后果，情节显著轻微的，不认为是犯罪。"[1]对于这两个以处罚必要性为中心的越权乃至"造法"的司法解释，除少数人予以赞同外，[2]绝大多数人从不同角度给予强烈批评。[3]上述情况充分说明，实质的刑法解释有时会为司法权超越立法权提供借口，不利于实现刑事法治国的目标。对此，有学者就指出："当前我国司法解释中存在两种倾向是值得反思的：一是盲目地追求与'国际''西方'接轨，……二是在治安形势严峻的情况下，或刑法本没有规定的某种危害行为的程度严重超出立法者的预料时，又过分强调社会保护，通过解释，将该危害行为内化为刑法明文规定，造成司法解释侵蚀立法，僭越立法权。这两种解释和做法，都是没有真正地理解和坚持罪刑法定的精神，而是屈服于外在的压力和功利的目的，因而都是违背罪刑法定原则的。"[4]这种指责不无道理。此外，还有学者针对刑法解释的合法性与合理性之间的矛盾和冲突，提出折中意见，即超规范的解释之合目的性原则。"在我们看来，刑法解释中所包含的这些冲突和矛盾是永远存在的，我们必须对矛盾和对立进行整合，其整合的基本原则就是应当联系一国具体的历史环境（如当时的经济条件、文化观念、社会发展水平、政治需要、面临的犯罪形势与样态，以及大众、立法者所持的犯罪观和对犯罪的反应等）来思考问题，以这个客观历史条件所反映出的社会对法的要求为目的来确定一个刑法解释的大体倾向。这就是我们所说的刑法解释的合目的性。而一旦我们国家的历史条件发生了巨变，量变积累到一定的临界点，新的时代精神又会对刑法解释的立场提出新的要求，刑法解释也就需要调整其理论倾向。"[5]这里的"超规范的解释之合目的性原则"，其实与实质的刑法解释并无两样。

　　总之，坚持实质的刑法解释纵容了司法机关以及法官的自由裁量权，导致司法权悬于立法权之上，违背刑法的形式正义，具有一定的消极作用。这

---

　　〔1〕　该《批复》一经颁行，骤然之间引起了轩然大波，为全社会所瞩目。不仅普通百姓群起而攻之，即使在学者当中，也是指责之声鹊起。（陈兴良："奸淫幼女构成犯罪应以明知为前提——为一个司法解释辩护"，载《法律科学（西北政法学院学报）》2003年第6期，第18页。）

　　〔2〕　参见侯国云："交通肇事罪司法解释缺陷分析"，载《法学》2002年第7期；刘仁文："奸淫幼女与严格责任——就'高法'司法解释与苏力先生商榷"，载《法学》2003年第10期。

　　〔3〕　张明楷：《刑法学》（第2版），法律出版社2003年版，第569~570页。

　　〔4〕　陈正云、曾毅、邓宇琼："论罪刑法定原则对刑法解释的制约"，载《政法论坛》2001年第4期，第76~77页。

　　〔5〕　齐文远、周详："论刑法解释的基本原则"，载《中国法学》2004年第2期，第125页。

恐怕是实质的刑法解释难以回避的，也是抛弃形式正义必然付出的代价。

（二）界定罪与非罪依靠大量司法解释，有时会使罪与非罪的界限可变、模糊、不确定，不利于刑法规范的稳定与统一

我国《刑法》第13条但书规定以社会危害性及其程度为中心评价犯罪，使司法机关在界定具体行为的罪与非罪时不得不依靠大量司法解释，有时会造成同一行为的罪与非罪的界限具有可变性，乃至模糊、不确定，影响了刑法的稳定与统一。正如梁治平教授指出，这里只有实在法，而从理想的和形而上的意义上说，它们也都是"自然法"，只是这个"自然"不是西方思想传统中那种理性的、逻辑的和服从神意的秩序，而是默默的、自在的、运行不已的和通过"自然"景象的变化呈现出来的宇宙。这是与自然法观念生长于其中的世界很不相同的另一个世界，而当作者"不自然"地强调把它们捏合在一起的时候，他不但创造出许多牵强的解释，而且忽略了这另一个世界中的大部分东西。[1]

首先，但书造就了刑法解释的重复与泛滥，不利于罪刑法定原则的贯彻执行。在我国刑法中，某种具体行为类型是犯罪还是一般违法行为，通常不能根据行为本身的性质进行直接判断，除杀人、绑架、抢劫等少数几个罪名之外，以经济犯罪、财产犯罪、贪污贿赂犯罪为代表的大多数犯罪行为均需要确定行为的危害程度，来明确刑事违法与一般违法的界限。由于刑事立法对这种程度的确定非常困难，也无法予以明确，不得不依赖于司法，导致司法解释大量滋生。据不完全统计，从1997年新的刑法修改颁布以来，全国人大常委会颁行的刑法修正案、立法解释以及"两高"所出台的各类司法解释，不下200余件。这些司法解释有相当一部分是界定罪与非罪的界限的。

其次，同一行为的罪与非罪也具有可变性，需要依赖于司法解释反复明确，模糊了罪与非罪的界限。以盗窃罪为例，《最高人民法院、最高人民检察院、公安部关于盗窃罪数额认定标准问题的规定》（下称《规定》）规定，根据刑法第264条的规定，结合当前的经济发展水平和社会治安状况，现对盗窃罪数额认定标准规定如下：个人盗窃公私财物"数额较大"，以500元至2000元为起点；个人盗窃公私财物"数额巨大"，以5000元至2万元为起点；个人盗窃公私财物"数额特别巨大"，以3万元至10万元为起点。这一司法

---

[1] 参见梁治平编：《法律的文化解释》，生活·读书·新知三联书店1994年版，第46页。

解释是对盗窃罪"数额较大"之定性标准的明确。然而，《最高人民法院关于审理盗窃案件具体应用法律若干问题的解释》（下称《解释》）第6条规定："审理盗窃案件，应当根据案件的具体情形认定盗窃罪的情节：（一）盗窃公私财物接近'数额较大'的起点，具有下列情形之一的，可以追究刑事责任：1、以破坏性手段盗窃造成公私财产损失的；2、盗窃残疾人、孤寡老人或者丧失劳动能力人的财物的；3、造成严重后果或者具有其他恶劣情节的。（二）盗窃公私财物虽已达到"数额较大"的起点，但情节轻微，并具有下列情形之一的，可不作为犯罪处理：1、已满十六周岁不满十八周岁的未成年人作案的；2、全部退赃、退赔的；3、主动投案的；4、被胁迫参加盗窃活动，没有分赃或者获赃较少的；5、其他情节轻微、危害不大的。（三）盗窃数额达到'数额较大'或者'数额巨大'的起点，并具有下列情形之一的，可以分别认定为'其他严重情节'或者'其他特别严重情节'；1、犯罪集团的首要分子或者共同犯罪中情节严重的主犯；2、盗窃金融机构的；3、流窜作案危害严重的；4、累犯；5、导致被害人死亡、精神失常或者其他严重后果的；6、盗窃救灾、抢险、防汛、优抚、扶贫、移民、救济、医疗款物，造成严重后果的；7、盗窃生产资料，严重影响生产的；8、造成其他重大损失的。"这一解释实质上是对《规定》的再次解释。即便如此，《解释》也并非对盗窃罪之定罪标准的终极明确，因为《解释》远没有穷尽现实生活中各种盗窃行为成立犯罪的程度规格，这从"造成严重后果或者具有其他恶劣情节的""其他情节轻微、危害不大的""造成其他重大损失的"之规定可见一斑。从这点来说，盗窃罪又何尝不是一个"口袋"呢？如果推而广之，则刑法规定的具体罪名又有几个不是"口袋"呢？

（三）造成犯罪认定重复交叉或偏离规范框架，容易纵容司法腐败

由于社会危害性对此罪与彼罪的区分无能为力，以之为主要依据指导刑法分则具体罪之罪状设定，会造成诸多罪与罪之间的模糊与含混。以侵犯财产罪为例，抢劫罪的罪状与抢夺罪、敲诈勒索罪、强迫交易罪等之间，都存在模糊之处；盗窃罪则与抢夺罪、侵占罪之间存在含混之处。这些或者需要依赖司法解释加以进一步界定，或是被迫将裁量权给予司法人员，纵容了司法裁决的随意性。

同时，我国刑法是社会主义民主法制的一部分，社会危害性作为一种社会评价，必须充分体现人民群众的意志。"我国实行人民代表大会制度，刑法

由人民选举的代表组成人民代表大会及其常务委员会来制定。刑法制定出来后，就由司法工作人员执行，司法工作人员执行刑法的过程，就是实现人民群众意志的过程。如果不是这样，对什么行为是犯罪、对犯罪如何处罚，完全由司法人员自行决定，就违背了社会主义民主原则。而且由于刑法是人民群众意志的体现，故司法工作人员不能对刑法做出随意解释，否则，人民的意志就会成为泡影。"[1]但是，由于受不同生活习俗、不同道德伦理标准以及不同价值观念等的影响，人们的社会评价标准很不统一，这无疑会影响社会危害性的评价。在司法实践中，以行为的社会危害性及其程度为指导，容易导致行为评判标尺缺失，会使人们觉得刑法规范的作用是次要的，从而返回到立法阶段的行为评判标准，则各种法律文化与价值将涌入司法活动中，这必将导致司法突破立法界限，滋生法律虚无主义，促成司法擅断与侵犯公民权益，纵容司法腐败的发生。[2]

另外，法官个人的社会道德、伦理等标准具有不确定性。在审判过程中，当道德规范关系到确立法律规则时，法官可能适用个人认为正确的道德标准，即使他不认为那些标准是社会道德的一部分。"如果法官的信念非常坚定，而且如果所涉及的问题具有重大的道德或社会意义，即使他不认为这些信念被社会中的大多数人所认同，我认为法官也可能遵从这些信念。在不重要的案件中法官是法律的改变者，就像一名立法者一样，他有时可以依赖于自己坚持的观念并认为其优先于社会观念。"[3]可见，以社会危害性及其程度为中心评价犯罪，更方便法官发挥想象空间，有利于实现规范背后的政策和目的。"不仅新情况会出现，并且人的需要也在变化之中。于是为融入新的理解，推理时所用的概念就要保有一定的模糊度，即令所牵涉的是制定法或是宪法亦然，因为议会或制宪会议所用的字眼是一定会发生新含义的。进而言之，若想达成一致，则非采取这种模糊策略，也是别无他途。"[4]扩充法官的自由裁量权，无疑容易纵容司法腐败。

此外，意合的犯罪构成还存在其他不足。例如，按照我国刑法规定，行

---

〔1〕 张明楷：《刑法格言的展开》，法律出版社 1999 年版，第 26 页。

〔2〕 莫洪宪、彭文华："社会危害性与刑事违法性：统一还是对立"，载赵秉志主编：《刑法论丛》（第 11 卷），法律出版社 2007 年版，第 41 页。

〔3〕 Greenawalt，"Policy，Right，and Judicial Decision"，*11 Ga. L. Rev.* 1977，pp. 1051~1052.

〔4〕 ［美］艾德华·H. 列维：《法律推理引论》，庄重译，中国政法大学出版社 2002 年版，第 8 页。

为没有达到一定的社会危害程度不构成犯罪，会促使不法意图者避重就轻，选择实施轻微的违法行为，容易造成规范意识钝化。又如，以行为社会危害性为中心的交叉重合式犯罪认定标准，会导致刑事违法与其他违法之管辖发生冲突的可能性。因为同一个行为，刑事案件管辖机关与一般违法管辖机关都可能有管辖权，在立法无法设定明确标准时，其管辖冲突也就不可避免。[1]

五、意合的犯罪构成与犯罪既遂形态

在我国，界定既遂与未遂的通说是构成要件说。根据构成要件说，犯罪既遂主要存在举动犯、行为犯、危险犯和结果犯四种不同形态。[2] 通说认为，举动犯也称即时犯，"是指按照法律规定，行为人一着手犯罪实行行为即告犯罪完成和完全符合犯罪构成全部要件，从而构成犯罪既遂的形态"；[3] 行为犯是指"以法定犯罪行为的完成作为既遂标志的犯罪"。[4]

按照通说，举动犯一经实施犯罪行为便成立既遂，这类犯罪只可能存在犯罪预备形态和犯罪预备阶段的犯罪中止，但不存在犯罪未遂和在实行阶段上的犯罪中止。[5] 典型的举动犯有组织、领导、参加黑社会性质组织罪、煽动民族仇恨、民族歧视罪、传播犯罪方法罪等，举动犯的犯罪实行行为都是具有教唆性、煽动性的行为。[6] 笔者认为，如此认定举动犯值得怀疑。构成要件说承认犯罪行为是一个过程，却否定举动犯的犯罪过程性，这本身就是矛盾的。其实，包括举动犯在内，任何犯罪得逞或多或少都需要一个过程，并非一着手便告既遂。以传播犯罪方法罪为例，如果甲传授乙抢劫方法，依照构成要件说，只要甲一拿出刀（传播持刀抢劫方法），就成立犯罪既遂，这

〔1〕 李洁："中日刑事违法行为类型与其他违法行为类型关系之比较研究"，载《环球法律评论》2003 年第 3 期，第 286 页。

〔2〕 参见马克昌主编：《犯罪通论》，武汉大学出版社 1999 年版，第 495 页以下；高铭暄、马克昌主编：《刑法学》，北京大学出版社、高等教育出版社 2007 年版，第 161~162 页。

〔3〕 高铭暄、马克昌主编：《刑法学》，北京大学出版社、高等教育出版社 2007 年版，第 161 页。

〔4〕 高铭暄、马克昌主编：《刑法学》，北京大学出版社、高等教育出版社 2007 年版，第 161 页。

〔5〕 马克昌主编：《刑法学》，高等教育出版社 2003 年版，第 140 页。

〔6〕 参见高铭暄、马克昌主编：《刑法学》，北京大学出版社、高等教育出版社 2007 年版，第 162 页。

显然是不可取的。因为，单纯拿刀的行为，在日常生活中十分普遍，如果不经过进一步判断，司法机关根本不能断定这种行为是传授犯罪方法行为。正如日本学者曾根威彦指出，判断未遂和既遂，要严格区分事实问题，即对行为人已实现的事实及其计划进行研究；在事实和计划搞不清楚的场合，可以就实行或预备进行判断决定。[1]在缺乏实现的事实及其计划的情形下，如果某一举动行为没有经过预备而一经实行，是无法区分既遂与未遂的。"即使在举动犯的场合，其举动，即作为意思活动的行为并不是一着手便马上完成，在以一定的时间间隔为必要的场合下，着手未遂的形态下的未遂是可以肯定的。"[2]又如参加黑社会性质的组织行为，亦非一参加就既遂。在司法实践中，对于参加黑社会性质的组织，没有实施其他违法犯罪活动的，或者受蒙蔽、胁迫参加黑社会性质的组织，情节轻微的，可以不作为犯罪处理。[3]

行为犯也存在同样的问题。按照德国学者韦伯的看法，立法者创立行为犯构成要件，是因为行为犯发展到一定阶段时对法益的侵害与既遂完全相同。[4]如果某一行为实施完毕，根本不足以使法益受到损害或者威胁，是不可能认定为既遂的。不管何种行为犯，都要求具有侵害法益的现实性，这一点与危险犯、结果犯并无实质区别。

其实，举动犯与行为犯既遂形态，源自德、日等大陆法系。其赖以成立的一个前提是，犯罪构成以行为之质为基础，凡是刑法规定的行为即为犯罪行为。在此前提下，确立举动犯与行为犯既遂形态才具有意义。我国刑法以社会危害性程度作为界定罪与非罪的标准，如果行为的社会危害性没有达到一定程度，根本不构成犯罪，如何能认为成立犯罪既遂呢？可见，在以社会危害性程度作为界定罪与非罪的核心标准的意合的犯罪构成中，所谓举动犯或者行为犯的既遂，是不能成立的。

---

〔1〕 参见［日］泷川幸辰：《犯罪论序说》，王泰译，法律出版社2005年版，第120页。

〔2〕 ［日］野村稔：《刑法总论》，全理其、何力译，法律出版社2001年版，第328页。

〔3〕 参见最高人民法院2000年12月4日《关于审理黑社会性质的组织犯罪的案件具体应用法律若干问题的解释》第3条。

〔4〕 参见张明楷：《刑法学》（第2版），法律出版社2003年版，第311页。

第三节　形合的犯罪构成

一、形合的犯罪构成之本质

欧洲大陆文明发祥于地中海，这里岛屿星罗棋布，独立无依，交通非常不便。古希腊神话中所表现出来的英雄气质、忠君爱主、行侠仗义的传说故事，大多也都是发生在海上或是临海而作，与中国的儒生"守内、不发"表现出极大的差异。古希腊人赖以生存的自然环境，比不上温润和煦的东方，农业生产很难自给自足，基本上采取农牧混合型经济。相对恶劣的生存环境，培育了如《荷马史诗》所体现的英勇、好斗、争强、不畏牺牲、刚毅的精神，使古希腊形成宽松自由的社会环境，并接受了平等互利的观念的熏陶，很早就确立了民主法治制度。古希腊时期的法治观念，经过中世纪的宗教法规的洗礼，逐渐成形，但并没有形成系统的规范体系。"法神圣观是以宗教规范为基础，而法律规范还未完全从宗教规范分化出来的人类社会的自然感情。"[1]

中世纪晚期，封建统治者以所谓的"普遍的、理性的绝对正义"为借口，运用手中极权滥施暴行。这使启蒙思想家深刻地认识到，"普遍的、理性的绝对正义"固然美妙，但在缺乏有效制约和监督的情形下，不过是一个美丽的泡影，沦为专制主义者推行暴政、草菅人命的借口。"毫无疑问，有一种纯粹源自理性的普遍的正义，但是如果这种正义要得到所有人的承认，那么它就必须是互惠的。但是从人类的角度出发，如果没有任何天然的制裁，天然的正义法则在人类中就是虚妄无效的。"[2]封建统治者一切以统治阶级的利益为中心，对他们所认为的危害社会（自己的统治秩序）的行为给予严惩。"本来，犯罪是破坏社会生活的行为，因而不论是否有刑法规范，都应当受到排斥，所以在古时候不管哪个国家，所采用的制度都是把什么是犯罪和对犯罪应当科以什么样的刑罚这件事，完全委托给作为国家代表的法官去处理。但是，只要是没有确定什么样的行为是犯罪和对犯罪应当科以什么样的刑罚，就很难对一般人的权利和自由予以保障。"[3]孟德斯鸠就指出，在专制国家

---

〔1〕　[英] 丹尼斯·罗伊德：《法律的理念》，张茂柏译，新星出版社2005年版，第94页。
〔2〕　[法] 让·雅克·卢梭：《社会契约论》，徐强译，九州出版社2007年版，第91页。
〔3〕　[日] 泷川幸辰：《犯罪论序说》，王泰译，法律出版社2005年版，第3页。

里，人们畏惧死亡甚于爱惜生活，人们的生命无保障，统治者则极端残酷，刑罚少到只要剥夺生命就可以了。[1]正是出于对罪刑擅断主义的憎恨，古典学派坚决主张犯罪法定化，反对过分的司法自由裁量权。如贝卡里亚就认为，只有法律才能为犯罪规定刑罚，只有代表根据社会契约而联合起来的整个社会的立法者才拥有这一权威，任何司法官员都不能自命公正地对该社会的另一成员科处刑罚，超越法律限度的刑罚就不再是一种正义的刑罚。[2]在启蒙思想家们看来，坚持法治与形式正义，才是治理社会的有效手段和实现公正的最佳途径。

经过启蒙思想家以及后继者们的努力，坚持规范治理与形式正义从观念走向规范。此后，在经历19世纪实证主义思潮的考究，并通过对纳粹暴政的反思，罪刑法定主义和刑法的形式正义才最终在欧洲大陆得以稳固，并成为西方国家刑事法治国的一大理念之一。值得提出的是，在纳粹当政的德国，不仅制定了具有溯及效力的刑法规范，而且根据1935年6月28日对刑法的部分修正，废除了罪刑法定主义，并在第2条规定了类推制度，即"任何人，如其行为依法律应处罚者，或依刑事法律的基本原则和人民的健全正义感应处罚者，应判处刑罚。如其行为无特定的刑事法律可以直接适用者，应依基本原则最适合于该行为的法律处罚之"。这一含混不清的规定，为德国法西斯政权镇压广大人民提供了法律依据，[3]其赖以成立的思想基础便是严格的实证主义理论。"帝国时代的法律思想中占主导地位的是严格的实证主义理论，这一理论自称全无党派之见，并将法律'从教条主义政治的枷锁中解放出来'。但它的主要支持者们在对民主理念发出警告（'朝这一方向的每一步都会对帝国造成威胁'）和大肆宣扬法律理念的'价值自由'体系时都非常清楚地意识到了其理论的重要政治性意义。"[4]第二次世界大战以后，对纳粹暴

---

〔1〕 参见马克昌主编：《近代西方刑法学说史略》，中国检察出版社1996年版，第18页。

〔2〕 参见［意］贝卡里亚：《论犯罪与刑罚》，黄风译，中国大百科全书出版社1993年版，第9页。不过，如果坚持规范走向极端，不考虑到现实生活的复杂性，不注意保持刑法的必要弹性，以便协调解决法律的稳定性和社会现实的变异性、法律的抽象性和具体案情的复杂性之间的矛盾，付诸实践就会受到严峻挑战。如法国1791年刑法典奉行的是绝对罪刑法定主义，但只实施不到20年。1810年的法国刑法典不得不改采相对罪刑法定主义。

〔3〕 参见马克昌：《比较刑法原理：外国刑法学总论》，武汉大学出版社2002年版，第81页。

〔4〕 ［德］英戈·穆勒：《恐怖的法官——纳粹时期的司法》，王勇译，中国政法大学出版社2000年版，第7页。

政的记忆犹新，使人们宁愿选择规范约束下的形式正义，尽管这与或许实质正义有出入，至少比难以落实的情形下沦为"空中楼阁"的实质正义更可靠。"事实也是如此，争取平等，而非保留不平等，被现代道德与法律哲学当作正义的一种重要作用。"[1]

　　罪刑"形合"于刑法，体现了以形式正义为核心的价值观念。在刑法中，坚持规范治理与形式正义的优势在于：一方面，坚持规范治理与刑法的形式正义，稳健且风险小。"相对于近代西方自由主义法学传统而言，一种是激进的或风险大的（high-risk）做法，即为了树立法制的威信而形成开放的体系，允许民众参与和批评法律，在涉及公共政策的问题上对法律与政治不加以严格的区分。另一种是稳健的或风险小的（low-risk）做法，强调法律自身的价值和守法的绝对性，主张法律完全独立于政治，变法只能通过既定的政治渠道去进行，而不能运用执法机关裁量的方式。"[2]如果注重社会危害性及其程度，基于"民众参与和批评法律"（民愤），将刑法作为一种纯政治工具，开放行为进入刑法规范，则必然是"激进的或风险大的（high-risk）做法"；反之，如果坚持罪刑法定，过于强调刑法自身的价值和守法的绝对性，主张刑法完全独立于政治，是一种过于"稳健的或风险小的（low-risk）做法"。另一方面，坚持规范治理与刑法的形式正义是现代法治的要求。"要使法治生效，应当有一个毫无例外的适用规则，这一点比这个规则的内容为何更为重要。只要同样的规则能够普遍实行，至于这个规则的内容如何倒是次要的。……究竟我们大家沿着马路的左边还是右边开车是无所谓的，只要我们大家都做同样的事就行。重要的是，规则使我们能够正确地预测别人的行动，而这就需要它应当适用于一切情况——即使在某种特殊情况下，我们觉得它是没有道理的。"[3]

---

〔1〕　[英] 丹尼斯·罗伊德：《法律的理念》，张茂柏译，新星出版社2005年版，第94页。

〔2〕　[美] P. 诺内特、P. 塞尔兹尼克：《转变中的法律与社会：迈向回应型法》，张志铭译，中国政法大学出版社2004年版，第IV页。

〔3〕　[英] 弗里德里希·奥古斯特·哈耶克：《通往奴役之路》，王明毅等译，中国社会科学出版社1997年版，第80页。

二、形合的犯罪构成之基本特征

（一）规范决定行为性质，是形合的犯罪构成体系之基石

如上所述，我国对犯罪的认定，不是根据刑法规定确立犯罪性质。刑法规定只是一个前提条件，真正决定行为构成犯罪的是行为的社会危害程度。因此，从行为性质上讲，刑法与其他法律部门的规定存在大量交叉现象。西方各国则不然。行为构成犯罪的决定因素不是行为的社会危害程度，而是刑法规定的行为，行为的社会危害程度只影响量刑轻重。

刑法规定的行为类型是西方国家的犯罪类型典型的、集中的体现，这些行为类型是因为刑法规定而成为犯罪行为的，与行为的社会危害程度没有任何关系。"由于法律中所规定的各条项的行为均是不同的，于是，依据条项的不同所设定的各种违法，在行为类型上，也就是处于分立的状态，即一种行为若为行政违法，就不会再是民事违法，若是刑事违法，也就不会是行政违法。刑事违法行为与一般违法行为之间，一般不存在交叉的部分，不会存在某行为类型在轻微的时候属于一般违法，而在严重的时候属于犯罪的情况。一种行为类型，只要法律将其规定为一般违法，无论行为多么严重，情节多么恶劣，后果多大，也是一般违法而不是犯罪。这一点，与中国的法体系具有相当的不同。"[1]

例如，《德国刑法典》第242条之一规定，意图盗窃他人动产，非法占为己有或使第三人占有的，处5年以下自由刑或罚金。第243条之二更是明确规定所盗窃的物品价值甚微的不属于该条第1款第1项至第6项所述的情节严重，从而肯定盗窃价值甚微物品成立犯罪。[2]可见，在德国刑法中，决定行为成立犯罪的只能是刑法典的规定。此外，《德国刑法典》第243条至第248条还规定了特别严重之盗窃、结伙盗窃、盗窃电力等危害程度不同的盗窃犯罪，只是处罚轻重不同。法国刑法也是如此，"当某一行为'经法律条文规定为犯罪'，并确定适用之最高刑时，犯罪即告成立。"[3]法国也是如此。以毁

---

〔1〕 李洁："中日刑事违法行为类型与其他违法行为类型关系之比较研究"，载《环球法律评论》2003年第3期，第282页。

〔2〕 参见《德国刑法典》，徐久生、庄敬华译，中国法制出版社2000年版，第174页。

〔3〕 ［法］卡斯东·斯特法尼等：《法国刑法总论精义》，罗结珍译，中国政法大学出版社1998年版，第212页。

坏、破坏、损坏财产罪为例，一方面，《法国刑法典》第 322-1 条规定，毁坏、破坏或者损坏他人财产的，处 2 年监禁并科 20 万法郎罚金，但仅仅造成轻微损坏之情况不在此列；另一方面，第 635-1 条规定了故意破坏、毁坏或者损坏他人财产，但仅造成轻微损害的，处五级违警罪当处之罚金。[1]也就是说，决定成立犯罪的是毁坏、破坏、损坏财产这种行为，无论这种行为造成他人财产损坏是轻微还是严重。英美法系国家对犯罪认定与大陆法系国家并无实质区别。以美国为例，刑法规定盗窃罪的构成要件是：怀着盗窃意图，非法获取并拿走他人的动产的行为。[2]另外，西方国家其他部门法或者单行法中，也规定有犯罪。这些作为犯罪的行为类型本身不像刑法规定那样让人一目了然，主要是通过处遇使之成为犯罪类型的。换句话说，其他部门法或者单行法中规定某种行为，之所以能够从一般违法行为中脱离出来成为犯罪行为，是因为法律对之设置的刑罚。例如，《日本证券交易法》的罚则一章中，从第 197 条至第 207 条规定的是各种违反证券交易法的犯罪，而同法第 208 条至第 209 条规定的是只能科处罚款的违法行为。[3]这说明即使在其他部门法中，只有根据所规定的刑罚才能确立行为的违法类型是刑事违法，而非民事违法行为、行政违法行为等。

由于行为的违法类型完全根据刑法规定，因而西方国家的犯罪概念往往被我国学者称为形式的犯罪概念，这是形合的犯罪构成得以确立的根基。

（二）形合的犯罪构成注重犯罪构成的严格规定性，致使犯罪构成对外具有封闭性和稳定性

以规范规定作为界定罪与非罪标准的西方诸国刑法，将社会危害性充分纳入行为本身之中，形成了以行为之质为中心的犯罪构成体系。由于是否构成犯罪皆取决于刑法规定的行为类型（或在刑事程序中解决），纳入行为之中的社会危害性自然融入刑法规定的犯罪构成体系之中，从而形成一元化的犯罪认定标准。行为合乎刑法规定，就具备了犯罪构成的一切要件，犯罪便告成立。这样，在社会危害性与刑事违法性存在不可调和的矛盾时，西方国家犯罪构成体系选择了以严格的规范要件为基础的刑事违法性为主导，并将正

---

〔1〕　参见《法国刑法典》，罗结珍译，中国人民公安大学出版社 1995 年版，第 122、208 页。

〔2〕　参见储槐植：《美国刑法》，北京大学出版社 1996 年版，第 228 页。

〔3〕　参见［日］《模范六法》，三省堂 1993 年版，第 1089~1092 页。转引自李洁："中日刑事违法行为类型与其他违法行为类型关系之比较研究"，载《环球法律评论》2003 年第 3 期，第 282 页。

当化事由纳入违法性要件之列，作为犯罪成立要件之一，解决了正当事由与犯罪构成要件体系的关系。加之社会危害性本身涵盖于犯罪构成要件系统中，故无论是在大陆法系还是英美法系，犯罪构成体系能够统一完成区分罪与非罪以及此罪与彼罪的功能，保证犯罪认定模式的一致性与协调性，体现形式上的公平与正义。

以规范设定作为认定行为性质的标准，使得罪与非罪的界限限定在行为类别上。一旦刑法规范将某些种类的行为规定为犯罪，就划定了罪与非罪的界限，犯罪的范围就被严格、明确地划定，对外具有封闭性与稳定性。以日本刑法为例，"从1907年至今，日本国内的政治、经济等形势发生了翻天覆地的变化，却一直没有通过新刑法典，其中的原因之一是，高素质的司法人员，能够在罪刑法定原则思想指导下，将现行刑法的作用发挥得淋漓尽致，……从而使这部90年前制定的刑法典，仍然适用于现在的需要"。[1]不过，这种犯罪构成对外的封闭性，并不排斥将犯罪圈内的行为非"罪"化。这种非"罪"化主要体现在两个方面：一是行为的非罪化。第二次世界大战以来，以西方国家为主的国际社会掀起了非犯罪化浪潮，使得刑法的势力范围大有缩减之势。非犯罪化的范围，主要限于具有较强的伦理道德色彩的传统犯罪中。"关于非犯罪化的范围，世界各国的总趋势几乎总是表现在有关道德风化的各种犯罪之中，如赌博、卖淫、同性恋、乱伦、吸食毒品、色情书画、公共场合醉酒、非正常性行为、公然猥亵。"[2]二是犯罪的非处罚化。虽然说由于刑法规定，犯罪的范围得以确立，但是由于不区分行为的社会危害性程度，导致社会危害非常轻微的行为，也被认为是犯罪。[3]然而，如果就所有刑法规定的行为，不分社会危害如何一律予以刑罚惩罚，显然违背刑法的谦抑精神，且在司法实践中也难以做到。这就有必要限制处罚范围，将某些不值得处罚的行为排除在刑罚制裁之外。在德、日等国，不管立足于超法规的违法阻却事由还是实质的违法性，司法实践中确实根据可罚的违法性理论将许多行为排除在刑罚处罚之外。这种特殊处遇，实质上使得可罚的行为类型之范围大

〔1〕《日本刑法典》，张明楷译，法律出版社1998年版，译者序，第6页。

〔2〕陈兴良：《刑法的价值构造》，中国人民大学出版社1998年版，第399页。

〔3〕2008年11月初，笔者在北京参加有关犯罪论体系的国际研讨会，遇我国学者余振华教授。当时，我和同桌的冯亚东教授问起可罚的违法性相关理论时，冯教授特意就盗窃餐桌上的牙签在德、日刑法中是否为犯罪请教余教授，得到了后者肯定。

为缩小。

三、形合的犯罪构成之优越性

（一）能够充分发挥刑法规范的权威、功能，促使人们对刑法条文加以深入理解、把握和运用，有助于刑事法律的发展和完善

形合的犯罪构成是以严格的罪刑法定主义为指导，要求规范用语必须明确，使国民能够预测自己的行为，充分发挥刑法规范的指引、评价功能，使之保持权威和尊严。"把一般的法规运用于特殊情况下的具体事实，从而使司法具有可预测性。司法的形式主义使法律体系能够像技术合理性一样运行，这就保证了个人和主体在这一体系获得相对最大限度的自由，并极大地提高了预防他们行为的法律后果的可能性。"[1]刑法规范明确的基本内容包括：一是构成要件的明确性。即刑法规范对于什么是犯罪，犯罪成立要件有哪些，必须作出具体、明确的规定。二是刑罚的明确性。即行为人因犯罪行为所承担的法律后果必须明确。刑罚的明确性主要指犯罪的法定刑之明确，包括对犯罪处以何种刑罚以及在何种刑罚幅度内适用刑罚。不过，意大利刑法学界有部分学者认为明确性与确定性应有区别。明确性与确定性的基本要求是：规定犯罪的法律条文必须清楚明确，使人能确切了解违法行为的内容，准确地确定犯罪行为与非犯罪行为的范围，以保障该规范没有明文规定的行为不会成为该规范适用的对象。不同之处在于：明确性的作用在于从刑法规范的内部限制犯罪构成的结构，并借此约束立法者表述刑法规范的形式；确定性则是从刑法规范的外部限定犯罪构成的范围，目的在于防止司法者将抽象的法律规范适用于其应有的范围之外。因此，明确性强调在立法过程中，立法者必须准确地表述刑法规范的内容；确定性则是指在司法过程中，法官对刑法规范不得类推适用。[2]

从德、日等大陆法系国家刑法典的规范内容来看，鲜明地体现了形合的犯罪构成的明确性、确定性。以德国刑法典为例，基本上避免了模糊的立法用语，或者说刑法规范用语至少在形式上符合罪刑法定原则的明确性要求。

---

〔1〕［德］马克斯·韦伯：《新教伦理与资本主义精神》，于晓、陈维纲等译，生活·读书·新知三联书店1987年版，第14页。

〔2〕参见［意］杜里奥·帕多瓦尼：《意大利刑法学原理》（注评版），陈忠林译评，中国人民大学出版社2004年版，第24页。

在德国刑法典的法条中，基本没有像中国刑法中常见的情节显著轻微、情节轻微、情节恶劣、情节特别恶劣、严重后果、数额较大、数额巨大、数额特别巨大、其他等内容不确定的模糊用语。而且，《德国刑法典》还在第11条对刑法典的用语（主要是人称和事物的含义）进行了尽可能的明确。如第11条之三规定，"文书指：录音、录像、数据储存、图片和用于同样目的之类似物品。"第11条之三第6项规定，犯罪的实施指：犯罪的既遂和未遂。这与我国刑法的规定显然不同。我国刑法在规定犯罪未遂时，使用了"已经着手实施犯罪"的用语，给人感觉犯罪实施是从未遂开始的。但是，由于犯罪预备也是刑法规定的犯罪，这就造成犯罪实施究竟是什么含义，不能不让人产生疑虑。

既然刑法规范的明确性是一个相对概念，那么，人们应该根据何种标准来判断刑法规范是否明确呢？韩国学者李在祥认为，明确性需要综合以下标准具体分析：一是预见可能性。指特定行为是否被处罚应该在行为以前得以确定，对此，应以客观的意义予以理解。二是价值判断。要求法律表现出保护的要素、规范的目标或刑法的决断，这样才能防止法律适用机关为了别的目的而恣意滥用法律。三是具体化的可能性和比例性原则。即要考虑术语的使用在立法技术上是否可以避免以及对违反所处的刑罚程度和法益保护与侵害之间的比例。[1]在司法实践中，对于何谓明确性也存在不同理解。如韩国大法院2002年7月26日判决认定，"若处罚法规的立法目的或其全体内容、构造等是以具备事务识别能力的一般人的理解和判断可将其作为构成要件的行为类型定型化或找出可限定的合理标准时，这并非违背罪刑法定主义所要求的明确性原则"。[2]意大利最高法院则认为，刑法规范的"明确性"意味着，刑法规范必须具有能够使法官根据法律规定认定行为的确定性。由于立法技术以及语言等自身弱点，要想使刑法规范彻底、无误地明确、确定，是不可能实现的。从这一角度讲，明确性原则只能指最大可能的明确性。[3]德、

〔1〕参见［韩］李在祥：《韩国刑法总论》，［韩］韩相敦译，中国人民大学出版社2005年版，第19~22页。

〔2〕参见［韩］李在祥：《韩国刑法总论》，［韩］韩相敦译，中国人民大学出版社2005年版，第20页。

〔3〕参见［意］杜里奥·帕多瓦尼：《意大利刑法学原理》（注评版），陈忠林译评，中国人民大学出版社2004年版，第26页。

日司法机关对于明确性原则的适用，基本体现在限制法官解释违宪上。不管如何彰显、理解规范的明确性，一个显然的事实是，以明确的刑法规范为核心的形合的犯罪构成，能够促使人们对刑法条文加以深入理解、把握和普遍运用，有助于刑事法律的发展和完善。虽然说，这样会造成规范有时偏离事实，但这是坚持形式正义不得不付出的代价。"不能把规范的现实性作为固定的事实来对待，规范的现实性体现在一个过程之中，就像'生命'或者'意识'一样；在此过程中，这一个规范所稳定的东西，可能从另一个规范那里夺走现实性。例如，最近保障妇女（作为人格体，但是同样是作为个体要求一种相同的幸福生活）的平等权利的诸规范，不仅取消了那些直接对立的（获得职业的限制、工资限制），而且也取消了保护未出生者的生命的规范。"[1]

通过对德、日等大陆法系国家所坚持的规范治理以及规范明确性的分析不难看出，形合的犯罪构成不但可以充分发挥刑法规范的权威和功能，而且能够促进人们对规范自身的热情和关注，进而深刻理解规范内容及其含义，使人们在认识上侧重刑事法律规范的科学性与合理性，这无疑有助于刑事法律的发展和完善。形合的犯罪构成以规范治理为核心，首要的条件自然是规范本身的合理性，规范合理、明确，治理的效果相应地也会合理、明确，这对构建科学的规范体系提出了更高的要求。

（二）尊重犯罪构成的规范体系，树立严格的刑事法治观念，有利于培育国民的规范意识

以社会危害性为中心，旨在实现事实公平与正义，是包括刑法在内的所有法规范的终极目标。但是，由于事实公平与正义在不同的民族风俗、不同的宗教习俗，不同的时空等条件下，具有不同的表现形式，缺乏一致标准，故在社会生活中很难充当解决纷争的中坚角色。"在共同体当中共同生活需要有共同的行为准则。为此人们是无法忍受这种各人只凭自己的'良心'生活的状态的。如果每个人都可以做自己认为正确和适当的事，则我们将面临一种无政府状态的危险。……在这些不同信条的基础上是产生不了具有一定效力的共同规则的；这种共同规则的目的正是在于使具有不同信条的人能够和平地共同生活在一起。所以法律的一个中心问题即在于，在正义问题上，是

---

[1]　［德］京特·雅科布斯：《规范·人格体·社会——法哲学前思》，冯军译，法律出版社2001年版，第50页。

否、以什么方式以及在什么程度上可以消除那些纯粹主观的立场。"〔1〕哈耶克在谈到规范的指导意识时，指出："一个群体中的所有成员之所以在做某些特定的事情的时候都采取某种特定的方式，往往不是因为只有依此方式，他们才能够实现他们所意图的结果，而毋宁是因为他们只有依此方式行事，那个使个人行动有可能取得成功的群体秩序才会得到维系。"〔2〕

　　犯罪的社会危害程度，不可能只依靠人们的直觉发觉，而是需要一个标准来明确，这便是刑法规范。在刑法规范不能最终决定罪与非罪的界限，需要进一步判断行为的社会危害程度，以决定行为的最终性质时，规范只是给予人们一个相对的指引、预测自己行为的形象。因为，人们还不能彻底清楚，自己实施同一性质的行为，究竟达到何种程度才是犯罪。这就迫使司法机关不断做出明确的司法解释，来尽可能确切地指引、规范个人行动。但是，进一步明确罪与非罪的界限，也会带来弊端，即给人们明确了同一性质的行为，只要没有达到法律明确或者一定的社会危害程度，就不构成犯罪。这就给某些不法之徒钻空子的机会。换句话说，只要盗窃没有达到 500 元至 2000 元这一定罪标准，刑法就徒呼奈何，而更轻的惩罚丝毫不会引起行为者的顾忌。这无疑会造成行为者的规范意识钝化，不利于公民法规范意识的培育。如果不需要判断行为的危害程度，只要行为符合刑法规定就构成犯罪，等于明确告诉人们这种行为任何时候都不能实施，否则就将面临刑罚制裁，从而使其不敢越雷池一步。这种非此即彼的明确界定，对于培养公民的刑法规范意识，是非常有利的。"在立法上将不同的行为类型设定为不同的违法，最起码从设定规则的角度来看，对行为性质的评价是明确的。如果将盗窃设定为刑事违法，就不会因为其数额微小，情有可原而变成一般违法，这种方法，对国民法意识的形成和确定应该说是有益处的，因为刑法中规定的行为类型，就与犯罪联系在一起，引导民众的法意识和行为评价之标准。"〔3〕其实，刑法的任务虽然是惩罚犯罪、保护人民利益，但对于立法者而言，事后惩罚无疑成本

---

〔1〕　［德］莱因荷德·齐柏里乌斯：《法学导论》，金振豹译，中国政法大学出版社 2007 年版，第 50~51 页。

〔2〕　［英］弗里德利希·冯·哈耶克：《法律、立法与自由》（第 1 卷），邓正来等译，中国大百科全书出版社 2000 年版，第 125 页。

〔3〕　李洁："中日刑事违法行为类型与其他违法行为类型关系之比较研究"，载《环球法律评论》2003 年第 3 期，第 284 页。

更高，如果能够通过培育公民的规范意识尽量减少犯罪的发生，则能够以最小的代价获得尽可能高的回报，效果自然更佳。形合的犯罪构成正是通过这种黑白分明、不拖泥带水的明示，强化人们对犯罪行为的认识和理解，培育共同体成员鲜明的法规范意识。刑罚的目的不是为了惩罚，而是为了预防犯罪，以重新唤起犯罪人已经泯灭或者减弱的法规范意识，强化法共同体成员的法自觉观念。

（三）使司法更具便利和可操作性，有利于限制司法自由裁量权，防
　　止司法腐败

坚持形合的犯罪构成，使犯罪构成要件尽可能明确、确定，有其深刻的哲理、社会基础，其核心目标旨在防止司法的恣意性与保障国民的预测可能性。司法的恣意性是封建主义刑事法治的特征，是公民权利受到侵犯的根源之一。"唯有符合明确性原则而规定犯罪构成要件及其法律效果，始能明确地显现出立法意旨以及刑罚权之界限，从而使刑法具有保证功能。否则，刑法规定若不明确，则司法者适用该条款时，即可轻易地以其主观之好恶而擅断。"〔1〕在充分明确犯罪的非此即彼的前提下，法官得以肆意解释法律的机会就非常有限，司法的恣意性得到遏制，这对保护公民权是有利的。与此同时，由于规范含义相对明确，使得根据犯罪构成要件判断犯罪成立比较清晰，不容易产生理解上的分歧，这样，司法人员认定犯罪就相对容易、确定，可操作性自然就强。

西方各国刑法对犯罪构成的明确规定，其立法依据主要源自宪法。如《德国基本法》第 103 条第 2 款规定，法安全的利益必须得到保护。《日本宪法》第 31 条规定，"任何人非经法定程序，……不得对其科处刑罚"。日本学者西田典之认为，这一规定体现的是适正程序的法理，由此当然推导出明确性原则。所有不明确的刑罚法规都可以根据《宪法》第 31 条推断其无效。〔2〕《意大利宪法》虽然没有明确规定明确性原则，却在第 13 条第 2 款规定："如果不是司法机关在法律所规定的情况下用法律规定的方式采取的合法行动，不允许任何形式的拘禁、搜查、搜身或者限制人身自由。"《意大利刑法典》

---

〔1〕　林山田：《刑法通论》，台大法学院图书部 2000 年版，第 65 页。

〔2〕　［日］西田典之：《日本刑法总论》，刘明祥、王昭武译，中国人民大学出版社 2007 年版，第 41~42 页。

第1条规定："刑事立法与那些规定一般性规范和其他法律的例外情况的立法，不得在他们明确规定的时间与范围以外适用。"在美国，对刑法的限制有诸多途径，宪法限制是首位。美国宪法规定了某些犯罪并授权国会制定刑事法律，对州和联邦政体的刑事立法也设置了某些限制。这些限制包括禁止国会和各州通过追溯既往的法律以及正当程序条款对制定刑事法律的内容、形式和语言进行制约。下列论据在美国常常被法院提出作为否决因含糊而废除某项法律的要求："（1）发现法律的结构是以避免不确定性的方式来制作的；（2）发现特定的要求与意图阐明了这项法律；（3）发现其他相关的法律规范阐明了这一个不确定的法律规范；（4）发现这项法律已被认为确定的法律规范。"[1]

当然，再明确的刑法规范，也不可能对所有犯罪构成要件用语彻底明确，故刑法解释是不可能避免的。由于受到刑法规定限制，西方国家的刑法解释是非常慎重的，通常在确实需要解释时才会作出，而且受到诸多限制。例如，在日本，"维护交通秩序"是游行示威的许可条件。"德岛县公安条例事件"曾对"维护交通秩序"之用语明确性产生争议。此案第一审、第二审均以条例用语不明确为由判定无效，而最高裁判所的判决撤销了第一审、第二审的判决（最大判昭和50年9月10日刑集第29卷8号489页）。最高裁判所的理由是：应当根据具有通常标准的判断能力的一般人的理解以及在具体的场合该行为人判断可能性的标准予以判断。最高裁判所还进一步指出："之所以说因为刑罚法规所规定的犯罪构成要件含糊、不明确而违反宪法第31条导致无效，是因为这种规定没有向具有通常判断能力的一般人明示被禁止的行为与非被禁止的行为的识别基准，因此，不具有向受适用的国民预先告之刑罚对象的行为的机能，而且这种规定导致国家或者地方公共团体的机关主观的判断、恣意的适用等，因而产生重大的弊害。……因此，某种刑罚法规是否因为含混、不明确而违反宪法第31条导致无效，应当根据具有通常判断能力的一般人的理解，在具体场合能否判断某行为是否适用该法规为基准来决定。"[2]

---

〔1〕 参见储槐植：《美国刑法》，北京大学出版社1996年版，第32页、第44页。

〔2〕 日本《最高裁判所刑事判例集》第29卷8号，第489页，转引自张明楷：《刑法学》（第2版），法律出版社2003年版，第62页。

形合的犯罪构成还能充分体现发挥刑法恩威并施的功效，培育公民怜悯、感恩的心态。在大陆法系国家犯罪构成体系中，形合的犯罪构成能够将不同危害程度规范行为一律纳入构成要件该当性中，犹如洒下一张天网，不给任何投机者以可乘之机，应该说对行为定性确实有些苛刻。不过，这些纳入刑事法网的犯罪行为并非一律都要受到刑罚惩罚。实质上，相当多的社会危害特别轻微的犯罪行为，最后都是不给予处罚的。这无疑在培育人们的法规范意识的同时，体现出国家在刑事政策上的宽容、怜悯的情感，有利于发挥刑法的恩威功效。

四、形合的犯罪构成之局限性

（一）严明的刑法规范，容易造成人们认定犯罪流于形式，不利于实现刑法规范的理性诉求与内在价值

在形合的犯罪构成中，通常根据是官方制定的刑事法律就能够在形式上有效界定罪与非罪。犯罪构成理论的主要功能，是为这种有效的刑事法规范及其所提供的形式化犯罪认定依据给出理由和说明。这种形式化的犯罪认定方式容易遭受两个方面的挑战：一是合目的性的挑战。受认识水平、立法技术、语言性质、伦理观念以及立法者所代表的不同利益集团等诸多因素的影响，形合的犯罪构成不可能完全避免犯罪构成要件的模糊性、抽象性等特征，需要进一步诠释在所难免。无论立法者多么充满理性和睿智，他们都不可能全知全觉地洞察立法所要解决的一切问题，也不可能基于语言文字的确定性和形式逻辑的完备性而使法律文本的表述完美无缺、逻辑自足。[1]这样，如果仅仅根据规范本身进行形式化解释，有时会背离刑法的理性与实质正义。二是对规范内在价值的挑战。如前所述，规范治理与处罚必要是两回事，刑法规范并不当然体现实质正义。一方面，由于立法技术和水平的限制，立法者不可能将现实生活中值得处罚的行为规定在刑法条文中，也不可能将现实生活中不值得处罚的行为全部剔除出刑法条文。另一方面，规范本身具有稳定性与滞后性，不可能及时反映现实生活中的公平和正义。通常情况下，当规范含义涵盖处罚必要时，对规范进行解释既能贯彻罪刑法定原则又能合于处罚目的，体现刑法的形式正义与实质正义，是最为理想的刑法解释模式。

---

〔1〕　参见张志铭：《法律解释操作分析》，中国政法大学出版社1999年版，第1~2页。

但是，在规范含义并没有体现处罚必要时，坚持形式的犯罪构成就可能会导致罚非所罚、不得其所。于是，牺牲处罚必要就成为形式的犯罪构成的无奈选择。"罪刑法定原则是即便具有处罚的必要性，但是如果在事前没有明文规定的话，也不得予以处罚的原则，因此，在确定处罚范围时，不应当考虑处罚必要性。"[1]这成为实证主义对罪刑法定主义以及形式的犯罪构成谴责的主要缘由。

确实，形式的犯罪构成通常只能在法规范的语言可能具有的意义范围内进行解释，法官必须尊重法规范，不能随意修正某一法律条文的含义，超出法规范本来意思的解释是不允许的。这必然导致规范适用有时会生硬、机械，难以适应现实生活的真实需要，导致法规范不能充分实现其内在价值诉求（事实公正）而流于形式。"形式主义是当今法理学方法中名声最不好的一种。然而，在数不清的批判之后，这种方法依然存活下来。对它仍然存活下来的一个解释就是它在某种层面上诉诸了我们关于法律的最深刻的直觉。如果有任何被安排、被制定并内在一致的东西的话，则法律应是这种东西的最主要、最佳的代表。"[2]形合的犯罪构成更注重根据结果来认定犯罪，而不是现实考虑规范背后的价值理念，这种形式化的审判，有时可能会造就违背国民情感甚至让人震惊的社会后果。"对一个法律体系来说，仅仅遵循正义的形式特征，即使掺和了衡平法的精神，仍显不足。因为除此之外法律必须具备公正的内容，也就是说，它的实际规定必须借着条文致力去与正当的规范吻合，这些规范植于正义以外的价值之中，因为单纯正义的形式概念不能告诉我们何以我们会偏爱某一价值系统甚于其他，所以仅仅宣称'法律的目标在于正义'并不能取代价值系统，因为没有它们，实质上的不公平就会假正义之名以骇人听闻的形式出现。"[3]看来，"除了渊源取向外，内容取向也是确定有效法律的标准；在确定规则的含义时，应当关注存在于规则之中和规则背后的实质性依据，而不是规则的背后意思"。[4]

为了克服形合的犯罪构成偏离刑法理性与规范价值的弊端，大陆法系国

---

〔1〕 ［日］曾根威彦：《刑法学基础》，黎宏译，法律出版社2005年版，第15页。

〔2〕 ［美］丹尼斯·M. 帕特森：《法律与真理》，陈锐译，中国法制出版社2007年版，第32页。

〔3〕 ［英］丹尼斯·罗伊德：《法律的理念》，张茂柏译，新星出版社2005年版，第94页。

〔4〕 参见［美］P. S. 阿蒂亚、R. S. 萨默斯：《英美法中的形式与实质——法律推理、法律理论和法律制度的比较研究》，金敏、陈林林、王笑红译，中国政法大学出版社2005年版，第3页。

家刑法理论又搬出了原则与例外这一利器。他们认为，坚持罪刑法定原则虽然要严厉禁止类推解释，但并不禁止有利于被告人的类推解释。"意大利刑法学界多数人认为，禁止类推只是指禁止不利于犯罪人的类推，而有利于犯罪人的类推，应该属于允许之列。至于支持有利于犯罪人的类推的观点，概括起来大致有以下理由：（1）现代国家强调禁止类推的主要目的是为了保障公民自由，以'最大限度扩张刑事合法行为的范围，最小限度地限制个人自由'，不能以启蒙时代关于法律绝对确定性的幻想，作为反对有利于犯罪人的类推的理由。（2）刑法中有利于犯罪人的规范（如关于排除犯罪原因的规定），不是适用刑罚的刑事法律，或者不是如何施用刑罚的特殊规范，不属于意大利民法典前言第 14 条规定的属于禁止类推的法律的范围；（3）对扩大公民自由的类推持赞成态度，是意大利刑法自古典学派以来的历史传统。"〔1〕这样，对于有利于被告人的类推解释，被解释为出于保障公民自由的需要，并不认为违背罪刑法定原则的精神，是符合形式正义要求的。这种解释无疑是勉强的。类推解释与罪刑法定主义水火不相容，如何又能够相处融洽呢？无论如何，有利于被告人的类推是在撇开形合的犯罪构成的前提下，以实现处罚必要为目标的，表明了人们对形合的犯罪构成不利于实现刑法规范的理性诉求与内在价值的默认，这正是形合的犯罪构成要加强的。

（二）大量轻微犯罪的简易处置，淡化了行为人的犯罪人格，不利于
　　　发挥刑法的震慑作用，有损刑罚的威严

形合的犯罪构成立足于刑法规定，根据单纯的行为符合构成要件或者本体要件就初步推定犯罪成立，完全不理会行为在事实上对社会造成的损害程度。然而，司法实践中是不可能对任何形式的符合构成要件的行为加以处罚的，许多情况下反倒是对轻微犯罪加以淡化处置。

在德、日等国司法实践中，对一般的犯罪行为通常根据可罚性理论予以处罚，而对某些十分轻微的犯罪行为不处罚。在可罚的行为之中，由于行为的危害程度差别很大，相应地，刑法规定的刑罚幅度也比较大。例如，《德国刑法》第 38 条规定，有期自由刑最低为 1 个月；第 40 条规定罚金刑以日额金为单位科处，最低为 5 单位日额金，每一单位日额金最低不得低于两个德

---

〔1〕　［意］杜里奥·帕多瓦尼：《意大利刑法学原理》（注评版），陈忠林译评，中国人民大学出版社 2004 年版，第 31~32 页。

国马克，这意味着罚金刑最低可以判处 10 个德国马克。一个月的有期自由刑和 10 个德国马克，这样的处罚无论如何也难以称得上严厉。更何况，第 44 条还规定了禁止驾驶的附加刑。可见，德国刑法中的刑罚有时确实非常轻微。日本刑法也不例外。日本道路交通法中规定了大量的交通犯罪，如疲劳驾车，超速行驶，酒后驾车等均为犯罪，对这样的犯罪一般只判处罚金，并且由于这类犯罪行为数量巨大，依正常诉讼程序难于处理，于是特别规定了简易裁判所以即决程序处理该类事件。对罪犯所判处的罚金有近 90% 是不满 10 万日元的，这样少的罚金，对日本国民来说，真的可以认为行为很恶劣吗？这不得不让人联想到如果刑法规定为犯罪的某类行为经常是被科处极少量的罚金刑，是否会导致国民对该类型行为之犯罪性格的忽视呢？[1] 答案自然是肯定的。

刑罚作为所有法律制裁措施中最为严厉的惩罚，如果在司法实践中时常出现十分轻微的判罚，无疑会给现实生活中的人们留下这样的印象：刑罚制裁也不过如此！这一方面会淡化普通民众对刑法惩罚功能的期望，另一方面也会使犯罪人接受刑罚制裁的意识钝化，从而影响刑法的震慑作用的发挥，有损刑罚的威严。

（三）严格遵循刑法规范，容易偏离现实社会需要，不利于落实国家
    刑事政策

刑事政策通常把客观事实作为评判目标，并将客观事实分为好和坏两种状态。不过，由于客观事物的好坏受诸多因素影响，且任何事物总是包含积极和消极两个方面，不存在绝对的好与坏，这就决定了刑事政策并不像道德伦理那样天生包容普遍规则，而是必然具有多样性与可变性。然而，受规范的稳定性和滞后性的影响，形合的犯罪构成不可能及时反映社会生活的多样性与可变性需求，从而偏离国家的现实社会需要，乃至于难以落实、贯彻国家的刑事政策。例如，一家严重资不抵债的公司，发起人或者股东基于个人目的不依法申请破产，从而严重损害他人利益的，可能会受到刑事制裁。但是，如果从便于充分就业的角度，用法律手段使公司免于破产，以投合国家急需的相关就业的政策性目标。对此，如果法官坚持形合的犯罪构成，则与

---

〔1〕 参见李洁："中日刑事违法行为类型与其他违法行为类型关系之比较研究"，载《环球法律评论》2003 年第 3 期，第 284 页。

保障国家急需的就业需要以及社会稳定的目标相背离，最终将导致国家在紧迫形势下充分保障就业的刑事政策落空。[1]可见，不能应时而变的形合的犯罪构成，确实不利于贯彻国家刑事政策。"尽管在规则变化前的行为在规则变化之后不能更改，但变化政策仍然能够对这些行为产生事前影响。例如，进行最初的产品设计决策的企业在做盈利计划时，必须把预期的法律责任考虑在内。如果企业知道当产品或生产过程造成重大损害时会引起侵权责任的话，企业所作出的决策就会与企业有可能得到豁免情况下所作出的决策有本质不同。因此，当责任风险已极度依赖于侵权法的发展变化时，预期新的规则将适用于在新规则宣布前产生的伤害会对行为产生适当的影响……"[2]

在大陆法系国家，坚持严明的罪刑法定主义与形合的犯罪构成不利于贯彻刑事政策的一个典型实例，是如何处置第二次世界大战遗留的纳粹战犯问题。为此，新分析实证法学派的代表哈特与新自然法学派的代表富勒曾围绕着一名奉法西斯德国法律追杀"逃犯"的盖世太保的故意杀人案展开论争。当时的困境是：如果宣布纳粹德国政府法令无效，会造成纳粹统治期间的法律上的脱节；如果宣布纳粹德国政府法令有效，则导致新政府承担纳粹政府之罪责乃至永远受到玷污。对此，富勒立足于法的实质正义诉求，提出凡是背离法律的外在道德和内在道德的"法律"，不能称其为法律，从而否认了形合的犯罪构成主张。[3]在富勒看来，坚持不合理的法规范，有时必然会执行不符合社会道德和公理的刑法规定，使刑罚规范的适用背离实质正义，导致本末倒置。哈特则主张严格遵循罪刑法定主义，认为法律在任何时候和任何地方的发展，事实上既受特定社会集团传统道德、理想的深刻影响，也受到

----

〔1〕　司法实践中一个明显的例子是，公安部要求对负责企业正常经营的高管人员要慎用拘留、逮捕措施。2008年12月23日召开的全国公安机关经侦系统执法工作电视电话会议上，公安部相关负责同志要求在当前经济形势下，各级公安经侦部门在依法打击经济犯罪的同时，要严格把握法律政策界限，讲究执法方式方法，对负责企业正常经营的高管人员要慎用拘留、逮捕措施。决不能因为执法不当而给企业的生产经营活动造成影响，更不能从地方和部门利益出发，使企业的生产经营活动雪上加霜，甚至引发群体性事件。抛其他因素不谈，仅就当时的政治经济形势而言，这种貌似违背法律精神的做法并非没有道理。在世界金融危机深刻地影响着我们的经济之际，国家在政治、经济等方面产生了一系列新问题，太多的法律空白需要填补。对于这些法律新问题，执法机关正视社会的需求，认真地对待企业发展的现实环境，不能片面地教条地适用法律，是合乎情理与现实需要的。从这个意义上讲，对企业高管慎用拘捕，未必违背法治理念与社会正义。

〔2〕　See L. Kaplow, "An Economic Analysis of Legal Transitions", *99 Harv. L. Rev.* 1986, p. 509.

〔3〕　参见李龙主编：《西方法学经典命题》，江西人民出版社2006年版，第238~240页。

一些个别人所提出的开明的道德批评影响，但不能由此得出结论说一个法律制度中所使用的检验特定法律的法律效力的标准，必须包括明示的或默示的对道德或正义的引证。[1] 麦考密克还从正反两个方面论证新分析法学派之观点。[2] 初看起来，哈特的观点铮铮有声，似乎更符合法治理念。问题在于，坚持形式法治虽说可以限制司法自由裁量权，实现刑法的形式正义，避免任意、有差别地执行刑法，但毕竟与理性、社会普遍的道德情感和公正的观念相冲突，皮之不存，毛将焉附？在上例中，坚持形合的犯罪构成，将导致那名奉法西斯德国法律之命追杀"逃犯"的盖世太保不构成故意杀人罪，这必然会伤害普通民众的道德情感，同时也不利于落实惩罚战犯这一战后德国的刑事政策要求。

在我国，如果坚持形合的犯罪构成，不以社会危害性及其程度为指导，也会给贯彻国家刑事政策造成不少麻烦。如贩卖私粮行为，完全符合1979年《刑法》第117条规定的投机倒把罪的构成要件，随着1992年市场经济在我国确立，该类行为有益于社会主义市场经济，理当出罪。又如，《刑法》第301条规定的聚众淫乱罪为例，根据形式解释，只要聚集三人以上集体淫乱的，就可以对首要分子或多次参加者以犯罪论处。然而，并非一切聚众淫乱行为都具有社会危害性。对于成人之间不公开的聚众淫乱行为，由于不存在被害人，也不具有社会危害性，通常不以犯罪论处为妥。如果坚持形合的犯罪构成，则这些行为都将构成犯罪，这与我国宽严相济的刑事政策是有冲突的。

五、形合的犯罪构成与犯罪预备形态

从各国刑法规定的预备犯的处罚方式来看，通常分为三种情形：一是概括处罚，即概括规定处罚所有预备犯。由于犯罪预备存在于所有直接故意犯罪中，这种规定意味着，对于所有直接故意犯罪都应当处罚其预备犯。这种立法无疑将预备犯提升到与既遂犯相辅相成的地步，从而形成最广义的预备犯立法样态。这种立法形式在社会主义国家或具有社会主义背景的国家刑法典中可以见到，像1926年、1960年的苏联刑法典，以及蒙古、朝鲜、中国等

---

〔1〕 参见 ［英］哈特：《法律的概念》，张文显等译，中国大百科全书出版社1996年版，第181页、第158页。

〔2〕 参见 ［英］麦考密克、［奥］魏因贝格尔：《制度法论》，周叶谦译，中国政法大学出版社1994年版，第154～155页。

国刑法就属此类。如 1960 年苏联刑法典就明确规定在任何情形下均应处罚预备犯。[1]二是处罚严重犯罪的预备犯。具体可以分为两种形式：其一，在刑法总则中特别规定处罚严重犯罪的预备犯。如《俄罗斯联邦刑法》第 30 条之二规定："只有对预备实施严重犯罪和特别严重的犯罪，才追究刑事责任。"[2]其二，在刑法分则中明确应受处罚的预备犯，无规定的不处罚。通常，刑法分则明确处罚的为特别严重犯罪的预备犯。如日本、德国等国刑法典就属此类。三是仅对共同犯罪中的预备犯进行处罚。在英美法系国家，基本上不对一般犯罪的预备犯进行处罚，但对共同犯罪中的预备犯，通常加以处罚，并在总则中予以规定，这便是犯罪共谋。"犯罪共谋是刑法总则的一个概念，就是两个或更多人之间为了实施犯罪，或者非法行为，或者用犯罪手段来完成一个本身不是犯罪的行为而进行协议。"[3]从司法实践中的情形来看，英美法系处罚犯罪共谋，只是针对叛逆罪、毒品犯罪以及白领犯罪等。在大陆法系国家中，对于犯罪共谋，按照共同犯罪理论可以处罚。

由上可知，西方国家基本上采取不处罚预备犯的态度，而苏联和中国等社会主义国家则概括规定处罚预备犯，这与其犯罪构成方法论存在差异不无关系。在坚持形式概念以及形合的犯罪构成的西方国家，由于犯罪是实施足以引起损害的符合构成要件的行为，犯罪预备行为不是某种具体犯罪的构成要件行为，也不可能直接引起损害结果，因而通常不作为犯罪予以处罚。而在坚持意合的犯罪构成的中国，由于犯罪预备行为也具有社会危害性，是犯罪行为的组成部分，便具备了纳入刑罚惩治的基础。刑法总则规定的犯罪预备行为，与刑法分则各条所规定的具体犯罪行为一道，成为刑法制裁的对象。

---

〔1〕 薛瑞麟：《俄罗斯刑法研究》，中国政法大学出版社 2000 年版，第 197 页。
〔2〕 《俄罗斯联邦刑法典》，黄道秀译，中国法制出版社 1996 年版，第 14 页。
〔3〕 储槐植：《美国刑法》，北京大学出版社 1996 年版，第 149 页。

第四章

犯罪构成认识论[1]

对于犯罪这种客观现象，人们如何去认识其发生、发展的过程及规律，属于认识论的问题。对于犯罪究竟是主观见之于客观还是客观见之于主观的存在，是类型化的概念还是整体上的概念，中西方在认识上存在差异。本章立足于中西方在文化认识论上的差异，旨在探究犯罪构成的内在结构、各要件之间的关系以及犯罪认定的发生、发展的过程。

第一节　中西文化认识论与犯罪构成认识论

一个国家或者民族的文化，必然是一个相辅相成、和谐一致的体系。有什么样的文化本体论、方法论，自然有对应的认识论。"天人合一"的本体论及其"用心"思维模式，与直觉体悟的认识论相联系，体现的是直观、平面的认知过程。"征服自然"的本体论及其"用脑"思维模式，与逻辑分析的认识论相匹配，体现的是逻辑分析、立体的认知过程。

一、中国文化认识论：直觉体悟

与"天人合一"的本体论和用"心"的认知过程相对应，中国文化在方法论上讲究灵活变通。既然要"融通"，自然就要与直觉联系起来，通过直觉体悟、融会贯通后，达到"只可意会不可言传"的效果。

---

[1] 认识论乃指探讨人类认识的本质、结构，认识与客观实在的关系，认识的前提和基础，认识发生、发展的过程及其规律，认识的真理标准等问题的哲学学说，又称知识论。唯心主义认识论否认物质世界的客观存在，坚持从意识到物质的认识路线。不可知论否认客观世界可以被认识。唯物主义认识论坚持从物质到意识的认识路线，认为物质世界是客观实在，强调认识是人对客观实在的反映，申明世界是可以认识的。辩证唯物主义的认识论则进一步把实践作为认识的基础，把辩证法运用于认识论。

　　直觉体悟又称直觉或直观体验，"指的是一种不经过逻辑而直接洞察事物本质的思维过程"。[1]"来自直觉的概念指向某个事物，它的完整的意义可以立即从某个事物领会到。例如：蓝色是人对某种颜色的感觉，它是由直觉得到的概念。"[2]直觉体悟不能理解成简单地观察体验事物，更不能用英语中的"intuition"来表达其内在含义。许慎《说文解字》言："觉，悟也。"所谓觉悟，远非感性的直观观察所能表达。在佛教词典里，"觉"乃"菩提"的中译，意即对真谛的领悟。中国传统文化中经常使用的概念，如"道""虚""神""一""浑""悠""圆"等，就属于一种直觉感悟，其内涵既超越现实又存于现实之中，既超越感性世界又置身于感性世界之中。因此，中国文化认识论讲究一种"化""感悟""参""省"的认识方法。"当用'直觉'一词来指称中国传统文化、传统认识方法的特征时，就必须将'直觉'一词限定在这样一个范围，即直觉是以现实中的人的具体感性为中心的感性领悟方式。它的特征就是注重超越世界与现实世界的合一，注重以人为中心的万物融通。"[3]在中国文化中，"天人合一"和主客不分的境界，只有通过直觉体悟才能明白其中的奥妙。"中国哲学家们对于自己眼前的这张桌子究竟是真实的，抑或只是幻觉的存在，从不认真对待（唯有佛家是对它认真对待的，而佛家来自印度），认识论的问题之所以产生，是由于主观和客观之间的界限，认识的主体和认识的客体还是浑然一体的。这样有助于说明，中国哲学的语言何以是提示性的而并不明晰。它并不明晰，因为它不代表用理性演绎得出的概念。"[4]

　　《周易》作为我国古代的一部重要典籍，主要通过借助具体的形象启发人们把握事物的抽象意义，体现的是观物取象、立象尽意的思维方式。[5]"夫象，圣人有以见天下之赜，而拟诸其形容，象其物宜，是故谓之象。"[6]卦象是《周易》中的主要架构。"借助卦象，并通过象的规范化的流动、连接、转换、具象地、直观地反映所思考的客观对象的运动、联系，并借助六十四卦

〔1〕　王前：《中西文化比较概论》，中国人民大学出版社 2005 年版，第 71 页。

〔2〕　[美] C. A. moore：《东西方哲学》，普林斯顿大学出版社 1946 年版，载冯友兰：《中国哲学简史》，赵复三译，新世界出版社 2004 年版，第 20 页。

〔3〕　周春生：《直觉与东西方文化》，上海人民出版社 2001 年版，第 54 页。

〔4〕　冯友兰：《中国哲学简史》，赵复三译，新世界出版社 2004 年版，第 21 页。

〔5〕　参见张岱年、方克立主编：《中国文化概论》，北京师范大学出版社 2004 年版，第 258 页。

〔6〕　《周易·系辞传》。

系统模型，推断天地人物之间的变化，这种思想方式渗透到中医和中国古代科技之中。"〔1〕在中国传统文化中，儒释道三家都主张直觉地把握宇宙人生之根据和全体。儒家的道德直觉、道家的艺术直觉、佛家的宗教直觉，都把主客体冥合的高峰体验推到极致。例如，道家创始人老子提出的许多见解不乏辩证法思想，主要是直观体悟的结果。"老子的这些辩证法思想有很大的局限性，甚至有许多错误的东西。在他那个时代，对对立面的依存和转化不可能有科学的说明。因此，老子这些变化的观点，都是一些直观的感受，他把这些对立和转化都当作是无条件的，自然而然的。"〔2〕此外，在儒家思想中，直觉体悟的认识论得到推崇。"儒家的思想可以界定为一种精神状态，其中不明确的概念以直觉、多重的运动构成思想的背景；而具体的区分的概念则以相对的、人文主义的、过渡性的往复形成哲学的内容。"〔3〕中国哲学认为，对于宇宙本体，不能依靠语言、概念、逻辑推理、认知方法，而只能靠直觉、顿悟加以把握。〔4〕"象"是中国传统文化特有的范畴，有几层含义：首先是物象，即具体的实物。其次是属性之象，包括动态属性之象"气"和静态属性之象"性"。中国古代就有"气一元论"，认为天地万物是气的化生聚散，气聚之有形，散之无形。如正气、邪气、妖气、怪气、朝气、暮气、生气、死气等，还有气功，都可以说明。性常被理解为各种各样的性，如"五行"之金、木、水、火、土，中医"八纲"之阴、阳、表、里、寒、热、虚、实。三是本源之象，包括心意、意境等。四是规律之象，即道象，所谓"一分为二""合二为一""物极必反""相反相成"等。可见，"象"是用"心"思维的对象，是直觉体悟的对象，但并不是逻辑分析的对象。它本身并不是孤立不变的对象，而是在普遍联系和变化发展中存在与发展的对象。〔5〕

必须指出，中国古代哲学并非完全没有形式逻辑。只不过，"根据中国哲学的传统，哲学的功能不是为了增进正面的知识（我所说的正面知识是指对客观事物的信息），而是为了提高人的心灵，超越现实世界，体验高于道德的

---

〔1〕 张岱年、方克立主编：《中国文化概论》，北京师范大学出版社 2004 年版，第 258 页。

〔2〕 中国哲学教研室、北京大学哲学系：《中国哲学史》，商务印书馆 2004 年版，第 25 页。

〔3〕 ［美］C. A. moore：《东西方哲学》，普林斯顿大学出版社 1946 年版，第 205 页，转引自冯友兰：《中国哲学简史》，赵复三译，新世界出版社 2004 年版，第 21 页。

〔4〕 参见张岱年、方克立主编：《中国文化概论》，北京师范大学出版社 2004 年版，第 258 页。

〔5〕 参见王前：《中西文化比较概论》，中国人民大学出版社 2005 年版，第 65 页以下。

价值"。[1]例如，中国历史上反对孔子的第一人——墨子，就主张一切只是来自"耳目之实"，并对概念、判断、推理等认识活动进行了初步探索。后期墨家以此为基础，提出了比较系统的逻辑学说。但是，墨家虽然主张通过直接经验进行判断，推理出事物结果，毕竟自身并没有通过实践观察去推理结论，其主张多数还是通出思辨和说理就事论事，这种思辨逻辑在某种程度上也是一种直观体悟的理论，墨家主张"正如荀况批评的是犯了'惑于用名而乱名'的错误，还是掉到了脱离实际的纯概念游戏中去了"。[2]

中国文化直觉体悟的认识论模式，在语言中表现突出。如前所述，中国的语言具有"意像"性，即"文学语言中的意象讲究形象性、具体性与主体的感受性；而中国哲学的意像是具体与抽象的合一、现实性与超越性的合一、主体性与客观性的合一，这也是由中国哲学的'天人合一'思维态势与'道器合一'观所决定的"。[3]如苏轼的《江城子·乙卯正月二十日夜记梦》写道："十年生死两茫茫，不思量，自难忘。千里孤坟，无处话凄凉。纵使相逢应不识，尘满面，鬓如霜。夜来幽梦忽还乡，小轩窗，正梳妆。相顾无言，唯有泪千行。料得年年肠断处，明月夜，短松冈。"这首词如果不通过直觉体悟，就无法理解其背后的悠长意蕴。作者从漫长的时间与广阔的空间之中来驰骋自己的想象，并把过去、眼前、梦境与未来融为统一的艺术整体，紧紧围绕"思量""难忘"四字展开描写。全词组织严密，一气呵成，但又曲折跌宕，波澜起伏，把作者情真意切的怀念、悠远绵长的思绪和心潮激荡的情感展露无遗，达到了一种扣人心弦的艺术效果。这是西方语言很难表述、传达出来的。

中国文化的直觉体悟同样体现在法律文化上。一方面，中国传统法律文化本来就深受传统文化的影响，历史上法律相对于道德始终处于从属地位，礼仪经纶等只要被统治者认为合适，都有成为法律渊源的可能。"除了这三部（引者注，即《书经》《易经》《诗经》）特别受到荣宠和研究的典籍以外，还有次要的其他两部，就是《礼记》或者叫作《礼经》，以及《春秋》；前者专载帝王威仪和国家官吏应有的风俗礼制，并有附录一种，叫作《乐经》，专

---

〔1〕　冯友兰：《中国哲学简史》，赵复三译，新世界出版社 2004 年版，第 5 页。

〔2〕　北京大学哲学系中国哲学教研室：《中国哲学史》，商务印书馆 2004 年版，第 25 页。

〔3〕　胡伟希："中国哲学：'合法性'、思维态势与类型——兼论中西哲学类型"，载《现代哲学》2004 年第 3 期，第 60 页。

著音乐，后者乃是孔子故乡鲁国的史记。这些典籍便是中国历史、风俗和法律的基础。"[1]

吴经熊曾指出："从那时起，法律是道德的婢女——属于次等地位——得不到最佳人才的重视。道德与其他非法律观念逐渐渗透到一种存在而稳定的法律制度，这是很有益的。……说实话，儒家的胜利……把法律学放入棺材，使之变成木乃伊达二十世纪之久。"[2]传统文化对法律的渗透和影响，必然导致直觉体悟的认识论进入法律文化体系。另一方面，中国传统法律语言总是需要直觉体悟去领会。例如，西晋明法掾张斐在向晋武帝上奏的《注律表》中，对二十种罪的概念及其含义作了扼要而朦胧的表述："其知而犯之谓之故，意以为然谓之失，违忠欺上谓之谩，背信藏巧谓之诈，亏礼废节谓之不敬，两讼相趣谓之斗，两和相害谓之戏，无变斩击谓之贼，不意误犯谓之过失，逆节绝理谓之不道，陵上僭贵谓之恶逆，将害未发谓之戕，唱首先言谓之造意，二人对议谓之谋，制众见计谓之率，不和谓之强，攻恶谓之略，三人谓之群，取非其物谓之盗，货财之利谓之赃：凡二十者，律议之较名也。"[3]

直觉思维注重对认识对象的整体把握，充分考虑相关条件或者制约因素，以求对事物的根本性质加以综合判断，其综合是以整体为基础的综合。这种思维方式能够抓住认识对象的根本性质，但不利于掌握其中的规律，容易忽视细节。能够把握事物各组成部分之间的内在有机联系，但往往忽视对研究对象的属性与特征的深入分析。直觉思维具有知、情、意相贯通的特点，能够全面考虑各种因素，在事实和客观上具有更令人信服的公正。但是，由于"情"的因素在整合知与意方面具有独特作用，因而容易受到感情色彩影响，有时会存在主观的歧义理解，从而使非制度化、非理性的因素介入判断之中，使认识往往局限于感官和经验的制约，乃至于从感性层面认识世界和把握世界。这就使得在认识事物时可能有时会缺乏理性，定量化程度较低，难以透过事物表面现象深入到本质中去，从而制约了认识的深度和广度，致使认识中难以避免表象和肤浅，乃至于结论缺乏实证。

---

〔1〕 ［德］黑格尔：《历史哲学》，王造时译，商务印书馆 2007 年版，第 73~74 页。

〔2〕 田默迪：《东西方之间的法律哲学——吴经熊早期法律哲学思想之比较研究》，中国政法大学出版社 2004 年版，第 90 页。

〔3〕 《晋书·刑法志》。

二、西方文化认识论：逻辑分析

与"征服自然"的本体论和用"脑"的认知过程相对应，西方文化在方法论上讲究严格规定。既然要"规定"，自然就需要交代规定的缘由以及事物发生发展的过程，这就需要加以层层分析，进行逻辑推理，才能达到"之所以这样是因为有这样的原因"的效果。

"逻辑"一词来源于古希腊哲学的一个核心概念"逻各斯"（logos），是古希腊哲学家赫拉克利特提出来的、具有多重含义的概念。逻辑的主要含义是指能够讲出来的东西，与感觉相对立的思想、推理、论证，对应关系和比例，一般的原则和规律等。[1]逻辑思维的最大特点是严格定义，重视逻辑推进过程，从经验入手，经过判断，形成推理，达成对事物本质的整体把握。无论归纳方法、演绎方法，还是二者的综合，都是完善对事物的认识、扩充理论体系的手段。近代知识论讨论知识何以形成，落实到方法上，就是归纳法占主导地位，强调概念及其形式，演绎在理论体系的完成中占主导地位。在知识新创时，归纳方法占主导，当理论成熟并向外延伸时，演绎占主导，二者都遵循理论的内在逻辑。[2]西方认识论之逻辑分析，与古希腊哲学家热衷于探索自然有直接关系。古希腊的许多哲学家同时也是自然科学家，如毕达哥拉斯、德谟克利特、赫拉克利特、柏拉图、亚里士多德等，他们把探索事物的本质作为研究的最终目标，以理性为主导，以事实、假设、试验为基础，通过观察、思考、缜密的分析、推理、论证，抓住事物的本质。至于形象往往无足轻重，因而抽象思维和逻辑思维方式成为认识事物和把握真理的最基本手段。[3]"苏格拉底和柏拉图已经建立起逻辑学的基础，但是，亚里士多德是首先使之详细完善成为专门学科的人。他是科学的逻辑学的创始者。他认为逻辑学是获得真正知识的重要工具，除非我们已经掌握分析学，否则就不要进行研究太初哲学或关于事物本质的科学。……他特别重视依据三段论式所做的论证，而这一领域是被柏拉图忽略了的。……在三段论式中，从

---

〔1〕　参见王前：《中西文化比较概论》，中国人民大学出版社 2005 年版，第 88 页。

〔2〕　参见刘自美："中西思维方式的差异及其原因之管见"，载《理论学刊》2006 年第 10 期，第 63 页。

〔3〕　参见陆文静："中西方传统思维方式差异研究"，载《学术交流》2008 年第 4 期，第 16 页。

一般得出个别，这是演绎推理。归纳是由个别的经验事实推演出一般命题。"[1]

自古希腊以来，逻辑分析思维就成为西方哲学家、思想家认识事物的主要手段，西方哲学由此走上了一条重视形式逻辑、强调哲学思维运用逻辑推理的运思方式之路。"我们看到，西方哲学的经典文本，从亚里士多德开始，就重视对哲学问题的严密推证；即使在哲学观念上反对逻辑主义以及理性主义的哲学家，如叔本华、海德格尔等人的哲学文本，也采取了严格的逻辑论证的方式。这说明，对于西方哲学来说，逻辑作为哲学的论证方法与手段，具有根深蒂固的传统。"[2]其实，西方文化中的逻辑分析认识论，与西方文化的主客二分的"对本体"思维态势是相一致的。因为是主客二分，所谓依据认识论的主体性原则，要"为自然立法"；为自然立法，意味着运用理性思维的方式去把握客体；而理性思维的工具恰恰是逻辑。另一方面，由于重视对事物本质、共相、终极实在等"本体"的研究，无论对这些"本体"的含义作如何理解，在一点上是共同的，即"本体"具有绝对性、普遍性与同一性。因此，西方的形式逻辑以及重视逻辑推理的传统，是与西方哲学的主客二分的本体思维态势互为表里的。[3]西方人很早就形成重视和依赖形式逻辑的传统，是其崇尚"征服自然"本体论和重视科学研究与发掘的必然结果，这反过来又促进了科学思想的形成与征服自然的能力的增强，终于在18世纪促成了西方世界的科技大发现，并造就了西方现代科技进步与工业大革命。"西方人依靠经验科学的发达以及逻辑学的完善，由经验科学到'超越'此种学科，而进入'形而上学'的哲思，并由此而运用逻辑推演的方法，使'形而上学'具有'科学'的形态，这是中国哲学后来发展所欠缺的。"[4]

西方文化的逻辑分析的方法论模式同样体现在语言中。如英语属于拼音文字，字形与词义没有直接的联系，为了清晰地表达思想和传递信息，需要

---

〔1〕［美］梯利著，伍德增补：《西方哲学史》，葛力译，商务印书馆1995年版，第49页。

〔2〕胡伟希："中国哲学：'合法性'、思维态势与类型——兼论中西哲学类型"，载《现代哲学》2004年第3期，第60页。

〔3〕参见胡伟希："中国哲学：'合法性'、思维态势与类型——兼论中西哲学类型"，载《现代哲学》2004年第3期，第59页。

〔4〕叶秀山：《中西智慧的贯通——叶秀山中国哲学文化论集》，江苏人民出版社2002年版，第157页。

形成特定的语法逻辑关系。"与对形式逻辑的强调相一致的，西方哲学运用的是概念语言。概念语言的特征是定义明确，否则形式逻辑的推理无法进行。因此，西方哲学在展开其哲学问题的论证时，首先要从明确定义入手，然后层层论证，最后上升到某个具有普遍性的结论。"[1]例如，美国著名汉学家Burton Watson 将苏轼的《江城子·乙卯正月二十日夜记梦》一词翻译如下：Ten years，dead and living dim and draw apart. I don´t try to remember，But forgetting is hard. Lonely grave a thousand miles off，Cold thoughts，where can I talk them out？Even if we met，you wouldn't know me，Dust on my face，Hair like frost. In a dream last night suddenly I was home. By the window of the little room，You were combing your hair and making up. You turned and looked，not speaking，Only lines of tears coursing down. Year after year will it break my heart？The moonlit grave，The stubby pines. 对比中文版苏词，英文版苏词很难从中体悟出深藏于词背后的那种刻骨铭心、跌宕起伏的情怀，却可以推断、分析出作者的一种感伤心理，少了许多感悟，结论倒是越来越明晰，像是一种经过推断后的客观结果。

西方文化认识论上的逻辑分析模式，在法律文化中得到充分体现，这与古希腊许多著名学者的大力提倡不无关系。自古希腊以来，许多自然科学家既是哲学家，也是自然法学的奠基者，如德谟克利特、赫拉克利特、柏拉图、亚里士多德等，他们在创立、论证自己的法律思想时，不可避免地将对自然科学研究时运用的演绎、归纳等形式逻辑分析方法注入法学领域。"在哲学中，自从毕达哥拉斯时代以来，一向存在着两派人的一个对立局面：一派人的思想主要是在数学的启发下产生的，另一派人受经验科学的影响比较深。柏拉图、托马斯·阿奎那、斯宾诺莎和康德属于不妨叫作数学派的那一派，德谟克利特、亚里士多德以及洛克以降的近代经验主义者们属于相反一派。在现代兴起的一个哲学派别，着手消除数学原理中的毕达哥拉斯主义，并且开始把经验主义和注意人类知识中的演绎部分结合起来。"[2]他们或从"数论"出发，或立足于自然界客观事物，认为人类社会生活离不开一定数的协

---

〔1〕 胡伟希："中国哲学：'合法性'、思维态势与类型——兼论中西哲学类型"，载《现代哲学》2004 年第 3 期，第 60 页。

〔2〕 ［英］伯兰特·罗素：《西方哲学史》，何兆武、李约瑟译，商务印书馆 2006 年版，第 512～513 页。

调与均衡产生的秩序。如赫拉克利特认为，火是根本的实质，万物都像火焰一样，是由别的东西死亡而诞生。[1]亚里士多德则认为，科学就是以论证性的知识为目的的学科，知识的对象必须是相对于可变的主观而言不变的客观存在，或说是在变化之中保持不变的本源、本质规律一类的东西。[2]古希腊的自然法与自然法则基本相通，并没有抽象的道德内涵，具有明显的自然主义色彩，从而奠定了客观的自然主义法哲学及其逻辑分析方式的基础。

由于学术旨趣或生活哲学不同，古罗马法学家们一般对于"自然"的理解具有世俗和实践的色彩，更为关注在具体法律情境下那些不证自明的规则，如实际上不能履行的契约无效、精神病人不应受罚的责任等。罗马法学家这种实践的自然法观点来源于罗马人与外国人交往的具体法律实践，万民法几乎等同于自然法。此后，自然法经历了由神圣自然法向世俗自然法的转变。资产阶级在尊崇自然法学说的同时，摈弃了中世纪的神权政治理论，代之以自然状态、自然权利、自然法这三个假设的自然理论，通过对这些理论加以充分诠释，表达了共同的自由、平等、人性、人权以及法治的革命理念。文艺复兴以来的自然法学说，以人类理性为核心，深入探讨政治与法律的本质和目标、宗旨，从而使其所谓的客观主义的法由抽象走向具体，由理想上升为法律。根据阿那克西曼德的平等型宇宙结构论，作为宇宙实体的自然是绝对客观的"基本原则"，它统率下的物质分子永远处于均质运动和可以相互替代的平等状态之中。[3]这样，宇宙间的平等秩序就被认为是自然，自然法理所当然地成为平等的、理性的法，从而奠定了西方法律文化传统中的理性主义根基，这当然也是逻辑分析的认识论结出的硕果。"理性主义要求知识最终必须能在经验事实或者逻辑推理中获得合理重建，故而实证或逻辑成为知识的标准，不能通过事实或逻辑获得重建的认识，就不是知识。"[4]

西方法律文化在认识论上体现的逻辑分析模式，与其本体论和方法论相

---

〔1〕 参见［英］伯兰特·罗素：《西方哲学史》，何兆武、李约瑟译，商务印书馆2006年版，第26页。

〔2〕 参见［美］列奥·施特劳斯、约瑟夫·克罗波西主编：《政治哲学史》，李天然等译，河北人民出版社1998年版，第128页。

〔3〕 参见［美］列奥·施特劳斯、约瑟夫·克罗波西主编：《政治哲学史》，李天然等译，河北人民出版社1998年版，第128页。

〔4〕 朱海波："理性主义视角下的中西传统法律文化差异"，载《比较法研究》2007年第6期，第3~4页。

辅相成。如前所述，西方文化在本体论上严格划分主观与客观，明确主体与客体之间的界限，主张主客分立，体现的是个别化思维。个别化思维强调客体的内在本性及特征，主张主体应该通过概念性和逻辑性的认识和陈述系统，来表达明确的"实在"这一外在的客观认识对象。同时，西方文化在方法论上所强调的规范模式之"形合"特征，通常要求适用规范时采取三段论式的逻辑推理形式，来保证规范的有效理解和运用。"法律中所运用的推理过程，在很大程度上是以含有各种专门性质的概念的规则与原则为基础的。在许多也许是大多数需要法律分析的案件中，所应适用的规则能够很轻易地被识别出来，而且也不会与其他规则发生冲突。在法院查明当事人之间争议的事实以后，就可以按照逻辑演绎过程把这些事实归属于某个规则之下。"〔1〕

逻辑思维注重将认识对象从周围环境中分离开来，暂时舍弃相关条件或者制约因素，在不变的条件下加以研究，尽可能将其各方面特征分解开来，分别加以辨析。正如美国社会学家托夫勒所言，逻辑分析思维是一种"拆零"的思维活动，关注局部而往往忽视整体。〔2〕这种思维方式能够使认识深化，但容易流于形式与片面，能够将研究对象的属性与特征越分越细，但容易忽略事物各组成部分之间的内在有机联系。这种思维方式本身带有孤立、静止、片面的倾向，这是保持认知和推理的严格性所必需的，其运用也是有条件的，既在认识对象孤立出来认识之后，还要充分考虑其动态变化特征，在将认知对象从各个角度加以分别认知后，还要综合起来获得全面认识，否则容易导致形而上学，乃至于僵化、刻板。这种思维能够透过事物表面现象，深入到本质中去，获得抽象的、深刻的、根本的认识，不断消除人们认识中的模糊、肤浅、自相矛盾之处，使人们思路清晰，观点明确，论证有力，结论可靠。逻辑思维能够尽量排除感情色彩，避免主观的歧义理解，避免了现实生活中许多非制度化、非理性的因素，使人们能够超越感官和经验的局限性，从理性层面认识世界和把握世界。

---

〔1〕　[美] E. 博登海默：《法理学——法律哲学与法律方法》，邓正来译，中国政法大学出版社2004 年版，第 510 页。

〔2〕　转引自 [比] 伊·普利高津、[法] 伊·斯唐热：《从混沌到有序——人与自然的新对话》，曾庆宏、沈小峰译，上海译文出版社 1987 年版，第 5 页。

三、文化认识论与犯罪构成认识论

（一）直觉体悟与犯罪构成

自汉"罢黜百家，独尊儒术"以来，中国的法律制度便走上了一条伦理化的道路，重德轻法，与其说国法重要，倒不如说伦常、人情更重要。[1]以"德主刑辅"为基础，封建统治者建立了一套适合专制统治的定罪原则和制度。如则天原则、伦理原则、人情原则[2]以及春秋决狱、原心论罪等。以春秋决狱为例，强调在兼顾事实的同时，注重考察行为动机，导致在司法实践中，以缜密而且符合人情的理念分析经义和事实。原心论罪作为春秋决狱的一个总原则，基本上适用于整个封建社会。它是指定罪量刑主要立足于犯罪的动机、目的等主观恶性，至于行为及结果则是次要的。"《春秋》之听狱也，必本其事而原其志。志邪者不待成，首恶者罪特重，本直者其论轻……罪同异论，其本殊也。"[3]对此，《盐铁论》评述道："《春秋》之治狱，论心定罪。志善而违于法者免，志恶而合于法者诛。"[4]"原心论罪"在判断行为是否构成犯罪时，侧重行为者动机的良善而不是客观行为及其危害后果。"原心论罪的审判方法，确立了儒家法律的思想观念，法律不仅具有规范人们外部行为的价值，还有规范人们内心世界道德观念的价值。"[5]这种以内心良善主导客观事实的定罪方式，核心价值乃维护整体和谐与利益的至上性以及坚持道义高于利益。"原心论罪是对罪刑法定的反动，罪刑法定与原心论罪的矛盾是客观的，它意味着国家刑罚权的行使除依据明确的刑法规范之外，还要受到道德规范的制约，而道德规范在明确性上远逊于法律规范。"[6]封建社会据以定罪的礼仪、仁义、良善等道德伦理，并没有明确可循的标准，基本上不需要严格的法治借助客观、严密的逻辑分析方法去论证，主要是通过内在信念去直觉体悟才能达成。

今天，刑法已明确了罪刑法定原则，坚持主客观相一致认定犯罪。由于

---

〔1〕 参见高浣月：《清代刑名幕友研究》，中国政法大学出版社 2000 年版，第 94~95 页。

〔2〕 参见史广全：《中国古代立法文化研究》，法律出版社 2006 年版，第 37 页以下。

〔3〕 《春秋繁露·精华》。

〔4〕 《盐铁论·刑德》。

〔5〕 史广全：《礼法融合与中国传统法律文化的历史演进》，法律出版社 2006 年版，第 307 页。

〔6〕 任喜荣：《伦理刑法及其终结》，吉林人民出版社 2005 年版，第 119 页。

刑事违法性只是犯罪成立的必要条件，行为的社会危害性才是界定犯罪的充分条件，在认定犯罪中处于核心地位。相对而言，社会危害性具有特定内涵，比封建时期的伦理道德、礼仁良善等更容易把握和理解，故以社会危害性为中心认定犯罪自然更为科学、合理。但是，社会危害性的评价仍然需要借助社会伦理、是非丑恶等荣辱观念，对社会危害性及其程度的认定，关键在于有无以及程度轻重的把握，只要抓住这一点，就无须繁复的层次推理与逻辑分析。由此看来，以直觉体悟的认识论为基础，服务于犯罪认定的社会危害性这一中心标准，围绕着如何简洁、便利地区分社会危害性及其程度，使罪与非罪的界定变得直观，便于司法操作与提高司法效率，是构建我国犯罪构成体系应该考虑的问题。这样的犯罪构成，未必需要依赖严格逻辑分析的立体的、阶层的犯罪构成。从我国刑法总则的规定来看，对行为及其要素、行为主体、行为心态等，均作为一个平等层次的犯罪构成要件相继加以规定。刑法分则对具体犯罪的规定，也是以这些要件为基础，符合刑法规定的若干要件，犯罪便成立。从这一角度讲，我国现行犯罪构成体系之平面性，在认识论上与我国直观体悟的文化认识论是有机辉映的。

（二）逻辑分析与犯罪构成

以逻辑性和层次性闻名的德、日等大陆法系国家的犯罪阶层体系之形成，与西方近代自然科学的飞速发展有着密切关系。"犯罪阶层体系是刑法规范对犯罪事实的评价体系，这套评价体系属于科学性知识体系的一种，自然无法不受一般科学性知识系统形成方法的影响。至今德国刑法学者所开发出来的阶层体系包括古典三阶层体系、新古典三阶层体系、新古典二阶层体系、新古典暨目的论综合阶层体系（包括二、三、四、五阶层体系）、目的理性阶层体系、实质的阶层体系、行为责任阶层体系、目的论阶层体系等。这些犯罪阶层体系各自受到流行于不同时期的认识方法论的影响，包括流行于19世纪的自然科学实证主义、20世纪的新康德价值哲学、整体考察方法论、20世纪30年代以降的现象学派存在论以及新黑格尔哲学的影响。"[1]其中，在自然科学实证主义影响下形成的古典三阶层体系，作为初始模式确立以后，奠定

---

〔1〕　许玉秀：《当代刑法思潮》，中国民主法制出版社2005年版，第119页。

了犯罪阶层体系的根基。[1]

古典三阶层犯罪体系立足于实定法，是从规范的内容中归纳出来的犯罪体系。"就像我们之前提过的，法条是以语言表达之行为或决定的规则。为发挥作用，其必须被适用。应当如何适用法条呢？问题的答案似乎很简单，一个看来单纯的逻辑模式可以作为法条适用始终应遵守的界限。"[2]将实定法规定看作一种客观现象，运用逻辑分析方法从中推导出犯罪阶层体系，是自然科学实证主义认识方法论的结果。"古典的三阶层犯罪体系，便是这种自然科学实证主义风潮下的产物。"[3]自然科学实证主义萌芽于16世纪，是在神秘和巫术的因素消失殆尽后，人们试图十分自然地解释自然现象的结果。"古老的亚里士多德的解释原则，例如施作用于物质而使之实现形式的目的或目标的形式或本质等等，已被摈弃，而代之以机械的解释：一切自然现象都是按照固定的规律由物理运动引起的。"[4]19世纪中叶，自然科学实证主义在欧洲已经征服整个哲学领域。"这个时代的特征是一个特殊的总观点的形成。这个总观点的中心是自然界绝对不变这样一个见解……"[5]在刑法学研究领域，人们似乎认为，在罪刑法定主义的框架下，刑法学的任务在于通过自然科学方法，解释犯罪与刑罚之间的因果关系。这样，刑法中的行为便是一种因果事实，即在人的意识支配下的身体动作引起的外界结果的过程，就是行为。"19世纪末20世纪初，受自然科学的重要影响，刑法理论首先试图将人类的行为理解为外在的自然过程，是'任意导致的或没有阻止的对外部世界的改变'，其中，

---

[1] 自然主义与实证主义本为两个不同的哲学派别。在哲学上，自然主义有三重含义：一是指一种文艺思潮和创作方法，作为对浪漫主义文学的反抗而出现的，兴起于19世纪末20世纪初的法国；二是指杜威等为主要代表的自然主义的哲学流派；三是泛指主张用自然原因或者自然原理来解释一切现象的哲学思想、观念。第三种形式的自然主义是古典犯罪论体系的基础。实证主义创始人为孔德，强调自然科学的观察和实验方法在哲学中的运用，明确要以实证自然科学的精神来改造和超越传统形而上学的流派。可见，实证主义所主张的经验事实和科学方法的价值，乃源自自然科学，这一点与自然主义是相通的。故本书采纳许玉秀教授的提法，概括谓之自然科学实证主义。

[2] [德]卡尔·拉伦茨：《法学方法论》，陈爱娥译，商务印书馆2003年版，第149页。

[3] 许玉秀：《犯罪阶层体系及其方法论》，成阳印刷股份有限公司2000年版，第74页。

[4] [美]梯利著，伍德增补：《西方哲学史》，葛力译，商务印书馆1995年版，第155页。

[5] [德]恩格斯："自然辩证法"，载《马克思恩格斯选集》（第3卷），人民出版社1972年版，第448页。

'任意'只是'导致肌肉紧张'或放松的'心理活动'。"〔1〕如李斯特认为，"行为（handlung）是相对于外部世界的任意举止（willkuerlliches Verhalten），具体地讲：这一任意行为能够改变外部世界，不论是造成某种改变的作为（Tun），还是造成某种改变的不作为（Unterlassen）。"〔2〕贝林根据行为的自然的因果现象性质，认定刑法所规定的构成要件不过是纯粹的功能型概念，是客观的、中性的、没有色彩的因果定则。"'法定构成要件'是纯粹的功能性概念。该概念仅仅表达了那种指导犯罪类型之方向的要素。由此可见，不存在'自给自足'的法定构成要件。所有法定构成要件在内容上都是相对的，每个构成要件只有针对其所规定的犯罪类型才是一个构成要件。"〔3〕在贝林看来，只要外界变动现象符合刑法分则规定的构成要件，就具备了犯罪构成该当性。

　　彼时，处于自然科学支配下的社会科学，主张用孤立、静止的观点去考察事物。"把自然界的各种事物和各种过程孤立起来，撇开宏大的总的联系去进行考察，因此，就不是从运动的状态，而是从静止的状态去考察；不是把它们看作本质上变化的东西，而是看作永恒不变的东西；不是从活的状态，而是从死的状态去考察。"〔4〕根据自然科学实证主义观，客观外在世界与主观内在世界是两个相互分离、互相独立的部分，客观世界充其量只是主观心理的一种单一的、纯粹的反应过程。"古典的犯罪概念，首先是由李斯特赢得决定性影响的。这个概念受到了 19 世纪以来在思想史方面的自然主义的重要影响。这种自然主义，将思想性的学术工作置于自然科学的精确性理想下。根据这个理想，刑法体系要被引导向可以计量的、从经验上可以证明的现实的构成部分上去。这种标准，要么只能是客观的外部世界的要素，要么只能是主观的内在心理上的过程，因此，从这样的观点出发，由相互分离的客观因素和主观因素作为组成刑法体系的两个部分，就是很合适的。"〔5〕这样，不含

----

〔1〕［德］冈特·施特拉腾韦特、洛塔尔·库伦：《刑法总论Ⅰ——犯罪论》，杨萌译，法律出版社 2006 年版，第 69 页。

〔2〕［德］弗兰茨·冯·李斯特：《德国刑法教科书》，徐久生译，法律出版社 2000 年版，第 176 页。

〔3〕［德］恩施特·贝林：《构成要件理论》，王安异译，中国人民公安大学出版社 2006 年版，第 7 页。

〔4〕《马克思恩格斯选集》（第 3 卷），人民出版社 1972 年版，第 360 页。

〔5〕［德］克劳斯·罗克辛：《德国刑法学　总论》（第 1 卷），王世洲译，法律出版社 2005 年版，第 123 页。

主观因素与规范因素的构成要件，与违法性与责任因素就完全割裂开来，构成要件该当性、违法性、有责性作为犯罪的三极，彼此之间相互独立、并无联系，形成古典三阶层犯罪体系。"自然主义将犯罪行为定义为符合构成要件、违法及有责的行为，非但这个定义影响如此重大，至今依旧存在，自然主义思想内涵上的作用也是如此深达而坚韧，并因而使因果关系概念成为'外界现象'的构成要件的关键。……自然主义的'因果一元论'因而阻碍了'构成要件'这个体系阶层的展开，这个体系阶层萎缩成被平均化了的导致法益受侵害，并因而再也不能接纳存在于多样性社会冲突地位之中的价值差异，而且也不能借着彻底区分概念处理这种价值差异。"〔1〕

由上可知，德、日等大陆法系国家的犯罪体系，是在自然科学实证主义直接影响下形成的。自然科学实证主义倚重的逻辑分析之认识论，不可避免地渗透到西方国家犯罪论体系的构建中。"在形式逻辑上，按照犯罪本身的发展经过，构筑认识它的体系，或者考虑刑事裁判中犯罪事实的认定过程建立与其相适应的理论体系，都并非不可能。"〔2〕西方国家犯罪阶层体系的出现，是浸淫在理性主义和经验主义所倡导的逻辑分析认识论下的必然产物。可以说，满脑子自然主义与逻辑分析思维的西方学者，所创建的只能是充满逻辑性与阶层性的犯罪体系。就是后来坚决反对新古典犯罪阶层体系的韦尔策尔，也避免不了以逻辑分析方法构建犯罪论体系。"据他们的学说，整个法被贯穿着'事情逻辑的结构'（sachlogische Strukturen）例如人之行为的结构，故意的结构，主犯——共犯关系的结构，当行为等应该被规范时，这些结构约束着法律调整。"〔3〕可以预见，即便是在将来，逻辑分析依旧是西方刑法学在定义概念和构建犯罪论体系的主题。"在概念和体系的构成方面，刑法教义学不仅需要形式上的法学逻辑，因为形式逻辑只提出了法学的一般规则，而且还需要一个从被保护的法益角度提出论据的实体上的逻辑，并因此而对制定和论证法规范起到推进作用。"〔4〕与逻辑分析的认识论相对应，犯罪构成体系必

〔1〕 许乃曼："刑法体系思想导论"，载《法务通讯》第1567期。

〔2〕 ［日］大塚仁：《刑法概说（总则）》，冯军译，中国人民大学出版社2003年版，第107页。

〔3〕 ［德］阿图尔·考夫曼、温弗里德·哈斯默尔主编：《当代法哲学和法律理论导论》，郑永流译，法律出版社2002年版，第124页。

〔4〕 ［德］汉斯·海因里希·耶赛克、托马斯·魏根特：《德国刑法教科书（总论）》，徐久生译，中国法制出版社2001年版，第54页。

然呈现出重视间架结构、讲究层次级别的倾向，是为立体的犯罪构成。今天，德、日的犯罪论体系，无论是古典型、新古典型还是目的型，无不体现立体特征，这与其强调犯罪构成的逻辑分析是分不开的。

不过，作为大陆法系国家的法国、意大利以及英美法系国家的犯罪论体系，与德、日有所不同。以法国为例，作为罪刑法定原则法典化的第一国，法国的犯罪论体系深受古典学派理论影响。主要目的是为了排除恣意性介入，充分发挥罪刑法定主义的机能。因此，法国的犯罪构成理论一直充满客观主义倾向，各要件之间的关系不像德、日那样复杂、烦琐，力求简单化。在法国，犯罪构成要件有二：一是犯罪的特有构成要件；二是责任要件。犯罪的特有构成要件相当于英美法系国家犯罪成立理论之本体要件，包括事实要件和心理要件。这是认定犯罪需要完成的第一环节。如果某一行为符合刑法规定的事实要件和心里要件，就初步完成了观念的犯罪类型的定格，接下来需要判断是否具有应负刑事责任的情形，即责任要件的判断。责任要件在具体认定上分为负刑事责任的主体要件和不应负刑事责任的原因的判断，内容涵盖犯罪主体资格（自然人和法人、刑事责任年龄、刑事责任能力等）以及排除犯罪性的正当防卫、紧急避险等不具有违法特征的因素。[1]在犯罪论体系的逻辑性、层次性方面，法国、意大利以及英美法系国家相对较弱，并不像德、日那样遵循严格的从总到分、从外部到内部、从客观到主观的顺序，各构成要件内部也不像德、日那样严格区分概念的不同内容，小心处理主客观之间的关系。

这里特别需要指出的是意大利的犯罪论体系。意大利通行的三要件体系认为，犯罪成立要件包括典型事实、客观违法性和罪过，表面上看与德、日犯罪论体系有些相似，实质上存在很大不同。意大利犯罪论体系中的客观违法性，与德、日犯罪论体系中的违法性，在地位、功能和作用上并不相同，在某种程度上与罪过是处于同一级别的。例如，对于间接正犯与共犯的区分，德、日犯罪论体系中的违法性扮演着重要角色，[2]而意大利犯罪论体系中的客观违法性则无此功能。"具有客观违法性的事实，可以撇开其他共同犯罪人

---

〔1〕 参见［法］卡斯东·斯特法尼等：《法国刑法总论精义》，罗结珍译，中国政法大学出版社1998年版，第278页以下。

〔2〕 具体分析可以参见马克昌、莫洪宪主编的《中日共同犯罪比较研究》（武汉大学出版社2003年版）中的相关内容。

的主观罪过，单独成为共同犯罪的基础。例如，教唆他人盗窃，如果不存在正当化原因，即使被教唆人拿别人东西时没有故意（即没有罪过），教唆人也构成共犯（参见第八章第四节）；相反，如果存在正当化原因，其效力及于所有的共同犯罪人（刑法典第 119 条第 2 款）。"[1]由此看来，法国、意大利以及英美法系国家的犯罪论体系确实有自己独特之处。正因如此，有人认为这种犯罪论体系是平面的。[2]不过，法国、意大利的犯罪论体系归根结底还是体现严格的逻辑性和层次性的，这一点与德、日犯罪论体系并无实质不同，唯一的区别在于犯罪论体系的逻辑性和层次性存在广度和深度上的差异。

需要指出的是，直觉体悟与逻辑分析只是中西方犯罪构成认识论的各自突出特征，并不等于否认另一种认识论在其中的作用。换句话说，中国哲学在认识论上只是以直觉体悟为主，但并不排斥逻辑分析模式。中国传统哲学思维方式的缺点是分析方法薄弱，但并不是完全没有分析思维。没有一个用直觉方法的哲学家不兼采形式逻辑与矛盾思辨的，同时也没有一个理智的哲学家不兼采直觉方法及矛盾思辨的。[3]中国哲学也有自己的逻辑学，不过不同于西方的形式逻辑。"反观中国哲学，长久以来，一直不重视对于形式逻辑的研究，因此'墨学'成为绝学。对形式逻辑的排斥，影响与决定了中国哲学的思维方式。从孔子以来，中国哲人们对哲学问题的论证，少有长篇大论的论著，多以格言、警句的方式表达其对于哲学问题的洞见；即使有像孟子、荀子、庄子等这样的哲学家写过一些长篇大论的文章，其对于哲学问题的论述，也没有采取严格的形式逻辑的方法，而多用形象的比喻来说明观点与展开思路。这并不是说中国人缺乏逻辑思维的训练，或者说中国人难以掌握形式逻辑，而是说，中国哲人认为，对于哲学问题的探究，应当采用另一种逻辑。中国哲学的这种逻辑，假如给它一个称谓，可以叫作'内涵逻辑'，以与西方哲学论辩中经常出现的形式逻辑相区别。"[4]中国传统文化和法律中也是存在形式逻辑的，只不过这种逻辑分析方法从来没有在文化和法律的运用中

---

〔1〕［意］杜里奥·帕多瓦尼：《意大利刑法学原理》（注评版），陈忠林译评，中国人民大学出版社 2004 年版，第 135 页。

〔2〕参见杜辉：《刑事法视野中的出罪研究》，中国政法大学出版社 2011 年版。

〔3〕参见贺麟：《哲学与哲学史论文集》，商务印书馆 1990 年版，第 181 页。

〔4〕胡伟希："中国哲学：'合法性'、思维态势与类型——兼论中西哲学类型"，载《现代哲学》2004 年第 3 期，第 60 页。

占据主导地位。同样，西方文化和法律在认识论上也融合有直觉体悟，只不过同样没有在文化和法律的运用中占据主导地位。

第二节 平面的犯罪构成

一、平面的犯罪构成的形成与发展

犯罪成立，离不开主观与客观因素。早先人们认定犯罪都比较简单，通常根据经验认为受到刑罚处罚的行为需要主观因素与客观因素，这在世界各国历史上无多大区别。[1]当犯罪构成由经验走向理性、由程序逐渐迈入实体时，不可避免地融入各自的文化背景、历史传统、思维模式等因素，从而呈现出多元化发展态势，成就平面的犯罪构成与立体的犯罪构成的分野。近代成熟的平面的犯罪构成理论，得益于沙皇俄国以及后来的苏联刑法学家的维护与提倡，使其与风头正劲的立体的犯罪构成平起平坐。

"19世纪中叶，俄国刑法学家接受并将 Tatbstand 引入了学术术语中，这个词译成俄语后就是犯罪构成。"[2]当时，许多俄国学者都是在德国的大学毕业并获得硕士学位的，他们带回了德国的刑法理论，包括费尔巴哈等人的犯罪构成学说。这个时期出版的俄国刑法论著，在刑法理论和犯罪构成理论上，受德国的影响最深。[3]不过，19世纪下半叶以来，多数学者在犯罪构成理论体系上却为之不动，始终保留自己古老的、一贯的传统，没有走上阶层、立体的犯罪构成体系构建的道路。如斯巴索维奇在1863年出版的《刑法教科书》中，认为成立犯罪必须具备以下条件：犯罪对象；犯罪人；犯罪行为。犯罪行为自身必须具备四个要素：行为及其后果和两个构成其内部方面的要素——意志和认识。这些要件可以有各种不同的组合，能够按不同的比例结合在一起。1891年出版的基斯佳科夫斯基的《普通刑法基础教材》，同样在

---

[1] 历史上也存在主观归罪或者客观归罪的情形，毕竟限于极少数情形，属于一般情形的例外。

[2] 何秉松、[俄]科米萨罗夫、科罗别耶夫主编：《中国与俄罗斯犯罪构成理论比较研究》，法律出版社2008年版，第5页。

[3] 参见何秉松："'中俄、德日'量达犯罪论体系比较研究——塔甘采夫体系 VS 贝林格体系（讨论稿）"，中俄与德日两大法系犯罪论体系比较研究国际研讨会文件之三，2008年11月，第245页。

犯罪构成体系上采取平面形式。[1]20世纪前半叶，俄罗斯刑法学界依旧保留并继承了平面的犯罪构成体系，并无重构迹象。"本世纪前半期俄罗斯刑法认为犯罪构成是构成犯罪的要素及其要件的体系（总和）。根本没有提到认为犯罪构成是'立法模式'或'科学抽象'的规范法学派解释。"[2]

20世纪中后期，苏联刑法学家在批判借鉴大陆法系刑法理论中的构成要件论的同时，保留了传统的平面的犯罪构成体系，并在此基础上创立了独具特色的犯罪构成理论。"苏联的犯罪构成并没有吸收德日的三段论模式的构成，而是采用四要件式的构成。"[3]在苏联犯罪构成理论形成过程中，著名刑法学家特拉伊宁发挥了重大作用。

特拉伊宁认为，古典犯罪论体系的目的在于保护法权秩序，行为具有重大意义。同法权相抵触的是违法行为，实际上应当受到惩罚的是损害"国家"威信的犯罪行为。因此，无论是资产阶级形式"民主"的整个制度，或者是古典学派的犯罪构成的学说及其对"客观"公正的法律权威的崇拜，都充满着资产阶级的内容。"不把主体而把行为提到首要地位的客观立场，是同资产阶级'民主'的整个体系所特有的趋向有机地联系着的；这种趋向就是不超出从形式上解决法权问题的范围，不超出保护'法权秩序'的范围。"[4]由此，特拉伊宁认为："社会主义的刑法，是以犯罪的阶级性和犯罪内容的历史变异性为出发点的。犯罪的阶级性，在《苏俄刑法典》第6条和各加盟共和国刑法典的相应规定中，有一般的法律上的规定。而在刑法典分则的每个规范、每个构成中，则有其具体的立法上的体现。"[5]在特拉伊宁看来，不管犯罪构成规定得多么完备和全面，也不可能把表明行为、主体和环境的一切特征都概括出来，故犯罪构成是概括的类型形象。"立法者在规定某一犯罪构成

---

〔1〕 参见何秉松："'中俄、德日'量达犯罪论体系比较研究——塔甘采夫体系VS贝林格体系（讨论稿）"，中俄与德日两大法系犯罪论体系比较研究国际研讨会文件之三，2008年11月，第246-248页。

〔2〕 ［俄］Н.Ф.库兹涅佐娃、И.М.佳日科娃主编：《俄罗斯刑法教程（总论）》（上卷·犯罪论），黄道秀译，中国法制出版社2002年版，第175页。

〔3〕 何秉松主编：《新时代曙光下的刑法理论体系的反思与重构——全球性的考察》，中国人民公安大学出版社2008年版，第231页。

〔4〕 ［苏］А.Н.特拉伊宁：《犯罪构成的一般学说》，王作富等译，中国人民大学出版社1958年版，第18页。

〔5〕 ［苏］А.Н.特拉伊宁：《犯罪构成的一般学说》，王作富等译，中国人民大学出版社1958年版，第43页。

时，经常要从表明行为和行为人的社会危害性的大量特征中进行选择，选择其中最典型、最重要的特征。法律在刑法规范的罪状中所规定的、从而'提升'为犯罪构成因素的，正是这些特征。犯罪构成的结构所涉及的方面越多，越是想概括客观方面和主观方面，就越应该有条不紊地、慎重地从大量的各种各样的事实特征中把法律认为具有犯罪构成因素的意义、其总合形成危害社会行为的特征选择出来。否则，犯罪构成（它本来是具体犯罪在立法上的极简单的定义）就可能变成对犯罪事实的烦琐的叙述。"[1]

通过对资产阶级阶层性犯罪构成体系的驳斥，特拉伊宁创立了新的犯罪构成体系。"犯罪是一种侵犯社会主义国家和破坏社会主义法律秩序的危害社会的行为。犯罪构成是一切客观特征和主观特征（各种因素）的总和，这些特征确定对社会主义国家具有具体社会危害性的作为（或不作为）就是犯罪行为。"[2]对于特拉伊宁的平面犯罪构成模式，有学者评价道，"这种犯罪构成理论的特点是，赋予犯罪构成以社会政治的实质内容，在社会危害的基础上建构犯罪构成，使犯罪构成成为社会危害性的构成。尤其是将大陆法系刑法理论中作为犯罪成立条件之一的构成条件论改造成犯罪条件之全部的犯罪构成论，形成了完整的犯罪构成理论"。[3]苏联的犯罪构成理论后来被传到包括我国在内的其他社会主义国家，成为独具特色的犯罪论体系。

二、平面的犯罪构成之基本特征

平面的犯罪构成最大的特点在于对犯罪成立的认识直观简洁。无论犯罪由多少构成要件组成，都没有层次与级别之分。犯罪各要件各司其职，共同服务于整体认定犯罪的需要。我国学界通说认为，犯罪客体、犯罪客观方面、犯罪主体和犯罪主观方面这四个要件在性质上都是犯罪成立不可缺少的要件，缺少其中任何一个要件犯罪都将不成立。在地位上，四要件没有层级、高下之分，它们就像一间房子的四根顶梁柱，分别支撑起犯罪成立的四个犄角，使犯罪最终得以确定。在功能上，四要件分别从行为侵犯的社会关系、行为

---

〔1〕〔苏〕A. H. 特拉伊宁：《犯罪构成的一般学说》，王作富等译，中国人民大学出版社 1958 年版，第 48 页。

〔2〕〔苏〕A. H. 特拉伊宁："犯罪概念和犯罪构成"，载中国人民大学刑法教研室编译：《苏维埃刑法论文选译》（第 2 辑），中国人民大学出版社 1956 年版，第 7 页。

〔3〕陈兴良："犯罪构成的体系性思考"，载《法制与社会发展》2000 年第 3 期，第 50 页。

及其客观效果、行为主体的特性以及行为人的主观态度方面，完成对行为是否构成犯罪的四个必要方面的评价。

在平面的犯罪构成中，处于同一层面的各要件个数存在差别时，犯罪构成会呈现出不同的平面模式。例如，不少学者试图改造传统的犯罪构成要件体系，提出了与传统四要件说不同的"二要件说""三要件说""五要件说"等。这些不同观点虽然对犯罪构成体系进行了一定探讨，但在犯罪构成价值、功能以及刑事法治理念上并没有本质上的改变，均是在平面的框架内探讨犯罪构成体系的构建问题。

近些年来，学者们对我国犯罪构成的基本要件——犯罪客体、犯罪客观方面、犯罪主体以及犯罪主观方面的内容排列也进行了深入探讨。根据传统犯罪构成体系，四要件的排列顺序分别是：犯罪客体、犯罪客观方面、犯罪主体、犯罪主观方面。不少学者主张改变这种排列顺序。如有学者认为，犯罪构成共同要件应当按照以下顺序排列：犯罪主体、犯罪主观方面、犯罪客体、犯罪客观方面。[1]有学者主张，犯罪构成的一般要件应当按照以下顺序排列：犯罪主体、犯罪客体、犯罪主观方面、犯罪客观方面。[2]还有学者认为，通说的犯罪构成要件的排列顺序应修正为：犯罪客观要件——犯罪主体要件——犯罪主观要件——犯罪客体要件；而"犯罪主体要件——犯罪主观要件——犯罪客体要件——犯罪客观要件"之排列顺序则以行为形成过程与发展规律为依据，这两种排列顺序从不同角度、不同侧面揭示了犯罪构成四要件之间的逻辑排列，可并行不悖，具有彼此不可替代的作用。[3]也有学者从保障人权的角度，认为从客观到主观排列构成要件，是应当得到维持的。[4]

对于这种排列顺序的影响，有人认为这将会影响犯罪评价的价值取向，导致主观定罪。"我国由于所有的犯罪构成要件都在一个平面上叙述，似乎没有主次和前后顺序，结果导致在成立犯罪的判断上，到底该先从哪一个方面出发，来判断犯罪是否成立，学者之间众说纷纭，没有一致结论。这样，在实践中，常常会有这样的现象发生，即在犯罪的判断上，优先考虑行为人的

〔1〕 参见赵秉志主编：《新刑法教程》，中国人民大学出版社1997年版；陈明华主编：《刑法学》，中国政法大学出版社1999年版。
〔2〕 参见何秉松主编：《刑法教科书》，中国法制出版社2000年版。
〔3〕 赵秉志："论犯罪构成要件的逻辑顺序"，载《政法论坛》2003年第6期，第16~23页。
〔4〕 张明楷："犯罪论体系的思考"，载《政法论坛》2003年第6期，第34页。

主观内容，然后再考虑行为人的客观方面，甚至出现客观上不足以认定犯罪，但是由于行为人的主观动机极为恶劣，因此，将其认定为犯罪的所谓'客观不足主观补'的现象。这种现象，在交通肇事后逃逸致人死亡行为的定性上，表现得最为典型。在交通肇事之后，行为人逃逸，致使被害人因为没有得到及时救治而死亡的案件中，过去，很多人从我国刑法第 14 条有关故意犯罪的规定出发，认为此时，'行为人明知自己的逃逸行为会发生致被害人死亡的结果，并且放任这种结果发生，因而构成故意杀人罪'。但是，如此理解的话，那么，在行为人故意或者过失伤害他人之后，岂不是一律负有将被害人送往医院救治的义务，否则，只要出现被害人死亡的结果，就一律要按照故意杀人罪对其加以处理吗？这显然不符合现行刑法的规定，也是不现实的。"[1] 由此，论者主张应当坚持客观评价在先。

笔者认为，按照客观还是主观的顺序排列犯罪构成要件，对我国平面的犯罪构成来说没有实质意义。平面的犯罪构成体系的终极目标是评价行为的社会危害性及其程度，决定其是否构成犯罪，而犯罪构成要件之间如何排列、有无顺序不能影响这种评价。从理论上看，四要件在认定犯罪中的作用并没有区别，都是成立犯罪不可缺少的，它们有机统一共同确定具有社会危害性的行为构成犯罪。至于如何结合，谁先谁后，谁主谁次，并不重要。如果说，犯罪构成要件不按照客观到主观的顺序排列、评估，就会造成主观评价在先而导致主观归罪，按此逻辑，按照客观到主观的顺序排列，也会造成客观归罪，这难道就可取？在交通肇事罪中，行为人明知自己的逃逸行为会发生致被害人死亡的结果，并且放任这种结果发生，自然就不会履行救治义务，构成故意杀人罪也在情理之中；如果不是放任被害人死亡结果发生，自然就会履行救治义务，此时无论被害人是否死亡，都不会构成故意杀人罪，这与刑法规定并不矛盾。至于论者推断，"在行为人故意或者过失伤害他人之后，岂不是一律负有将被害人送往医院救治的义务，否则，只要出现被害人死亡的结果，就一律要按照故意杀人罪对其加以处理吗？"显然有些牵强。因为，交通肇事罪作为一种过失犯罪，在行为人不知道被害人情况到明知被害人伤害，主观认识已经发生质的变化，这与在同一故意下的认识显然不可同日而语。因此，交通肇事后行为人在明知被害人状况时，具有救治义务，是否履行这

---

〔1〕 黎宏："我国犯罪构成体系不必重构"，载《法学研究》2006 年第 1 期，第 45 页。

种救治义务影响定性，并无不合理之处。而在故意伤害罪中，由于行为人始终处于同一罪过下，且被害人死亡已经是一种加重情节，故不履行救治义务不影响定性并无不妥。

总之，平面的犯罪构成的内在特征，决定了犯罪构成要件的排序顺序并不重要，简化了认定犯罪的程序，操作起来十分便利。如在认定共同犯罪时，在没有达到刑事责任年龄的人参与的情形下，可以简单根据其无刑事责任年龄而排除成立共同犯罪，直截了当。任何根据程序和逻辑限定犯罪构成要件排列的看法，并无多少实质意义。如果非要在平面的犯罪构成中按照逻辑顺序严格排列构成要件，则极有可能使之步立体的犯罪构成之后尘，乃至于产生质变。这样做显然是抑己之长，没有必要。

三、平面的犯罪构成之优越性

（一）不讲究犯罪构成各要件之间排序和内在逻辑，简洁灵活，便于
　　　司法操作

平面的犯罪构成从字面上讲，就是犯罪构成各要件在位次上处于同一水平面，各要件之间没有必然的逻辑联系，认定犯罪时只要简单将各要件加以组合，形成一个有机统一的整体，就成为一个具体判断罪与非罪的完整模型。这样的犯罪认定模式，简洁灵活，便于司法操作。以抢劫罪为例，认定是否构成犯罪，只需要将抢劫罪赖以成立的四个要件，即侵犯公私财产所有权和他人人身权利、当场以暴力、威胁或者其他方式强行劫取财物、年满 14 周岁、具有刑事责任能力、具有非法占有他人财物的直接故意和目的相结合，就可以完成犯罪认定。在犯罪认定过程中，如果发现任何一个犯罪构成要件得不到满足，就可以立即否定行为构成犯罪。这样的犯罪认定方式，随意挥洒，以最直观、便利的方式完成犯罪认定过程，较之严格遵循逻辑顺序、分步骤依次认定的方式，显然要简洁方便些。因为，在犯罪过程中总是首先要遵循什么，其次应该如何，无疑人为地设置了各种条条框框，致使在手续上、过程上按部就班、机械刻板。倘若有一个环节出现问题，也只能等到这个环节被评价时才能够发现问题，不像平面的犯罪构成那样可以直奔主题，揭示某个环节的问题，直接给犯罪认定画上句号。因此，我们在评价平面的犯罪构成理论体系时，不应该只看到其不遵循逻辑顺序、层次级别所带来的弊端，同时也要关注其所带来的便利和灵活，这也正是非平面的犯罪构成理论体系

所缺乏的。

（二）知识性强，对技术的要求相对不高，有利于提高司法效率

平面的犯罪构成的各要件均包含自己独特的要素内容，具有相当的知识含量，体现了很强的知识性。但是，各犯罪构成要件除了在组合成犯罪时发挥整体的功能外，基本上处于独立状态。此构成要件与彼构成要件之间，可以不用分析其中的关系和联系。以我国犯罪构成中的犯罪主体要件和犯罪主观要件为例，前者包括犯罪主体的年龄、智力发育程度等与刑事责任能力（控制能力和意志能力）有关的要素以及犯罪主体的身份等，后者包括故意和过失、犯罪目的和动机以及认识错误等与行为人主观心理态度有关的要素。应当说，行为人的控制能力和意志能力与行为人的主观心理态度，特别是故意和过失之间，还是存在联系的，前者直接影响后者的有无、生成和类别。但是，在判断罪与非罪时，人们可以不根据两者之间的这种联络，分别加以判断。这表明，平面的犯罪构成只要求简单判断各构成要件的有无，就能使各构成要件完成其使命。至于各构成要件之间有无内在机理、有什么顺序、呈现何种层次，一律与罪与非罪、此罪与彼罪以及量刑没有必然联系，这就大大简化了犯罪认定的技术性，增强了犯罪认定的知识性，便于司法人员快速掌握和操作，有利于提高司法效率。

时下，我国处于社会转型时期，各类刑事案件发案率在相当一段时期将会维持在一定的水平。要处理大量的刑事案件，有赖于一定数量、掌握一定刑事法律知识的司法从业人员。在认定犯罪时，如果对司法人员的刑法理论知识要求过高，将会影响司法效率。目前，就我国的司法队伍素质来说，整体要求和水平应该不算太高。例如，《法官法》第9条规定："担任法官必须具备下列条件：（一）具有中华人民共和国国籍；（二）年满二十三岁；（三）拥护中华人民共和国宪法；（四）有良好的政治、业务素质和良好的品行；（五）身体健康；（六）高等院校法律专业本科毕业或者高等院校非法律专业本科毕业具有法律专业知识，从事法律工作满二年，其中担任高级人民法院、最高人民法院法官，应当从事法律工作满三年；获得法律专业硕士学位、博士学位或者非法律专业硕士学位、博士学位具有法律专业知识，从事法律工作满一年，其中担任高级人民法院、最高人民法院法官，应当从事法律工作满二年。"平面的犯罪构成知识性强、技术性弱的特点，便于司法人员快速掌握和运用，有利于提高司法人员的办案效率，比较适合当前我国的司法现状。

"'犯罪构成的内容，直接就是犯罪成立的要素，这样的犯罪构成理论在逻辑上以立法为依托并对法律规范作明确的阐发'，有助于司法工作人员的理解和把握，凸显它的实践品格。"[1]

（三）能够从整体、宏观上把握犯罪的本质特征，有利于实现惩罚的公正性

平面的犯罪构成与犯罪构成的意合特征是相辅相成的。如前所述，在我国，刑事违法性是判断犯罪成立与否的必要条件，社会危害性及其程度才是界定罪与非罪的充分条件，处于核心地位。平面的犯罪构成所体现的直觉体悟的认识，恰恰能够围绕社会危害性这一核心要素，通过知、情、意的结合，准确评价和判断行为的社会危害性的有无及其程度。"犯罪与一般违法行为的区别在于社会危害性程度不同，即犯罪行为具有严重程度的社会危害性，而一般违法行为的社会危害性尚未达到这样严重的程度。所以，只有行为的严重社会危害性才能说明犯罪的根本特征，才能用以将犯罪与一般违法行为区别开来。"[2]

众所周知，法律是人们在通往公平、正义的理想道路上的阶梯，两者是目的与手段的关系。法官的最佳判决就是与社会正义和公理相吻合，合理性是法律适用的最终目标。因此，一项刑事判决如果建立在连贯一致的价值形式和一系列相互协调一致的意识形态原则的基础上，体现各种社会文化因素的综合，符合社会一致性标准，就会产生良好的社会效果，最大限度满足社会对犯罪处罚的愿望，也是最为理想的模式。"这种理想类型的实现有助于确保纠纷的解决以及法律的建设都可以在社会通行标准的基础上进行；协调法律运行的结果和个人的合理预期之间的关系；并通过论证法律的实质合理性来深化法律自身的正当性。我们称这种理想类型为社会一致的理想类型（the idea of social congruence）。"[3]在英美法系国家，一般认为，判断所谓的"连贯一致的价值形式和一系列相互协调一致的意识形态"，离不开道德、政策等

---

〔1〕 薛瑞麟："别急，这事得商量商量——对话《刑法知识的去苏俄化》的作者"，载中国政法大学、最高人民检察院检察官国际交流中心编："国家研讨会论文集"，中俄与德日两大法系犯罪论体系比较研究国际研讨会文件之二，2008 年 11 月，第 38 页。

〔2〕 马克昌主编：《犯罪通论》，武汉大学出版社 1999 年版，第 19 页。

〔3〕 ［美］迈尔文·艾隆·艾森伯格：《普通法的本质》，张曙光等译，法律出版社 2004 年版，第 63 页。

的价值判断，这也是一个国家、民族及其所建构的社会判断行为的社会危害性及其程度的要素。"在普通法中，要想使定罪量刑符合社会一致性标准，就必须考察由道德规范、政策和经验命题组成的社会命题。"〔1〕英美国家的这一价值判断形式，显然是以实质正义为核心的。作为实质正义的核心要素——道德规范、政策和经验，同样可以成为其他国家判断实质正义的标准。"正义的要求，除了包括其他东西以外，还包括了防止不合理的歧视待遇、设定义务以确保普遍安全和有效履行必要的政府职责、确立一个公正的奖惩制度等。所有上述要求，在某种程度上都同人类的共同需要有关系。"〔2〕

平面的犯罪构成通过直觉体悟，在透过规范这种外在形式后，能够深入一个国家、民族及其所建构的社会中，分析、评判由道德规范、政策和经验等命题组成的价值体系，从而客观、真实地再现某一行为在这个国家、民族及其所建构的社会中的危害及其程度，充分实现犯罪认定的社会公正，这对从整体上、宏观上把握犯罪的本质特征，无疑是十分有利的。由于一个国家、民族及其社会中的道德规范、政策和经验等并非一成不变，使得行为的社会危害性及其程度的判断标准必然存在差异。马克思主义认为："一个社会的公正具有明显的阶级性、历史性、差异性和流变性，绝对的公正、永恒的公正是不存在的，公正的观念因地而变，甚至因时而变，始终只是现存经济关系在其保守方面或在其革命方面的观念化、神圣化的表现。"〔3〕认定犯罪始终保持最大程度体悟一个社会中的道德规范、政策和经验，能够最大程度实现惩罚的社会公正，恰恰是平面的犯罪构成的优势所在。"在刑事司法活动中，个别公正之所以重要，主要是因为刑事立法所确立的一般公正由于法律规范本身的局限性，在适用于个别案件的时候，这种一般公正并不能'天然地'转化为个别公正，而有待于能动的刑事司法活动。"〔4〕

实践证明，平面的犯罪构成能够适当地克服刑事立法所导致的法律规范本身的局限性，有效地使一般公正适时地转化为个别公正，从而在某种程度上弥补刑事立法的缺陷，及时实现一般公正，保证惩罚的公正性。例如，

〔1〕 彭文华：《犯罪构成范畴论》，中国人民公安大学出版社 2009 年版，第 96 页。

〔2〕 ［美］E. 博登海默：《法理学——法律哲学与法律方法》，邓正来译，中国政法大学出版社 2004 年版，第 285~286 页。

〔3〕 参见《马克思恩格斯选集》（第 2 卷），人民出版社 1972 年版，第 539 页。

〔4〕 陈兴良：《刑法的价值构造》，中国人民大学出版社 1998 年版，第 338 页。

在刑法修正前的 20 世纪 90 年代初期，我国由于市场经济的推行，贩卖私粮这种投机倒把行为已经不再具有任何违背社会道德、政策和经验等内容，相反还是有利于社会的行为。当时，我国各级法院基本上不再通过司法形式认定这类行为构成投机倒把罪，尽管刑法仍然要求这样做，这显得十分合理。

（四）有利于解决抽象、疑难的问题，增强刑法的实用性与科学性

司法实践中，由于犯罪行为的千变万化，再完美的刑法规范，也不可能将所有的事实情况考虑在内。对于犯罪人而言，犯罪的内在冲动和追求在面对严厉的刑罚制裁时，不可能无动于衷，采取有效措施规避刑罚制裁的风险始终是行为人必须面对的课题。刑罚规范与犯罪人之间，是一场制裁和反制裁的猫抓老鼠的游戏。犯罪者会千方百计寻找刑法规范的漏洞，造成刑罚制裁的形式空白，让司法机关束手无策。例如，一段时期以来，司法实践中不断出现借助强迫交易讹诈他人钱财的案例。行为人采取的最常见的行为方式是，通过提供一定服务，大肆索要高额的服务费，达到非法获取他人财物的目的。如用摩的载客，正常收费为 10 元，行为人借故索要 200 元。如果按照刑法规定，这是一种强迫交易行为。因为，这种案例的发生，是以行为人与被害人自愿交易为前提，交易本身不存在任何的强迫性质。换句话说，如果被害人不与行为人之间达成提供服务交易，行为人不可能强行索要钱物，这与抢劫罪存在明显不同。但是，在交易达成后，行为人却借故强行索要远远大于交易费用的"服务费"，其手段的强制性与抢劫罪极为相似。对该类行为如何处理，刑法不可能面面俱到。于是，《最高人民法院关于审理抢劫、抢夺刑事案件适用法律若干问题的意见》第 9 条第 2 款规定："以非法占有为目的，以买卖、交易、服务为幌子采用暴力、胁迫手段迫使他人交出与合理价钱、费用相差悬殊的钱物的，以抢劫罪定罪处刑。"这一解释没有单纯根据交易行为之表象认定行为性质，避免了纠缠于形式主义的误区中，而是将之纳入刑法规范体系中判断，对假以交易之名行抢劫之实的强迫交易行为以抢劫罪论处，科学合理，与规范治理目标——实现社会公正完全一致。

另外，当层出不穷的反社会行为由偶然发生发展到一种普遍现象，乃至聚集到一定程度而形成对整个社会的全面威胁时，刑罚制裁也就难免，此时如何解决与规范制约的矛盾，也是一个十分棘手的问题。在我国，司法机关往往迎合一般公正的需要作出补充解释。例如，《最高人民法院关于审理交通

肇事刑事案件具体应用法律若干问题的解释》第 5 条第 2 款规定："交通肇事后，单位主管人员、机动车辆所有人、承包人或者乘车人指使肇事人逃逸，致使被害人因得不到救助而死亡的，以交通肇事罪的共犯论处。"客观地讲，该类行为之所以时常发生、屡禁不止，与交通肇事后单位主管人员、机动车辆所有人、承包人或者乘车人指使肇事人逃逸不无关系。特别是有些单位领导人员抱着侥幸心理，出于个人的前途考虑，置被害人伤亡于不顾，命令、致使肇事人逃逸的情形比较常见，群众意见很大，社会影响也十分恶劣。不惩罚命令、指使者，确实不利于社会公正的实现，这也是司法解释出台的本意所在。但是，由于这一司法解释与《刑法》第 25 条规定的共同犯罪存在冲突，遭到人们的一致诟病。不管遭到何种诘难，有一点必须强调，这类行为的社会危害严重性是完全达到了应该动用刑罚惩罚的地步的。如果根据刑法的形式制约不予以刑罚处罚，必将纵容此类行为的发生，不利于实现社会公正。因此，从惩罚的现实性和必要性来说，司法解释并无不妥，唯一不足的是缺乏明显的法律依据。对此，有学者认为："交通肇事逃逸本身，其实应该构成不作为的间接故意杀人或者遗弃罪，而这两种罪名均为故意犯罪，指使犯故意罪，当然能构成共犯。或者换个思路，由于刑法专门规定了交通肇事逃逸致人死亡的法定刑，是不是可以将其理解为原过失的交通肇事罪与逃逸导致的不作为的间接故意杀人或者遗弃罪的结合犯呢？由于被结合的犯罪中包括故意犯，因此，指使逃逸的，构成共同犯罪的教唆犯，也是可以的。这两种理解，都为司法解释的'合理性'找到了依据。笔者倾向于将交通肇事逃逸致人死亡看成是'交通肇事罪+故意杀人罪或者遗弃罪'的结合犯。"[1]如果这样的理由说得过去，那将表明我国平面的犯罪构成确实也有其合理、科学之处。

总之，对于司法实践中出现的疑难案例，平面的犯罪构成在坚持社会危害性及其程度的前提下，能够透过规范的形式约束，根据行为的本质特征认定犯罪，体现出较强的实用性和科学性。

---

〔1〕 陈洪兵："过失犯二题"，载 http://article. chinalawinfo. com/article/user/article_ display. asp? ArticleID＝32649.

四、平面的犯罪构成之局限性

（一）围绕"社会危害性"追求知情意相贯通，容易将道德情感等因素纳入犯罪认定依据之中，会造成犯罪认定的感性化与情绪化

犯罪所呈现的社会危害性的评判标准，离不开社会的道德伦理、普通大众的价值取向等因素。由于社会的道德伦理、普通大众的价值取向等本身没有确定的、可行的依据，是一种宏观的、抽象的形态，在参照这些标准时容易矫枉过正，反而偏离社会正义诉求。在中国的刑事司法实践中，以社会危害性及其程度为核心，通过直观体悟达到断案的知、情、意相贯通，古往今来并不鲜见。"中国很早就已经进展到了它今日的情状；但是因为它客观的存在和主观运动之间仍然缺少一种对峙，所以无从发生任何变化，一种终古如此的固定的东西代替了一种真正的历史的东西。中国和印度可以说还在世界历史的局外，而只是预期着、等待着若干因素的结合，然后才能够得到活泼生动的进步。客观性和主观自由的那种统一已经全然消弭了两者间的对峙，因此，物质便无从取得自己反省，无从取得主观性。所以'实体的东西'以道德的身份出现，……"〔1〕当今，我国刑事司法实践中，最为人所热议的当属司法的民意问题。

从字面意义上理解，民意即人民意愿，是社会大众对某一事物或某一社会现象的普遍看法，体现大众的理性与道德标准。司法体现民意，在一定程度上也是体现社会公众对行为的社会危害性及其程度的认识，是彰显社会公正的体现，是应该考虑的。司法遵循民意，"通常暗示了法律解释中的大众话语，其潜在叙事策略在于主张法律本身就是社会需要、经济发展和民众要求的集中体现，法律与公平正义应是同构的，法律的根本基础在于民众的愿望诉求"。〔2〕问题在于，如果司法参照的民意本身存在情绪偏移和价值过剩等问题，就容易导致司法偏离社会公正，反而不客观，这便是民意的非理性表现。由于民众的范畴涉及普通社会大众，而每个人的价值观念、知识水平等是不同的，所以民意往往会随着相互碰撞出现非理性的情形。一种民意的形成，往往是经过不断变化的结果。在该种民意形成之前，由于情势的变化，不同

---

〔1〕〔德〕黑格尔：《历史哲学》，王造时译，商务印书馆 2007 年版，第 73 页。

〔2〕参见刘星："法律解释中的大众话语与精英话语——法律现代性引出的一个问题"，载 www.chinalawinfo.com.

意见的民意会夹杂在一起碰撞，这时民意往往会被某种具有煽动性的观点左右，表现出非理性。"人们对于自己的喜爱、敬重的人往往多从优点方面去考虑，其有了过错也往往谅解；而对于自己讨厌、痛恨的人，则往往多从缺陷方面去考虑，其有了长处也往往加以贬低。俗语所说'爱之欲其生，恶之欲其死'，就是这样一种典型心态。……所谓'客观'，从字面上就是超越利害关系的'客'之'观'。一旦卷入某种利害关系冲突，想'客观'判断和处理问题是相当困难的。"[1]司法实践中，正是通过民意的非理性特征，不少不法分子借助民意给司法施压，以达到不可告人的目的。

平面的犯罪构成以"社会危害性及其程度"为核心，必然离不开一定的社会道德、伦理标准等评判，司法人员由此将不可避免地追求知情意的贯通。定罪时，充分考虑并融入普通大众的道德情感等并没有错，但因为难以把握分寸，容易使定罪受道德情感等支配，造成犯罪认定的感性化与情绪化。

（二）容易导致为了惩罚犯罪而认定犯罪，乃至于先入为主，纵容司法擅断、主观归罪或者客观归罪

平面的犯罪构成以社会危害性及其程度为核心，综合考虑社会道德、伦理规范、政策、经验等命题，确立罪与非罪的合理界限。如果这种认识论方式贯彻彻底，倒也无可厚非。问题在于，直觉体悟由于不需要经过严密的逻辑分析，不用依照固定的形式和层次分析犯罪构成的各要件，很容易本末倒置，将直观的总体印象置于犯罪认定之前，导致为了认定犯罪而判断犯罪构成，乃至于先入为主。加之行为的社会危害程度本身就具有一定的不确定性，先入为主的判断很容易变成司法擅断，造成冤假错案。

平面的犯罪构成四个要件处于平等地位，没有先后次序之分。在司法实践中，一方面，司法人员在判断犯罪成立时，不可避免地要选择需要首先评价的犯罪构成要件；另一方面，受个人的情感、认识、价值观、人生观等不同因素影响，司法人员很难一碗水端平，对四个要件一视同仁或者公正评判。于是，无论从主观要件入手还是从客观要件入手，出现畸轻畸重的情形就难以避免了，从而容易导致主观归罪或者客观归罪。"我国刑法理论中的常见话语是：'故意、过失支配行为人实施特定的犯罪行为''危害行为是在故意、过失心理支配下实施的'。这种观念导致由故意、过失的内容决定行为性质，

---

〔1〕 王前：《中西文化比较概论》，中国人民大学出版社 2005 年版，第 81~82 页。

因而导致由主观到客观地认定犯罪（一概将不能犯认定为未遂犯便是如此）。如果认为这是一种缺陷，它与传统的平面体系没有必然的联系，因为传统的平面体系，并没有将主观要件置于客观要件之前。但是，也难以完全否认这种缺陷与平面的体系存在某种关系。因为平面的体系使构成要件具有等价关系，没有防止人们先判断主观要件符合性。事实上也是如此。在许多情况下，人们是先考虑主观要件后考虑客观要件，甚至在主客观相统一的大旗下，行主观归罪之实。"〔1〕

另外，《刑法》第 13 条但书对社会危害性评价的标准——犯罪情节之设定，也容易造就刑法规范中出现主观归罪或客观归罪。例如，《刑法》第 264 条在规定盗窃罪时，设置了一个定罪的次数标准——多次盗窃，将成立盗窃罪。根据有关司法解释，只要一年之内入户盗窃或者在公共场所扒窃 3 次以上，就构成盗窃罪。这显然有主观归罪之嫌。例如，行为人一年之内分三次在菜市场盗取鸡蛋一个、白菜一颗以及鱼一条，总价值为人民币 20 元。尽管客观危害很小，根据刑法规定仍然构成盗窃罪，主观归罪意味十分浓厚。

（三）侧重犯罪认定的总体效果，在适用上无阶段性与层次性之分，有时反而会背离刑法目的

直观体悟能够透过现象发现本质，却不利于分层次、分阶段分析、认定事物的细节和结构，导致在具体问题上出现与正确认识事物相背离的情形。这一点在平面的犯罪构成中表现得比较明显，其中最为棘手的问题是如何处理违法与责任的关系。正如有学者指出："平面的体系，使犯罪构成符合性与违法性几乎等同起来，即凡是符合犯罪构成的行为，就具有刑事违法性；反之，则不具有刑事违法性。由于犯罪构成是主客观统一的，所以，刑事违法性也是主客观统一的。于是，13 岁的人杀人也并不违反刑法。就具体问题而言，面对 13 岁的人或者精神病人的杀人、抢劫等行为能否进行正当防卫时，无论如何都难以得出自圆其说的结论。所以，如何处理违法与责任的关系，是平面的体系所面临的一个重大问题。"〔2〕

同样的道理，面对动物侵袭，根据我国刑法通常不能采取正当防卫，因为动物的行动在刑法上是合法的，并不属于不法侵害。当然，把动物侵袭当

---

〔1〕 张明楷："犯罪构成理论的课题"，载《环球法律评论》2003 年第 3 期，第 269 页。
〔2〕 张明楷："犯罪构成理论的课题"，载《环球法律评论》2003 年第 3 期，第 264 页。

作危险，进行紧急避险还是可以的。当人遭受动物侵袭时，由于危险威胁的是人的生命健康，根据刑法规定只要损害小于人的生命健康的法益，就属于合法。问题在于，虽然受危险威胁的人损害的利益小于人的生命健康，但完全可能大于作为危险来源的法益——动物的利益本身。如果允许对危险来源——狗直接进行正当防卫，也许在行为后果上对社会的危害要小得多。例如，一条恶狗（价值不过几百元）追咬甲，甲为了避险即使造成几万元损害结果，也是正当的。如果允许对狗实施正当防卫，即使造成狗死亡，社会损害也要小得多。之所以造成舍大取小的后果，乃至于背离刑法的目的，与平面的犯罪构成在适用上无阶段性与层次性之分不无关系。

（四）不利于认识具体犯罪发生、发展的规律，造成定量化程度偏低

平面的犯罪构成的各要件结合相对松散，旨在保证直觉体悟的便利和效果，达到直奔主题抓住事物的总体特征和本质的目的，但往往忽视认识事物的过程和经历，不利于发现事物发生、发展的规律。"在一个松散的体系性中对具体案件作出的评价性结论，却会处于无保障和不稳定的状态中。"[1]

以排除犯罪性的正当化行为为例，我国《刑法》分别在第 20 条、第 21 条规定了正当防卫、紧急避险，故对正当防卫和紧急避险造成损害的，免除刑事责任，将不构成犯罪。但是，除了正当防卫、紧急避险外，司法实践中究竟有多少行为可以成为正当化事由，无人知晓。于是，不少学者尝试列举刑罚没有规定的各种正当化事由。有学者认为，其他排除犯罪性的行为包括依照法令或正当业务行为、自救行为、基于权利人承诺或自愿的行为。[2]有学者认为，其他排除社会危害性的行为包括依照法律的行为、执行命令的行为、正当化业务行为、经权利人承诺的行为。[3]还有学者认为，其他排除犯罪的行为包括法令行为、正当业务行为、经被害人承诺的行为、基于推定的承诺行为、自救行为、自损行为、义务冲突。[4]对于这些行为为什么成为排除犯罪性的正当化事由，多数学者没有交代。少数学者对此解释为，"我国刑

〔1〕　［德］克劳斯·罗克辛：《德国刑法学　总论》（第 1 卷），王世洲译，法律出版社 2005 年版，第 127 页。

〔2〕　参见马克昌主编：《犯罪通论》，武汉大学出版社 1999 年版，第 812 页以下。

〔3〕　高铭暄主编：《新编中国刑法学》（上册），中国人民大学出版社 1998 年版，第 192~197 页。

〔4〕　张明楷：《刑法学》（上），法律出版社 1997 年版，第 239~243 页。

法对此虽无明文规定，但刑法理论上和司法实践中也公认上述行为排除社会危害性"。[1]笔者认为，在刑法没有规定的情况下，上述主张不过是学者们的个人观点，纯粹站在个人立场上的一种归纳和总结。至于刑法理论和司法实践是否公认，则是另一个问题。而且，就算刑法理论和司法实践公认，也并不等于刑法规定。在笔者看来，上述诸观点应该源自德、日等大陆法系国家刑法及其理论对违法阻却事由的理解和归纳。[2]例如，日本学者大塚仁在其所著《刑法概说（总则）》中，概括了正当行为有如下几种：法令行为、正当业务行为、劳动争议行为、自损行为、基于被害人承诺的行为、基于推定性承诺的行为、治疗行为、安乐死·尊严死、义务的冲突。[3]

如果确实参照德、日等大陆法系国家刑法及其理论归纳排除犯罪性的行为，就存在以下问题：德、日等大陆法系国家刑法中的违法，与我国刑法上的违法存在本质不同，擅自移植是不合适的。众所周知，德、日等大陆法系国家是根据违法性的本质概括阻却违法性的各种事由的。违法性中的"违法"，在形式上是指违反法规范，其中的"法"不限于刑法；在实质上是指侵害法益。根据后者，违法阻却事由得以扩展。"对从全体法秩序的精神判断为合法的行为，也可以进而广泛地认为阻却其违法性。"[4]我国刑法上的违法，通常指刑事违法，即阻却刑法上的违法与阻却犯罪属于同等含义。因此，德、日等大陆法系国家的违法性可以因地制宜拓展，而我国刑法中的"违法阻却事由"只能由刑法明文规定。对于法令行为等正当事由，实质上并非根据正当化事由排除其犯罪性，而是直接根据《刑法》第 13 条但书规定即可。否则，就有类推之嫌，违背罪刑法定原则。可见，移植德、日等大陆法系国家的正当化事由的做法，是极为不妥的。我国刑法中的排除犯罪性行为，只能是法定的正当防卫和紧急避险，这是由平面的犯罪构成具有的定量化程度偏低决定的。

---

〔1〕 马克昌主编：《犯罪通论》，武汉大学出版社 1999 年版，第 812 页。

〔2〕 详见马克昌：《比较刑法原理：外国刑法学总论》，武汉大学出版社 2005 年版，第 397 页以下。

〔3〕 参见 [日] 大塚仁：《刑法概说（总则）》，冯军译，中国人民大学出版社 2003 年版，第 348 页以下。

〔4〕 [日] 大塚仁：《刑法概说（总则）》，冯军译，中国人民大学出版社 2003 年版，第 347 页。

（五）直观体验的认知模式要求规范用语具有一定的模糊性，使得犯
　　　罪构成要件要素具有相对开放性，有放纵司法裁量权之嫌

平面的犯罪构成之直观体悟认知论与社会危害性及其程度的理解，离不
开规范用语的概括性与模糊性。一方面，过于明确的用语，不利于发挥直觉
体悟的优势；另一方面，社会危害性及其程度的判断标准十分复杂，可能会
因时因地发生变化，明确的用语会妨碍科学判断行为的社会危害性及其程度。
这就不难理解，为什么《刑法》第 13 条但书规定会那样的概括和抽象。不仅
如此，受之影响的刑法总则和分则的许多规定也呈现出许多概括与模糊的规
定。有学者统计后指出，我国现行刑法分则所规定的所有犯罪构成要件（含
基本构成要件与修正构成要件）中，"数额较大"共出现 39 次，"数额巨大"
出现 45 次，"数额特别巨大"出现 20 次，"情节严重"出现 130 次，"情节特
别严重"出现 44 次，"情节恶劣"出现 10 次，"情节特别恶劣"出现 5 次，
"严重后果"出现 53 次，"特别严重后果"出现 8 次。由此可见，数量型犯罪
构成在我国刑法中所占比例非常之高。这在当今世界各国刑事立法中是极为
罕见的。[1]这还不包括司法解释中出现的相关规定。众多概括、模糊的犯罪
成立要件及要素，是导致刑法修改以来颁行大量立法解释、司法解释的主要
原因之一。尽管如此，也不代表业已确立的数量构成要件就明确、具体，随
着时势的变化，这种不确定性还将发挥作用。如此众多含糊的规范用语，使
得犯罪构成要件要素具有相对的开放性，不但有碍贯彻罪刑法定原则，亦有
放纵司法裁量权之嫌。

第三节　立体的犯罪构成

一、立体的犯罪构成的形成与发展[2]

近代德、日等大陆法系国家立体的犯罪构成体系之发展成熟，始于 20 世
纪初。由于立体的犯罪构成创始于德国，本书拟沿着 20 世纪以来德国犯罪构
成体系的发展演变，来探索立体的犯罪构成的形成、发展路径。

---

〔1〕 参见杨书文："刑法规范的模糊性与明确性及其整合机制"，载《中国法学》2001 年第 3
期，第 178 页。

〔2〕 由于英美法系刑法不成文之特点，本书将不对其犯罪构成体系的形成和发展加以阐述分析。

一般认为，德国犯罪构成理论经历了从古典派的犯罪构成论到新古典派的犯罪构成论，再由目的主义的犯罪构成论到目的阶层主义的犯罪构成论的历史演进过程。贝林被认为是古典（康德）派的犯罪构成论的突出代表，是德国建立完整的、成熟的犯罪论体系的第一人。贝林的构成要件理论可以分为前后两个阶段。其前期构成要件理论之代表著作为 1906 年出版的《犯罪论》。贝林认为，构成要件是与法的价值判断完全分离的、形式的、记述的、客观的行为类型，既不包括主观的、规范的要素，也不包括违法性。这就意味着，构成要件该当性判断与违法性判断是分离的、相互不关联的。前者是判断犯罪成立的第一阶段，行为符合犯罪构成并不等于成立犯罪或是具有不法色彩，还必须进行第二阶段的违法性判断。行为具备构成要件该当性和违法性后，还不能成立犯罪，接着必须进行第三阶段的有责性判断。这种犯罪论体系就必然面临以下难题：既然符合构成要件的行为同时也是违法的判断对象，又何以认为两者没有关系呢？对此，贝林虽然有过解释，[1]但难以自圆其说。贝林在后来也认识到这一缺陷，并在 1930 年出版的《犯罪构成要件》一书中进行了完善。"只有考虑到行为的构成要件该当性进一步探讨其违法性，才引起刑法上的关注。构成要件该当性与违法性之间的关系十分密切，依据所谓构成要件一般可以认定行为人的违法性，而依据该违法性也可以进一步判断行为的可罚性。符合构成要件的行为一般具有违法性。进一步看，判断行为的可罚性有此违法性也就足矣。具备构成要件该当性特征的行为必定是违法的。"[2]

新古典犯罪论体系保留了古典体系的基本架构，精神上却以新康德价值哲学为依托，对古典犯罪论体系进行扬弃。新古典行为概念以自然主义为基础，同时吸收实证主义的内容，认为行为不仅是客观的，而且包含社会学因素，体现一定的价值色彩。例如，构成要件中"阻碍强制执行""猥亵""卑劣"、盗窃罪之"非法占有目的"等，就需要具体分析、判断，"阻碍强制执

---

〔1〕 贝林认为，在通常的构成要件中，刑罚法规没有明示要求考虑违法性要素，只要这种刑罚法规没有明文要求违法性，就认为符合构成要件的行为具有可罚性，这是因为存在着原则上禁止杀人的规范。在这种场合，构成要件指示了违法性，符合构成要件就意味着原则上具有违法性，构成要件是违法性的"征表"。（参见张明楷编：《外国刑法纲要》，清华大学出版社 1999 年版，第 75 页。）

〔2〕 ［德］恩施特·贝林：《构成要件理论》，王安异译，中国人民公安大学出版社 2006 年版，第 11 页。

行"之判断离不开规范因素，"猥亵""卑劣"之判断离不开价值标准，否则就难以界定。因此，古典犯罪论体系认为，构成要件是纯记述的、价值中性的，并不符合实际。构成要件有价值评判，必然介入主观因素，如判断盗窃罪之"非法占有目的"等就是如此，非纯粹客观所能解释。因此，构成要件不再是纯客观的，还应当包含主观要素和规范要素。最先发现构成要件中包含主观要素和规范要素的是德国学者迈耶尔（Mayer）。不过，迈耶尔的理论也存在不足。"首先有民法学者 Fischer 于 1911 年发现主观违法要素，刑法学者 Heger 和 Mayer 随后也提出有主观违法要素和规范的构成要件要素的看法。……这种主观的不法要素是构成犯罪类型的类型要素，不能不认为属于构成要件，而他们都有评价色彩都具有彰显行为不法特质的作用。由于在构成要件中找到了主观不法要素，推翻了构成要件要素都是客观而无评价色彩的看法，……不过，由于主观的不法意图或客观的不法要素，都被视为是彰显行为违法性的要素，当时的学说只提出主观违法要素这个概念，因此当 Mayer 认为这种要素具有双重性质，同时是规范的（不真正的）构成要件要素，同时是客观的（真正的）违法性要素时，正表示在新古典时期虽然发现积极的主观违法要素和客观的违法要素，但只是对构成要件的中性特质产生怀疑，还没有完全确立构成要件是不法构成要件，因而也没有认识到所谓主观的不法构成要件要素。"[1]对于迈耶尔的观点，日本学者小野清一郎评价道："迈耶尔一方面笼统地承认法律上的构成要件中有规范性要素和主观性要素；另一方面，实际上却又提出一些不属于构成要件而应属于违法性的东西来，仍然维持了构成要件只是有无价值的记叙性和客观性的观点。"[2]

此后，新古典构成要件理论在麦兹格（Mezger）那里得到进一步发展。他在 1926 年发表的《刑法构成要件的意义》一文中首次将"不法"引入构成要件概念，认为构成要件是可罚的违法行为，是由刑法加以类型性的记述，凡行为与构成要件相符合，除阻却违法情形外，即具有违法性。麦兹格认为，构成要件是违法行为的类型，是违法性的认识根据，是违法性的存在根据。符合构成要件的行为，只要不存在违法阻却事由，即认为违法。构成要件推

---

〔1〕　许玉秀：《当代刑法思潮》，中国民主法制出版社 2005 年版，第 66~67 页。

〔2〕　［日］小野清一郎：《犯罪构成要件理论》，王泰译，中国人民公安大学出版社 2004 年版，第 22~23 页。

定违法，不法阻却事由的存在，往往破坏违法性，这被认为是构成要件该当性与违法性成为一体的理论。[1] 新古典构成要件理论狭隘的主观违法要素论，难以满足现实需要，于是目的主义构成要件论应运而生。

目的主义的构成要件论乃德国著名刑法学家韦尔策尔（Welzel）首创，又称新古典暨目的论体系，以目的行为论为基础。目的行为论认为，人的行为不单纯是由意志支配因果的过程，而是有目的的活动，是人的有预定目的、并根据预定目的选择手段加以实现的举止，能够在一定程度上预见其因果行为的后果，并能够有计划地向既定目标前进。由此，韦尔策尔得出如下结论：主观构成要件和客观构成要件是不可能完全拆开的，客观构成要件决定于主观的运作规律或至少与主观的运作规律有关，而"目的性的决定"（Intentionale Detemination）是罪责真正的责难对象。该理论体系分支较多，有学者就归纳四种不同情形。[2] 目的主义犯罪论体系可以划分为三阶层体系和二阶层体系，其中影响较大的还是二阶层体系。目的主义的构成要件论可谓褒贬各半。有学者也认为该体系缺陷明显："目的性"概念的意义并不明显，而且存在诸多缺陷；在认识错误的场合，目的主义坚持严格责任说，被认为不可取；混淆了不法和责任之间的界限。[3] 此外，"这一学说没有把实质的违法性的判断尽量纳入构成要件的判断，是在保持构成要件的记述性的特点的同时，使符合构成要件的行为能合理地成为违法判断的对象"。[4]

在目的主义构成要件论之后，20 世纪 70 年代之后还出现了罗克辛（Roxin）教授的目的合理主义犯罪论体系、沃尔特（Wolter）的实质的阶层体系、施米德霍伊泽（Schmidhäuser）的目的论阶层体系、马拉哈（Maurach）的行为责任体系等。如罗克辛教授的目的合理主义犯罪论体系以人格行为论为基础，将犯罪成立要件划分为行为、不法、负责以及处罚条件，并对各构成要件要素加以进一步细化；沃尔特的实质的阶层体系则将犯罪成立要件划分为应罚性、需罚性与国家刑罚权。由于这些观点为近来之理论争鸣，其影响多半限于国内，在此不再复述。

在德、日具有代表性的、由构成要件该当性、违法性和有责性组成的犯

---

〔1〕 参见马克昌：《比较刑法原理——外国刑法学总论》，武汉大学出版社 2002 年版，第 115 页。

〔2〕 参见许玉秀：《当代刑法思潮》，中国民主法制出版社 2005 年版，第 72~88 页。

〔3〕 参见童德华："哲学思潮与犯罪构成"，载《环球法律评论》2007 年第 3 期，第 24~25 页。

〔4〕 张明楷编：《外国刑法纲要》，清华大学出版社 1999 年版，第 76 页。

罪论体系呈现出立体性、层次性特征，因而又被称为阶层的犯罪构成。至于英美法系国家犯罪构成，在理论结构上，犯罪本体要件（行为和心态）为第一层次，责任充足为第二层次，具有双层次逻辑结构，因而被称为双层次犯罪构成体系。[1]

二、立体的犯罪构成之特征

立体的犯罪构成侧重逻辑思维和分析过程，将犯罪看作是一种客观实在，根据犯罪的根本特征推导出各个组成部分的属性，以此作为一种认识事物的途径和工具，从与感觉相对立的角度对犯罪这种特有现象加以思想概括、逻辑推理、分析论证。犯罪构成各要件之间讲究层级关系，重视阶段性评价，有助于对犯罪这种社会现象做出严密与精确的评价。不管是从主观要素入手还是从客观要素入手，都有严密的顺序，不能随意颠倒，以便揭示、概括、归纳犯罪的一般原则和规律。

德、日犯罪构成体系是立体的犯罪构成的代表。"德日的犯罪成立条件为阶层型（或阶梯型甚至立体型），对行为是否成立犯罪的判断，是由形式（外部）到实质（内部）、由抽象（一般）到具体（个别）、由定型到非定型、由客观到主观的逐层递进判断。"[2]在德、日的犯罪构成体系中，构成要件是违法行为类型，是犯罪的框架，是一般的、宏观的、观念的形象。"构成要件既然预想了很多应该符合它的犯罪而定立的，那么，即使是记述性要素、客观性要素，其表现就不得不是抽象的，因而，为了明确其意义，一般需要一定的解释。"[3]接下来，犯罪的评价选择了从客观到主观的、从外部到内部的逻辑分析过程。由于构成要件是违法行为类型，符合构成要件的行为通常可能具有违法性。但是，行为虽然符合构成要件，有时却不具有违法性，主要表现在具有违法阻却事由的场合。可见，是否具有违法性，需要积极地判断是否存在违法阻却事由，这是一种外部的、客观的、非定型的、具体的判断。当行为符合构成要件并且具有违法性时，还不能表明成立犯罪，必须进一步进行责任判断。只有行为人存在主观的并且是个人的责任，犯罪才告成立。

---

〔1〕　参见陈兴良、周光权：《刑法学的现代展开》，中国人民大学出版社2006年版，第83~84页。
〔2〕　张明楷："犯罪构成理论的课题"，载《环球法律评论》2003年第3期，第263页。
〔3〕　[日]大塚仁：《犯罪论的基本问题》，冯军译，中国政法大学出版社1993年版，第53页。

由于责任是针对行为人而言的，因而责任判断是一种内部的、主观的、定型的、具体的判断。德、日犯罪构成的这种由总到分、由客观到主观、由外部到内部的判断顺序，是绝对不能颠倒的。在英美以及大陆法系的法国等国家，犯罪构成也呈现出阶层性特征。[1]

以逻辑思维为基本特征的立体的犯罪构成，强调犯罪认定的严格性与精确性。由于逻辑思维的首要定律是同一律，以此为指导的犯罪构成之定义，也往往要求在判断和逻辑推理过程中保持不变，具有同一性。换句话说，立体的犯罪构成在保持阶层分析和逻辑推理的过程中，通常会避开一些并非紧要的条件和因素的制约，将犯罪构成的各方面特征分解出来，分别加以辨析。由于许多概念会随着时代变迁而发生诸多变化，且人们对同一概念往往会有不同理解，从而会使犯罪构成体系呈现多元化。20 世纪以来在德国产生并发展的众多犯罪论体系，就是很好的证明。

三、立体的犯罪构成之优越性

（一）追求犯罪认定与犯罪发展规律和进程吻合，能够避免认定犯罪先入为主，有利于司法公正

西方国家刑法将正当防卫等纳入犯罪构成体系评价中，通过犯罪的违法性要件解决其定性问题，被赋予客观的、个别的排除违法性的判断事由，与其后的责任阻却事由遥相呼应（大陆法系）或合为一体（英美法系），排序严格，不容颠倒，符合人类由客观到主观的思维判断模式，解决了正当事由与犯罪构成体系的关系，增强了犯罪构成理论解决问题的科学性。例如，关于构成要件与违法性的关系，是原则与例外的关系，而不能解释为当然的推断。否则，如果彻底坚持原则与例外的关系，容易导致"消极的构成要件要素的理论"。有学者认为，这一理论是在违法性中解决构成要件问题，不是在违法性的判断之前确立可罚行为的轮廓，因而被认为违反犯罪判断的逻辑顺序，并不可取。[2]又如，有责性判断必须在违法性判断之后，即需要先进行违法性判断，然后进行有责性判断，这是符合犯罪发展的进程的，有助于解

---

〔1〕 如 1994 年 3 月 1 日，《法国新刑法典》生效，该法典就确立了二元论犯罪论体系模式。在第二编之刑事责任中，规定了犯罪构成的一般规定和不负刑事责任之特别规定。

〔2〕 参见张明楷编：《外国刑法纲要》，清华大学出版社 1999 年版，第 78 页。

决问题。以违法性认识和责任的故意和过失为例，在行为向犯罪发展的过程中，行为人对行为是否违法的认识，总是先于责任的故意和过失，否则就会导致在行为人不可能认识到违法情形时也要承担责任非难，这被认为是不公平的。例如，《法国刑法典》第122-3条规定："能证明自己系由于其无力避免的对法律的某种误解，认为可以合法完成其行为的人，不负刑事责任。"该规定实质上肯定了违法认识先于行为决意，符合客观事实。

严格排序与逻辑，可以尽量体现犯罪构成体系在认定犯罪效果上的客观性，做到分段处遇，避免鱼目混珠。法官认定犯罪时，首先必须考虑行为是否符合构成要件，然后才考虑违法性和有责性。这就不容许法官根据个人情趣爱好以及恩怨等，先入为主地考察主观因素或者客观因素，甚至将两者过于夸大，造成司法擅断、主观归罪或者客观归罪，有利于实现司法公正。

(二) 侧重犯罪认定的价值，定量化程度高，有利于法律适用的平等
　　和稳定

立体的犯罪构成强调犯罪发展不同阶段各要件或要素的不同特性和价值，使得它们能够各司其职，充分发挥各自功效，因而定量化程度很高。这从违法阻却事由和责任阻却事由的概括性可见一斑。

在德、日等大陆法系国家，无论是刑法典规定还是理论上的观点，对于违法阻却事由之理解都极具弹性。如在日本，有学者认为，违法阻却事由可以分为消极的容许事由和积极的容许事由。前者包括正当防卫、紧急避险、自救行为等；后者包括基于法令的行为、被允许的危险行为、正当业务行为等社会的相当的行为。[1]在德国，有学者认为，除了刑法规定或者常见的违法阻却事由外，代替国家机关实施的行为、惩罚权、利益冲突等也可以成为违法阻却事由。[2]在意大利，"刑法典中并没有'正当化原因'或排除犯罪因素等表述方式，刑法典只是说在特定情况下实施的行为'不处罚'（如刑法典第50、51、52、53、54等条）；或泛泛而谈'排除刑罚的''情节'（如刑法典第59条第1款），或稍微确切一点将其定义为'排除刑罚的客观情节'

―――――――――

〔1〕 参见［日］野村稔：《刑法总论》，全理其、何力译，法律出版社2001年版，第221~222页。

〔2〕 参见［德］冈特·施特拉腾韦特、洛塔尔·库伦：《刑法总论I——犯罪论》，杨萌译，法律出版社2006年版，第141页以下。

（如刑法典第 119 条第 2 款），以区别于具有同等效力的'主观情节'。总而言之，在相关规定中，刑法典对'正当化原因'不但'不明确表态'，而且还使用了一些可作多种理解的表述方式"。[1]在韩国，"刑法第 20 条规定，'其他不违背法律的行为'不予处罚，明文规定了社会常规成为违法性阻却事由的一般标准"。[2]不难看出，其中的"社会的相当的行为""其他不违背法律的行为"等极具包容性，可以将许多符合违法性本质的情形，无论刑法是否规定，均包含在内，定量化程度很高。

立体的犯罪构成定量化程度高，与其犯罪成立条件的阶层性、逻辑性是分不开的。"除了减轻实际工作之外，这个体系也能够为法律材料安排一种符合实际情况的有区别的秩序。在游戏方式上，对于数量明显众多的'紧急状态中的行为'来说，在正当化根据和免责根据中对免除刑罚的根据所作的体系性分类，并不是所有的法律制度都熟悉的，由此就出现了根据统一的评价标准所产生的区别。……根据正当化和免责根据，体系性秩序就可以使大量的事实性陈述（Sachaussagen），具有在刑事政策上令人满意的、同时照顾到各种利益状态不同点的决定。"[3]犯罪构成各要件定量化程度高，使得其适用具有相当的灵活性和弹性，有利于法律适用的平等和稳定。

（三）有助于认识犯罪构成的内部构造，科学认定不同发展阶段的行
　　　为性质，建立犯罪认定的理性规则，避免感情用事以及非理性
　　　的情感因素干扰

立体的犯罪构成所具有的严密的逻辑分析方法，能够把决定犯罪行为的形态和变化趋势的根本因素一个一个分离出来。例如，在确立符合构成要件的行为后，通过客观的、外部的要素——违法性和主观的、内部的要素——有责性，最终确定犯罪是否成立。这种对犯罪的基本规律的考察和分析，能够尽量避免应用上的需要或者功利目的，使得人们相信当对某种违法行为进行评价时，如果感官和常识与犯罪发展或者思维中的逻辑分析之要求发生冲

---

〔1〕 ［意］杜里奥·帕多瓦尼：《意大利刑法学原理》（注评版），陈忠林译评，中国人民大学出版社 2004 年版，第 137 页。

〔2〕 参见 ［韩］李在祥：《韩国刑法总论》，［韩］韩相敦译，中国人民大学出版社 2005 年版，第 253 页。

〔3〕 ［德］克劳斯·罗克辛：《德国刑法学　总论》（第 1 卷），王世洲译，法律出版社 2005 年版，第 127 页。

突，就让位于犯罪发展或者思维中的逻辑分析的可靠性。这当然有利于建立犯罪认定的理性规则，避免感情用事以及非理性的情感因素干扰。"阶层的体系有利于避免刑法适用的危险。刑法的适用面临着三个主要危险：其一，一旦发生引起人心冲动的案件，人们要求科处刑罚的感情强烈，便存在法律虽无明文规定也科处刑罚的危险；其二，一旦发现行为人的内心恶劣，便存在不考虑其行为是否侵犯法益而科处刑罚的危险；其三，一旦造成严重结果，便存在不过问行为人的主观心态即科处刑罚的危险。与之相对应，刑法存在三个原则：罪刑法定原则、法益保护原则（或刑法目的）、责任主义原则。构成要件该当性对应于罪刑法定原则，防止第一个危险；违法性对应法益保护原则，防止第二个危险；有责性对应责任主义原则，防止第三个危险。平面的体系或许也能防止这些危险，但由于各个要件处于平面关系，似乎缺乏这样的针对性。"[1]

　　理性思维与严密逻辑，对于司法这项十分严谨的工作是十分必要的。而刑事司法所产生的后果的严厉性与极强的社会感染力，也要求法官务实严谨、思维缜密，尽量排出感情因素干扰。我们很难想象，一个人如果在刑事司法活动中容易冲动、不时被情感冲乱头脑且在表达时屡犯逻辑错误的人，能有多么客观、真实地认定犯罪事实，科学定罪量刑！我们有理由相信，在这一方面，经受立体的犯罪构成所要求逻辑分析锤炼的人，确实比经受平面的犯罪构成所要求的直觉体悟的人，更让人信服些。

　　（四）有利于刑法学理论和犯罪构成理论体系的发展和完善

　　犯罪构成理论体系的构建，需要一定的结构整理、层次排列和逻辑分析。没有合理的逻辑结构和规范的层次排列，只是采取平铺直叙的概括方法，理论体系的发展走向完整和成熟之途必将更加艰辛。对于逻辑分析方法的价值，美国著名逻辑学家塔斯基认为："我并不幻想逻辑思想的发展，将对人类关系的正常化进程有特别的根本性影响。但是我相信广泛使用逻辑学的知识将对加速这一进程作出积极的贡献。一方面，通过我们自己的领域使逻辑的意义精确和一致，通过强调这种精确性和一致性在其他领域的必要性，逻辑会导致更好地理解我们期望去做的那些事情的可能性。另一方面，通过完善和分享这一思想工具，它使得人们更富有批判性，因而，使得人们更少地被那些虚

---

〔1〕　张明楷："犯罪构成理论的课题"，载《环球法律评论》2003 年第 3 期，第 264 页。

假推理所引导，而这些虚假推理在当今世界的许多地方持续不断地出现。"[1]确实，逻辑分析、层次推进的精确性和一致性，以及其所富有的批判性，对于犯罪论体系的构建，是很有裨益的。自贝林于 20 世纪初创立三段式犯罪论体系以来，德、日等大陆法系国家的犯罪构成理论体系就层出不穷，足见立体的犯罪构成以及逻辑分析方法的强盛的生命力和创造力。"法律材料的体系化甚至使创造性地深化法律的工作成为可能，在这里，体系化能够帮助人们理解具体法律规范与体系化的目的论基础之间的内在关系。……在一种思想的引导下，对知识进行专门的体系化整理工作，就对这个领域中的法律发展发挥了十分重要的促进作用。"[2]

四、立体的犯罪构成之局限性

（一）繁复的逻辑推理与分析，容易将本来简单的罪行认定复杂化，甚至使理论出现自相矛盾的情形

如前所述，由于对同一概念的不同理解，以及对犯罪发展不同阶段各概念的不同认识，德、日等大陆法系国家的立体的犯罪构成理论很容易在同一概念和问题上出现分歧，衍生出众多的理论体系。这种情形不仅在德国，在日本学界也一样。如日本学者大塚仁就列举过具有代表性的六种犯罪论体系。[3]众多的理论体系，必然造成犯罪认定的多样化与复杂化。其中，最为典型的是关于故意、过失在犯罪论体系上的定位问题。

对于故意、过失在犯罪论体系上的定位这一基本问题，日本学界存在责任要素说、构成要件要素与责任要素说、违法要素与构成要件要素说以及构成要件要素、违法要素与责任要素说。责任要素说认为故意和过失是责任的条件，两者为并列的责任形式，乃以往的通说。该说以心理责任论为理论依据，不能在构成要件论、违法性论中区别故意过失，但事实上又确实存在目的犯等需要区别故意过失的情形，因而不能自圆其说。构成要件要素、责任

---

〔1〕 [美] 道本周：《鲁滨逊——非标准分析的创立者》，王前等译，科学出版社 2004 年版，第123 页。

〔2〕 [德] 克劳斯·罗克辛：《德国刑法学　总论》（第 1 卷），王世洲译，法律出版社 2005 年版，第 127~128 页。

〔3〕 参见 [日] 大塚仁：《刑法概说（总则）》，冯军译，中国人民大学出版社 2003 年版，第104 页以下。

要素说认为故意过失既是构成要件要素，也是责任要素。故意具有两面性，视为主观构成要件要素之故意，属于违法及有责类型，视为责任要素之故意则包含以违法性为基础之事实认识以及违法性认识及其可能性。[1]违法要素、构成要件要素说认为，故意过失等主观要素有无产生出法益侵害的危险性差异，应作为违法要素来考虑。同时，构成要件是刑法规范应当予以关心的、对于法益的侵害、危险化的行为类型，因而应当将故意、过失作为构成要件要素。[2]构成要件要素、违法要素与责任要素说认为，故意对犯罪类型化具有重大作用，首先必须理解为构成要件要素；但是，故意作为决定违法行为性质的东西，也是主观的违法要素。同时，作为积极地表明行为人反规范的人格态度的东西，也很难否定它最终属于责任要素。[3]对于上述争议，有学者指出，"作为犯罪构成要素的故意过失，与作为责任要素的故意过失，并不是两种不同的故意过失。所以，相当多的刑法学者在肯定故意过失是构成要件要素的同时，并不在构成要件该当性一章中论述故意过失的具体内容，而是在责任一章中论述其具体内容"。[4]故意过失本来只是一个犯罪的故意过失，阶层性犯罪构成模式对之却在构成要件该当性、违法性和有责性中进行重复评价，致使不同学者在表述时出现紊乱，影响犯罪论体系内各要素之间的一致性、协调性与严密性。

另外，立体的犯罪构成在理论上有时会自相矛盾。有学者就指出，构成要件既是犯罪的类型，又是违法的、责任的类型，意味着对构成要件该当性作出判断的同时，也完成了对违法性、有责性的一般判断。之后的所谓违法性要件、有责性要件不过是对违法性和有责性的例外判断。从认识的逻辑规则上讲，对行为违法性的一般判断和例外判断是违法性判断的两个有机组成部分，两者同时进行和一并完成，才标志着违法性判断活动的结束。大陆法系犯罪论将违法性要件判断的两个方面割裂开来，不能说具有认识论上的合理性与可取性。同时，将故意、过失置于构成要件要素和责任要素两个相对

---

〔1〕　参见［日］川端博：《刑法总论二十五讲》，余振华译，中国政法大学出版社2003年版，第52~53页。

〔2〕　参见［日］野村稔：《刑法总论》，全理其、何力译，法律出版社2001年版，第167页。

〔3〕　参见［日］大塚仁：《刑法概说（总则）》，冯军译，中国人民大学出版社2003年版，第178页。

〔4〕　张明楷编：《外国刑法纲要》，清华大学出版社1999年版，第132页。

独立的犯罪成立条件之中，使得对故意、过失的判断究竟属于对犯罪成立的一般性判断还是例外性判断，不置可否。[1]

（二）知识性相对弱，对技术要求较高，有时不宜让人理解和接受，不利于解决现实问题

立体的犯罪构成的各个犯罪构成要件，虽有各自要素，但这些要素必须置于体系中才具有现实意义。此犯罪构成要件与彼犯罪构成要件之间，必须分析其中的关系和联络，才能得出令人信服的结论。因此，对各犯罪成立要件而言，知识性只是初步的，技术性才是关键的。

例如，在处罚狭义的共犯时，是否要求正犯已经着手实施犯罪，或者说，虽然实施了教唆、帮助行为，但对方没有着手实行犯罪时，能否处罚教唆未遂与帮助未遂，就存在共犯从属性与共犯独立性之争。[2]以共犯从属性为例，从属的程度不同，将影响共犯成立的范围。对此，迈耶尔概括了四种不同形式：一是最小限从属性，即只要正犯的行为单纯地符合构成要件，共犯即成立；二是限制从属性，即正犯的行为符合构成要件且违法时，共犯即成立；三是极端从属性，即正犯的行为具备构成要件、违法性且有责时，共犯即成立；四是最极端从属性，即正犯的行为除了具备构成要件、违法性且有责外，还必须具备一定的可罚条件时，共犯才成立。[3]不过，这四种形式并没有完全概括学说类型。如日本学者野村稔认为："共同正犯以及教唆犯中，有必要现实地实施的他人行为如果是可成为规范的障碍的契机，共犯就可充分地成立，所以只要实施了某种意义上的违法行为便足以成立共犯。没有必要要求必须符合构成要件，也没有必要要求是有责，并且也无必要要求他人现实地受处罚。"[4]关于共犯从属性问题，除了实行从属性和要素从属性之外，还有学者提出了罪名从属性。[5]可见，有关共犯的从属性问题，理论分歧是很大的。

另外，如何理解间接正犯，对于习惯于直观思维的人而言是一个难题。

---

〔1〕 参见陈建清："我国犯罪构成体系完善探略"，载《法律科学（西北政法学院学报）》2003年第4期，第74页。

〔2〕 参见张明楷编：《外国刑法纲要》，清华大学出版社1999年版，第295页。

〔3〕 参见张明楷编：《外国刑法纲要》，清华大学出版社1999年版，第296～297页。

〔4〕 ［日］野村稔：《刑法总论》，全理其、何力译，法律出版社2001年版，第393页。

〔5〕 ［日］野村稔：《刑法总论》，全理其、何力译，法律出版社2001年版，第391页。

在利用未达到刑事责任年龄的人实施犯罪的场合，对利用者和被利用者如何定性，德、日理论界和实务界会分不同情况进行认定。"判例并未作简单划一的判决，而是在对背后者有无实施强制性行为及其强制程度、有无压制未成年人的意思及压制程度等作了实质性考察之后，才作判决的。"〔1〕以日本判例为例，对于利用未达到刑事责任年龄的人实施犯罪的情形，既可能判决构成间接正犯，也可能判决构成共谋共同正犯，还可能判决构成共同正犯。例如，对于被告人让 12 岁的养女实施盗窃的行为，日本判例认定构成间接正犯，理由是被告人对被利用者存在强制性支配。(1983 年 9 月 21 日刑集第 37 卷第 7 号第 1070 页)；〔2〕如果母亲指示、命令 12 岁零 10 个月的长子实施抢劫行为，判例认为此行为既不构成抢劫罪的间接正犯，也不构成抢劫罪的教唆犯，而是构成共同正犯。因为，该长子本身具有是非辨别能力，母亲的指示、命令也不足以压制长子的意思，长子是基于自己的意思而决定实施抢劫行为，并且还随机应变地处理问题而最终完成了抢劫。〔3〕对于上述判例，相信对于习惯了主客观一元化思维的国人而言，别说一般人，就是专业人士，相信有时也会觉得别扭。

总之，立体的犯罪构成具有很强的技术操作性，理解和接受并非易事，贯彻起来并不容易解决实际问题。

(三) 在具体问题上容易忽视惩罚的正当性，不利于实现实质正义

立体的犯罪构成遵循犯罪认定的层级结构，崇尚逻辑分析，能够很好地解决细节和技术问题，但是也容易过于纠缠于问题的细节方面，造成问题解决得琐碎与混容，不利于解决具体问题。"通过体系性的推导关系来寻找解决法律问题的办法，在各种具体的特别案件中，会使正义性受到损害。"〔4〕下面以德、日刑法学中的禁止性错误理论为例加以说明。

禁止错误又称违法性错误、法律错误，指误信自己之行为乃法律所许可，实质上为法律所禁止的情形。关于禁止错误的性质，德、日刑法学界存在很大分歧。早先的违法性认识不必要说认为，根据"不知法不免责"原则，凡

---

〔1〕 陈兴良主编：《犯罪论体系研究》，清华大学出版社 2005 年版，第 7 页。

〔2〕 参见陈兴良主编：《犯罪论体系研究》，清华大学出版社 2005 年版，第 7 页。

〔3〕 参见马克昌、莫洪宪主编：《中日共同犯罪比较研究》，武汉大学出版社 2003 年版，第 78~80 页。

〔4〕 〔德〕克劳斯·罗克辛：《德国刑法学 总论》（第 1 卷），王世洲译，法律出版社 2005 年版，第 128 页。

是在不知法的场合，一律不得免除责任。违法性认识不必要说已经很少有人支持。目前，关于禁止性错误的分歧，主要有以下几种：一是故意说。故意说可以分为严格故意说与限制故意说。严格故意说认为，现实认识违法性乃故意要素，违法性认识是成立故意之必备要件，在发生违法性之场合，因欠缺违法性认识，阻却故意。如果存在处罚过失犯之规定，则属于是否成立过失犯的问题。此外，对自然犯不需要具备违法性认识，法定犯则需要有违法性认识。限制故意说认为，违法性认识不是故意成立的必备条件，只要有违法性认识可能性即为已足。依照该说，具备违法性认识可能性则成立故意，否则不成立故意，如果存在处罚过失犯之规定，则属于是否成立过失犯的问题。二是责任说。责任说分为严格责任说、限制责任说和修正责任说。严格责任说认为，发生违法性错误时，如果违法性错误可以避免，则成立故意犯；如果违法性错误无法避免，则阻却故意，只是存在是否属于过失犯的问题。限制责任说与严格责任说基本相同，只是严格责任说将违法性错误解释为违法性错误，而限制责任说认为违法性错误属于事实错误。修正错误说认为故意属于责任要素，认为违法性认识错误之可能性并非故意要素，而是属于责任要素。[1]

受犯罪论体系的制约，德、日刑法学界多数人主张违法性认识错误属于责任要素。于是，就出现这样的问题：一方面，由于行政法规的特殊性，决定了它不可能像具有普遍社会道德情感的规范那样要求人们具有常识的、习惯的或者可能的认识。如果确实由于没有尽到应有的谨慎与小心，乃至于导致违法性错误，要求行为人承担与故意知道违法而为之同样责任，显然是不公平的。另一方面，如何认定属于是否应该认识的"事实"范围，也是非常重要又非常困难的。[2]"作为行为构成主观方面的故意，仅仅包含了上述意义中的目的性，同时，在不可避免情况下所缺乏的不法意识，排除的仅仅是罪责。因此，任何人如果不知道自己的举止行为是被禁止的，也仍然要作为故意来处理，并且，在他的错误是可以避免的情况下，会因为故意的有罪责的构成行为，而使自己成为应受刑事惩罚的人。还有，在人们采纳罪责从轻（Schuldmilderung）

---

〔1〕 参见［日］川端博：《刑法总论二十五讲》，余振华译，中国政法大学出版社2003年版，第237~241页。

〔2〕 参见［日］西田典之：《日本刑法总论》，刘明祥、王昭武译，中国人民大学出版社2007年版，第200页。

时，刑法就总是必须在故意犯罪的刑罚幅度内选择，同时，在同样情况下，故意理论就要得出宣告无罪的或者最多是过失性刑罚的结论。"[1]这样处断的结果，当然会造成对惩罚的正当性的忽视，不利于实现实质正义。

（四）逻辑分析并不能包办犯罪认定的全部过程，过分强调逻辑分析反而会陷入自身的逻辑矛盾

立体的犯罪构成在德、日刑法学界存在众多类型，其中，违法有责类型说得到相当一部分学者推崇，在日本是通说，在德国则拥有众多支持者。该说为日本学者小野清一郎所创立，"在国内外学术界产生了较大影响，……使西方的构成要件理论进一步充实完善"。[2]下面以违法有责类型说来说明其在犯罪认定以及逻辑上的缺陷。

根据违法有责类型说，符合构成要件的行为，原则上可以推定具有违法性，应当加以非难。但是，如果存在违法阻却事由或者责任阻却事由，则例外地阻却违法或者责任。"构成要件在本质上就一并包含有违法性和道义责任——在特殊的、类型化的形式之中。构成要件可以说是不法类型，可它不仅仅是违法类型，同时也是责任类型，是违法并且有责的行为之类型，又是它的法律定型；在这个意义上，它是不法类型，也是犯罪类型。"[3]直至今日，团藤重光、大塚仁等日本知名学者，依旧推崇这一犯罪论体系。大塚仁就认为，在把构成要件解释为违法性及责任的类型的立场上，承认构成要件该当性时，就能推定违法性的存在及责任的存在。[4]但是，如果仔细分析这一学说，也会发现存在不少问题。"他的理论也不是完美无缺，例如，构成要件是否犯罪成立的充分条件，在他的理论中并没有得到清楚的说明。"[5]

违法有责类型说将构成要件作为违法的行为类型，容易导致为了说明构成要件，将行为属性任意割裂，使刑法陷入逻辑倒置的矛盾之中。"为维持构成要件的范围，任意将行为割裂，例如医生认为救治病人的开刀行为，如从

---

〔1〕 ［德］克劳斯·罗克辛：《德国刑法学 总论》（第 1 卷），王世洲译，法律出版社 2005 年版，第 129 页。

〔2〕 马克昌：《比较刑法原理：外国刑法学总论》，武汉大学出版社 2002 年版，第 116~117 页。

〔3〕 ［日］小野清一郎：《犯罪构成要件理论》，王泰译，中国人民公安大学出版社 2004 年版，第 34 页。

〔4〕 参见 ［日］大塚仁：《刑法概说（总则）》，冯军译，中国人民大学出版社 2003 年版，第 109 页。

〔5〕 马克昌：《比较刑法原理：外国刑法学总论》，武汉大学出版社 2002 年版，第 117~118 页。

三阶段评价的观点，则具有构成要件该当，但却阻却违法，此无异系将一个完整的开刀救治行为，迁就构成要件，而将其切割开，认为具有伤害构成要件的成立，却非法秩序所禁止，其不但将行为客观方面加以分割，行为主观面亦切割成伤害故意与救治意思，而将救治意思置于违法性判断之中，向来学说的发展，从未见违法性判断需包含个别之主观要素，其所生之谬误，甚为明显。此种本末倒置现象，将使得刑法陷入逻辑倒置的泥淖之中。"[1]违法有责类型说在诠释有责性方面也不是没有问题。违法性作为客观的、外部的要素，如果认为通过行为符合构成要件原则上推断出违法性，尚且可行。毕竟，有无违法性，只能通过是否存在违法阻却事由这一判断得出的结论。换句话说，符合构成要件的行为具有违法性，只能通过排除责任阻却事由这一消极方法加以确立，而不可能进行正面的积极判断。有责性则不然。有无有责性，并非仅仅通过是否存在责任阻却事由这一判断得出。换句话说，符合构成要件的行为是否具有有责性，既可以通过排除违法阻却事由这一消极方法加以确立，也可以通过是否存在责任的故意或者过失等进行积极判断。通常情况下，有责性往往是通过积极判断得出的结论。例如，通过年龄确定是否有责，只能进行积极判断。因为，行为符合构成要件，是不可能推断出年龄的。"违法性被推断以后，在违法性判断中仅以是否存在违法性阻却事由这种消极的方法就能确定违法性，但在责任中却不能以同样的消极方法来确定责任，必须积极地判断责任的有无。这样，用构成要件该当性来推定责任的存在并无意义，应当与违法性相区别，否定构成要件该当性是责任的认识根据，只把构成要件作为违法类型来把握。"[2]

　　除了上述缺陷，违法有责类型说还存在其他问题。"首先，行为主观要素由罪责提到构成要件中，是否对原有判断架构不生影响？其次，确认构成要件具有规范评价性质，对于由完全价值中立的构成要件所建构的体系，是否完全相容？再者，对于实质定位问题，即正当性事由与阻却责任事由应如何定位，亦形成争议。盖正当性事由究竟与构成要件同时判断？抑或在违法性判断之后，始加考量？同样地，阻却责任事由究竟与罪责一起判断？或者是

---

〔1〕 柯耀程：《变动中的刑法思想》，中国政法大学出版社 2003 年版，第 29 页。

〔2〕 ［日］福田平：《刑法总论》（全订版），有斐阁 1990 年版，第 67~68 页，转引自李海东主编：《日本刑事法学者》（上），中国法律出版社、日本成文堂 1995 年版，第 357 页。

在违法性判断之后，另为一判断阶段?"〔1〕可见，违法有责类型说虽然遵循严密的逻辑分析，并不能包办犯罪认定的全部过程，过分强调逻辑分析，反而会陷入自身的逻辑矛盾，难以自圆其说。正如马克昌教授所言："在日本构成要件理论并未趋于一致，在如何看待构成要件上，仍然存在分歧，有待进一步研究。"〔2〕可以说，不仅是违法有责类型说，德、日的其他犯罪论体系之学说同样并非体系完整、逻辑严密，没有任何缺陷。

（五）注重对犯罪认定的细节问题和内部结构的探索，使犯罪认定呈现形式化、程序化倾向，纵容规则适用的教条主义，使解决问题的效率降低

立体的犯罪构成总是遵循一定的逻辑顺序和客观规律，以达到对犯罪认定的细节问题和内部结构的深入探索，这就不可避免地使犯罪认定呈现形式化、程序化倾向，很难充分考虑变化中的事物。黑格尔就指出："一切合法的关系都由各种侧律确实地加以规定；自由的情调——就是一般道德的立足点因此便完全被抹杀了。"〔3〕例如，在犯罪认定过程中，如果出现形势变化，原来违法的行为现在合法，或者说原来合法的行为现在违法。如果根据立体的犯罪构成，将会导致刑法规范因其固有的稳定性与滞后性出现罪不当罚或者罚不当罪的情形。有学者认为："德日刑法不可能将实质上没有侵害法益的行为规定和认定为犯罪；构成要件的违法类型说表明，符合构成要件的行为原则上都具有违法性。"〔4〕这显然是一厢情愿。如果说在规范创建时确实如此，在规范适用过程中就未必了。因为，刑法规定总是落后于局势变化的。在这种情况下，行为符合构成要件，实质上是不能推出违法的，或者说违法的行为，却因缺乏构成要件该当性，逍遥于刑罚惩罚之外，得不到任何处罚。

另外，立体的犯罪构成强调逻辑分析、层级递进，可能造成规则适用的教条主义，使解决问题的效率降低。例如，对于没有达到刑事责任年龄的人实施抢劫，根据立体的犯罪构成，仍然需要具体问题具体分析。首先，因为刑法规定有抢劫行为，这种行为是符合构成要件的；其次，由于抢劫行为在

---

〔1〕　柯耀程：《变动中的刑法思想》，中国政法大学出版社 2003 年版，第 32 页。

〔2〕　马克昌：《比较刑法原理：外国刑法总论》，武汉大学出版社 2002 年版，第 119 页。

〔3〕　参见〔德〕黑格尔：《历史哲学》，王造时译，商务印书馆 2007 年版，第 78~79 页。

〔4〕　张明楷："犯罪构成理论的课题"，载《环球法律评论》2003 年第 3 期，第 266 页。

客观上是违反法规范，并且严重侵害他人法益，在没有违法阻却事由的情况下，具有违法性；最后，由于没有达到责任年龄，不成立犯罪。这样的判断过程显然烦琐。如果采用平面的犯罪构成，就可以直接根据犯罪主体没有达到刑事责任年龄而推断出不构成犯罪，简洁明了，与立体的犯罪构成经过严密的逻辑分析后得出的结论完全一致。不难看出，在结论相同的情形下，强调逻辑分析、层级递进的立体的犯罪构成解决问题的效率要低很多。

犯罪是主观见之于客观还是客观见之于主观的存在，是对犯罪的一种认识。但是，认识的过程究竟是由总到分，还是由分到总，则有不同方式。换句话说，将犯罪当成一台机器来架构，还是当作有机整体来剖析，关系到采取何种模式去理解、认识犯罪这种社会现象。本章立足于中西文化模式与犯罪构成模式及其内涵、诉讼机能等的差异，旨在对犯罪构成体系进行描述、辨认、分类和解释，归纳出表征犯罪构成这一模型的形式的、逻辑关系的信息。

第一节　中西文化模式论与犯罪构成模式论

模式，是指系统结构形成和演化的基本方式。机体模式与机器模式是人类文化发展中的两种基本模式。前者指有机整体的形成和演化模式，以中国传统文化为代表；后者指机器的形成和演化模式，以西方传统文化为代表。[2]这种文化模式的差别，表现在方方面面。如在自然主义的模式论上，西方的叫机械的自然主义，中国的叫有机的自然主义。[3]"一般认为中国是有机宇宙论，西方是机械/神创宇宙论。"[4]文化模式的不同，必然影响到法律文化模式的差异，进而对犯罪构成模式的构建发生深刻影响。

---

〔1〕　模式论又称模式识别（Pattern Recognition）论，是人类一项基本智能，指对表征事物或现象的各种形式的（数值的、文字的和逻辑关系的）信息进行处理和分析，以对事物或现象进行描述、辨认、分类和解释的过程，是信息科学和人工智能的重要组成部分。随着计算机的出现以及人工智能的兴起，人们也希望能用计算机来代替或扩展人类的部分脑力劳动，使模式识别在 20 世纪 60 年代初迅速发展并成为一门新学科。

〔2〕　王前：《中西文化比较概论》，中国人民大学出版社 2005 年版，第 158 页。

〔3〕　参见［美］成中英：《中国文化的现代化与世界化》，中国和平出版社 1988 年版，第 99 页。

〔4〕　张中秋：《中西法律文化比较研究》，中国政法大学出版社 2006 年版，第 415 页。

一、中国文化：机体模式

机体论也叫有机论，是研究有机事物变化和发展规律的理论。机械论主要有三种不同含义：一是有关疾病的理论，即认为疾病发生与器官结构的损伤有关；二是有关生命现象的理论，即认为生命过程的能动性来自系统的自组织状态；三是有关社会的理论，把社会看成是由理论、信仰、意志构成的超越个人的组织，类似生物有机体，同样经历出生、成长和死亡的过程。[1]

中国文化中的机体模式与"天人合一"的自本体观和直觉体悟的认识论是分不开的。中国的农耕文化的主要形态是自然经济，其种植的植物和养殖的动物均为有机的生命。而且，自然环境、气候变化等自然因素直接影响到养殖的成果和收获。因此，古人认为天地万物是有生命的，天地掌管着人世间的一切，自然界是一个和谐的大家庭，各种事物都是生命的有机体。如老子就认为："道生一，一生二，二生三，三生万物。"[2]"一"在这里是指具体万物形成之前的一种统一的状态。道家思想把天地宇宙当作一个有机的整体，成为中国普遍流行的思想潮流。[3]在道家眼中，整个世界是生生不已、大化流行的，宇宙是至大无外、浑然一体的。即所谓"至大无外，谓之大一"。[4]"根据中国人的看法，宇宙具有一个对立的、多层面的结构，而包含一个不断地变化。但宇宙还是像经纬般地含有一个内在的、整体结合的理律。这对自然界来说如此，对人的世界来说也是如此。观念论和实在论不是相斥的，理性、直观与感情是互补的，思想与行动不可分离。相互反对的力量一起俯瞰，而对立要视为活力，至少那是理想。"[5]在中国文化中，人在本质上、精神上与宇宙一样伟大，人可日新其德，登跻善境，是自然的产物，是宇宙的缩影。宇宙是有规律的，遵循着万有引力规律，质能转化规律，量子力学规律和其他还没有发现的规律。人类社会也是有规律可循的。当一个人的心灵达到至诚的境界，他与天地合而为一，天人相感，于是能悟出大道，

---

〔1〕 参见王前：《中西文化比较概论》，中国人民大学出版社 2005 年版，第 159 页。

〔2〕 《老子·四十二章》。

〔3〕 参见王森洋：《比较科学思想论》，辽宁教育出版社 1992 年版，第 138 页。

〔4〕 《庄子·天下》。

〔5〕 田默迪：《东西方之间的法律哲学——吴经熊早期法律哲学思想之比较研究》，中国政法大学出版社 2004 年版，第 203~204 页。

所谓先知先觉者。《连山》《归藏》《周易》三易就是古圣先贤悟出的宇宙人生的真理。"易无死也，无为也，寂然不动，感而遂通天下之故。非天下之至神，其孰（何）能与于此？"[1]

中国文化对宇宙的认识，体现的是完美归一、流动变换的境界。"在中国古人的心目中，宇宙不外是一个生生不息的有机系统；生命永恒不止的'大化流行'，构成了宇宙、天地、万物最重要的本质。由于中国哲学将人与世界的关系，看成是同处于宇宙生命演化的有机连续的整体系统之中，因而中国哲学理解的道，只能是依赖于自身直观感悟而得到对万物总体那'生生不已、大化流行'的功能性体会。"[2]中国哲学家从来不把宇宙看成是孤立、静止、不变不动或机械排列的，而是创进不息、常生常化的。"自诚明，谓之性；自明诚，谓之教。……唯天下至诚，为能尽其性。能尽其性，则能尽人之性。能尽人之性，则能尽物之性。能尽物之性，则可以赞天地之化育。可以赞天地之化育，则可以与天地参矣。"[3]在中国文化中，人类赖以生存的宇宙是一个无限的、创进的、普遍联系的宇宙，它包举万有，统摄万象，无限丰富，无比充实。[4]这便是有机宇宙论。"有机宇宙论认为，道是万物之母，自然是道的本性，万物顺其自然最为美好；而且，道因为是自动的，因此对于道的展开，外力是无助又无益的；人如果依其自然本性过一种有道德的生活，那便是人之为人的道的展开和实现，这自然是人世间最美好不过的事了。"[5]

与有机宇宙论相对应的中国哲学，被称为有机哲学。"从本体的整体意识出发，中国人把自然看成是有生命的运动的整体，人可以与之沟通。这不仅在诗话中，同时也在哲学中反映出来。强调天地万物与人同体，这叫机体哲学，也叫生命哲学，把宇宙看成是变化无居、生生不已的东西，易经的思想贯穿于中国人的生命之中。"[6]在中国文化中，人在天地之中应当深切地体认宇宙自然的生机勃勃、创进不息的精神，参赞化育，从精神上体悟外界，体察天下万物、芸芸众生，洞见天地之根，万物一体。中国的有机宇宙观和有

---

〔1〕《易传·系辞上》。

〔2〕陈兴良主编：《犯罪论体系研究》，清华大学出版社 2005 年版，第 195 页。

〔3〕《中庸·第二十一章》。

〔4〕参见张岱年、方克立主编：《中国文化概论》，北京师范大学出版社 2004 年版，第 252 页。

〔5〕张中秋：《中西法律文化比较研究》，中国政法大学出版社 2006 年版，第 415 页。

〔6〕［美］成中英：《中国文化的现代化与世界化》，中国和平出版社 1988 年版，第 115 页。

机哲学，对后世影响巨大。例如，儒家利己利人、成己成物、博施济众、民胞物与之仁心，道家万物与我为一、天籁齐物之宽容，佛家普度众生、悲悯天下的情怀，都是受之影响至深使然。

中国文化中的宇宙机体论和有机哲学论，对法律文化的影响十分突出。春秋决狱和秋冬行刑制度就是典型的例子，两者的思想根源和理论基础，均合于阴阳五行学说（亦称天人感应学说）。春秋决狱是西汉中期儒家代表人物董仲舒提出来的一种断案推理方式，主要用儒家思想来对犯罪事实进行分析、定罪和量刑，即除了用法律外，可以用《易》《诗》《书》《礼》《乐》《春秋》六经中的思想作为判决案件的依据。春秋决狱在历史上正式开启了礼法融合的过程，将礼的精神渗透于司法实践中，以礼率刑、以礼指导法律的运作，礼因而成了法的生命和灵魂。同时，还将礼的内容逐渐转变为法的条文，规定在法典、法律中。春秋决狱塑造的是整个传统法律的基本性格——"伦理法"特质，强调在审判上既重其"事"（犯罪事实）又察其"志"（犯罪动机），从而形成了一个融主客观于一体的机体化审判思想和审判方针。秋冬行刑制度也与此相似。早在我国奴隶制社会里，奴隶主贵族们就竭力宣扬"受命于天""恭行天罚"，并把法制附会天象，以证其是顺天行罚。《左传·襄公二十六年》则进一步把这种思想具体化，认为赏赐应在春夏进行，而刑杀则宜于秋冬施行。随着封建正统思想的确立，汉代董仲舒使阴阳五行说更为神化。他认为天人一体，天人感应，春夏"主阳""主德"，秋冬则"主阴""主刑"，刑杀只有在秋冬进行，才合乎天意；否则，就会触怒天而受到"天罚"。"然则王者欲有所为，宜求其端于天。天道之大者在阴阳。阳为德，阴为刑；刑主杀而德主生。是故阳常居大夏，而以生育养长为事；阴常居大冬，而积于空虚不用之处。以此见天之任德不任刑也。天使阳出布施于上而主岁功，使阴入伏于下而时出佐阳；阳不得阴之助，亦不能独成岁。终阳以成岁为名，此天意也。王者承天意以从事，故任德教而不任刑。刑者不可任以治世，犹阴之不可任以成岁也。为政而任刑，不顺于天，故先王莫之肯为也。"[1]在这一理论的指导下，秋冬行刑制度自西汉确立以后，就一直为后世各朝所沿袭。

当然，宇宙机体论如果贯彻不彻底或者不正确，很容易出现弊端。以春

---

[1] 彭林、黄朴民主编：《中国思想史参考资料集——先秦至魏晋南北朝卷》，清华大学出版社2005年版，第178页。

秋决狱制度为例，在审判实践中，当司法官把它推至仅凭"志恶"和"志善"而决定罪之大小、刑之轻重时，一个好的原则就变成了一项恶的主张，将司法审判引向歧途，最后滑向主观归罪之深渊，封建时期的原心论罪就是很好的说明。鉴于宇宙机体论的弊端，出现反对之声也是难免的。具有唯心主义色彩的阴阳五行学说及春秋决狱、秋冬行刑制度，就曾经遭到过唯物主义思想家们的强烈批判。如东汉的桓谭和王充都曾从朴素的唯物观出发，认为天人之间毫无联系，因而不可能有感应，并极力反对"秋冬行刑"及"谴告"与"灾异"说。唐朝柳宗元则对其作了较为系统的评判。他在《断刑论》中全面阐述了自己的观点，认为：自然界与人类不能混为一谈；为了提高司法效率，死刑也不可待时而刑；及时执行死刑还可以使死刑犯少受囚禁之苦等。[1]但这些主张却始终没有被封建统治者所采纳。不过，秋冬行刑制度之所以被长期沿用，也并非完全没有道理。从宇宙和谐的角度来看，也同考虑不误农时有关，因为秋冬多为农闲，这时断狱行刑，不至于耽误农业生产，因而对巩固封建社会的统治秩序有利。

二、西方文化：机器模式

机械论，又称机械唯物论，强调用"机械"原理看待天地万物的各种变化。机械唯物主义发源较早，16世纪至18世纪西方盛行唯物主义哲学时得到大力提倡，是唯物主义发展的第二种形态。机械论采取的是机器模式，将包括个体的人及人类社会在内的天地万物都看作不同类型的机器，用对待机器的方式处理它们之间的各种关系，其中包括对机器部件可拆卸又可重新组装的体验。[2]

西方文化中的机器模式，与"征服自然"的他本体观和逻辑分析的认识论是分不开的。欧洲大陆文明主要发祥于地中海一带，这里自古以来自然条件并不算温润、优厚，但港深湾多，经商、航海十分便利，从而孕育了多元化的经济、政治以及文化模式。以希腊工商业城邦的代表雅典为例，雅典境内多山，土质贫瘠，只有几片不大的平原和河流谷地适于种植谷物，农业相对斯巴达等城邦落后。山坡上适于栽种葡萄、橄榄等果树，山中蕴藏着大量

---

〔1〕 参见翟冰林："解读柳宗元的《断刑论》"，载《当代教育论坛》2005年第6期。

〔2〕 参见王前：《中西文化比较概论》，中国人民大学出版社2005年版，第181~182页。

的银矿、优质陶土和为希腊建筑所需要的大理石，这有利于雅典人在农业基础上发展手工业和商业。同时，由于雅典所处的阿提卡半岛是希腊和爱琴海与世界联系的前缘地带，因而为航海业和商业的发展提供了有利条件。为解决粮食危机，雅典大量输入谷物等粮食作物和其他原料，同时将自身的手工业品输往各地，有力地促进了雅典商品经济的发展。工商业活动的发达，强化了人们对逻辑分析的认识论和对秩序规则的认同，促进了以机器为模板来构建知识体系的观念的形成。因为，商贸的发达离不开商品的丰富和流通，商品的极大丰富加深了人们对工具的认识，为以后大规模的机器生产打好了铺垫，潜意识里培养了人们的工具观和机器观，为机器模式的知识体系产生准备了条件。"有发达的市场经济予以保障，需要有足够的市场发展空间，需要有一代又一代愿意投身于机械制作、发明并将其产业化的技术人员，并且有足够的制度和法律保障维持其生存和发展。所有这些因素只是在近代欧洲得天独厚地存在着，因而才使机器模式在这里产生了异乎寻常的社会影响。"[1]

如前所述，西方文化占据主导地位的是主客两分的本体论，强调自然界作为一个可观的实在，应当通过观察、了解、逻辑分析、论证等形式加以剖析、认识，还其本来面目。这是一种原始的、朴素的机械自然观。后来的宗教神学也秉承前辈机械的自然主义哲学观，把自然界的万事万物看成是由上帝主宰的机械体。"机械自然主义是把自然看成是一个机械的工具加以运用，意义的来源是个超越的主体，即上帝。这与西方的神学是相辅相成的。人生的意义并不来自机械的自然，自然只是可以加以掌握的一个机械的工具。"[2]文艺复兴时期，促进机械论发展的最重要事件，当属 1543 年与哥白尼的《天体运行》和维萨留斯的《人体结构》同一年出版首次被译成拉丁文的阿基米德著作，对伽利略等人的科学研究产生了重大影响。阿基米德不但告诉人们，具体的观察和发现是整个希腊科学中最可靠的观察和发现之一，而且他还传授这样的观点，即宇宙就像一架大型机器，在机械力的作用下运行。机械宇宙论者力图从自然本身出发，根据当时在物理学中占统治地位的力学原理来解释自然界，认为自然界中的一切事物都完全服从于机械因果律。"机械宇宙

---

〔1〕 王前：《中西文化比较概论》，中国人民大学出版社 2005 年版，第 183 页。

〔2〕 [美] 成中英：《中国文化的现代化与世界化》，中国和平出版社 1988 年版，第 115 页。

论认为，宇宙是自然形成或上帝创造的，是被动而不是自动的，它按照机械原理或上帝的精心设计在运行；人类要认识宇宙和接近上帝，就要努力去理解事物的原理和上帝的设计；对此，知识和信仰是最好的途径，理智－智性－知识能够使人具备这种特殊的能力。"[1]一些机械唯物主义者甚至把世界视为一部巨大的机器，把人视为精妙的小机器，认为人的情感活动也是由纯粹的机械原因引起的。如笛卡尔认为："人类身体和动物身体一样，是一架机器。其中的运动源泉是心脏里面的热，运动的器官是肌肉，感觉的器官是神经。血气在心脏血液中蒸馏净化，通过动脉进入头脑，又从那里传到肌肉和神经。在这架机器中，身体的职能都自然地因器官的安排而起作用，正如一只表或其他自动化机器的运动必然因摆锤和机轮而产生一样。"[2]在机械唯物论看来，"包括生命在内的物理世界，必须以机械的原子论为基础，按物理和化学规律予以解释。有机物和无机物的不同，不在于它有生命力，只在于它各部分的排列有所不同，这种排列是决定每一部分的方向、形式和演化的物理反应的体系"。[3]

近代科学兴起之后，使得机械论自然观占据统治地位，有机论自然观的影响只限于文艺和宗教的某些领域了。[4]根据机械宇宙论，世界是由几种要素结合而成的，对这些要素的行为不能像亚里士多德那样，只用目的论来解释，而要从因果性上去理解。具体地讲，了解物质前一刻的运动状态，就可以推出下一刻的运动状态，把整个宇宙的每一个粒子的运动状态确定以后，就可以推出下一刻的运动状态。一个著名的假设就是拉普拉斯假定：如果有一个智能生物能确定从最大天体到最轻原子的运动的现时状态，就能按照力学规律推算出整个宇宙的过去状态和未来状态。按照这种假定，宇宙中全部未来的事件都严格地取决于全部过去的事件，事件出现的不确定性或偶然性消失了。因此，物质的物理、化学和生物的性质都应是力学的性质，物理的、化学的和生物的系统和运动形式都是力学的系统和运动形式，自然界中的一切事物都完全服从于机械因果律。所有的自然现象，都可以通过要素的力学行为从结构上加以说明，要站在这种立场上来研究自然现象。世界的存在就

─────────────

〔1〕　张中秋：《中西法律文化比较研究》，中国政法大学出版社 2006 年版，第 415 页。

〔2〕　[美] 梯利著，伍德增补：《西方哲学史》，葛力译，商务印书馆 1995 年版，第 187 页。

〔3〕　[美] 梯利著，伍德增补：《西方哲学史》，葛力译，商务印书馆 1995 年版，第 319 页。

〔4〕　参见王前：《中西文化比较概论》，中国人民大学出版社 2005 年版，第 160 页。

是机械运动，任何的存在物，包括人、动物和其他，其规律就是机械规律。

机械论的代表性著作，是18世纪杰出的机械唯物主义代表人物拉美特利所撰写的《人是机器》。拉美特利认为，病人的心情常常取决于身体状况，即使是砍了头的动物，也能进行一些动作，正如缺少一个部件的机器还能进行不完全的动作那样。[1]在拉美特利看来，动物是机器，人也是机器。"人体是一架自己会发动自己的机器，一架永动机的活生生的模型，体温推动它，食料支持它。没有食料，心灵就渐渐瘫痪下去，徒然疯狂地挣扎一下，终于倒下死了。"[2]根据机械宇宙论，人的个性不同是由身体决定的，独立的心理实体是不存在的，心灵只是机械运动在人的身体上的一种现象或结果。"笛卡尔把人和动物的肉体看成机器；动物在他看来是完全受物理定律支配的、缺乏感情和意识的自动机。人则不同：人有灵魂，它蕴藏在松果腺内。在这里灵魂与'生命精气'发生接触，通过这种接触，灵魂与肉体之间起相互作用。"[3]对于机械论的特征，系统论创始人贝塔朗菲有过精辟论述。他认为，机械论生命观主要表现为"分析与累加"的观点、"机器理论"的观点、"反应理论"的观点。其特征是：把有机体分析为许多基本单位，再通过将这些基本单位累加的方式解释有机体的性质；把生命过程的有序基础视为预先建立好的机器式的固定结构；把有机体看作本质上是被动的系统，只有当它受到外界刺激才做出反应，否则就是静止的。[4]

西方文化中的机械唯物论模式，与近代科学及其因果律模型相辅相成，在一般西方人中形成常识性的世界观，两者同出一辙。[5]此模式之所以可作为标准，是因为牛顿构作的机械物理学以其为基础，并为科学界普遍认同，当作自然知识的典范，深植于多数科学家的思维中。这种常识性的世界观，不可避免地影响了西方的社会科学以及法律文化。如实证主义就认为，虽然社会科学与自然科学在特征上存在区别，其研究方法自有特点，但在理论建

〔1〕 参见〔英〕斯蒂芬·F. 梅森：《自然科学史》，周煦良等译，上海译文出版社1980年版，第186页。

〔2〕 赵敦华：《西方哲学简史》，北京大学出版社2000年版，第398页。

〔3〕 〔英〕伯兰特·罗素：《西方哲学史》，何兆武、李约瑟译，商务印书馆2006年版，第349~350页。

〔4〕 参见〔奥〕路德维希·冯·贝塔朗菲：《生命问题——现代生物学思想评价》，吴晓江译，商务印书馆1999年版，译者前言。

〔5〕 参见〔美〕成中英：《论中西哲学精神》，东方出版中心1991年版，第270页。

构和架设方面，与自然科学不应存在本质不同。社会科学不过是自然科学的高级阶段，其研究目的在于探寻客观规律，即社会人文现象的规律，不但在于发现社会现象以及事件之间的因果关系，而且由发现的规律预测未来。[1]这样，在自然科学实证主义思潮的影响下，机械唯物论及其机器模式终于在法学领域生根发芽。

需要指出的是，机器模式只是西方文化中的主体模式，但并非唯一。如莱布尼茨等人就主张某种意义上的生命哲学即自然神论，认为自然界是一个有机整体，为精神活动所渗透，自然界的一切过程都应该用精神的内在活力来解释，而不应该用物质的机械运动来解释。另外，西方哲学也出现过机体论，最为著名的当属美国心理学家戈尔德斯坦的《机体论》。戈尔德斯坦认为："有机体虽然是由结合在一起的不同成分组成的，但有机体绝不是部分的总和。因为有机体总是作为一个统一的整体，而不是作为一系列分化的部分做出行为的。虽然心理学家从一种观点来研究有机体，生物学家从另一种观点来研究有机体，但这两种学科都需要在机体论的框架内开展活动，因为任何事件（不论是心理事件还是生理事件）总是在整个有机体的前后关系之内出现的，除非把它人为地从这种关系中孤立出来。对整个有机体来说，整体的规律支配着有机体各不同部位的活动。"[2]在戈尔德斯坦看来，机体是一个有组织有系统的整体，是作为一个整体发挥作用的，故坚持心理学的对象应该研究整个的人，而心理学的研究方法应抛弃分析综合法，采取整体分析法。这就是说，在研究心理学问题时，首先必须对行动的有机体有一种整体的印象，然后再分离观察，使所求得的材料校正和扩大第一次印象。整体的或全局的印象产生一种研究假设的作用，这一种假设无疑能因特殊事实的发现而加以改进。或者说，整体的印象提供一种容纳事实的框架，一种不太狭窄而足能容纳日益增多大量材料的框架。[3]

三、文化模式与犯罪构成模式

苏俄四要件平面的犯罪构成体系及其所体现的机体化的犯罪构成模式引

---

〔1〕 参见黄维新：《法律与社会理论批判》，时报文化出版公司1991年版，第211页。

〔2〕 叶浩生主编：《心理学理论精粹》，福建教育出版社2000年版，第20页。

〔3〕 参见车文博、廖凤林："戈尔德斯坦的机体论心理学评析"，载《自然辩证法研究》2001年第1期。

入我国后，很快被广为接受，成为世界上最为普及、使用频率最高的犯罪构成体系之一。那么，我国现行平面的犯罪构成体系及其所体现的机体化犯罪构成模式之所以受到欢迎，其原因何在呢？有学者认为，苏俄四要件平面的犯罪构成模式是以机械唯物论为其哲学基础。[1]还有学者对此予以进一步分析，认为苏联、俄罗斯以及中国的犯罪构成理论就是以机械论的思维模式这种传统模式构建的，而当代科学思维方式以系统性思维和互补性思维为基本内容，时下犯罪构成理论新体系是以此为主要理论基础构建的。"经典科学思维方式的总特征是机械论。它的整体观念是机械累加的整体观念，即认为事物的整体是由其各个部分加合组成的，分别研究各个隔离的组成部分，就能把握事物的整体。苏联及其后的俄罗斯以及中国传统的犯罪构成理论，都是以这种观念构建的。……当代科学思维方式以系统性思维和互补性思维为基本内容。系统性思维的整体观念是系统观：认为事物是一个系统。犯罪构成理论新体系是以现代系统科学丰富和发展了的系统观和系统方法论为主要理论基础构建的。"[2]笔者认为，这一观点并不客观，经不起推敲。首先，当时的苏联不太可能出现构建在机械唯物论上的理论体系。20世纪20年代，苏联确实发生过以谢德林为首的"辩证法派"和以季米里亚捷夫为代表的"机械论者"的著名论战。[3]不过，辩论的结果是"辩证法派"大获全胜，"机械论者"从此一蹶不振。并且，苏联的马克思主义哲学存在着意识形态化和教条化的严重倾向，有的甚至将苏联版的辩证唯物主义称之为"黑格尔哲学的翻版"，但却没有人讲苏联哲学是机械唯物论。[4]据此可以推断，在当时特殊的政治态势和理论环境下，苏联学界基本上不可能出现立足于机械唯物论而构建有关理论体系的现象。其次，机械唯物论自身难以使一个理论体系在中国有如此之高的实用率。如果说苏联学者当初对源自德国的犯罪论体系进行面目全非的改造，具有强烈的政治因素的话，那么这一缘由时至今日在我国显然说不过去。毕竟，改革开放40多年来，无论是从国家还是个人层面上，意识

---

〔1〕 陈兴良："刑法知识的去苏俄化"，载《政法论坛》2006年第5期。

〔2〕 何秉松、〔俄〕科米萨罗夫、科罗别耶夫主编：《中国与俄罗斯犯罪构成理论比较研究》，法律出版社2008年版，第257~258页。

〔3〕 参见贾泽林等编著：《苏联当代哲学（1954-1982）》，人民出版社1987年版，第82页。

〔4〕 参见薛瑞林："别急，这事得商量商量——对话《刑法知识去的苏俄化》的作者"，载中国政法大学、最高人民检察院检察官国际交流中心编：《国家研讨会论文集》，中俄与德日两大法系犯罪论体系比较研究国际研讨会文件之二，2008年11月，第38页。

形态的对立，几乎已经不能成为左右我国文化建设和法治建设的主要理由。

实质上，我国现行犯罪构成体系之所以广泛适用于司法实践中，具有非常旺盛的生命力，关键在于其与我国直觉体悟的文化认识论及其相对应的机体化文化模式极为契合。陈瑾昆先生曾言："人类为理性动物，故从新派主张，谓刑法非出发于个人改善，则刑法之功用，将失其半。社会为生活工具，故从旧派主张，谓刑法不出发于社会防卫，则刑法之功用，亦将失其半。故自刑法立法言之，故不能偏于一端，应同时注意于一国民族固有之伦理思想与社会现象，以期制立于一国民族最能适应而最能调和之法律。"[1]这段话反过来理解同样可行。即如果包括犯罪构成模式在内的法律及其理论能够体现民族最能适应且最能调和者，则该法律及其思潮必然融合了一国民族之伦理之思潮与社会之思潮，体现一国民族固有之伦理思想与社会现象。中国近代法律文化，并非没有受到西方法律文化思潮的深刻影响。在刑法学理论方面，20世纪30年代有刑法学者前后引入德、日的犯罪构成模式，该模式因1949年国民党当局败退台湾地区而失去影响，没有在中国大陆留下太深印记。中华人民共和国成立以后，随着引入苏俄犯罪构成理论，其概括化、一体化的犯罪认定模式至今深入人心，这绝非偶然所能解释。究其根源，在于其与我国文化观念和思维模式互为表里、默契对接。可见，上述观点实质上是一种误解，不但片面地解读了机体模式与机械模式的含义及发展历史，也混淆了两种不同模式论在不同犯罪构成理论中的体现，因而其结论必然是欠妥的。

同样，西方文化中的机械唯物论及其机器模式，也必然深入渗透到刑法理论之中，尽管现在看来这种理论及模式并非完美。"自然科学的方法论一直到19世纪末20世纪初，才对刑法学产生明显的影响，亦即认为犯罪行为也可以作机械式的切割、分析和检验，犯罪行为因而很理所当然地被切割成主观和客观两个部分。贝林-李斯特的古典犯罪阶层体系，正是根据自然科学的观察方法而建立起来的……"[2]无论是古典犯罪阶层体系还是新古典犯罪阶层体系，虽然说在具体构建上以及各要件的关系上有不同理解，但其对犯罪加以层层剖析、拆卸、组合的机器模式，却并无实质改变。"以犯罪构成合致性、违法性和罪责解释犯罪行为的构造，亦即认为依这三个阶层可以检验犯

---

〔1〕　陈瑾昆：《刑法总则讲义》，吴允锋勘校，中国方正出版社2004年版，第4页。
〔2〕　许玉秀：《主观与客观之间——主观理论和客观归责》，法律出版社2005年版，第190页。

罪是否成立，等于是将犯罪行为当成一个由三个部分的零件组成的物体，它可以被机械地拆卸、组合，而组合所依据的规则，和一加一等于二，和果实成熟会落地的地心引力这种自然规则一样，是一种因果定则，亦即犯罪和刑罚之间的因果原理在于一切自然现象的因果决定论（Kausale Determiniertheit），行为是依机械性的定则而发生的。"[1]可以说，自然科学实证主义以及机械论，孕育了阶层、立体的犯罪构成，必然会滋生出机器的犯罪构成模式。韦尔策尔就曾指出，在自然实证主义中，概念的形成程序是中立而无价值的因果律，依新康德思想，概念的形成则是一套有价值关系的体系，因此新康德思想并不是和自然实证主义相对立的理论，而是补充实证主义的理论。[2]

四、犯罪构成模式与司法的公正、效率及刑事诉讼规则

公平作为正义的核心，是包括刑法在内的所有法律的价值目标。同时，效率也是实现正义的重要因素。西方有句古老的法谚："迟来的正义即非正义（Justice delayer is jusitice denies）。"它表明缺乏效率的正义就不是真正的正义。当今西方资本主义国家，公平与效率的矛盾比较突出。对此，有人认为公平是较高的价值，不能舍弃公平而追求效益；也有人认为，效益是评价和选择政策、宪法和法律的首要标准，当公平与效益发生冲突时选择提高效益政策是理所当然的。[3]美国学者罗尔斯就是公平论的提倡者，他在《作为公平的正义——正义新论》一书中表达了作为公平的正义的基本观点。[4]英国学者拉菲尔则认为，效益是一个普遍承认的价值，依据效益价值标准分配财富是"值得的"。[5]客观地说，公平与效率存在对立，两者体现了不同的价值取向；两者同时又是统一的，实现正义是其共同目标。在不同历史时期，统治者可能基于不同价值取向，侧重点不同。片面强调公平或者效率，都是不妥当的。即便是罗尔斯，也只是侧重正义之公平价值，并非不讲效率，他认为最普遍的原则所要求的是"建立最有效率的正义建制"。[6]因此，协调

---

〔1〕 许玉秀：《当代刑法思潮》，中国民主法制出版社 2005 年版，第 119~120 页。

〔2〕 参见许玉秀：《犯罪阶层体系及其方法论》，成阳印刷股份有限公司 2000 年版，第 74 页。

〔3〕 参见张文显：《二十世纪西方法哲学思潮研究》，法律出版社 2006 年版，第 50 页。

〔4〕 ［美］约翰·罗尔斯：《作为公平的正义——正义新论》，姚大志译，上海三联书店 2002 年版。

〔5〕 See D. D. Raphael, *Justice and Liberty*, Athloner Press, 1980, p. 95.

〔6〕 John Rawls, "Legal Obligation and the Duty of Fair Play", in Collected Papers, p. 127.

二者关系并使之相辅相成，是法治的最佳出路。

在惩罚犯罪过程中，美国著名法学家帕克形象地将公正与效率比作是两种不同意识形态的"拔河比赛"，并提出了刑事诉讼的两种模式论。[1]帕克指出，认定犯罪的取舍包括正当程序模式和犯罪控制模式，前者主要防止无辜者被宣告有罪，后者是基于对犯罪行为的控制。正当程序模式将个人利益置于效率之上，如果法院忽视个人权利和宣告无辜者有罪，法院的合法性受到最大威胁，故正当程序原则被认为是确保法院诉讼程序可视性和对公众负责的一种手段。支持正当程序模式者认为，让十个有罪的罪犯免受惩罚比宣告一个无辜者有罪更好。犯罪控制模式认为刑事司法官员在诉讼开始阶段就能审查出无罪者，没有被审查出来则可能有罪并可以继续迅速诉讼，没有不必要的延误程序而作出最终判决是提高效率的一种方法。犯罪控制模式又被称为"装配司法线"，如果法院被认为纵容犯罪或不能有效地镇压犯罪，则构成对刑事法院的威胁。支持犯罪控制模式者认为，处罚一些无辜者抵得上社会为防止市民免受掠夺性犯罪所付出的代价。[2]帕克认为，对犯罪行为的控制，是迄今为止刑事诉讼程序最重要的职能之一。[3]在帕克看来，犯罪控制模式强调司法效率，程序正当则保障司法公平，两者不可偏废。

帕克提出的刑事诉讼的两种模式及其所体现的价值诉求，在犯罪构成不同模式中同样得到了体现。机体的犯罪构成与机器的犯罪构成两种不同模式，正是围绕司法的公正与效率的价值诉求，从入罪与出罪要件的设定、举证责任的分担等方面，实现各自所崇尚的司法价值理念——公正或者效率。具体地说，通过不同的犯罪构成，设定构成要件之间的不同关系，明确入罪要件与出罪要件，初步设置一定的诉讼规则，从而获取司法公平或者司法效率，彰显自身的诉讼机能。从犯罪构成的发展历程来看，其设置的诉讼规则主要有两种不同模式：综合规则和可废除规则。[4]综合规则通常由一元化的、机

---

〔1〕　See Herbert L. Packer, "Two Models of the Criminal Process", *University of Pennsylvania Law Review* 1（1964）.

〔2〕　See Herbert L. Packer, "The limits of the Criminal Sanction", *Pale Alto*, Stanford University Press, 1968, p. 158.

〔3〕　参见 ［美］爱伦·豪切斯泰勒·斯黛丽、南希·弗兰克：《美国刑事法院诉讼程序》，陈卫东、徐美君译，中国人民大学出版社2002年版，第22~23页。

〔4〕　由于综合规则是机体的犯罪构成所特有的诉讼规则，故放在本节论述。可废除规则作为与机器的犯罪构成相匹配的诉讼规则，在下一节加以论述。

体的犯罪构成模式设置，将犯罪的证明责任完全交由控方负责，排除犯罪构成要件之间的任何推定关系，通过完整的规则体系确立犯罪标准。[1]可废除规则通常由二元化的、机器的犯罪构成模式设置，其实质在于将说服责任转移给辩方，通过不完整的规则说明犯罪标准的愿望并塑造自己的特性。[2]这两种诉讼规则，并非存在所有的犯罪构成模式中。不同的犯罪构成模式，对应不同的诉讼规则，达成不同的诉讼机能，体现不同的价值理念。

第二节　机体的犯罪构成

一、中国犯罪构成的机体性

关于我国的犯罪构成模式，学者们存在不同理解。代表性的观点有三种：一是总和说。该说沿袭苏联刑法学界的理论观点，认为犯罪构成乃是一系列客观要件和主观要件的相加，是一切犯罪构成要件的总和。根据该说，犯罪构成是我国刑法所规定的，决定某一行为的社会危害性及其程度，而为该行为构成犯罪所必需的一切客观和主观要件的总和。[3]该说是以往的通说。二是耦合说。如有学者认为，我国犯罪构成在模式上属于耦合的犯罪构成。"我国及苏联的耦合式的犯罪构成体系具有静态性，它不能反映定罪过程，而只是定罪结果的一种理论图解。……在四个要件的关系上是一存俱存、一损俱损的共存关系。各个要件必然依附于其他要件而存在，不可能独立存在。"[4]三是有机整体说。按照该观点，犯罪构成"是我国刑法所规定的，决定某一行为成立犯罪所必需的一切客观要件和主观要件的有机统一的整体"。[5]"从数量上看，每一犯罪构成都包含有一系列要件，而不是单个要件；从性质上看，这

---

〔1〕　See H. L. A. Hart, "The Ascription of Responsibility and Rights", *49 Proceedings of the Aristotelian Sociaty*, 1949, p. 171.

〔2〕　See H. L. A. Hart, "The Ascription of Responsibility and Rights", *49 Proceedings of the Aristotelian Sociaty*, 1949, p. 171.

〔3〕　参见高铭暄主编：《新中国刑法学研究综述》，河南人民出版社 1986 年版，第 114~115 页。

〔4〕　陈兴良主编：《犯罪论体系研究》，清华大学出版社 2005 年版，第 12~13 页。耦合的犯罪构成由陈兴良教授提倡，得到许多学者认同。认为我国犯罪构成属于耦合的犯罪构成，似乎成为一种流行趋势。

〔5〕　马克昌主编：《犯罪通论》，武汉大学出版社 1999 年版，第 70 页。

些要件中既有客观的要件，即犯罪客体、犯罪的客观方面，也有主观要件，即犯罪主体、犯罪的主观方面，而不是单种类的要件。……从各种要件的联系性质来看，犯罪构成并不是所有这些单个要件的简单相加的复合体，而是这些要件相互联系、相互作用、相互制约的有机体。"〔1〕

　　总和说侧重从犯罪构成各要件的组合的结果揭示我国犯罪构成的性质，认为犯罪构成不过是一系列犯罪构成要件叠加在一起而已。这样理解我国犯罪构成显然是不准确的。总和说虽然在外在形式上似乎有道理，却没有揭示犯罪构成各要件之间内在的、有机的、不可分割的联系性质和状况，不能说明我国犯罪构成各要件之间相互关系及相互作用。因为，在这种理论体系中，一个行为，只要同时符合或齐备这四个方面的要件，就成立犯罪，缺少任何一个方面的要件，犯罪便无存在的余地，要件的齐合充分体现出要件的同时性和横向联系性。〔2〕然而，从字面意思理解，"总和"意味着犯罪构成就是其各个要件全部加起来，似乎各个要件之间不存在相互联系，不能说明犯罪构成各要件之间的联系性质和状况，难以进一步正确理解和把握犯罪构成的性质和其内部结构。〔3〕不难看出，总和说确实存在自身难以克服的缺陷，该说时下在学界已日渐式微。耦合说强调犯罪构成各要件之间的联系性质和状况，揭示了我国犯罪构成各要件之间相互关系及相互作用，具有一定的合理性，在我国学界大有后来居上之势。但是，该观点并非没有缺陷。从字面意思理解，耦合乃"指两个（或几个）体系或两种运动形式之间通过各种相互作用而彼此联系"。〔4〕可见，"耦合"所揭示的是事物之间单纯的相互作用和彼此联系，它既不能揭示犯罪构成各要件之间出现残缺时的性状，也不能揭示犯罪构成各要件之间一荣俱荣、一毁俱毁的关系，更不能说明犯罪构成各要件通过相互作用形成的统一的、不可分割的有机整体这一根本特征。事实上，在理解我国犯罪构成模式时，必须根据唯物辩证法的系统论，把它们视为一个统一的不可分割的有机整体，才能作出科学的解释。犯罪构成这个有机整体，是一个具有多层结构的复杂的社会系统。〔5〕

---

〔1〕　马克昌主编：《犯罪通论》，武汉大学出版社1999年版，第72页。
〔2〕　参见肖中华：《犯罪构成及其关系论》，中国人民大学出版社2000年版，第44页。
〔3〕　参见马克昌主编：《犯罪通论》，武汉大学出版社1999年版，第69页。
〔4〕　胡裕树主编：《新编古今汉语大词典》，上海辞书出版社1995年版，第999页。
〔5〕　参见何秉松主编：《刑法教科书》，中国法制出版社1997年版，第188页。

笔者非常赞同第三种观点。我国犯罪构成在性质上属于"有机统一的整体",体现的是一种"有机体"模式。这样理解不但充分揭示了犯罪构成各要件之间内在的、有机的、不可分割的联系性质和状况及其相互关系和相互作用,而且还在整体上揭示了我国犯罪构成各要件通过相互作用形成的协调一致、不可分割、相互制约、"荣辱"与共的有机联系,科学、合理、全面。据此,笔者认为,基于我国犯罪构成所体现的机体模式,谓之机体的犯罪构成恰如其分。

机体的犯罪构成各要件密不可分,相互统一于整体的"犯罪机体"中,才具有生命力,任何要件如果脱离犯罪这个"母体"将不再具有实质意义。例如,作为犯罪主体的人,在行使评价犯罪的功能之前,我们甚至不能将具备成为犯罪条件的人称作"犯罪主体",[1]其本身也不能对犯罪现象进行任何有价值的评价。尽管各个要件具有自己的界限和脉络,但它们不过是一个有机体的不可分割的组成部分,不能单独完成对事物的评价。各要件只有有机整合在一起才能完成认定犯罪的强大功能。"这里体现的是一种整体性思维方法,即在犯罪构成这个整体当中,各个要件才获得了存在的意义,单个地来看这些犯罪构成要件是不能单独存在的。"[2]如果我们将犯罪比作一头牛,那么各犯罪构成要件就是牛的各个脏器,这些脏器只有有机组合在一起,才能体现牛作为一头动物的所有的功能和价值。否则,那些脏器将不会有任何生物上的含义。因此,我们不能简单地采取逻辑分析或者解剖学的方法,去认识我国犯罪构成的各个构成要件。正如有学者指出,犯罪构成的主客观要件同时存在于犯罪构成的整体之中,而不能脱离整体各自独立存在。各个要件之间的关系是相互依存、不可缺少的。它们并不像机器的部件那样,在没有组装成机器整体时,可以各自独立存在。[3]

二、机体的犯罪构成与诉讼的综合规则

机体的犯罪构成各要件之间,从有机整合为一个犯罪构成模型的过程来

---

〔1〕 其实,我国学界用犯罪主体作为犯罪构成的一个要件,并不科学。犯罪构成要件本为犯罪成立之前,作为评价犯罪成立与否的一个必要条件。在犯罪还没有成立之前,就称行为人为犯罪主体,显然先入为主。只有在犯罪成立后称行为人为犯罪主体,才符合逻辑。

〔2〕 陈兴良:《刑法知识论》,中国人民大学出版社 2007 年版,第 280 页。

〔3〕 参见曾宪信、江任天、朱继良:《犯罪构成论》,武汉大学出版社 1988 年版,第 24 页。

看，是密切联系、不可分割、一荣俱荣、一毁俱毁的。犯罪各构成要件均处于平等、并列的地位，不存在所谓统揽全局、作为犯罪观念形象的犯罪构成要件，故犯罪各构成要件之间不存在谁推定谁的关系，更不存在原则和例外的关系。

在机体的犯罪构成中，达成犯罪成立意义上的模型之前，司法机关必须根据刑法规定对各构成要件加以鉴别、判断、有机整合，只有在确证各犯罪构成要件能够有机整合成一个完整的犯罪构成模型时，犯罪才告成立。不难看出，在机体的犯罪构成模式下，司法机关必须承担对所有犯罪构成要件及其要素的举证责任，在获取全部证据证实存在所有犯罪构成要件及其要素之后，就可以通过所有犯罪构成要件及其要素的有机整合而形成一个犯罪的应然形象，犯罪便告成立。在此过程中，司法机关通常不能根据一个要件推定另一个要件，即便是有时根据常理由一要件推定另一要件，也只是表现在个别犯罪中，不具有代表性和规律性。通过完整的、充分的证据对所有犯罪构成要件及其要素加以分别确证，始终是司法机关确认犯罪最终成立需要完成的工作。这种由控方承担完全举证责任的方式，是典型的诉讼综合规则。根据综合规则，犯罪构成要件均为入罪要件，各犯罪构成要件之间在形式上相互独立，不存在层次推进关系，只有在有机整合的情形下才具有评价犯罪的功能，体现的是由无到有的整合过程，因而贯彻的是纯粹的无罪推定模式，这与机体的犯罪构成是一脉相承的。

机体的犯罪构成模式要求控方承担犯罪成立的全部举证责任，体现了认罪的一元化。相应地，辩方就无须承担任何举证责任，没有义务说服法官以规避责任。这使得辩方在诉讼中处于相对有利的地位，既可以利用沉默权获取主动，也可以针对犯罪构成要件分别进行抗辩。

三、机体的犯罪构成之优越性与局限性

（一）机体的犯罪构成的优越性

1. 出罪与入罪的同步，有助于节省司法成本和提高司法效率

机体的犯罪构成，要求全部犯罪构成要件有机统一地整合在一起，积极地担负证实犯罪成立的功能，故各犯罪构成要件/要素又称积极的犯罪构成要件/要素。"所谓积极的犯罪构成，是指刑法条文规定的各个构成要件都是积极地揭示了行为的犯罪性的犯罪构成。……所谓消极的犯罪构成，是指刑法

条文所规定的一定类型的要件是否定某种行为的犯罪性的，……"〔1〕我国刑法中的犯罪构成，包含了成立犯罪所需要的一切积极的要件，形成一个有机统一的整体。因此，我国刑法中不存在消极的犯罪构成。至于《刑法》中诸如第243条第3款的规定，〔2〕与消极的犯罪构成要件并非一回事。"我国刑法中的犯罪构成是实质性的犯罪构成，它是犯罪的成立要件意义上的犯罪构成，只有成立犯罪的行为才具备犯罪构成的要件；符合犯罪构成，而不成立犯罪的行为是不具备犯罪构成的要件的。因此，不能把否定行为的犯罪性的要件视为'犯罪构成'的要件，当然不能把这称为'消极的犯罪构成'了。"〔3〕既然我国刑法中不存在消极的犯罪构成，是不是我国刑法中就不存在出罪判断呢？对此，许多学者持肯定态度。如有学者认为："入罪更多倚重的是犯罪构成的积极要件，出罪则更多依靠的是犯罪构成的消极要件。由设计构成要件的人类智识的有限性和社会生活的丰富多变性之间永恒的矛盾所决定，无论是积极的构成要件还是消极的构成要件，都不可能'身兼二职'，在任何时候、任何情况下都能独自同时担当起入罪和出罪的双重使命。"〔4〕还有学者在谈到出罪原则时，更多的是从罪刑法定原则下的司法定罪、时效、赦免以及刑事诉讼法中的否定犯罪成立等情形入手，而没有从犯罪构成要件本身论述犯罪的出罪要件。〔5〕总之，我国刑法中的犯罪构成缺乏出罪要件，似乎成为共识。

笔者认为，上述所谓的积极的犯罪构成与消极的犯罪构成或者说入罪要件与出罪要件之分类，从根本上来说存在着标准和依据上的错误。犯罪构成要件是否积极地揭示了行为的犯罪性以及属于出罪还是入罪要件，与犯罪论体系密切相关，体现的是司法对定罪判断的程序和习惯问题，根本不是要件本身的性质问题。德、日刑法中对违法性的判断，之所以依赖于阻却违法事由的消极判断，是因为所谓的积极的犯罪构成要件——构成要件该当性具有宏观性、包容性和开放性，它将符合初步的、形式的构成要件的所有行为，

---

〔1〕 马克昌主编：《犯罪通论》，武汉大学出版社1999年版，第99~100页。

〔2〕 该款规定，"不是有意诬陷，而是错告，或者检举失实的，不适用前两款的规定"。

〔3〕 马克昌主编：《犯罪通论》，武汉大学出版社1999年版，第100页。

〔4〕 田宏杰："刑法中的正当化行为与犯罪构成关系的理性思考"，载《政法论坛》2003年第6期，第57页。

〔5〕 参见夏勇："定罪与犯罪构成"，武汉大学2007年博士学位论文。

无论是实质上有罪的还是无罪的，都"一网打尽"。在这种情况下，司法机关只能通过出罪的违法阻却事由，将那些实质上不构成犯罪的行为排除出去。由于德、日刑法中的犯罪构成将事实评价与规范评价分离，出现具有明显特征的入罪要件与出罪要件，也就难免了。但是，这种出罪与入罪功能，只是一种观念上的强烈印象。因为，积极的入罪要件，本身就是对出罪的否定；消极的出罪要件，本身也是对入罪的否定。例如，作为积极的入罪条件的构成要件该当性，也是具有出罪意蕴的，即凡是不该当构成要件的，就不可能构成犯罪。违法阻却事由同样如此，存在违法阻却事由是出罪条件，它也从另一方面告诉人们，如果不存在违法阻却事由，犯罪将可能成立。

我国刑法理论中的犯罪构成则不然，由于只有齐备所有的犯罪构成要件，犯罪才成立，所以人们为了这样的一个有机整体的统一，必须不断地加以积极判断。可见，我国刑法理论中的每个构成要件兼具入罪与出罪的双重身份。"四要件模式中的构成要件不仅发挥着形式上的出罪功能，同时也应该发挥实质上的出罪功能。因为构成要件是刑事责任的唯一根据，所以构成要件必须承担起在规范和价值评价中排除犯罪的可能性的责任。所有的不构成犯罪的原因只能有一条，就是不符合犯罪构成。既然事实评价和规范评价在构成要件中没有区分，那么出罪评价与入罪评价在构成要件中也不可能被明确地区分。"[1]例如，主体要件一方面告诉司法机关，凡是达到法定年龄、具有刑事责任能力的人，能够依法成为犯罪主体；另一方面也警示司法机关，凡是没有达到法定年龄、不具有刑事责任能力的人，任何情况下不能成为犯罪主体。可见，那种认为"无论是积极的构成要件还是消极的构成要件，都不可能'身兼二职'"的观点，并不客观。

由上可知，我国刑法中的犯罪构成是兼具入罪与出罪的双重功能的。在认定犯罪时，受机体的犯罪构成的性质影响，司法机关必须对所有犯罪构成要件进行评价、判断，以便形成一个有机统一的犯罪实体，取得犯罪确立的效果。在此过程中，每一个犯罪构成要件及其要素的评价与判断，都面临两种结果：有和无。如果有，就需要进一步对其他犯罪构成要件及其要素进行评价、判断；如果无，犯罪判断活动就变得毫无必要，所有的对犯罪的评价、判断活动便宣告结束。这种出罪与入罪同步的犯罪认定模式，使得司法机关

---

[1] 杜辉：《刑事法视野中的出罪研究》，中国政法大学出版社 2011 年版。

可以在第一时间通过出罪的要件或者要素结束犯罪的评价与判断活动，既节省司法成本，也提高了司法效率。相反，如果只能通过积极的犯罪构成要件启动司法定罪程序，然后才可以进行出罪判断的话，当出现出罪的条件时，前面所启动的司法定罪程序在定罪的否定评价中就显得有些多余，不但浪费司法成本，也不利于提高司法效率。

2. 控方承担完整的举证责任，有利于贯彻无罪推定原则和实现刑事法治国的目标

机体的犯罪构成的各犯罪构成要件只有有机统一成为整体，才能成就一个犯罪的定罪规格。所有要件的举证责任全部在于控方，体现的是诉讼的综合规则。其优点在于：能够充分、彻底地贯彻无罪推定原则。

无罪推定是指任何人，在法院没有以确实、充分的证据证明其有罪以前，不得认为其有罪或者应推定其无罪。无罪推定所强调的是，对被告人所指控的罪行，必须具有全面、充分、确凿、有效的证据。如果司法机关根据犯罪构成不能得出某一行为构成犯罪，那么在审判中就不能证明行为人有罪，就应推定为无罪。我国《刑事诉讼法》第 12 条规定："未经人民法院判决，对任何人都不得确定有罪。"这一规定表明，我国奉行的是彻底的无罪推定模式，只有经过法院判决，才能认定犯罪成立。法院认定某一行为构成犯罪，则必须根据行为是否符合某罪的犯罪构成，这自然需要将所有犯罪构成要件加以有机统一，以形成一个有效的犯罪模型。可见，机体的犯罪构成模式是充分贯彻无罪推定原则，有利于保障被告人的诉讼权利、诉讼地位。正如苏联最高法院曾指出，把证明被告人有罪的义务，由控诉一方转到被告一方，是与苏维埃法律和诉讼的本质及无罪推定原则不相容的。违反无罪推定原则，法院所作出的判决，总是会被撤销的。[1]

从历史上看，无罪推定原则是资产阶级革命胜利以后在否定中世纪纠问式诉讼制度的基础上形成并发展起来的一项法律原则，是建立在对封建社会有罪推定制度进行猛烈抨击的基础上的。在司法诉讼制度方面，摒弃封建法制的有罪推定，实行无罪推定原则，由具有国家强制力为后盾的司法机关承担全部的犯罪构成要件的确证工作，担负起犯罪成立的全面的举证责任，是司法文明战胜司法专横、刑事诉讼制度走向民主化的标志。它确立犯罪人的

---

〔1〕 参见刘木林、欧阳涛："苏维埃刑事诉讼中被告人的陈述"，载《法学研究》1957 年第 4 期。

主动地位，要求司法机关不得以任何非确证犯罪的理由对公民行使刑罚权，最大限度地保障作为追诉对象的行为人的权益，对于遏制司法擅断，实现刑事法治国目标，是很有裨益的。

3. 辩方不承担任何举证责任，有助于实现刑法的人权保障机能

无罪推定，意味着控方在初步确立一定的案件事实的基础上，必须寻求确定的、完整的证据来佐证被告对案件事实承担刑事责任。通常情况下，被告处于无罪推定的庇护之下，无须对与案件有关的事实和证据进行任何指证，直到表现出他是有罪的。"因为被告在被证明有罪之前是被假定无罪的（一个在私人纠纷中可能毫无意义的假定），挑战着责任的每一个前提，辩护方不需要特别地提出没有'认罪与避免'的主张。"[1]由此可知，无罪推定原则与诉讼的综合规则是相辅相成的。在该规则下，控方单独承担全部构成要件的举证。这对辩方来说，无疑是有利的。因为，辩方只需沉默，就足以掌握主动。所谓沉默权，即犯罪嫌疑人、被告人在刑事诉讼中具有沉默权，或曰不得强迫自证其罪，从学理上又称反对自我归罪的特权。其基本含义是指，犯罪嫌疑人、被告人面对公诉机关和审判机关的讯问，不说话或者停止说话，以沉默的方式反对强行要求作可能导致刑罚或者加重刑罚的供述的权利。在西方，沉默权是一项自然权利，也是一项人权，它在加强控方举证责任的同时，也加强了犯罪嫌疑人、被告人的防御力量，有助于抑制警方的暴力、制约强大的警察权。当前，在刑事诉讼上，我国还没有引进沉默权的规定，关于能否确立沉默权的争论一直相持不下。但是，就我国机体的犯罪构成而言，至少在形式上赋予了行为人无须为自己的行为构成犯罪而对任何犯罪构成要件或者要素进行质证的权利，这为沉默权的推行准备了充分条件，在某种程度上肯定了行为人具有犯罪抗辩的沉默权。可见，机体的犯罪构成是有利于促进取证的合法、文明化的，也遏止了诉讼活动中对犯罪嫌疑人供诉的依赖心理，对于防止先入为主、主观臆断以及刑讯逼供等，充分保障被告人的人权，无疑具有积极的作用。从另一方面讲，机体的犯罪构成还有利于发挥国家的公权力优势调查犯罪事实、获取证据，这对实现公正的价值诉求是很有帮助的。

---

〔1〕〔美〕乔治·P. 弗莱彻：《刑法的基本概念》，蔡爱惠等译，中国政法大学出版社 2004 年版，第 127 页。

有学者认为，我国犯罪构成模式采取综合一体化犯罪认定格式，重视控诉机制而轻视辩护机制，没有给予被告人利用违法阻却事由或者责任阻却事由进行充分辩护的机会，无法实现"法庭话语权的平衡"，不能体现控辩双方的对抗过程和刑法的人权保障机能。主要理由在于：在中国刑法中，由于四大要件一旦"拼凑"成功，就可以得出个人有罪的结论。所有的刑法学著作都众口一词地说：行为符合四个构成要件，就能够得出有罪的结论；而没有任何一本书指出：行为人可以借助于四个构成要件中的某些要件进行辩护！[1]笔者认为，这种观点实在勉强。如上所述，由于我国犯罪构成兼具入罪与出罪的双重功能，辩方完全可以充分利用其出罪功能为自己辩护。因为，控方在进行积极的有罪评价和确证时，辩方的沉默权无疑是利己的，他没有必要进行多余的辩护。但是，如果控方能够举证全部犯罪构成要件，辩方在出罪时是可以充分行使自己的辩护权的。也就是说，辩方完全可以根据事实和法律，针对不符合犯罪构成各个要件的情形，提出事实和证据，依法对有罪指证进行对抗，作出无罪辩护。这种权利，在我国宪法以及刑事诉讼法中业已明确。如《宪法》第 125 条规定，"被告人有权获得辩护"；《刑事诉讼法》第 11 条规定："被告人有权获得辩护，人民法院有义务保证被告人获得辩护。"此外，以刑法学著作没有说"行为人可以借助于四个构成要件中的某些要件进行辩护"，否定辩护权的存在，不符合逻辑。行为人是否具有辩护权、是否在法庭上行使辩护权，是由法律明确规定的，并不以刑法学著作是否表述为转移。其实，在司法实践中，被告人通常根据事实和法律，分别对构成犯罪的四要件进行驳斥，作出无罪辩护。从这一角度来看，只要是有利于出罪的，行为人不但可以借助于四个构成要件中的某些要件进行辩护，而且完全可以借助四个构成要件中的任何一个进行辩护。总之，机体的犯罪构成对充分发挥刑法的人权保障机能、实现司法公正，是具有积极意义的。

（二）机体的犯罪构成的局限性

1. 入罪和出罪具有封闭性，不利于节省司法成本和提高司法效率

机体的犯罪构成模式，要求司法机关围绕着犯罪成立这一目标，由零汇总，对全部犯罪构成要件及其要素加以有机地整合。在入罪时，司法机关必须全面考虑某一行为构成犯罪所必需的一切犯罪构成要件及其要素，保证对

---

[1] 参见周光权："犯罪构成理论：关系混淆及其克服"，载《政法论坛》2003 年第 6 期，第 48 页。

号入座，不得有任何的遗漏、闪失或者偏颇。同时，对于任何不符合犯罪构成要件及其要素的情形，必须谨慎小心，确保将之排除在外，以保证入罪的准确与不偏不倚。不难看出，在机体的犯罪构成模式下，司法机关在认定犯罪时，始终是在犯罪成立的全部构成要件及其要素的范畴之内加以评价、判断，这样的入罪具有明显的封闭性。入罪的封闭性，无疑对司法机关认定犯罪提出了更高的要求。在认定犯罪时，司法机关不能任意划定一个行为范畴并进行精雕细琢和筛选，而是必须一步到位。这对节省司法成本和提高司法效率是不利的。

由于机体的犯罪构成是有机一体的，入罪具有封闭性，相应地出罪也具有封闭性。在入罪和出罪具有封闭性的情形下，控方要想证明犯罪成立，必须在初步发现相关犯罪事实、了解犯罪行为及其产生的一系列构成犯罪所需要的后果的基础上，证实行为人达到刑事责任年龄、具有刑事责任能力和其他构成犯罪所需要的主体要件要素，主观上具有犯罪故意或者过失（特定情形下还要证实具有犯罪目的），并论证犯罪行为所侵犯的客体的性质，以便确定最终构成何种类型的犯罪。这种整体的、全方位的证明责任，在以行为的社会危害程度作为入罪条件的前提下，有时会大大增加司法资源的投入，不利于提高司法效率。例如，我国刑法规定的贪污罪、受贿罪的入罪条件通常为 5000 元。如果行为人分几次贪污、受贿才达到定罪数额，那么就要对所有的贪污、受贿情形查实清楚，才算完成入罪的举证责任。有时，为了查证一笔贪污、受贿数额，需要将陈年往事翻扯出来，来回往返数次，其难度是可想而知的。此外，由于行为人始终参与实施犯罪行为的全过程，与违法、责任相关的某些事由，本来要求辩方进行举证可能更容易查实事实真相。特别是在没有其他人在场的情形下，控方举证确实可能存在无从下手的窘境，这些对于节省司法成本和提高司法效率，都是极为不利的。

2. 辩方不承担任何举证责任，不利于实现刑法的秩序维护机能

刑法对社会的保护功能，主要是指刑法通过惩罚犯罪，保护各种法益，维护和控制社会秩序。任何行为，只要侵害或威胁了刑法所保护的社会或者个人的生活利益，即法益，国家就应当追究其责任，惩罚和预防该行为。国家追究犯罪人的刑事责任并惩罚犯罪行为的效率，与作为国家的控诉机关所承担的法律义务是分不开的。如前所述，在综合规则下，由于辩方在被确定有罪之前不需要承担任何举证责任，他只需要等待着控方有罪指控，然后不

慌不忙地对各个犯罪构成要件及其要素的破绽加以辩驳，否认犯罪的成立。控方的有罪指控，不但要证明被告行为构成犯罪负有完全责任，而且必须保证准确，不能任意扩大有罪的指控范围，避免伤及无辜，这无疑不利于刑法的秩序维护机能。因为，在辩方不承担任何举证责任的情形下，国家所承担的认定和惩罚犯罪的任务是最重的，刑法的秩序维护机能之发挥所受的制约也最大。

有学者认为，"刑法以保护社会生活的基本价值、维护社会基本的秩序与安全为其基本任务与主要目标。由于这些任务和目的是在社会的意义上、名义下定位的，因而易于获得法律和社会的广泛的合法性与合理性的认可，与此相联系，为达此目标与目的，往往会因目的正当而'不择手段'，极易产生刑法膨胀的结果……"[1]这里其实提到了一个刑法适用上的科学性、严谨性问题，在理解时切忌同犯罪构成扯上关系。司法实践中，确实有少数司法人员在查证时，为了追求破案效率，采取一言堂形式，甚至不惜侵犯人权，在法庭上不给予被告人辩护机会，等等。笔者认为，这些现象之产生，并非举证责任分配之过，更非犯罪构成模式之过。其根本原因在于，司法机关或者司法人员法律意识不高、急功近利、为了部门利益先入为主以及法律保障不力等诸多因素造成，与犯罪构成模式没有多大关联，更谈不上犯罪构成使然。[2]

第三节　机器的犯罪构成

一、西方犯罪构成的机器性

日本学者大塚仁在对德、日三要件阶层式犯罪论体系（犯罪构成）进行评价时，曾经提出一个不可缺少的重要标准，即逻辑性。[3]这里的逻辑性是

---

〔1〕　蔡道通："当代刑法的两大基本理念及其意义"，载《南京师大学报（社会科学版）》2003年第4期，第42页。

〔2〕　如果我国也采取阶层式犯罪构成模式，将犯罪推定机能赋予犯罪行为与犯罪心态，必将导致更多的侵犯人权的司法现状滋生。试想一下：要求控方承担全部举证责任尚且如此，若承担部分举证责任不是更方便草率行事、司法擅断吗？

〔3〕　参见［日］大塚仁：《刑法概说（总则）》，冯军译，中国人民大学出版社2003年版，第111页。

指犯罪构成要件本身设置的科学性和犯罪构成要件之间的位阶性，犯罪构成要件之间的位阶关系是犯罪构成的逻辑性的应有之义。[1]受自身的逻辑结构、阶层体系的特征决定，德、日三要件阶层式犯罪构成的各要件本来就具有各自独特的功能，不需要整合其他要件成为一体才能完成犯罪评价功能。也就是说，任何犯罪构成要件即使脱离犯罪构成这个"母体"，也具有独立的实质意义。例如，违法性作为违反法规范以及侵害法益的一种价值评价，就具有自身独立的价值蕴涵。无论从客观上还是主观上、形式上还是内容上，违法性均具有自己的内容，不仅可以用来评价行为的罪与非罪，还可以评价其他事物。有责性也是如此，它包括故意和过失、期待可能性等要素，涵盖了对犯罪进行非难谴责的一切特征，具有自身独立的性质与评价功能。因此，以德、日为代表的三要件阶层式犯罪构成，各个要件具有自己独立的地位和功能，就像一台机器的完整的组成部分一样，能够完全拆卸下来。而且，从"机器"上被拆卸下来的各个"部件"，并不因为脱离"母体"而丧失应有功能，仍然可以单独完成对事物的评价，这与机体的犯罪构成存在明显不同。如果说构成要件该当性是一台机器，犯罪是机芯，那么违法性和有责性就分别为机器的其他部件。我们只要将机器的其他部件拆卸下来，露出单独的机芯，犯罪评价即告结束。因此，将之称为机器的犯罪构成是合适的。

有学者认为，德、日等大陆法系国家刑法理论中的构成要件该当性、违法性和有责性这三者的关系，呈现出一种层层递进的逻辑进程。三个要件的递进过程就是犯罪认定过程，因而这种犯罪构成体系属于递进式的犯罪构成体系。[2]笔者认为，构成要件该当性、违法性和有责性之间实质上并非递进关系。理由在于：在德、日等国机器的犯罪构成中，当行为符合构成要件之后，接下来对违法性和有责性的判断，与机体的犯罪构成存在本质不同。这种判断不是正面进行的，而是通过反向判断，即通过排除违法阻却事由和责任阻却事由的存在，证实符合构成要件的行为具有违法性和有责性。"在这一犯罪认定过程中，犯罪行为不断被排除……"[3]这显然不是递加/递进所能表达的，倒是称为递减式的犯罪构成体系比较合适。不过，其层次性倒是可以

---

〔1〕 参见陈兴良："犯罪构成理论与改革"，载《法学》2005年第4期，第4页。

〔2〕 参见陈兴良主编：《犯罪论体系研究》，清华大学出版社2005年版，第12页。

〔3〕 陈兴良主编：《犯罪论体系研究》，清华大学出版社2005年版，第12页。

肯定。

二、机器的犯罪构成与诉讼的可废除规则

可废除规则要求犯罪构成要件在性质上区分为特征明显的入罪要件与出罪要件，各要件之间存在推定关系，即根据犯罪的基本要件可以初步推定犯罪存在。控方要想说明犯罪成立，只须对入罪要件，即犯罪基本构成事实查明证实便可。辩方需要承担部分要件，即出罪要件的举证责任，进行免责抗辩。

在普通法系中，对这种废除的条件使用的术语是"认罪与避免"。被告在承认原告所请求的事实是真实的情况下，通过提出一系列的例外情形，来避免自己的行为牵连于罪行中，以便开脱自己的罪责。[1]这样，控辩双方形成了"认罪"与"避免"的二元关系。由于可废除规则下，入罪要件具有犯罪推定功能，且出罪要件的证明责任转移给辩方，必然滋生有罪推定。[2]"证明责任由控诉人转移到被告人身上，不可避免地会意味着以有罪推定来代替无罪推定。"[3]在这种情形下，辩方在诉讼中处于相对不利地位，必须针对被推定存在的犯罪构成要件提出对立事由，阻却犯罪成立。可废除规则减轻控方举证责任，迫使辩方积极与控方对抗。由于控方通常为国家司法机关或得其相助，相对于辩方私力而言处于绝对优势地位，为了避免公权力滥用、保障被告人权益和确保公平，通常要求程序正当。

早先的大陆法系诸国多采用综合规则，由控方承担全部控诉责任。后来，大陆法系国家对可废除规则进行了一定的借鉴。如 1805 年的普鲁士刑事法令中就包含了一些把说服责任加于被指控方的规定，虽然这些责任产生于一个

---

〔1〕 参见［美］乔治·P. 弗莱彻：《刑法的基本概念》，蔡爱惠等译，中国政法大学出版社 2004 年版，第 123 页。

〔2〕 英美法系一般认为，符合犯罪本体要件就属于道德有罪或者观念上犯罪，故根据犯罪本体要件推定犯罪存在，不属于有罪推定。（参见［美］乔治·P. 弗莱彻：《刑法的基本概念》，蔡爱惠等译，中国政法大学出版社 2004 年版，第 126~128 页。）大陆法系也承认根据构成要件该当性推定的犯罪，属于道德有罪或者观念上犯罪。在我国，一般只承认犯罪成立意义上的犯罪，即符合全部犯罪构成要件才是犯罪，不存在道德有罪或者观念上犯罪。所以，在我们看来是有罪推定，在英美法系或大陆法系则被称为无罪推定。

〔3〕 ［苏］安·杨·维辛斯基：《苏维埃法律上的诉讼证据理论》，王之相译，法律出版社 1957 年版，第 293 页。

在本质上属于纠问制的审判制度。〔1〕日本学者小野清一郎是可废除规则的积极提倡者，主张举证责任的合理分配。"在德国，以及在我国，有的学者提倡有举证责任。但是按照'不能证明时要从有利被告方面去解释'的原则，全部举证责任都在检察官方面，不承认被告人的举证责任。也就是说，不承认举证责任的分配（偶尔在证明毁坏名誉罪的事实时，被告人可有举证责任。这被当作我国法制受到英格兰法影响的地方，但我认为这在理论上还是有疑问的）。如此不加分配，只以一方有举证责任，实在不过是没有什么实际效益的概念。"〔2〕

三、机器的犯罪构成的优越性与局限性

（一）机器的犯罪构成之优越性

1. 入罪与出罪的开放性，有利于提高司法效率和节省司法成本

机体的犯罪构成是由分到总，把若干个犯罪构成要件及其要素有机整合成一个犯罪机体。机器的犯罪构成则是由总到分，把初步的犯罪的观念形象——符合构成要件的行为类型加以雕琢、修理，排除其中的并非犯罪的成分，最后形成一个瘦身的、确切的犯罪模型。在此过程中，不但构成要件该当性具有开放性，违法性和有责性（或者说违法阻却事由和责任阻却事由）同样具有开放性。

"所谓构成要件（Tatbestand），是指刑罚法规所规定的个别犯罪的类型。为了成立犯罪，首先要有行为符合犯罪构成。……构成要件是抽象的、观念的概念，不是具体的事实本身。"〔3〕受其方法论决定，机器的犯罪构成并不根据行为的社会危害性及其程度确立犯罪的类型，而是首先划定一个宽泛的行为类型，即由行为及其主观心理态度组成的观念的、宽泛的犯罪形象，在大陆法系国家通常谓之构成要件该当性或典型事实、事实要件等，在英美法系国家通常被称为犯罪本体要件。以德、日的构成要件符合性为例，"在三阶段

---

〔1〕　参见［美］乔治·P. 弗莱彻：《刑法的基本概念》，蔡爱惠等译，中国政法大学出版社2004年版，第123页。

〔2〕　［日］小野清一郎：《犯罪构成要件理论》，王泰译，中国人民公安大学出版社2004年版，第244页。

〔3〕　［日］大塚仁：《刑法概说（总则）》，冯军译，中国人民大学出版社2003年版，第110页、第113页。

评价的架构下，构成要件被视为对法律赋予刑罚效果行为之抽象要件描述，其所凸显的，仅是行为的外在意义，也就是作为标明个别的犯罪的类型（Deliktstypus）而已，在此种意义下，构成要件是不法行为的类型化要件"。[1]作为一个行为类型，构成要件包括所有将罪与非罪区分开来的以及影响处罚高低的要件及要素，是形式、观念的犯罪形象。"从'法无明文规定不为罪'原则（上文第三节，边号2及以下）出发，那么，构成要件的范围是由法律关于可罚性前提条件的规定所确定的。这些范围包括了法律对谋杀、强奸、盗窃等行为异常特征的描述，法律所规定的正当防卫或紧急避险等违法阻却事由和排除罪责的理由以及对正犯、教唆等具体共犯形式的法定要求，简而言之，包括了所有将罪与非罪区别开来以及影响处刑高低的法定要求。在此意义上，对犯罪特征的描述被称为保障的构成要件（Garantietatbestand）因为刑法借此实现了保障机能。"[2]构成要件该当性主要包括两大要素：行为和行为的心态。前者属于客观要素，后者属于主观要素。"犯罪类型由许多要素构成。大体区别一下，可以划分为一部分是行为的客观方面，另一部分是行为的主观方面。客观方面是广义的违法类型的基础，在它之上，再加上主观方面的责任类型，就成为犯罪类型。我们来观察一下犯罪类型就可以发现，它的多种多样的要素都由一个指导形态（Leitbild）给统一起来了。"[3]

与构成要件该当性一样，违法性和有责性作为类型化要件，也具有高度的概括性与开放性。以违法性为例，既可以理解为违反了某种法的规范，是为形式的违法性；也可以理解为对法益的侵害，是为实质的违法性。不管是违反某种法规范还是侵害某种法益，都是具有概括性和开放性的。与机体的犯罪构成不同的是，机器的犯罪构成的违法性属性并不限于刑法规定，只要符合"违反某种法规范或者侵害某种法益"的要求，就符合违法性。换句话说，任何行为，只要不违反某种法规范或者侵害某种法益，不管刑法是否规定，都会当然成为违法阻却事由，从而被踢出犯罪的范畴。"夫违法者云，若单从形式上观察之，不外为实定法之违反，所涉范围甚广，刑法故不待论，即其他公法及私法，亦不论其为成文法、不成文法，无不与违法之认定有关，

---

〔1〕 柯耀程：《变动中的刑法思想》，中国政法大学出版社2003年版，第20页。

〔2〕 ［德］冈特·施特拉滕韦特、洛塔尔·库伦：《刑法总论I——犯罪论》，杨萌译，法律出版社2006年版，第77~78页。

〔3〕 ［日］泷川幸辰：《犯罪论序说》，王泰译，法律出版社2005年版，第4页。

故违法与否，必贯通国法之全部体系而后可得言之，刑法与其他实定法恒维持相同观念，未有刑法之所认为违法，而他法以为不然者。然而某种行为何以不见容于实定法而受违法之评价，此又不仅为形式观念，更须探索于法律之实质精神方可了然。"[1]同时，违法性不仅是客观的，还可以是主观的。"犯罪的主观要素，即犯人在犯罪时内心所抱有的心理态度，在论及行为的违法性时，即在决定违法性的存否和违法性的程度时，往往具有重要的意义。"[2]这样，违法性就成为一个包括客观要素与主观要素的概念，只是这种包容并不以客观要素与主观要素相结合的形式出现。换句话说，违法性可以是主观的，也可以是客观的，还可以是主观与客观相结合的，这无疑大大增强了违法性的开放性。另外，违法性的本质也决定了自身所蕴含的开放性特征。关于违法阻却事由的原理，理论上主要存在法益衡量说、目的说和社会相当性说。法益衡量说以拯救利益更高的法益作为侵害行为正当化的根据；目的说则以行为达到国家承认的共同生活的目的作为侵害行为正当化的原理；社会相当性说以在历史地形成的社会伦理秩序的范围内被允许作为侵害行为正当化的依据。[3]但是，这些观点并非违法阻却事由的全部原理。"目的说与优越利益说，对某些违法阻却事由的确立都能作出解释，也都有不足之处；但在理论上似不应由此否定说明违法阻却事由的一般的统一的原理。……现有理论确实还存在一些缺陷，这不是正给我们提供了深入研究的机遇吗？"[4]由此可见，违法阻却事由的原理也是具有开放性的，最终的出发点和归宿，还是不违反法秩序，不至于使法益受到侵害（或更大侵害）。由于违反法秩序或使法益受到侵害（或更大侵害）的标准，在不同时期、不同地域、不同的人群中具有不同的标准，这些全由司法人员或者行为人根据具体情况酌情判断，以作为认定违法性和提出违法抗辩事由的依据。

机器的犯罪构成之开放特征，使得司法人员只要根据刑法规定的构成要件，将现实中的等待评价的行为与之相对照，无须考虑其他因素（诸如行为的社会危害程度等），就完成了犯罪认定的第一步，大大提高了司法的效率。同时，在机器的犯罪构成中，由于构成要件该当性是违法的、有责的行为类

〔1〕 韩忠谟：《刑法原理》，中国政法大学出版社 2002 年版，第 100 页。

〔2〕 ［日］大塚仁：《犯罪论的基本问题》，冯军译，中国政法大学出版社 1993 年版，第 130 页。

〔3〕 参见张明楷编：《外国刑法纲要》，清华大学出版社 1999 年版，第 149~150 页。

〔4〕 马克昌：《比较刑法原理：外国刑法总论》，武汉大学出版社 2002 年版，第 327~328 页。

型，行为符合构成要件，就初步推定具有违法性、有责性，从而大大简化了犯罪认定的过程和手续。另外，在进行违法性判断时，无论是司法机关还是行为人，都不必拘泥于刑法的相关规定，完全可以根据违法性的实质判断某一违法阻却事由是否成立。对于行为人来说，他不但可以运用正当防卫、紧急避险等刑法通常规定的抗辩事由反驳自己的行为具有违法性，还可以运用符合违法阻却事由原理的事由抗辩自己的行为具有违法性。这样，控方和辩方各司其职，围绕着罪与非罪这一核心目标"共同努力"，对于节省司法成本是有所帮助的。

2. 辩方分担犯罪成立的举证责任，有利于实现刑法的社会秩序维护机能

自从 19 世纪以来，欧美国家特别是大陆法系国家在构建犯罪构成模式的过程中，为了吸收英美法系当事人主义诉讼模式的优点，将私法领域的说明责任嫁接到刑事法领域，并融入犯罪论体系当中，使得违法阻却事由和责任阻却事由的说明责任转由被告人承担，无疑大大节省了司法资源，提高了刑事诉讼的效率。基于效率的考量，将有关被告人精神状态、执行职务等情形的说服责任转移给被告人，免除本由司法机关举证的责任，使刑事诉讼活动变得更为直接、快捷、方便，有利于犯罪控制。

辩方分担犯罪成立的举证责任，对于刑法的社会秩序维护机能确实有帮助的。首先，辩方分担犯罪成立的举证责任，是建立在犯罪评价的"预警"基础上的，这对维护社会秩序、防止犯罪侵犯是有帮助的。由于辩方分担犯罪成立的举证责任，是建立在控方概括、抽象的犯罪之举证基础上的。不管犯罪是否成立，控方只需要证实行为符合构成要件就足够了。这等于在认定犯罪过程中设置了一个预警机制，警示任何人不得越雷池一步——擅自实施符合构成要件的行为，否则就会被纳入"犯罪"之中，将受到构成犯罪的指控，除非你能够提出违法阻却事由或者责任阻却事由，否则将承担刑事责任。其对社会一般人的威慑、预警效果是不言而喻的，有利于贯彻刑法的社会秩序维护机能。而且，在行为成立犯罪的实质评价之前就介入到行为的性质评价中，做到防患于未然，对维护社会秩序也是有帮助的。其次，辩方分担犯罪成立的举证责任，能够使行为实施者更加清楚自己的行为在社会生活中、规范上的意义，有利于贯彻刑法的社会秩序维护机能。辩方如果要推翻自己的行为构成犯罪，条件之一是必须证实存在违法阻却事由。行为违法的判断标准，具有超法规的色彩，使得行为人能够更加清晰地认识到自己的行为在

社会生活中的性质和意义，从而为未来自己的行为与社会公理、善良习俗相吻合提供更为确切的指导，这对维护社会秩序也是有利的。"行为该当法定构成犯罪事实，经法律规范的评价，认为与实定法秩序相违反者是为行为之违法性，通常固皆就违法之形式意义以衡量之，惟社会情势变化万殊，实定法之内容，间或未周，致与违法性实质相出入者。亦复有之，故适用之际，又不得不准酌法律之本旨而为决定，某行为依实定法之形式纵属正当，若反于公序良俗，仍不得谓非违法，如权利之滥用，即其一例，是以违法性之概念，在此意义下，实属'超法律的'metajuristisch。"[1]

需要指出的是，德、日等大陆法系国家和英美法系国家的犯罪构成模式，在辩方的举证责任的内容设置上，并无实质的不同。针对这种举证责任分担模式的弊端，德、日等大陆法系国家和英美法系国家采取了不同的防治措施。特别值得提出的是英美法系国家，它们大多数设置了许多程序要件，极力限制公权力滥用，避免人权和公平受到侵蚀。一方面，未成年、正当防卫等免责抗辩事由，不像大陆法系国家那样作为实体内容而在刑事诉讼程序之前就可以解决相关问题，而是放置于诉讼阶段评价。另一方面，包括宪法设置的程序规则以及根据普通法传统确立的诸多程序规则（如人身保护令、不得歧视定罪等）也是免责抗辩事由。众多的程序规则反过来又会妨碍司法效率。相信大家对英美法系国家动辄历时几年的司法审判过程深有体会，这与程序繁杂不无关系。于是，英美法系国家又规定了诸多旨在提高司法效率的程序规则，如答辩交易等，赋予控辩双方选择权，以便提高司法效率。"那种认为在英国法院进行的审判中一切证人都必须出庭作证的看法显然就是一种深深的误解。事实上，正如控辩双方可以通过协商'鼓励'被告人作出有罪答辩一样，控辩双方也可以对证人是通过亲自出庭还是通过提交书面证言的方式进行作证达成某种协议。这恰恰体现了英国对抗式审判的精神：让控辩双方而不是法官主导法庭审判的进程和方式。"[2]可以说，英美法系犯罪构成要件的程序化特征，与其当事人主义的诉讼模式是相辅相成的，通过不断地在司法的公平与效率之间寻求最佳支撑点，尽最大努力协调司法的公平与效率的

---

〔1〕 韩忠谟：《刑法原理》，中国政法大学出版社2002年版，第100页。

〔2〕 陈瑞华："在公正与效率之间——英国刑事诉讼制度的最新发展"，载《中外法学》1998年第6期。

关系，共同维护程序正义这一核心价值目标。正如有学者指出，公正的法治秩序是正义的要求，法治取决于一定形式的正当过程，正当过程又主要通过程序来体现。[1]

（二）机器的犯罪构成之局限性

1. 出罪与入罪不同步，不利于提高司法效率和节省司法成本

在入罪上，机器的犯罪构成具有兜底性，一次性将符合构成要件的行为全部纳入对犯罪的评估范畴。在出罪上，机器的犯罪构成比较特殊。以违法有责类型说为例，一方面，构成要件该当性本身也具有出罪功能，这与其入罪功能具有同步性。另一方面，违法性是经过构成要件该当性推断出来的，在内容上是空洞的，无任何实质意义的要素。确定行为违法的唯一条件，是判断有没有违法阻却事由。如果不存在违法阻却事由，则符合构成要件的行为就具有违法性；如果存在违法阻却事由，则符合构成要件的行为不具有违法性。如此看来，违法性的主要功能是出罪。不过，由于违法性的判断必须是在构成要件该当性判断之后进行，这使得即使可以直接根据违法阻却事由作出出罪判断，也必须等到构成要件该当性判断之后进行。至于有责性，虽然也可以进行正面评价，但由于构成要件该当性所具有的推定机能，故在判断时主要还是通过责任阻却事由加以评价的。也就是说，如果不存在责任阻却事由，则符合构成要件的行为就具有有责性；如果存在责任阻却事由，则符合构成要件的行为缺乏有责性。由于有责性的判断必须是在构成要件该当性和违法性判断之后进行，即使可以直接根据责任阻却事由作出出罪判断，也必须等到构成要件该当性和违法性判断之后进行。违法性和有责性判断所必须遵循的顺序，显然没有机体的犯罪构成那样直截了当，不利于提高司法效率。

无论是三阶层还是两阶层犯罪论体系，在设置一个宽泛的入罪模型上，并无本质区别。构成要件该当性具有广泛性、抽象性，是在推定符合构成要件的行为初步具有违法性、有责性的基础上得出的结论。至于是否确实具有违法性、有责性，要在此后进行论证。如果不存在违法阻却事由、责任阻却事由，犯罪便告成立；如果存在违法阻却事由或者责任阻却事由，就会出现这样的问题：即构成要件该当性并不代表实质的犯罪性，行为该当构成要件

---

[1] John Rawls, *A Theory of Justice*, The Belknap Press of Harvard University Press, 1971, p. 239.

但存在违法阻却事由或者责任阻却事由的，不构成犯罪。在这种情形下，先前的构成要件该当性明显是矫枉过正，将许多实质上并非犯罪的行为纳入犯罪（观念的）之中进行评价，致使国家付出不必要的代价，徒增司法成本，甚至妨碍司法公正。这与我国曾经施行过、现已废除的收容审查制度存在的弊端如出一辙。[1]

　　有学者认为，机器的犯罪构成将入罪与出罪分阶层进行，能够解决一些机体的犯罪构成无法解决的难题，据此肯定其公正与合理，抨击平面（机体）的犯罪构成的缺陷与不足。"平面的体系，使犯罪构成符合性与违法性几乎等同起来，即凡是符合犯罪构成的行为，就具有刑事违法性；反之，则不具有刑事违法性。由于犯罪构成是主客观统一的，所以，刑事违法性也是主客观统一的。于是，13 岁的人杀人也并不违反刑法。就具体问题而言，面对 13 岁的人或者精神病人的杀人、抢劫等行为能否进行正当防卫时，无论如何都难以得出自圆其说的结论。……15 周岁的人应对抢劫罪（包括准抢劫）负责，而不对盗窃、诈骗、抢夺罪负责。于是出现了难题：15 周岁的人能否"犯盗窃、诈骗、抢夺罪"？如果说他们能犯这些罪，似乎违反犯罪构成原理与刑法规定；如果说他们不能犯这些罪，则意味着他们不能构成准抢劫罪，也不尽合理。在阶层的体系中，则不会存在这样的问题。"[2]笔者认为，上述观点并不客观。根据我国《刑法》第 20 规定，正当防卫的前提条件是针对不法侵害而言，这里的"不法侵害"并非指具有刑事违法性的不法侵害。"在正当防卫的场合里，不法侵害并不等于犯罪行为，其在质的规定性和量的范围上都要比犯罪行为广泛得多，不能将两者混同，更不能以认定犯罪的要求来认定正

---

　　〔1〕　根据国务院于 1980 年 2 月 29 日发布的《关于将强制劳动和收容审查两项措施统一于劳动教养的通知》规定："对于有轻微违法犯罪行为又不讲真实姓名、住址、来历不明的人，或者有轻微违法犯罪行为又有流窜作案，多次作案，结伙作案嫌疑需要收容查清罪行的人，送劳动教养场所专门编队进行审查。"此项制度原规定在 1979 年的刑事诉讼法中。作为一种行政性强制手段，收容审查主要适用于有轻微违法犯罪行为又不讲真实姓名、住址、来历不明的人，或者有轻微违法犯罪行为又有流窜作案、多次作案、结伙作案嫌疑需要收容查清罪行的人。收容审查由公安机关决定，由于需要查明被收审者的身份及作案事实等，羁押时间最长可达三个月。这种做法之矫枉过正弊端十分显然，致使许多人处于"准犯罪"的射程之中，加上缺乏有效的监督制约机制，成为司法实践中侵犯人权的一种典型形态，为人们所诟病。为此，1996 年修改后的《刑事诉讼法》废除了作为行政强制措施的收容审查制度。

　　〔2〕　张明楷："犯罪构成理论的课题"，载《环球法律评论》2003 年第 3 期，第 264~265 页。

当防卫中的不法侵害。"〔1〕因此，13岁的人杀人，在性质上属于不法侵害之列，完全可以对之进行正当防卫。至于准抢劫罪的成立前提问题，根本错误不在于我国犯罪构成本身的弊端，而在于刑法规定自身存在缺陷，即如果不以犯盗窃、诈骗、抢夺罪为前提，而是修改成"实施盗窃、诈骗、抢夺行为"，问题便迎刃而解，后来的司法解释也是如此纠正的。

2. 减轻控方举证责任，不利于实现刑法的人权保障机能

最初，大陆法系在刑事诉讼中采取职权主义诉讼模式，属于典型的追诉一本主义，控方集所有证明犯罪成立的责任于一身，包括构成要件事实、违法性、有责性等一切犯罪成立要件要素，均由控方负责证实。对于辩方来说，只要握有一个违法阻却事由、责任阻却事由，或者一个否定构成要件该当性的事实，就足以与控方进行正面对抗，避免自己牵涉到犯罪之中。以谋杀罪为例，如果需要控方证明被告人有罪，就必须证明被告具有：谋杀行为；谋杀故意；不具有正当防卫、紧急避险等违法阻却事由；不具有未成年、精神病等责任阻却事由。辩方则可以凭借其中的任何一个对立的要素，如不存在谋杀行为或谋杀故意、具有正当防卫、紧急避险等违法阻却事由、具有未成年、精神病等事由，否定犯罪成立。换句话说，早先的大陆法系国家犯罪构成体系，坚持的是综合规则，犯罪构成模式呈现一元化特征，构成要件与违法性、有责性是相互独立的，不存在谁推定谁的关系。

随着诉讼中的证明责任发生变化，日本等大陆法系国家犯罪成立要件要素之间的关系也产生微妙变化。与提倡举证责任分配原则相对应，小野清一郎提出了新的犯罪构成理论——违法有责类型说。他认为："犯罪的实体是违法的行为、行为者对此负有道义上的责任的行为，是违法且有责的行为类型。"〔2〕根据违法有责类型说，行为符合构成要件该当性，就原则上推定是违法的、有责的行为，如果行为人不能说明自己具有阻却违法或者阻却责任的事由，就认为犯罪成立。体现在举证责任分配上，"对于犯罪事实，检察官有举证责任。这里讲的犯罪事实，是在诉讼原因中被告人被追究责任的'应当成立犯罪的事实'。……对于构成法律上的妨碍成立犯罪理由的事实，被告一方（被告人及辩护人）有举证责任。这些事实是犯罪构成要件以外的事实，

---

〔1〕 马克昌主编：《犯罪通论》，武汉大学出版社 1999 年版，第 723 页。

〔2〕 张明楷编：《外国刑法纲要》，清华大学出版社 1999 年版，第 77 页。

它们的存在，就被称为有法律上规定的妨碍成立犯罪的理由"。[1]通过违法有责类型说，小野清一郎建立了时下日本通行之三要件阶层性犯罪构成模式，同时完成了将某些举证责任分配给辩方的任务，从而减轻了控方的举证责任。

在三要件阶层性犯罪构成模式中，控方由最初的全部包办举证责任，到后来减为只承担构成要件符合性的举证，其内容与责任无疑大为减少，使得国家控诉机关为举证所要支付的人、财、物力大大下降，节省了司法成本，提高了司法效率。不过，由于控方举证责任的减轻，却使得其在人权保障方面付出了代价。由于控方只负责就行为是否该当构成要件举证，这种举证模式宏观、抽象、概括，具有极强的包容性，造成纳入司法审查的行为范畴极为宽泛。在效果上，符合构成要件却并不违法的行为；符合构成要件、违法却不具有非难可能性的行为，以及符合构成要件、违法、有责却不具有可罚性的行为，都将成为观念的犯罪，等待进一步审查。这就使得传统的犯罪观念被修正，有罪在某种程度上具有更为宽泛的含义，犯罪也就具有了观念的犯罪和实质的犯罪之分。"如果'有罪的人'指的是那些对实施违法行为可以公平地在道德上予以谴责的人，那么，用刑罚惩罚有罪的人并仅仅是有罪的人这个原则，就能够在刑事责任上产生一种一体化（unifying）的观点。如果被告不具有'实施犯罪的法定能力'，那么，在这个术语的道德意义上就不存在'有罪'。相似地，如果可以提起任何免责的或者正当化的请求，那么也不会存在有罪。这种新的观点要求，'有罪'和'应受谴责性'的概念应当道德地而不是描述性地得到理解。如果'有罪'和'应受谴责性'仅仅是指描述性的罪过，或者在犯罪的定义中所要求的心理状况（也就是故意或者明知），……为了使刑法的这个新观点得以立足，'有罪'的概念必须成为对实施违法行为的'应受谴责性'或者'有责性'在更广泛道德意义上的同义词。"[2]这种扩展有罪范畴的做法，与无罪推定在某种程度上是有冲突的，它确立了一种新的"有罪"的道德理论，将许多并没有犯罪性的行为纳入犯罪的评价范围，不利于贯彻刑法的人权保障机能。

---

〔1〕 〔日〕小野清一郎：《犯罪构成要件理论》，王泰译，中国人民公安大学出版社2004年版，第247~248页。

〔2〕 〔美〕乔治·P.弗莱彻：《刑法的基本概念》，蔡爱惠等译，中国政法大学出版社2004年版，第127~128页。

近些年来，大陆法系国家刑法理论逐渐为学界所熟知，并产生广泛影响。客观地说，大陆法系国家刑法理论对于促进我国刑法理论的发展与完善是很有裨益的，但同时对传统刑法理论造成冲击也是不争的事实，犯罪构成理论便是其中之一。目前，部分学者对我国传统犯罪构成论体系提出质疑，主张以德、日阶层犯罪构成论体系取而代之。这种观点在理论界与实务界产生一定影响，获得不少学者赞同。人们通常认为，两种类型的犯罪构成论体系的主要区别在于逻辑性上的差异。但是，从各自支持者的观点来看，争议的焦点主要集中在犯罪构成要件之间的层级和排序上，并没有深入剖析不同的犯罪构成论体系的内在逻辑构造，总体而言给人感觉是自说自话，缺乏说服力。本书以逻辑学理论为基础，拟对平面与阶层两种类型的犯罪构成论体系的内在逻辑结构和特征进行全面分析，以深化刑法的学派之争。

第一节　行为理论及其逻辑构造

由于行为是事实判断与价值判断的有机统一，故作为刑法评价对象的行为并非行为事实的简单复制，而是经过特定价值判断成就的，是客观事实价值化的产物。通常，行为事实的客观性决定了行为的事实判断是不以人的意志为转移的，对之不会引起理解上的分歧。不过，行为的价值判断源自主体的认识和需要，而后者往往存在差异，这将直接影响行为的价值构造。从中外行为理论的发展演变来看，行为的价值构造一直是行为论乃至犯罪论关注的焦点。如何理解行为中的事实、价值与规范之间的关系，是行为理论需要解决的核心问题。

一、大陆法系国家行为理论及其逻辑构造

现代行为概念是 19 世纪刑法科学逐步发展的结果。在费尔巴哈时代，行为概念还不是一个独自的探讨对象。"刑法的行为概念之父"黑格尔对行为的评价限于故意行为，他的刑法学生们如阿贝格、克斯特林等人则将过失引入行为概念中。在前古典时期，虽然已经出现将行为从对整体构成行为的归责中分离开来的迹象，但分离过程却十分缓慢。[1]大陆法系国家行为理论的发展主要经历四个阶段：因果行为论、社会行为论、目的行为论和人格行为论。

（一）因果行为论及其逻辑构造

因果行为论将行为理解为因果的、机械性现象，认为行为是由意志支配的（有意的）人的态度，它在外界产生特定的后果即身体运动。[2]因果行为论虽然也主张行为中包含意识，却认为意识与行为之间并没有必然联系，行为是客观、中立、价值无涉的。"行为仅是意思活动而导致外界变动的因果历程而已，此所谓意思活动，仅为行为发起的原因，而非意思的具体内容，至于意思内容为何，则非所问，重要者，乃在于导致外界变动的因果历程。"[3]如李斯特认为，行为是相对于外部世界的任意举止。[4]贝林则指出，行为要么表现为身体的运动即肌肉运动（作为），要么表现为无运动即肌肉静止（不作为）。[5]因果行为论的哲理基础是自然科学实证主义。根据该学说，"科学的认识只能在观察'事实'的基础上（也就是说，在感官感知的基础上，特别是在经验里）以及在数学和逻辑学的领域之内获得"。[6]可见，因果行为论属于事实论。因果行为论根据经验和实证法判断行为，能使法官根据客观事实和法律裁判，有利于维护刑法的可预测性和安定性。不过，以事实论为

---

〔1〕［德〕克劳斯·罗克辛：《德国刑法学总论》（第 1 卷），王世洲译，法律出版社 2005 年版，第 148～149 页。

〔2〕参见［德］汉斯·海因里希·耶赛克、托马斯·魏根特：《德国刑法教科书（总论）》，徐久生译，中国法制出版社 2001 年版，第 269 页。

〔3〕柯耀程：《变动中的刑法思想》，中国政法大学出版社 2003 年版，第 7 页。

〔4〕参见［德］弗兰茨·冯·李斯特：《德国刑法教科书》，徐久生译，法律出版社 2000 年版，第 176 页。

〔5〕参见［德］恩施特·贝林：《构成要件理论》，王安异译，中国人民公安大学出版社 2006 年版，第 65 页。

〔6〕［德］H. 科殷：《法哲学》，林荣远译，华夏出版社 2002 年版，第 42 页。

哲理基础的因果行为论割裂了意识与行为之间的联系，无视行为的价值判断，容易将刑法上的行为与其他行为相混淆。例如，甲大声呼喊乙，致丙受惊而摔成重伤，按照因果行为论甲的行为属于伤害行为，这显然是不妥的。另外，以因果行为论为基础构建的古典犯罪论体系也存在问题。由于行为的价值无涉，该当性构成要件的行为与违法性（客观价值判断）、有责性（主观价值判断）之间就不存在联系纽带，因而不能成为违法、有责的行为类型。另外，因果行为论认为行为是外部的身体运动，难以将没有外部运动的不作为包含在其内。

（二）社会行为论及其逻辑构造

社会行为论认为行为作为社会规制手段必然具有社会意义，至于何谓行为的社会意义则存在不同表述。例如，恩吉斯则把行为定义为"能够预见的社会重要之结果的有意义的作用"，迈霍弗认为"行为是指指向客观上能够预见的社会性结果的、所有在客观上支配可能的行态"，维塞斯则定义为"基于人的意思所支配或能够支配的对社会具有重要意义的行态"，等等。[1]显然，"社会意义"的判断是一种价值判断，因而社会行为论是建立在价值论基础上的。社会行为论的哲理基础是新康德主义哲学，尽管该学派中存在不同观点，但作为价值哲学是它们的共同点。根据新康德西南德意志学派的观点，"并没有独立于主体之外、超越人的意识之外的客观现实或客观存在，因为概念不是本来就在存在构造之内的再制品，而是所有的认识都是透过主体对客体认识的结果"。[2]新康德学派的韦伯从价值无涉和价值关联的角度阐述自己对社会科学价值判断的见解，他既认为社会科学作为学科本身与经验科学一样是"价值无涉的"，又认为在社会科学的学科领域内受到与价值关联的现实影响，只不过"价值关联"只意味着关于特殊的科学"兴趣"的哲学解释，这种兴趣支配着经验研究对象的选择和形成。[3]韦伯的行为价值论限制了新康德主义哲学非理性的价值化倾向，为新古典犯罪论体系提供了理论支撑。

社会行为论注重行为的社会意义，能够将故意行为、过失行为、作为和

---

〔1〕 参见［韩］金日秀、徐辅鹤：《韩国刑法总论》（第11版），郑军男译，武汉大学出版社2008年版，第108页。

〔2〕 许玉秀：《当代刑法思潮》，中国民主法制出版社2005年版，第129页。

〔3〕 参见［德］马克斯·韦伯：《社会科学方法论》，韩永法、莫茜译，中央编译出版社2008年版，第156页。

不作为等涵摄于行为之内。同时，行为的社会性所蕴含的价值判断能区分不同的行为类型在刑法上的性质和意义。这样，在以社会行为论为理论基础构建的新古典犯罪论体系中，该当构成要件的行为包含主观、规范的因素，因而其与违法性、有责性取得联系立，三要件之间层层递进的逻辑关系得以初步形成。但是，社会行为论所谓之"社会意义"具有不确定性，致使行为的范畴过于宽泛。"这一理论的根本缺陷在于失之太泛，因为其用来确定行为范围的标准（社会意义）本身就是一个不确定的概念。"[1]具体地说，其缺乏在于：首先，对行为社会意义的判断会混淆行为的刑法评价（犯罪评价）与作为评价对象的行为（作为犯罪成立要素的行为的评价）之间的界限，有所不妥。"像这样考虑社会的意义应当在刑法的评价的阶段进行，作为评价的对象的行为概念不应当包括在内，因而受到批判；被认为其对于行为的存在论的意义理解不足，内容亦很平淡。"[2]这是因为，刑法上的行为并非犯罪成立意义上的行为，而是作为评价对象的行为。如果充分考虑行为的社会性，那么经过社会价值判断的行为在刑法上的性质和意义得以明确，犯罪宣告成立，这种意义上的行为显然不是行为理论研究的对象。其次，社会行为论会导致将一些根本不能认定为行为却具有社会意义的"行为"纳入行为之中，乃至混淆行为与非行为的界限。"这个概念不能胜任对实践非常重要的界限性功能。虽然单纯的思想不是对社会有重要意义的，但是，人们在其他情况下借助行为概念所要排除的那些，如法人的行为，不可抗力的作用，纯粹的反射性动作或者其他无法控制的动作，等等，绝对是对社会有重要意义的。"[3]

（三）目的行为论及其逻辑构造

目的行为论的创立者是韦尔策尔。"在他看来，人的行为是受有目的的意志控制的，为实现某一目标而有目的的受操纵的事件。"[4]根据目的行为论，人的行为是以对因果关系的认识为基础，为实现特定目的进行的有计划的活动，与自然活动或其他动物的行动不同。目的行为论是在批判自然科学实证

---

〔1〕［意］杜里奥·帕多瓦尼：《意大利刑法学原理》（注评版），陈忠林译评，中国人民大学出版社2004年版，第102页。

〔2〕［日］野村稔：《刑法总论》，全理其、何力译，法律出版社2001年版，第122页；

〔3〕［德］克劳斯·罗克辛：《德国刑法学 总论》（第1卷），王世洲译，法律出版社2005年版，第155页。

〔4〕［德］冈特·施特拉腾韦特、洛塔尔·库伦：《刑法总论I——犯罪论》，杨萌译，法律出版社2006年版，第69页。

主义和新康德学派的价值哲学的基础上建立起来的行为理论，其哲理基础是相对事实论。一方面，目的行为论肯定因果关系是人的认识基础，借此能在一定范围内预见行为后果，表明该理论承认行为是客观事实；另一方面，目的行为论认为人通过确立目的进行有计划的活动，表明该理论承认行为的有意性，这样行为就不是价值无涉的，只是行为价值受到"目的性"制约。目的行为论承认行为的目的性，能彰显故意行为的价值判断，因而可以充分界定不同的故意行为。其遇到的最大难题是，目的行为的概念里不包括过失行为，同时还受到不适于说明不作为结构的批判，[1]这使得目的行为论难以区分过失行为和不作为。这些缺点影响到以目的行为论为基础构建的目的论体系。在故意犯罪层面上，目的行为论能够揭示构成要件该当性、违法性和有责性之间的阶层逻辑关系，却不能说明过失犯罪、不作为犯罪中的犯罪成立要件之间的阶层逻辑关系。

（四）人格行为论及其逻辑构造

人格行为论由团藤重光提出，认为行为是作为"行为人人格的主体性现实化"的"身体的动静"，其中既包含作为和不作为，也包含基于故意和基于过失的东西，但是，单纯的反射运动和基于绝对强制的动作一开始就不相当于行为。根据人格行为论，行为具有生物学和社会学的基础，是在人格和环境的相互作用中由行为人的主体性态度所实施的。所以，忘却犯"因为是与本人的主体性人格态度相结合的不作为，仍然是行为"。[2]人格行为论的哲理基础是事实与价值一元论。因为，人格形成既离不开客观的、物质的世界，也离不开人的主观的、精神的世界，是两者有机统一、协调作用的结果。"人格行为论主张因为人类是以物质、生命、心理和精神而构成的综合性存在，所以人类的行为也从人类的综合要素考虑和认识出发。"[3]根据人格行为论，行为能够包容故意行为、过失行为、作为、不作为以及忘却犯等各种犯罪类型。同时，由于行为的人格性与社会性并不相同，因而人格行为论与社会行为论是存在区别的，这样就不容易将犯罪行为与作为评价对象的行为相混淆。

---

〔1〕 参见［韩］李在祥：《韩国刑法总论》，［韩］韩相敦译，中国人民大学出版社2005年版，第71页。

〔2〕 参见［日］大塚仁：《刑法概说（总论）》，冯军译，中国人民大学出版社2003年版，第100页。

〔3〕 ［韩］李在祥：《韩国刑法总论》，［韩］韩相敦译，中国人民大学出版社2005年版，第76页。

不过，由于"人格"具有抽象化与概括化的特点，理解时不容易把握。"人格的行为论认为行为是主体的人格的现实化，有助于说明每一行为人的行为的个别化，但'人格'是难以把握的概念，从而行为也就难于把握。"[1]另外，"人格的行为概念仅与作为个人的人格联系在一起，因此，一方面它包括不具有社会意义的广泛的事件；另一方面对于刑法而言，它又过于狭窄，因为在没有认识到危险性之情况下，客观上应为的行为的不作为几乎不被理解为人格的'外化'，尽管如此仍应处罚（过失的不作为）。"[2]

从因果行为论的纯粹价值无涉，到建立在价值论基础上的社会行为论以及建立在相对事实论基础上的目的行为论，再到以事实与价值一元论为基础构建的人格行为论，可以清晰地看到大陆法系国家行为理论构建的哲理基础由事实与价值二元论到事实与价值一元论演变的脉络。"从历史的发展来看，从存在论到价值论是行为论演进的一条基本线索。在这其中，因果行为论、目的行为论、社会行为论与人格行为论是行为论发展史上的四座里程碑。"[3]在此过程中，行为的价值判断及其构造方式，成为行为理论不断发展、完善的决定性因素。

二、我国行为理论及其价值构造

尽管我国刑法规定的行为包括犯罪行为（如我国《刑法》第13条规定的行为）、作为犯罪客观构成要素的行为（如我国《刑法》第15条规定的行为）和人的一切行为（如我国《刑法》第12条规定行为），但是学界几乎没有人将刑法中的行为理解为人的一切行为。不过，有少数学者将刑法中的行为理解为犯罪行为。"在刑法上所要研究的行为，依照我国刑法规定，乃是具有社会危害性并应受刑罚处罚的犯罪行为。"[4]这种观点是值得商榷的。因为犯罪行为是评价结束并且已经定论的行为，它体现刑法对某一行为的最终评价结果，因而对之研究至少对于行为理论而言并无实质价值。目前，学界普

〔1〕　马克昌："刑法中行为论比较研究"，载《武汉大学学报（社会科学版）》2001年第2期，第136页。

〔2〕　[德] 汉斯·海因里希·耶赛克、托马斯·魏根特：《德国刑法教科书（总论）》，徐久生译，中国法制出版社2001年版，第274页。

〔3〕　陈兴良："行为论的正本清源——一个学术史的考察"，载《中国法学》2009年第5期，第176页。

〔4〕　樊凤林：《刑事理论研究》，中国人民公安大学出版社1992年版，第110页。

遍认为，作为刑法研究对象的行为，应指作为犯罪客观构成要素的行为[1]，即作为刑法评价对象的行为。

在我国，行为理论基本上可以划分为两类：一是有意行为论。即认为行为是受人的意识或意志支配的，这是我国刑法学界的通说。不过，对于行为的基本特征，有意行为论的认识并不一致。如有学者认为，我国刑法中的危害行为，是指在人的意志或者意识支配下实施的危害社会的身体动静，其基本特征为有体性、有意性和有害性。[2]有学者认为，刑法上的行为，是指基于人的意志实施的客观上侵犯法益的身体活动（有意的社会行为论），其基本特征为有体性、有意性和法益侵害性。[3]还有学者指出，作为罪体构成要素的行为，是指主体基于其意志自由而实施的具有法益侵害性的身体举止，其基本特征为举止性、有意性和实行性。其中，实行性是指作为罪体之行为具有实行行为的性质，是刑法分则所规定的构成要件的行为。[4]二是无意行为论。即认为行为是与人的意识或意志无关的身体动静。如有学者认为，危害行为是指人的具有社会危害性的身体动静，其中不包含主观意思内容。认定危害行为应当注意：危害行为必须是具体犯罪构成当中所预定的行为。危害行为必须是具有引起法益侵害结果发生的一般的、抽象的危险的行为，危害行为不一定要行为人亲自动手实施。[5]

由上可知，我国学者注重从形式上揭示行为的基本特征，主要分歧在于行为是否为人的意识所支配。有意行为说肯定行为的有意性，但多数学者对其含义没有进一步阐释。有学者指出："有意性是指行为人具有实施行为的意志，它既不是空洞的，也不等同于故意与过失。"[6]这种概括性论述并没有揭示行为意识的内在特征，何谓行为意识依旧不明确。另外，对于行为意识与犯罪的主观心理态度之间是何种关系，论者也没有交代清楚。于是，有意行为论招致质疑在所难免。"如果在认定行为人的身体动静是否行为时必须考虑

---

〔1〕 学界在表述犯罪客观构成要素的行为时，称谓并不相同。如有的谓之"行为"，有的谓之"危害行为"，还有的谓之"作为罪体构成要素的行为"，等等。下文论述时，若无特别注明，行为均指作为刑法评价对象的犯罪客观构成要素的行为。

〔2〕 参见高铭暄、马克昌：《刑法学》，北京大学出版社、高等教育出版社2011年版，第63页。

〔3〕 参见张明楷：《刑法学》，法律出版社2011年版，第145~146页。

〔4〕 参见陈兴良：《规范刑法学》，中国人民大学出版社2008年版，第117~118页。

〔5〕 参见黎宏：《刑法学》，法律出版社2012年版，第79页。

〔6〕 张明楷：《刑法学》，法律出版社2011年版，第146页。

其主观意思，在后来的犯罪评价即考察行为人的主观要件时又要重新考虑其主观方面的内容的话，岂不是在做重复评价吗？如果说作为危害行为要素的意思内容和犯罪构成中主观方面的内容是两回事的话，则危害行为中的主观意思到底是指什么呢？无从想象。"[1]从事实与价值关系论分析，有意性关系到行为的主观价值判断，行为意识的不明确表明行为的价值判断没有得到厘清，这会造成行为与其他犯罪构成要件之间的界限变得模糊不清，进而导致行为类型变得不确定。例如，对于忘却行为、原因上的自由行为，有学者认为可以构成刑法中的危害行为，[2]有学者则认为因不具有主观意思而不能成为刑法上的行为。[3]无意行为论将行为理解成与人的意识无关的纯粹的、价值无涉的客观现象，否认行为中的主观事实，更遑论主观价值判断。完全无视行为中的主观事实，会导致行为的范围极其宽泛，诸如意外事件中的行为、睡梦中的行为、条件反射行为等也将被纳入行为之中，这是不合理的。例如，美女甲笑着向朋友打招呼，迎面来的乙男因此走神而摔成重伤，则甲的行为也是刑法上的行为，这无疑过于扩大行为的范畴，有所不妥。

另外，在行为的该当性（即该当刑法分则规定的构成要件的行为）与有害性上，学界也存在分歧。承认行为的该当性的观点一般将有害性排除在行为特征之外，承认行为的有害性的观点往往将该当性排除在行为特征之外。该当性与有害性所发挥的功能还是不同的：该当性揭示的是刑法上的行为类型，其作用在于确定应当纳入规范评价的行为范畴；有害性强调的是行为的性质及其社会意义，其作用在于对刑法上的行为加以综合评价。

较之大陆法系国家，我国学界在理解行为概念时往往就事论事，并没有从哲理根基入手探究行为的逻辑特征，而是通过行为是否包含有意性、有体性以及有害性等从形式上揭示其基本含义。缺乏事实与价值主导下的逻辑性指导，对刑法中的行为容易局限于形式主义解读，无形中会将行为的事实判断与价值判断割裂或者混淆，导致理解上的随意化与形式化。形式主义的行为概念有时难以区分不同的行为类型，对行为与其他犯罪构成要件甚至犯罪之间的关系也不容易厘清。

---

〔1〕 黎宏：《刑法学》，法律出版社 2012 年版，第 79 页。

〔2〕 参见肖中华："论刑法中危害行为的概念"，载《法律科学（西北政法学院学报）》1996 年第 5 期，第 46 页。

〔3〕 参见陈兴良：《规范刑法学》，中国人民大学出版社 2008 年版，第 118 页。

第二节　犯罪构成要件的判断次序与体系性逻辑

通过对不同的阶层体系进行分析，就会发现对犯罪构成论体系的逻辑性的认识，不同学者有不同理解。其中，将犯罪构成要件之间的判断次序作为犯罪构成论体系的逻辑特征，是改良的阶层体系论者的共同看法。那么，犯罪构成要件的判断次序与犯罪构成论体系的逻辑性之间究竟有没有直接关系呢？下面笔者就对该问题进行深入的剖析。

一、犯罪构成要件的判断次序不能代表犯罪构成论体系的逻辑性

理论上，犯罪构成作为犯罪构成要件按照一定的逻辑关系组成的机体，是被广泛认可的。"犯罪构成体系是指按照一定的逻辑结构和建构方式形成的犯罪构成要件的总和。"[1]一定的逻辑结构不但是理论成立的有利佐证，也是理论接受实践检验的重要内容，这对于犯罪构成论体系也不例外。

阶层体系论者之所以诟病平面体系，是基于这样一种认识，即犯罪构成要件之间必须具有逻辑性与阶层性，才能体现理论体系的科学性与合理性。问题在于，犯罪构成要件之间的逻辑性与阶层性主要体现在什么方面呢？对此，主张改良的阶层体系的学者认为，犯罪构成要件之间的逻辑性主要体现在犯罪构成要件的判断次序上。这种判断次序主要体现在两个方面：其一，犯罪构成要件判断上的层次性。例如，罪体—罪责—罪量体系的逻辑性主要表现在先进行罪体判断，然后再进行罪责判断，最后进行罪量判断；违法构成要件—责任构成要件体系的逻辑性与阶层性主要表现在先进行违法性判断，然后再进行责任性判断。其二，犯罪构成要件要素判断上的层次性。如有学者认为："基于（二元的）行为无价值论，违法性判断的逻辑线索是从行为到结果，而不是相反。"[2]

笔者认为，将犯罪构成要件以及要素的判断次序作为犯罪构成论体系的逻辑性认定依据，是值得商榷的。理由在于：首先，在平面犯罪构成论体系中，犯罪构成要件以及要素在判断上也可以存在层级与次序，如前所述不少

---

〔1〕　陈兴良：《本体刑法学》，商务印书馆 2001 年版，第 206~207 页。

〔2〕　周光权：《犯罪论体系的改造》，中国法制出版社 2009 年版，第 184 页。

学者对平面犯罪构成论体系的犯罪构成要件进行排序就是例证，毕竟体系的平面性并非必然排斥犯罪构成要件以及要素在判断上的层次性。其次，如果认为犯罪构成要件或者要素在判断上的先后次序便是犯罪构成的逻辑性的话，那么这样的逻辑显然是相当随意的，这一点无论在平面犯罪构成论体系还是在阶层犯罪论体系中均有所体现。例如，同为阶层犯罪构成论体系，对于正当事由的判断次序，根据犯罪客观要件—犯罪主观要件—犯罪阻却事由体系应当在最后阶段进行判断，根据违法构成要件—责任构成要件体系则要先进行判断。而在平面犯罪构成论体系，部分学者认为应先进行客观要件判断，部分学者则认为应先进行主观要件判断。犯罪构成要件或者要素在判断次序上的随意性，充分揭示了以犯罪构成要件或者要素的判断次序作为犯罪构成论体系具有逻辑性的依据是不恰当的。毕竟，事物的内在逻辑作为组成事物的要素之间的一种必然联系，有其特定规律，并非能随意变动，否则就不称其为逻辑特征了。

　　如果犯罪构成要件或者要素的判断次序并非犯罪构成论体系的内在逻辑使然，那么究竟是什么原因造就犯罪构成要件或者要素在判断上遵循由客观到主观的层级和次序呢？这要从德、日等大陆法系国家刑法理论中的客观主义与主观主义之争说起。在大陆法系国家刑法理论中，根据行为的客观面还是行为人的主观意思而为判断，历来是客观说和主观说的争议焦点之一。"客观理论认为当客观事实依一般认知逻辑是有意义的，行为人的主观认知也才有意义，换言之，行为的不法是由行为的客观面所决定的，如果只是行为人主观认知不法而行为，也不能认为有行为不法存在，……亦即对一般人而言，行为不是开始于行为人的认知，而是始于它的客观性；反之，主观理论则认为，行为不法完全来自行为人依其主观认知而行为之中，行为是否足以导致结果发生，与不法无关，所发生的结果，也与不法无关。"[1]自古典论体系以降，就存在遵循先客观后主观的判断顺序的先例，但并不等于先客观后主观成为评价行为的定律，如根据目的论体系主观判断是优先的。直到20世纪70年代，德国学者罗克辛创立了客观归责理论，强调行为对法益造成某种损害结果的风险规避的重要性，并以之诠释行为人的意志支配可能性，进而确立并限制故意的成立条件和范围，这才使得行为以及行为结果等客观要素在犯

---

〔1〕　许玉秀：《主观与客观之间：主观理论与客观归责》，法律出版社2008年版，第9页。

罪构成论体系中的地位得以进一步突出。"目的行为论改变了构成要件的阶层构造之后，所流行的看法是，人的意志支配可能性决定行为的取向，同时决定行为不法的取向，换言之，人的意志所能支配的，才可能是不法。罗克辛则反面而行，将'人的意志支配可能性'，以'客观上是否可能侵害法益'加以解释，客观上对法益受害有法律上重要性的，才可能是人的意志能支配的，从此扭转了主观不法和客观不法的地位。"[1]此后，在德、日等国刑法理论中，对行为评价遵循先客观后主观的客观说相对处于有利地位。

可见，阶层体系所强调的先客观后主观的判断次序，是客观主义和主观主义的学派之争的结果。虽然说犯罪构成要件之间的判断次序在某种程度上可以看作是逻辑特征的一种形式，但显然不能代表犯罪构成论体系的逻辑性。

二、犯罪构成要件的判断次序不会影响评价结果

阶层体系论者之所以强调犯罪构成要件需要按照先客观后主观的判断次序进行，是认为较之无判断次序要求的平面体系，严格按照这样的次序判断有利于推演更合理的评价结果，因而具有明显的实用优势。"从逻辑性和实用性两个方面比较苏联及我国的犯罪构成理论和大陆法系刑法理论中的犯罪论体系，孰优孰劣是十分明显的。"[2]那么，事实情况如何呢？以下笔者选择通常被阶层体系论者所认为的、最能体现两种体系优劣的共犯问题加以说明。

案情及其审判结果：邵建国（化名）是某一派出所的民警，其妻王彩（化名）怀疑邵建国与沈某（女）关系暧昧。某日晚7时许，夫妻双方在家里发生激烈争吵，王彩说："我不想活了。"邵建国也说："你不想活了，我也不想活了，我们两个一起死。"并把自己佩带的"五四"式手枪从枪套里取出，表示与王彩一起自杀。王彩因怕其儿子没爹妈而不让邵也自杀，只想自己自杀，两次上前与邵建国夺枪而未遂愿。后来邵建国持枪进卧室，王彩亦跟入。后来王对邵说："你把枪给我，我先打，我死后你再打。"邵从枪套上取下一颗子弹上了膛，王见状又上前夺枪而未如愿，邵随后把枪放在地上用脚踩住。王彩提出一起上床躺一会，邵同意但没有从地上捡起枪。之后，双方均躺在床上。晚上10时许，王彩借故下床，邵建国双手扳住王彩双肩不让其捡枪。

---

〔1〕 许玉秀：《主观与客观之间：主观理论与客观归责》，法律出版社2008年版，第11页。

〔2〕 陈兴良主编：《犯罪论体系研究》，清华大学出版社2005年版，第18页。

王彩说把枪捡起来交给邵。邵便放开双手让王去捡枪，王彩捡起枪后即对准自己胸部开枪。邵建国立即喊邻居一起送王彩到医院，经医院检查王彩已死亡。[1]银川市中级人民法院认为，邵建国身为公安人员，明知其妻王彩有轻生的念头而为其提供枪支，并将子弹上膛，对王彩的自杀在客观上起诱发和帮助作用，在主观上持放任的态度，其行为构成故意杀人罪，应负刑事责任，遂以故意杀人罪判处邵建国有期徒刑7年。宁夏高级人民法院在二审时认为，原审判决事实清楚，证据确实充分，定罪准确，量刑适当，审判程序合法，因而驳回上诉，维持了原判。

对该案的判决结果，有学者表示反对，认为邵建国不应当构成犯罪，法院之所以定性错误，在于四要件平面体系使然。"根据我国现行犯罪构成体系，被告人邵建国在客观上存在实施诱发和帮助王彩自杀的行为，其实质是非法剥夺他人生命的故意杀人行为，主观上明知自己的行为可能发生王彩自杀的结果，但他对这种结果持放任态度，以致发生了王彩持枪自杀身亡的严重后果，符合故意杀人罪的构成要件。但是，被告人实施的诱发和帮助他人自杀行为是一种杀人行为吗？杀人，无论是作为还是不作为，都必须具备构成要件该当性，但这种诱发和帮助他人自杀的行为，不能直接等同于故意杀人。在刑法没有明文规定的情况下，不宜作为故意杀人处理。"[2]论者还指出，如果根据阶层犯罪构成论体系，就不会发生评价错误。"按照递进式的犯罪构成体系，教唆或帮助自杀行为不具有构成事件该当性，因而也就不可能具有违法性与罪责性，就不会评价为犯罪。"[3]

笔者认为，上述观点值得商榷。理由在于：根据论者观点，教唆或帮助自杀行为不符合刑法规定的故意杀人罪的行为特征，故邵建国并没有实施故意杀人行为，因而不构成犯罪。问题在于，有没有实施故意杀人行为是一种客观事实，不可能因为运用何种犯罪构成论体系而抹杀事实的客观性。然而，论者却认为，按照递进式犯罪构成体系将得出邵建国的教唆或帮助自杀行为不具有构成事件该当性，而根据我国现行犯罪构成体系邵建国实施了故意杀人行为，其中的偏颇不言自明。至于论者所言，根据我国现行犯罪构成体系，

---

[1] 参见陈兴良：《刑法知识论》，中国人民大学出版社2007年版，第337~338页。

[2] 陈兴良：《刑法知识论》，中国人民大学出版社2007年版，第340~341页。

[3] 陈兴良：《刑法知识论》，中国人民大学出版社2007年版，第341页。

邵建国实施诱发和帮助王彩自杀的行为实质是非法剥夺他人生命的故意杀人行为，则令人难以理解。因为，即使根据四要件平面体系，也难以将诱发和帮助自杀的行为认定为故意杀人行为。事实上，无论根据何种犯罪构成论体系，邵建国都是没有实施故意杀人行为的，不应认定为犯罪。法院以故意杀人罪论处显然存在认定上的错误，但这种错误绝非由犯罪构成论体系造成的。在司法实践中，很多时候并不是采取了不同的犯罪构成理论体系导致不同的结论，采取同一个犯罪构成理论体系的不同学者、检察官、法官之间也可能会在定罪上存在不同观点。[1]

不仅在共犯问题上，在其他问题上也会出现认定上的差异，究其原因主要在于不同的人具有不同的理解，并非因适用不同的犯罪构成论体系导致的。从各国认定犯罪的基本要件和要素来看，应当说原则上并无实质区别。只要犯罪构成要件和要素基本一致，对行为的评价结果就不应当存在实质差异。"成立犯罪需要具备哪些要素和条件，原则上应该是相同的。首先起码要有行为和结果，接着在主观方面必须有故意或过失，还要考虑行为人是否达到刑事责任年龄和刑事责任能力等。只要各国刑法对基本问题的规定差不多，即使不同国家运用不同犯罪构成理论体系来认定犯罪，也不会有多少差异。"[2]正是基于这一点，有学者指出，"德日犯罪三阶层论与犯罪构成四要件说相比，在解决具体复杂疑难案件上其体系并无优势"。[3]在具体的评价过程中，究竟是将客观事实和客观价值判断置于优先判断位置，还是将主观事实和主观价值判断置于优先判断位置，则仁者见仁、智者见智。"在形式逻辑上，按照犯罪本身的发展经过，构筑认识它的体系，或者考虑刑事制裁中的犯罪事实的认定过程建立与其相适应的理论体系，都并非不可能。"[4]将何种判断至于优先位置，可能会使犯罪构成论体系在某问题的评价上变得更为恰当，也可能会使之在面对另一问题时变得欠合理，其与犯罪构成论体系本身的逻辑性与合理性没有必然联系。

---

〔1〕 参见刘卉、刘金林："不同犯罪论体系会不会影响司法统一"，载《检察日报》2009 年 12 月 11 日。

〔2〕 参见刘卉、刘金林："不同犯罪论体系会不会影响司法统一"，载《检察日报》2009 年 12 月 11 日。

〔3〕 欧锦雄："复杂疑难案件下犯罪构成理论的优劣对决——犯罪构成四要件说与德日犯罪三阶层论的对决"，载《中国刑事法杂志》2011 年第 3 期，第 18 页。

〔4〕 ［日］大塚仁：《刑法概说（总论）》，冯军译，中国人民大学出版社 2002 年版，第 107 页。

第三节 犯罪构成论体系的逻辑推演模式

既然犯罪构成要件之间的判断次序并不能代表犯罪构成论体系的逻辑性，那么诸如三要件阶层体系所体现的犯罪构成要件之间具有特定关系，或者说犯罪构成要件之间特定的推演模式，是否为犯罪构成论体系的逻辑性的体现呢？答案是肯定的。犯罪构成要件与犯罪之间的推导与演变，是犯罪构成论体系的逻辑特征的主要体现。众所周知，由一定的前提推导出某种结论，便是特定的逻辑关系的体现。同理，由犯罪构成要件推导出犯罪成立，也应该是犯罪构成论体系的逻辑性的体现。

一、合成式犯罪构成论体系与分解式犯罪构成论体系

在逻辑学上，如何通过一定的前提推理出某种结论通常谓之逻辑推理模式，它是法学理论和司法实践经常面对的课题。"逻辑推理模式的形式可表达为一个重言的蕴涵式，其前件表示推理的理由或根据，其后件表示推理的结论。逻辑推理通过适用保证结论具有逻辑必然性的规则而展开，这些规则包括公理、定理以及推导规则。"[1]人们熟知的逻辑推理模式是演绎推理与归纳推理，其中演绎推理的经典形式是三段论。然而，在行为归罪过程中，显然可以不受严格意义上的三段论形式制约。这是因为，行为归罪并非是对现实发生的行为进行犯罪评价，而是根据一定的逻辑推导某一行为具备何种条件才能构成犯罪，因而无须根据所谓的大前提、小前提等进行三段论推演。在行为归罪过程中，不管是由一定的行为类型推导出包括犯罪在内的若干命题，还是由行为与其他命题一起推导出犯罪，都是可以通过简单的演绎推理来实现。综观不同的犯罪构成论体系，在行为的归罪逻辑上都是通过联言推理的方式进行的。

如果将组成事物的每个基本元素看成是支命题的话，那么事物本身就属于复合命题中的联言命题。所谓联言命题，是指同时断定两种以上事物情况都存在的复合命题。如果前提或结论中有一个是联言命题，并且根据联言命

---

[1] [奥] 伊尔玛·塔麦洛:《现代逻辑在法律中的应用》，李振江等译，中国法制出版社2012年版，第143页。

题的逻辑性质进行推论的，就是联言推理。[1]联言推理是一种相对简单的演绎推理，在一般的教材中通常并无详细介绍。联言推理包括两种基本形式：合成式联言推理和分解式联言推理。合成式联言推理是根据联言命题的逻辑性质，由两个或两个以上独立的命题（简单命题或复合命题），推出一个以这些独立命题（简单命题或复合命题）为联言支的联言命题的推理。[2]例如，由"张三构成绑架罪"和"张三构成诈骗罪"两个独立的支命题，就可以推断出"张三构成绑架罪和诈骗罪"这个联言命题。[3]合成式联言推理的基本特征是：由一些独立的命题合成为一个以这些命题为支命题的联言命题。不过，合成以后的联言命题并非各支命题的简单相加，而是一个新的命题。分解式联言推理，是从一个联言命题推出其自身的一个支命题的直接推理。[4]例如，李四构成抢劫罪且构成故意伤害罪，所以李四构成抢劫罪，或者，李四构成故意伤害罪。[5]分解式联言推理的基本特征是：通过一个联言命题推导出某个支命题，或者说把一个联言命题分解为它的支命题。

　　由于犯罪构成论体系是由主客观要件等一系列犯罪构成要件组合而成，这些犯罪构成要件不管通过何种形式组合成犯罪构成论体系，必然存在一个推理过程，因此犯罪构成论体系离不开逻辑推理。在判断犯罪成立时，不管是从多个犯罪构成要件出发推导犯罪成立，还是从作为犯罪的观念、概括的形象出发推导犯罪成立，归根结底都是一种逻辑推演。其中，犯罪或者犯罪的观念、概括的形象属于联言命题，作为其组成部分的要素便属于联言命题的支命题，或者说各犯罪构成要件或要素属于支命题，而由这些支命题组成的有机统一体——犯罪便属于联言命题。这表明，犯罪成立的逻辑推理模式属于联言推理。例如，该当构成要件的行为具有违法性、有责性，就属于联言命题，它当然地推导出该当构成要件的行为具有违法性或者该当构成要件

〔1〕 雍琦：《法律逻辑学》，法律出版社 2004 年版，第 104、206~207 页。

〔2〕 参见刘跃进：《攀登理性的阶梯——逻辑方法谈》，上海交通大学出版社 2006 年版，第 244 页。

〔3〕 设"∧"表示"……并且……"之意，那么合成式联言推理的逻辑形式是：pq——p∧q，如果以"→"表示"如果……，那么……"，则合成式联言推理的蕴涵式可以表示为：p，q→(p∧q)。

〔4〕 参见刘跃进：《攀登理性的阶梯——逻辑方法谈》，上海交通大学出版社 2006 年版，第 243 页。

〔5〕 分解式联言推理的逻辑形式是：p∧q，所以，p；或者，p∧q，所以，q；分解式联言推理的蕴涵式可以表示为：(p∧q)→p，或者(p∧q)→q。

的行为具有有责性两个支命题。又如，由抢劫罪的主体是年满 14 周岁的人、抢劫罪主观上是故意、抢劫罪在客观上表现为采取暴力或者以立即实施暴力相威胁当场劫取财物和抢劫罪侵犯的客体是他人财产所有权财四个支命题，可以得出一个联言命题：年满 14 周岁的人故意采取暴力或者以立即实施暴力相威胁当场劫取他人财物的构成抢劫罪。

以逻辑推演模式为标准，犯罪构成论体系也应当包括两种基本形式：一是合成式犯罪构成论体系，即以合成式联言推理为逻辑推演模式的犯罪构成论体系；二是分解式犯罪构成论体系，即以分解式联言推理为逻辑推演模式的犯罪构成论体系。合成式犯罪构成论体系是指由两个或两个以上的犯罪构成要件（每个犯罪构成要件都是一个支命题）推导出犯罪成立的体系，在形式上表现为由分→总的推演过程，犯罪是联言命题；分解式犯罪构成论体系是指由一个征表犯罪的观念、概括的形象推导出包括犯罪在内的若干支命题的体系，在形式上表现为由总→分的推演过程，犯罪是联言命题的一个支命题。

二、当前我国主要犯罪构成论体系的逻辑推演模式评析

任何犯罪构成论体系，不管犯罪构成要件内容如何，也不管犯罪构成要件要素如何归类，在通过逻辑推演证成犯罪的过程中，不可能脱离由分到总的合成式联言推理或者由总到分的分解式联言推理这两种逻辑范式。因此，以分解式犯罪构成论体系与合成式犯罪构成论体系为基础，对我国现行主要犯罪构成论体系进行分析，就能够很好地理解各种犯罪构成论体系的内在逻辑特征。

前述以四要件平面体系为代表的平面体系就属于合成式犯罪构成论体系。根据四要件平面体系，犯罪构成包括犯罪客体、犯罪客观方面、犯罪主体和犯罪主观方面四个构成要件，将这四个犯罪构成要件结合在一起组成有机统一的整体，就能推导出犯罪成立。因此，犯罪构成由四个支命题组成：犯罪构成需要具备犯罪客体要件；犯罪构成需要具备犯罪客观要件；犯罪构成需要具备犯罪主体要件；犯罪构成需要具备犯罪主观要件。将这四个支命题组成一个联言命题，这个联言命题就是犯罪构成，即犯罪构成是由犯罪客体要件、犯罪客观要件、犯罪主体要件和犯罪主观要件组成的有机整体，它征表犯罪成立。正是由于犯罪构成属于联言命题，因而只有通过对四个要件进行

积极的入罪判断，并在完全具备四个要件时将它们组合成有机整体，犯罪才可宣告成立。至于其他平面体系的逻辑结构和特征，与四要件平面体系的逻辑结构和特征在本质上是相同的。

德、日通行的三要件阶层体系属于典型的分解式犯罪构成论体系。该体系由构成要件该当性、违法性和有责性三个要件组成，三要件之间存在阶层递进关系。"构成要件在将行为的违法性加以类型化的同时，也要将行为人的道义责任类型化，还要将违法并且有责的行为中具有可罚性的行为用法律概念加以规定。……这种被刑法分则相应条款规定的特殊的、类型性违法的有责行为，即是构成要件。出现在前面的是构成要件，站在它后面的，是具有实体意义的违法性及道义责任。"[1]根据该体系，行为具备构成要件该当性、违法性和有责性便可宣告犯罪成立，在形式上似乎属于合成式犯罪构成论体系。实则不然。这是因为，在进行逻辑推演时，该当构成要件的行为属于观念的、概括的犯罪形象，如果不存在违法阻却事由、责任阻却事由，犯罪便可成立。但是，如果存在违法阻却事由、责任阻却事由，则需要分别进行违法性判断和责任性判断，在将违法阻却事由和责任阻却事由排除后，犯罪才能宣告成立。因此，该体系与合成式犯罪构成论体系在逻辑特征上存在本质不同：首先，该当构成要件的行为包含违法阻却事由、责任阻却事由和犯罪在内，该当构成要件的行为属于联言命题，违法阻却事由、责任阻却事由和犯罪属于三个支命题。其次，在进行具体判断时，先通过违法阻却事由排除不违法的客观事由，再通过责任阻却事由排除不具备责任的主观事由，尔后犯罪才宣告成立。不管是否存在违法阻却事由、责任阻却事由，这种判断次序都是必须的，只是不存在违法阻却事由、责任阻却事由时，该当构成要件的行为即为犯罪。再次，鉴于犯罪是该当构成要件的行为这一联言命题的一个支命题，因而在具体评价时必须采取层层排减的逻辑推演方法，才能推导出犯罪成立。也就是说，违法性、有责性是通过消极的出罪方式即排除违法阻却事由、责任阻却事由确定的，而不能通过积极的入罪评价确定。可见，所谓的违法性、有责性不应该属于该当构成要件的行为这一联言命题的支命题。因此，三要件阶层体系实质上属于分解式犯罪构成论体系。

---

[1] [日] 小野清一郎：《犯罪构成要件理论》，王泰译，中国人民公安大学出版社 2004 年版，第 28~29 页。

罪体—罪责—罪量体系和犯罪客观要件—犯罪主观要件—犯罪阻却事由体系均属于合成式犯罪构成论体系。在罪体—罪责—罪量体系中，罪体、罪责和罪量分别作为犯罪成立的第一个要件、第二个要件和第三个要件，虽然存在排列上的先后次序，但这只是一种单纯的、形式上的判断次序，并不能说明该体系的逻辑特征。在逻辑结构上，罪体—罪责—罪量体系征表犯罪成立的要件具体包含罪体、罪责和罪量，三者是独立存在的，相互之间不存在包容关系，不存在谁推演出谁的问题。这意味着，该体系并不存在一个包含犯罪在内的观念的、概括的犯罪形象（相当于德、日三要件阶层体系中的该当构成要件的行为）。因此，在进行犯罪成立的逻辑推演过程中，罪体、罪责和罪量是通过叠加整合证成犯罪成立，而不能通过排减的方式证成犯罪成立。可见，在罪体—罪责—罪量体系中，罪体、罪责和罪量分别是三个支命题，而征表犯罪成立的犯罪构成则为联言命题，这完全符合合成式犯罪构成论体系的逻辑结构和推演模式之要求。在犯罪客观要件—犯罪主观要件—犯罪阻却事由体系中，犯罪客观要件、犯罪主观要件与犯罪阻却事由之间同样不存在谁推演出谁的问题，只有将他们组成有机统一的整体，犯罪才能宣告成立，故该体系亦属于合成式犯罪构成论体系。

违法构成要件—责任构成要件体系和犯罪构成客观要件—犯罪构成主观要件体系也属于合成式犯罪构成论体系。在违法构成要件—责任构成要件体系中，虽然先要进行违法性判断，然后才能进行有责性判断，但这种判断次序也是形式的，难以充分揭示其逻辑特征。从逻辑结构上看，该体系包含的两个构成要件，即违法构成要件与责任构成要件也是相互独立的，均属于组成犯罪的要件之一，不能包容犯罪本身在内。从逻辑推演模式上看，由于违法构成要件与责任构成要件均属于征表犯罪成立的事实要素与价值要素，因而只有通过将违法构成要件与责任构成要件通过叠加整合的方式组成有机统一的整体，才可宣告犯罪成立。这样，违法构成要件与责任构成要件显然属于两个支命题，而征表犯罪成立的犯罪构成则属于由这两个支命题组成的联言命题。可见，违法构成要件—责任构成要件体系与合成式犯罪构成论体系的逻辑特征是完全符合的。犯罪构成客观要件—犯罪构成主观要件体系在逻辑结构和推演模式上与违法构成要件—责任构成要件体系基本相似，因而也属于合成式犯罪构成论体系。需要注意的是，在犯罪构成客观要件—犯罪构成主观要件体系中，犯罪客体属于犯罪构成客观要件的基本要素之一，这与违法构成要件—责任构成要件体系是不同的。"在本书看来，其毫无疑问地应当成为犯罪构成的客观要件。理由是：在我国的犯罪构成体系当中，无法将犯罪客体排除在犯罪构成要件之外。因为，我国的犯罪构成是形式构成和实质构成的结合。行为是否符合实质构成，取决于其是否侵犯了客体要件。如果将客体要件排除的话，犯罪构成就会成为一个徒具形式的空壳，完全偏离我国刑法中犯罪构成体系的特征。"[1]

三、小结

由上可知，存在能够包含犯罪在内的观念的、概括的犯罪形象，是分解式犯罪构成论体系的显著特征。在判断犯罪成立时，通过依次递减、层层剥离的方式证成犯罪成立，因而犯罪构成要件之间的关系较为紧密。但是，只要在判断犯罪成立时不存在能够包含犯罪在内的观念的、概括的犯罪形象，且所有犯罪构成要件及其要素均为成立犯罪的必要组成部分，则只能通过叠加整合方式证成犯罪成立。凡是具备这样的逻辑特征的犯罪构成论体系，均属于合成式犯罪构成论体系。就违法构成要件—责任构成要件体系和犯罪构成客观要件—犯罪构成主观要件体系而言，正是由于在逻辑推演模式上与四要件平面体系具有一致性，加之两者均将犯罪构成要件划分为客观（违法）要件与主观（责任）要件，因而这两种体系与传统四要件平面体系并无本质区别。换句话说，它们本质上均属于平面犯罪构成论体系。日本学者大塚仁就指出，这种体系属于"区分犯罪的客观要素和主观要素的体系"，这是一种"在德国从以前就常见的、并对我国刑法学也有不小影响的体系。"在他看来，"把犯罪的构成要素区分为客观的东西和主观的东西"，属于"平面地区分犯罪要素"。[2]我国也有学者表达了对区分客观要件和主观要件的犯罪构成论体系可能沦为平面化体系的担忧。"将犯罪成立要件分为客观要件和主观要件，很容易被人误解为是平面的体系。"[3]至于罪体—罪责—罪量体系与犯罪客观要件—犯罪主观要件—犯罪阻却事由体系，虽然在形式上不属于区分主客观要件的体系，但在逻辑推理模式上与平面犯罪构成论体系并无不同。

---

〔1〕 黎宏：《刑法学》，法律出版社 2012 年版，第 71 页。

〔2〕 ［日］大塚仁：《刑法概说（总论）》，冯军译，中国人民大学出版社 2002 年版，第 104、107 页。

〔3〕 周光权：《刑法总论》，中国人民大学出版社 2007 年版，第 258 页。

第四节　不同类型的犯罪构成论体系的逻辑缺陷

一、分解式犯罪构成论体系的逻辑缺陷

在逻辑推演的层次和顺序上，三要件阶层体系体现为由构成要件该当性到违法性再到有责性这样的判断次序。客观地说，这样的判断次序是分解式犯罪构成论体系的形式逻辑推演特征之一，并不能表明该类型的犯罪构成论体系具有逻辑上的有效性与周延性。如果对三要件阶层体系加以逻辑分析，不难发现其所存在的逻辑缺陷：

（一）逻辑推演的形式与实质分离，导致对构成要件定位不清

所谓的构成要件该当性、违法性和有责性，显然是在形式上揭示犯罪所具有的特征，即凡是犯罪必须具备构成要件该当性、违法性和有责性三个特征。实质上，在推演犯罪成立的过程中，并非通过判断行为是否具备构成要件该当性、违法性和有责性来证成犯罪成立，而是通过将该当构成要件的行为中的违法阻却事由、责任阻却事由分别予以排除，来证成犯罪成立。因此，从形式上看构成要件该当性是犯罪构成要件之一，从实质上看该当构成要件的行为却是包含犯罪在内的观念的、概括的犯罪形象。这样一来，逻辑推演的形式与实质就呈现分离状态，进而导致对犯罪构成要件的定位不清，即构成要件究竟是犯罪成立的充分条件、必要条件还是充分必要条件，始终没有明确定位。马克昌教授就指出："小野清一郎的构成要件论使西方的构成要件理论进一步充实完善，他所提出的未遂犯与共犯是构成要件的修正形式的观点为日本多数学者所接受，他在构成要件论上的贡献是应当肯定的。但他的理论也不是完美无缺的，例如，构成要件是否犯罪成立的充分条件，在他的理论中并没有得到清楚的说明。"[1]

（二）由构成要件该当性推断出具有违法性、有责性缺乏有效性

在德、日三要件阶层犯罪论体系中，由该当构成要件的行为推导犯罪成立，通常是这样进行的：构成要件作为违法、有责的行为类型，只是原则上的；如果存在违法阻却事由或者责任阻却事由，就将例外地阻却违法性或者

---

[1]　马克昌：《比较刑法原理：外国刑法学总论》，武汉大学出版社 2002 年版，第 117～118 页。

有责性，不能成立犯罪。"符合构成要件的行为原则上成立犯罪，但是，有的时候，即便行为完全符合构成要件，但也不成立犯罪。这种妨害成立犯罪的事由就是排除犯罪性的事由。其中，包括排除违法性事由和排除责任的事由。"[1]也就是说，从构成要件该当性这一联言命题推断出违法性和有责性两个支命题，只是通常意义上的，而非必然的。如果存在违法阻却事由或者责任阻却事由的特殊情形，就不能得出该当构成要件的行为具有违法性或者有责性。这样的推断显然是存在问题的。"既然如此，符合构成要件的行为也可能不是违法性的存在根据。于是，构成要件只具有形式的性格。换言之，如果要使构成要件真正成为违法类型，那么，符合构成要件的行为因违法阻却事由而排除违法性时，必须是该行为在构成要件符合性阶段就具有违法性，但事实上并非如此。所以，三阶层的体系存在逻辑上的缺陷。"[2]例外的存在，至少说明命题本身存在逻辑纰漏。因此，三要件阶层体系对犯罪成立这一结论的推导难以充分实现有效性就难以避免了。"从语义上判断一个推理是否正确，要看它的前提如何支持它的结论。前提100%支持结论的，我们称为有效的推理，否则称为非有效的。"[3]另外，认为犯罪构成要件之间存在原则与例外的关系也不准确。理由在于：原则是针对一般情形而言的，例外则是针对特殊情形而言的。"符合构成要件的行为原则上成立犯罪"，表明的是符合构成要件的行为一般是成立犯罪的。这意味着，存在违法阻却事由或者责任阻却事由而阻却犯罪成立，只是例外的、特殊情形下才有的。问题在于，违法阻却事由、责任阻却事由的存在显然不是例外的、特殊情形下才有的。许多该当构成要件的行为存在违法阻却事由、责任阻却事由，也是事实存在的。因此，认为符合构成要件的行为原则上成立犯罪，如果存在违法阻却事由或者责任阻却事由就将例外地阻却犯罪成立，显然是不客观的。

　　需要注意的是，逻辑的有效性与合理性是两个不同的概念。虽然不具有逻辑上的有效性，但可以具有逻辑上的合理性。三要件阶层体系尽管从逻辑推理上看存在上述缺陷，但并不能据此彻底否定其逻辑上的合理性。"要很好地理解逻辑的功能，重要的是要知道，'有效'的确切含义是什么。在这种形

---

〔1〕　[日] 大谷实：《刑法讲义总论》，黎宏译，中国人民大学出版社2008年版，第82页。

〔2〕　张明楷："犯罪构成理论的课题"，载《环球法律评论》2003年第3期，第270页。

〔3〕　邢滔滔：《数理逻辑》，北京大学出版社2008年版，第13页。

式有效的论述中，前提为真而结论不真这种情形是不可能的。一个有效的论述中，前提的真值性保证了结论的真值性。在逻辑上，一个有真值前提的有效论证被称作正确的论证。同样重要的是，要记住有效论述的前提并不要求为真。逻辑有效性所要考虑的是一个论述的形式，而非其内容。"〔1〕如果在通过构成要件该当性推断成立犯罪时，认为结论并非必然的，并且客观地看待犯罪成立究竟在多大的程度上可行，那么在逻辑上也可以是合理的。例如，如果认为该当构成要件的行为并不必然具有违法性、有责性，因而其成立犯罪只是具有可能，只有不存在违法阻却事由和责任阻却事由时犯罪才成立，这无疑是合乎逻辑的。可见，三要件阶层体系是具有逻辑上的合理性的。

（三）三要件阶层体系在逻辑结论上具有不周延性

众所周知，对于危害轻微的行为是不应当作为犯罪处罚的，这在德、日等国的理论与司法实践中也是被公认的。"并非所有对身体健康的损害都属于虐待，而只有那些明显的损害才算得上；相应，只有较为严重的、以犯罪的方式严重侵害社会的尊重请求权的有关性的行为，才是刑法典意义上的猥亵。所谓'暴力'，只有持续的妨碍才称得上，轻微的妨碍则不算；而胁迫则必须是以犯罪相逼，才是严重的。"〔2〕危害轻微的行为之所以不以犯罪论处，一方面是由于其危害太轻微不值得处罚；另一方面，这种行为无处不在，要想做到对所有这类行为予以刑罚制裁，既不现实也不可能。因此，运用刑罚制裁危害轻微的行为是没有必要的。然而，根据德、日三要件阶层体系，危害轻微的行为完全符合犯罪特征，应认定为犯罪。例如，甲（20周岁）盗窃1元钱，就属于刑法规定的该当盗窃罪的行为，由于不存在违法阻却事由和责任阻却事由，因而构成盗窃罪。既然危害轻微的行为不应认定为犯罪，而根据三要件阶层体系又会被评价为犯罪，这表明该体系在逻辑结论上是存在问题的。因此，不能合理解释危害轻微的行为缘何出罪，表明三要件阶层体系在逻辑结论上具有不周延性。

---

〔1〕 〔荷〕伊芙琳·T.菲特丽丝：《法律论证原理——司法裁决之证立理论概览》，张其山等译，商务印书馆2005年版，第24页。

〔2〕 〔德〕克劳斯·罗克辛：《德国刑法学 总论》（第1卷），王世洲译，法律出版社2005年版，第31页。

二、合成式犯罪构成论体系的逻辑缺陷

作为通说的四要件平面体系既不存在逻辑推演的形式与实质之别，其犯罪构成要件之间也不存在原则与例外的关系，因而不存在三要件阶层体系那样的无效成分，其有效性值得肯定。同时，四要件平面体系具有逻辑合理性也是值得肯定的。科学的逻辑推理在形式上要求具有有效性，在实质上要求作为前提的内容必须真实。这一点四要件体系显然做到了，因为犯罪客体、犯罪客观方面、犯罪主体和犯罪主观方面是完全具有真实性的。可见，以合成式联言推理作为逻辑推理模式的四要件平面体系是具有逻辑上的科学性的。

但是，通说在论述犯罪论体系的相关内容时，并没有将正当行为纳入犯罪构成要件中讨论，而是在论述完犯罪构成要件后，作为单独的内容加以论述。[1]这实质上等于将正当行为排除在犯罪构成之外进行独立评价，因而在逻辑上存在不周延性。当然，逻辑的合理与正确与否，只取决于推理形式的有效性和前提内容的真实性，与结论能否实现对具体行为出入罪的全面评价是两个概念。不能评价正当行为，并不能据此认为四要件平面体系在逻辑上是不合理的。因为，对具体行为的评价不具有周延性的原因很多，并非完全由犯罪构成要件的内容来决定，更不能表明作为前提的犯罪构成要件在内容上不是真的。例如，对犯罪构成要件的不完全解读，也会导致犯罪构成不能合理评价正当事由。但是，对犯罪构成要件的不完全解读，并不等于犯罪构成要件在内容上不是真的。因此，尽管不能评价正当事由，并不能说明四要件体系存在逻辑推理上的不合理。至于犯罪客观要件—犯罪主观方面—犯罪主体体系与犯罪主体—犯罪中介—犯罪客体体系，在犯罪构成要件甚至要素的内容上与四要件平面体系并无不同，因而其逻辑合理性值得肯定，不过由于不能评价正当行为，故仍然存在逻辑上的不周延性。犯罪客观要件—犯罪主观要件—犯罪量度要件体系则通过犯罪量度要件评价正当行为，[2]因而克

---

〔1〕 高铭暄、马克昌主编：《刑法学》，北京大学出版社、高等教育出版社 2011 年版，第 126 页。

〔2〕 根据该体系，"犯罪量度要件作为一种价值判断，并非是对单一行为事实的评价，而是在两种权益发生冲突时的权衡与取舍，是一种综合比拼、整体衡量的价值评价。其最终的根据，是有一定的法益侵害程度，并以此评价特定行为是否成立犯罪。如果综合比拼、整体衡量的结果达到一定的法益侵害程度，是可以成立犯罪。如防卫过当、避险过当就是如此；如果综合比拼、整体衡量的结果没有达到一定的社会危害程度，就不能成立犯罪"。李晓明主编：《中国刑法基本原理》，法律出版社 2010 年版，第 376 页。

服了四要件平面体系在逻辑上的不周延性，在逻辑上具有相对合理性。

罪体—罪责—罪量体系、违法构成要件—责任构成要件体系以及犯罪构成客观要件—犯罪构成主观要件体系通过在罪体、违法构成要件和犯罪构成客观要件中设置排除事由，从而能够合理诠释正当行为因何出罪，这似乎克服了通说之缺陷。然而，三者存在不足也是显然的：首先，这三种犯罪构成论体系作为合成式犯罪构成论体系，是通过犯罪构成要件的叠加整合来积极地证成犯罪成立的。而排除事由则是通过递减方法来消极地判断犯罪成立，这是不符合合成式联言推理的特征的，因而与犯罪构成论体系本身的逻辑推演方式是矛盾的。前述客观罪行—主观罪责—正当化事由体系亦存在类似问题。其次，罪体、违法构成要件和犯罪构成客观要件是揭示犯罪的客观内容的要件，其与正当事由（排除事由）在性质上并不相同，不应混为一谈。"这种理论从根本上扭曲了具有不同性质的事实，将实质意义不同的现象搅在一起（参见第六章第一节）：缺乏典型事实肯定因素的那些非典型事实，根本就不可能具有危害；而包含正当化理由的事实，则永远包含损害某种利益的内容。后者之所以合法，只是因为从特定的角度看具有值得肯定的价值。把这二者混为一谈，无异于将打死一只苍蝇（缺乏肯定因素的非典型事实）与正当防卫中的杀人行为（因包含否定因素而按上述理论不再是典型事实）相提并论。"[1]再次，与德、日三要件阶层体系一样，违法构成要件—责任构成要件体系与犯罪构成客观要件—犯罪构成主观要件体系还存在不能合理解释危害轻微的行为缘何出罪的缺陷。至于犯罪客观要件—犯罪主观要件—犯罪阻却事由体系，虽然从形式上看可以归入合成式犯罪构成论体系之列，但实质上还是存在问题的：一方面，犯罪客观要件与犯罪主观要件属于积极的入罪要件，在具体判断时需要将两者叠加整合。而犯罪阻却事由则属于消极的出罪要件，需要通过对阻却犯罪的事由加以排减剔除才能证成犯罪成立。这种先叠加整合然后排减剔除的逻辑推演方式，既非合成式联言推理，亦非分解式联言推理，这在一定程度上揭示了该体系存在内在的逻辑矛盾。另外，该体系也不能合理解释危害轻微的行为因何出罪，因而在逻辑结论上存在不周延性。

---

〔1〕〔意〕杜里奥·帕多瓦尼：《意大利刑法学原理》（注评版），陈忠林译评，中国人民大学出版社2004年版，第95页。

第五节 犯罪构成论体系的逻辑构造

一、犯罪构成论体系中不同命题的逻辑属性

通过分析不难看出，德、日通行的三要件阶层体系与我国传统的四要件平面体系均有自己独特的逻辑推演方法，其逻辑性与合理性值得肯定。问题在于，为什么分别归属于分解式逻辑推演模式和合成式逻辑推演模式的两大代表性犯罪构成论体系，仍然存在难以克服的逻辑缺陷呢？笔者认为，究其原因在于人们往往纠缠于过失犯、不作为犯、禁止错误等个别问题不能自拔。"按照一定的格式运用这些原理的范例主要是关于过失、禁止错误、不纯正的不作为犯罪的判例和关于区分正犯与共犯的判例提供的，因为这里对一般概念的区分和具体化仅得到很少的发展。"[1]然而，对于关系到犯罪构成论体系的内在机理和逻辑构造的犯罪构成要件（要素）的属性、功能及它们与犯罪之间的相互关系，则缺乏深入的分析和研究。这样，新构建的犯罪构成论体系在克服既有的犯罪构成论体系缺陷的同时，又难免滋生新的问题，乃至陷入"旧问题虽去、新问题又来"的怪圈中，从而严重削弱理论体系的说理性与信服力。这从德、日以及我国刑法理论中所出现的形形色色的犯罪构成论体系中，就足以得到证明。因此，在构建犯罪构成论体系时，要想使其具有逻辑上的有效性与周延性，必须弄清犯罪构成要件（要素）的属性和功能及其与犯罪之间的关系。

犯罪是一种行为，组成犯罪构成论体系的犯罪构成要素首先离不开特定的行为。认定犯罪时，行为类型要受到罪刑法定原则的制约，以便维护刑法的安定性，这就决定了推演犯罪成立的行为是该当分则规定的类型行为。除行为外，支配行为的人的心理（即行为心理）也是犯罪构成论体系不可或缺的构成要素。"不能由意思支配的事情不能说是行为，因而，也不是犯罪。"[2]行为与行为心理均属于不以人的意志为转移的客观事实，"是指在犯罪论评价体系

---

〔1〕［德］汉斯·海因里希·耶赛克、托马斯·魏根特：《德国刑法教科书》，许久生译，中国法制出版社 2001 年版，第 243 页。

〔2〕［日］西原春夫："刑法·儒学与亚洲和平"，载［日］西原春夫：《刑法·儒学与亚洲和平——西原春夫教授在华演讲集》，山东大学出版社 2008 年版，第 116 页。

中直接回答是否发生了法律规定的或已经客观存在的犯罪事实，包括人、事、物及其过程等"。[1]事实要素虽然是组成犯罪构成论体系的前提和基础，但仅仅根据事实本身并不能推断出犯罪，因为犯罪并非客观行为的单纯复制，这就必须对其进行价值评价以"去伪存真"，这样经过打磨而提炼出来的"成品"才是犯罪。否则，就会过于扩大犯罪圈，进而导致客观归责。"不包括价值评价的构成要件是无法解释不法与有责的价值问题的，这有可能导致客观归责。"[2]正是由于犯罪是对特定事实进行价值评价的结果，因而是事实判断与价值判断的有机统一。

由于构成犯罪的事实既包括行为及其要素组成的客观事实，也包括行为人的心理及其要素组成的主观事实，因而犯罪的价值判断也应包括客观价值判断和主观价值判断。问题在于，犯罪的价值判断是否仅限于此呢？这显然与犯罪构成要素的类型有关。如果犯罪构成要素只能分为客观要素和主观要素，则犯罪的价值判断当然只限于客观价值判断和主观价值判断；[3]如果犯罪构成要素还包括其他要素，则犯罪的价值判断就不限于客观价值判断和主观价值判断。以犯罪情节为例，一种观点认为，其属于整体的客观评价要素。"一旦采取以违法与责任为支柱的三阶层或者两阶层体系，就会认为，作为整体的评价要素的'情节严重'中的情节，并不是指任何情节，只能是指客观方面的表明法益侵害程度的情节。"[4]另一种观点认为，情节作为罪量因素，是主客观因素的复合体。"情节是指刑法明文规定的，表明行为的法益侵害程度而为犯罪成立所必需的一系列主观与客观的情状。"[5]"罪量既不同于罪体具有客观性，也不同于罪责具有主观性，就其内容而言是既有主观要素又有客观要素，因此是主、客观的统一，具有复合性。"[6]第一种观点认为的犯罪情节属于客观要素，是建立在"一旦采取以违法与责任为支柱的三阶层或者两阶层体系"的前提下的，并是不符合客观事实的。例如，根据《最高人民检察院、公安部关于公安机关管辖的刑事案件立案追诉标准的规定（一）》

---

〔1〕 李晓明、彭文华："犯罪论体系的维度"，载《现代法学》2013年第1期，第112页。

〔2〕 彭文华："犯罪构成：从二元论体系到一元论体系——以事实和价值关系论为视角"，载《法制与社会发展》2012年第6期，第102页。

〔3〕 参见张明楷：《刑法分则的解释原理》（上），中国人民大学出版社2011年版，第387页。

〔4〕 张明楷：《犯罪构成体系与构成要件要素》，北京大学出版社2010年版，第241页。

〔5〕 陈兴良：《规范刑法学》（上册），中国人民大学出版社2008年版，第197页。

〔6〕 陈兴良：《规范刑法学》（上册），中国人民大学出版社2008年版，第192页。

的规定，故意毁坏财物罪的"严重情节"包括造成公私财物损失 5000 元以上的、毁坏公私财物 3 次以上的、纠集 3 人以上公然毁坏公私财物的以及其他情节严重的情形四种类型。其中的"毁坏公私财物 3 次以上"就属于体现主观恶性的因素。因此，犯罪情节包含客观因素值得肯定。"我国情节犯中的情节并非是完全紧贴构成要件的行为不法与结果不法展开的，而存在众多的超出构成要件基本不法量域的情形。"[1]可见，犯罪情节既不属于客观因素，亦不属于主观因素，而是融主客观因素于一体的．这样，对之就不可能通过单纯的客观价值判断或者主观价值判断进行评价，只能进行综合价值判断。因此，犯罪构成论体系的价值判断应当包含三种类型：客观价值判断、主观价值判断和混合价值判断。

由上可知，犯罪是在对特定的行为类型加以事实判断的基础上，再通过一定的价值评价推断出来的，是事实属性与价值属性的结合体。犯罪的事实判断的主要功能是定型，即通过确定证成犯罪成立的行为类型，旨在维护刑法的安定性，并使公民对自己的行为具有可预测性。犯罪的价值判断的主要功能是定性，即通过确定刑法规定的行为类型是否应当受到刑法的否定评价和谴责，最终完成对行为的刑法评价，实现惩治犯罪、保护人民的刑法目的。弄清了犯罪构成要件的属性和功能后，结合犯罪构成论体系与犯罪之间的关系，就能准确剖析不同犯罪构成论体系的逻辑构造。

二、分解式犯罪构成论体系的逻辑构造

分解式犯罪构成论体系是由一个联言命题（犯罪观念形象）推演出包括犯罪在内的若干联言支的理论体系。其基本逻辑构造及特征如下：

（一）作为联言命题的犯罪观念形象，即一定的行为事实具有概括性

在分解式犯罪构成论体系中，犯罪只是联言命题的一个联言支，除此之外还包括违法阻却事由等其他联言支。这样，作为联言命题的犯罪观念形象不但包含犯罪，还包括正当事由等非犯罪因素，因而属于一般意义上的行为类型，具有概括性。由于一定的行为事实是由行为和行为心理构成，因而两者也具有概括性。当然，为了避免犯罪观念形象泛化，需要其发挥定型功能，因而行为必须是该当刑法规定的构成要件的行为，这便是构成要件的该当性。

---

〔1〕 王莹："情节犯之情节的犯罪论体系性定位"，载《法学研究》2012 年第 3 期，第 141 页。

在构成要件该当性中，行为既包含犯罪行为，也包含不成立犯罪的行为，如正当防卫等。不过，这里的"行为"不应包括与其相关的客观要素，如行为结果、行为手段等，以免将客观价值判断混溶于犯罪观念形象中，抹杀联言支的客观评价功能，乃至削弱犯罪构成论体系的逻辑性。行为心理既包含故意、过失以及违法性认识等犯罪主观心理要素，也包含不属于犯罪主观心理要素的一般心理要素。由于故意、过失等主观心理要素不能替代行为心理，因而不能将之再作为构成要件该当性的内容。否则，也会消除联言支的主观评价功能，损害犯罪构成论体系的逻辑性。

（二）在对行为事实进行价值判断时，一般需要分别通过客观价值判断、主观价值判断和混合价值判断进行价值"褪色"

这里所说的价值判断，在形式上体现为排除式的价值消减推演，即通过对作为观念犯罪形象的行为事实进行价值评价，将不属于犯罪的各类因素排除在犯罪之外，进而推断出犯罪。所谓客观价值判断，是指对行为及其相关要素如行为结果、行为手段、行为对象、行为的时间、地点等进行价值评价，形式上属于对犯罪观念形象进行客观价值"褪色"，将不属于犯罪的客观因素排除在外；主观价值判断主要是指对行为心理及相关主观要素如故意和过失、目的和动机、主体的年龄、智识以及认识错误等进行价值评价，形式上属于对犯罪观念形象进行主观价值"褪色"，将不属于犯罪的主观因素排除在外；混合的价值判断主要是指对融主客观要素于一体的混合因素进行价值评价，形式上属于综合的价值"褪色"，进而将没有达到犯罪所要求的社会危害程度的情形，如情节显著轻微、危害不大的行为等排除在外。

对于客观价值判断，在大陆法系国家刑法理论中存在很大争议。以往，在大陆法系国家刑法理论中，基于"客观归罪、主观归责"的立场，通常认为违法是客观的，责任是主观的。"所有犯罪类型（独立、直接的或者附属、间接的）都离不开一个作为指导形象的法定构成要件，然后分别进行排除，即客观方面的相关行为是否充足法定构成要件……所有'主观要素'在肯定构成要件相关性和违法性的背景下，才可同时进行相关性的研究。"[1]在这里，违法性承担客观价值判断功能。客观地说，纯粹从形式上考量，违不违

────────

[1] ［德］恩施特·贝林：《构成要件理论》，王安异译，中国人民公安大学出版社 2006 年版，第 30~31 页。

法作为一种客观现象，认为其具有客观性尚且说得过去。但是，如果进行实质考察，认为违法性判断属于客观价值判断便受到了挑战：其一，主观的违法的发现，使违法的客观性受到质疑。"主观性违法论又称为'命令说'，该说认为，违法的实质不在于法益侵害而在于规范侵害。所谓规范侵害，是指违反禁止、命令规范，因而应从违反规范的人的意思中探求其实体。这种规范侵害当然以具有能遵照规范要求而进行意思活动的能力为前提，动物、大自然自不必说，即便是人，也还必须具有能理解规范的要求，并按照该理解控制自己行动的能力。为此，无责任能力人的行为并不违法。"〔1〕其二，正当事由并非是纯粹客观的，还包括主观因素。例如，正当防卫所要具备的防卫目的，是排除非法斗殴等基于非法目的实施的行为具有合法性的根据，但其属于主观因素是显而易见的。

由于无法解释上述问题，便出现了新客观违法性论，这是新近有利的学说。根据该说，"第一，将法规范作为行为规范，将客观上违反法秩序的行为理解为以一般人为对象的抽象的命令和禁止，违反这种命令、禁止的场合，就是违法；第二，法规范就是对具体行为人个别地要求实施一定行为，违反的场合，就有责任。因此，按照这种观点的话，客观的违法性就是违法性判断基准的客观性，而不是违法性判断对象的客观性"。〔2〕根据新客观违法性论，违法是客观判断还是主观判断以"一般人"和"行为人"为基准，凡是以"一般人"为基准进行的判断属于客观判断，凡是以"行为人"为基准进行的判断属于主观判断。违法性判断是以"一般人"为基准进行的判断，属于客观判断；有责性的判断是以"行为人"为基准进行的判断，属于主观判断。不难看出，新客观违法性论所谓的违法客观性之判断，是建立在判断主体的范畴上，业已完全脱离对事物本身是客观还是主观的属性判断，无论如何也难以自圆其说。总之，大陆法系国家刑法理论对犯罪构成论体系的客观价值评价的认识并不清晰，这是许多理论体系自身存在逻辑矛盾和冲突的主要原因所在。

另外，如何解决社会危害轻微的行为出罪问题，也是分解式犯罪构成论

---

〔1〕［日］西田典之：《日本刑法总论》，刘明祥、王昭武译，中国人民大学出版社 2007 年版，第 97 页。

〔2〕［日］大谷实：《刑法讲义总论》，黎宏译，中国人民大学出版社 2008 年版，第 216 页。

体系不得不面临的难题。尽管根据刑法规定危害轻微的行为也是犯罪，但在司法实践中不可能对此类行为予以刑罚制裁。于是，有学者认为违法性还存在程度之别。"在量定刑罚时，应该以犯罪的程度作为重要的基础，而犯罪的程度要以各个事态中违法性的程度和责任的程度为基础来论定，为此，在违法性论的领域必须考虑违法性的程度。这样，违法性的程度问题是违法性论中第二要探究的课题。"〔1〕如果赋予违法性的程度识别功能，乃至于使违法性能够界分民事违法行为与刑事违法行为，则违法性实质上已经完全具备了单独界定罪与非罪的功能，其他犯罪构成要件将会被架空，三要件阶层体系也就轰然塌陷，这是难以令人接受的。在德国，对于危害轻微的行为则通常经由程序法排除犯罪性。"在德国刑法中，在决定是否对某种犯罪定罪处罚时，对于行为罪量的衡量也发挥着作用，只不过这种过程不是发生在实体法领域，而是被放置到程序法之中。"〔2〕不过，这将造就以下问题：犯罪构成论体系本属于实体法上的理论，如果通过程序法来解答行为出罪问题，表明该犯罪构成论体系并非判断罪与非罪的唯一标准，这是违背犯罪构成原理的。可见，大陆法系国家刑法理论在对待危害轻微的行为的出罪问题上显得非常纠结，反映到犯罪构成论体系中便是不能正视混合值判断，这成为以三要件阶层体系为代表的阶层体系的一大软肋。

正是由于没有厘清分解式犯罪构成论体系内部的价值判断的内涵及相互之间的关系，人们才会基于各自的理解随意诠释其中的价值判断，因而出现名目不同、种类繁多的犯罪构成论体系在所难免。其中，代表性的犯罪论体系就有六种之多。分别是：区分犯罪的客观要素和主观要素的体系；区别行为、违法性、责任及构成要件这四个要素的体系；将犯罪的构成要素四分为行为、构成要件符合性乃至侵害性、违法性和责任加以理解的体系；承认构成要件符合性、违法性及责任这三个要素的体系；使构成要件包含在不法之中，考虑行为、不法和责任这三个要件的体系；行为和行为人的二元犯罪论体系。〔3〕这些理论体系在逻辑的有效性或者周延性上或多或少存在不同问题，在削弱理论自身的说服力同时，也损害了理论的权威性与影响力。在德、日

---

〔1〕 ［日］大塚仁：《刑法概说（总论）》，冯军译，中国人民大学出版社2002年版，第300页。

〔2〕 王莹："情节犯之情节的犯罪论体系性定位"，载《法学研究》2012年第3期，第131页。

〔3〕 ［日］大塚仁：《刑法概说（总论）》，冯军译，中国人民大学出版社2002年版，第104~106页。

等国，一个令人尴尬的场景是：各色各样的犯罪构成论体系由于缺乏司法影响力，几乎沦为学者们孤芳自赏的"花瓶"。"德国有99%的法官是不会用犯罪构成的理论的，实践中既然不用这个理论，那这个理论其实就是我们学者自娱自乐的一个理论。"[1]

笔者认为，要使犯罪构成论体系具有说服力与生命力，必须区分并确立不同的价值判断，并还原其自身具有的属性和功能，使犯罪构成论体系真正成为判断罪与非罪的唯一标准。那种固守"违法是客观的、责任是主观的"的立场，甚至不惜曲解其内涵来达到解决特定问题的理论体系，是不可取的。同时，对于不可或缺的价值判断，如旨在解决危害轻微的行为出罪问题的混合价值判断，应当通过确立特定的犯罪构成要件来承担其功能。基于这样的考量，作为联言支的价值判断必须包括客观价值判断、主观价值判断和混合的价值判断。其中，混合的价值判断旨在解决罪量问题，以便将社会危害程度没有达到犯罪的行为排除在外。

最后，需要指出的是，由于正当事由从其构造的"素材"上来看并非纯粹客观的，而是包含主客观因素，因而通过混合价值判断来评价是最恰当的。一直以来，人们都存在一个认识误区，即认为正当防卫是合法的，防卫过当是犯罪。于是，正当防卫要么符合法律规定而合法，要么因防卫过当而构成犯罪。这其实是一种误解。正当防卫、紧急避险等是在两种利益进行比较与衡量的基础上，牺牲另一种利益的结果。既然如此，从逻辑上讲，按照社会危害程度进行划分的话，应当包含三种不同情形：一是完全合法的行为；二是具有轻微社会危害而没有达到犯罪程度的行为；三是犯罪。在刑法上，前两种情形属于正当防卫，后一种情形属于防卫过当。其中，第一种情形在民法上、刑法上均属于正当防卫，第二种情形虽然在刑法上属于正当防卫，但在民法上却属于防卫过当。[2]正因如此，有学者提出了民法上的紧急避险概念，以区别于刑法上的紧急避险。"根据《民法典》第904条的规定，为了防

---

[1] 梁根林主编：《犯罪论体系》，北京大学出版社2007年版，第43页。

[2] 我国《民法通则》（已失效）第128条规定："因正当防卫造成损害的，不承担民事责任。正当防卫超过必要的限度，造成不应有的损害的，应当承担适当的民事责任。"第129条规定："因紧急避险造成损害的，由引起险情发生的人承担民事责任。如果危险是由自然原因引起的，紧急避险人不承担民事责任或者承担适当的民事责任。因紧急避险采取措施不当或者超过必要的限度，造成不应有的损害的，紧急避险人应当承担适当的民事责任。"这里的防卫过当、避险过当显然属于民事违法行为，但在刑法上是成立正当防卫、紧急避险的。

止出现严重得多的损失，必要情况下，允许侵犯他人的财产。常见的例子有，为了避开突然穿越道路的儿童而驾车撞向路边停靠的车辆，或者为了灭火，而损坏了邻居的栅栏和公园。"〔1〕这表明，正当防卫、紧急避险是存在危害程度之别的，加之其本身又融主客观要素于一体，因而通过混合价值判断来评价，是最好的选择。〔2〕

（三）犯罪以外的联言支具有数量上的可变性

除了犯罪这一组成联言命题的联言支外，其他联言支可以是一个，也可以是两个或者多个。例如，在英美法系国家犯罪构成论体系中，除犯罪之外的联言支只有一个，即所谓的抗辩事由。这里的"抗辩事由"非常宽泛，如在现代美国诸法典中最典型的三类抗辩理由是正当性抗辩理由、与责任相关的抗辩理由和其他抗辩理由（与责任和其他基本问题的一般原则有关）。〔3〕从价值判断的角度来看，"抗辩事由"显然包含客观价值判断、主观价值判断和混合的价值判断。客观地说，在一个联言支中混溶不同的价值判断是不可取的。但是，由于抗辩事由属于程序性要件而非实体性要件，因而可以在刑事诉讼程序中分别进行客观价值判断、主观价值判断和混合的价值判断是完全可能的。在我国，有学者认为英美法系国家犯罪构成论体系属于双层模式。"在理论结构上，犯罪本体要件（行为和心态）为第一层次，责任充足条件为第二层次，这就是美国刑法犯罪构成的双层模式。"〔4〕如果这只是单纯形式上的理解，也未尝不可。但是，由于犯罪构成论体系属于实体法的范畴，而责任充足要件（抗辩事由）则完全是在刑事诉讼程序中完成的，属于纯粹的程序性要件，这已经不再是实体法的概念，对于性质完全不同的犯罪成立条件，进行层级划分显然有所不妥。事实上，英美法系国家与大陆法系国家有着完全不同的价值判断方法，因而不能简单套用大陆法系国家刑法理论诠释英美法系国家的犯罪认定。总之，不管有几个联言支，它们组合在一起必须能够

---

〔1〕　[德] 冈特·施特拉滕韦特、洛塔尔·库伦：《刑法总论I——犯罪论》，杨萌译，法律出版社 2006 年版，第 158 页。

〔2〕　当然，如果站在违不违法是一种客观事实的角度来看，认为违法性的判断是一种客观价值判断，也是可以的。但这只是纯粹形式上的解读，并非基于对正当事由的实质内涵进行分析的结果，总令人觉得多少有些勉强。

〔3〕　[美] 保罗·H. 罗宾逊：《刑法的结构与功能》，何秉松、王桂萍译，中国民主法制出版社 2005 年版，第 77 页。

〔4〕　储槐植：《美国刑法》，北京大学出版社 1996 年版，第 51 页。

分别发挥对犯罪观念形象的客观价值判断、主观价值判断和混合价值判断的功能，否则就会滋生逻辑上的不周延性，导致理论体系出现问题。

三、合成式犯罪构成论体系的逻辑构造

合成式犯罪构成论体系是由几个联言支（犯罪构成要件）推演出一个联言命题（犯罪）的理论体系。其基本逻辑构造及特征如下：

（一）类型行为作为联言支的基本组成部分，在犯罪构成论体系中处于基础地位

与分解式犯罪构成论体系中的该当构成要件的行为包含心理因素不同的是，这里的行为是不具有任何主观心理因素的纯粹客观现象。这是因为，通过其他犯罪构成要件对行为进行价值着色，最终会顺利推演出犯罪成立，因而在行为中不赋予心理因素是值得理解的。行为是合成式犯罪构成论体系的出发点和归宿，如果没有行为，合成式犯罪构成论体系的价值判断就可能失去了着力点。"犯罪是人的行为。'无行为即无犯罪'，自近代以来已成为刑法理论中颠扑不破的科学命题。可见，'行为'于刑法和刑法理论中的重要性。"[1]同时，基于贯彻罪刑法定与实现刑法的安定性需要，需要限制行为的范畴，以避免过于扩张犯罪圈，因而行为必须是刑法规定的类型行为，而不是任意的危害行为。

（二）通过客观价值判断、主观价值判断和混合价值判断对行为进行价值"着色"，最终推演出犯罪成立

客观价值判断主要是指对与行为相关的客观要素，如行为结果、行为手段等进行价值评价，为证成犯罪成立进行客观的价值"着色"；主观价值判断主要是指对行为心理及相关主观要素如故意和过失、目的和动机等进行价值评价，为证成犯罪成立进行主观的价值"着色"；混合的价值判断主要是指对融主客观要素于一体的混合因素进行价值评价，确定其有无达到犯罪程度的社会危害性，从而为证成犯罪成立进行综合的价值"着色"。经过一系列价值判断后，犯罪最终被推演出来。需要注意的是，不管怎样进行价值判断，在行为的基础上必须经过客观价值判断、主观价值判断和混合价值判断方可证成犯罪成立。否则，将会导致犯罪构成论体系出现逻辑上的不周延性，影响

---

〔1〕 高铭暄主编：《刑法专论》（上编），高等教育出版社 2002 年版，第 151 页。

其犯罪判定功能。

在四要件平面体系中，我们不难发现其所存在的价值判断的缺失。根据该体系，犯罪客体是刑法分则规定的社会关系的整体。"从刑法分则各个条文的规定中，尤其可以看到，每一具体犯罪都要直接侵犯一个或几个具体的社会关系，如果将各种具体犯罪所侵犯的各个具体社会关系进行归纳，即成为犯罪所侵犯的社会关系的整体，即犯罪一般客体。"[1]这样，犯罪客体便成为纯客观要件，四要件平面体系中的犯罪构成要件也因此被清晰地界分为客观要件和主观要件。问题在于，客观要件和主观要件只能分别发挥客观价值判断和主观价值判断的功能，不能发挥完全的综合价值判断功能。虽然将两者并合起来可以在一定程度上发挥主客观价值判断，但这不过是在割裂客观价值判断与主观价值判断的基础上进行的价值判断，并非一体化价值判断，因而对于像正当防卫这样融主客观因素于一体的正当事由，无法进行有效的价值评价。如何解决这一难题呢？方法有二：一是保持其他犯罪构成要件的既有评价功能不变，增设能够进行混合价值判断的犯罪构成要件，使之能对正当事由进行价值评价；二是调适既有犯罪构成要件的内涵，赋予其评价正当事由的功能。第一种方法的有效性是不言而喻的。这里简要介绍第二种方法。

根据通说，犯罪客体是刑法保护的社会关系。所谓社会关系，实质上是指"人们在共同的实践活动过程中所结成的相互关系的总称。可分为物质关系和思想关系两大类。物质关系即生产关系，决定思想关系即政治、法律、道德、艺术、宗教等其他社会关系的性质，而其他社会关系又反作用于生产关系"。[2]这意味着，社会关系不仅仅指我国刑法分则规定的社会关系，还应当包括刑法总则保护的社会关系，不应当仅限于政治关系（危害国家安全犯罪所侵犯）、物质关系（财产犯罪所侵犯）、艺术关系（侵犯知识产权犯罪所侵犯）、宗教关系（非法剥夺公民宗教信仰自由罪等所侵犯）等，还应当包括法律关系等。如果犯罪客体中包含法律关系，那么就可以通过犯罪客体对正当事由进行价值评价。因为，正当防卫等是刑法规定的排除犯罪事由，不可能侵犯某种法律关系，也就没有侵犯犯罪客体，因而不构成犯罪。有人或许会指出，正当防卫也会侵犯他人的生命权、财产权，怎么能说没有侵犯犯罪

---

[1]　马克昌主编：《犯罪通论》，武汉大学出版社1999年版，第48页。

[2]　辞海编辑委员会：《辞海》，上海辞书出版社1990年版，第1781页。

客体呢？这里关系到如何理解犯罪客体受到侵犯的问题。其实，"不能对犯罪客体的价值评价功能进行切割式理解。例如，紧急避险也会侵犯财产关系等社会关系，但由于紧急避险还保护了更大的社会利益，维护了更重要的社会关系，因而在综合进行一体化评价后，确定没有触犯某种法律关系，也就没有侵犯任何犯罪客体。此时，紧急避险侵犯的财产关系等已经为一体化的价值评价所消解，是否侵犯法律关系成为唯一的评价结果"。[1]

当然，上述方法只是解决正当事由评价的一种途径，是基于违不违法作为一种客观事实的角度来考量的，并非赋予犯罪客体以综合的价值判断功能，因而不能彻底、有效地解决所有危害显著轻微的行为的出罪问题。因此，最好的办法是增设能够进行混合价值判断的犯罪构成要件。否则，就只能通过综合客观价值判断与主观价值判断进行整体评价，如前所述这将容易导致客观归罪或者主观归罪，从而留下遗憾。

（三）作为联言支的各犯罪构成要件可以根据一定的标准进行重组，因而犯罪构成要件在数量上具有可变性

在保证能够对行为进行充分的价值"着色"，即客观价值判断、主观价值判断和混合价值判断均具备的情况下，根据何种标准排列重组犯罪构成要件，并不会影响逻辑上的周延性。因此，合成式犯罪构成论体系对犯罪构成要件的要求不是固定的，具有可变性。例如，将犯罪客体、行为及与此相关的客观因素组合成犯罪客观要件，将犯罪主体和犯罪主观方面组合成犯罪主观要件，并设置评价社会危害程度的量度要件，如罪量要件等，也是完全可以的。这种三要件平面体系完全能够担负起作为罪与非罪的唯一评价标准的重任，具有逻辑上的有效性、合理性和周延性。

在我国刑法理论中，平面体系除了前述三要件平面体系外，还存在过五要件说。五要件说主张，犯罪构成论体系应当由犯罪的行为、犯罪的客体、犯罪的客观方面（即犯罪的危害结果及其与犯罪行为之间的因果关系）、犯罪的主体和犯罪的主观方面五个要件组成。[2]不难看出，以四要件平面体系为基础，五要件说实质上是将其中的犯罪客观要件中的行为抽离出来独立成犯

---

〔1〕 彭文华："犯罪客体：曲解、质疑与理性解读——兼论正当事由的体系性定位"，载《法律科学（西北政法大学学报）》2014年第1期，第95页。

〔2〕 参见高铭暄主编：《新中国刑法学研究论述（一九四九——一九八五）》，河南人民出版社1986年版，第117~118页。

罪构成要件，从而使之一分为二，犯罪构成要件也就由四要件变成五要件。至于三要件体系，如前所述，客观要件—犯罪主观方面—犯罪主体体系是将犯罪客体和犯罪客观方面合二为一，犯罪主体—犯罪中介—犯罪客体体系则将犯罪客观方面与犯罪主观方面合二为一，使原来的四要件变成三要件。无论是五要件说还是三要件说，均是在平面犯罪构成论体系的框架内对犯罪构成要件进行调适的结果，其在认定犯罪的功能上与四要件体系没有任何区别。

　　由上可知，在合成式犯罪论体系中，犯罪构成要件的数量是可以变化的。但是，如果仅仅根据自己的理解对四要件平面体系进行单纯的组合与拆分，而不是立足于事实判断与价值判断完善犯罪构成要件的功能以及给予恰当的定位，那么四要件平面体系的缺陷与不足必将被新的犯罪构成论体系承继下来。可以推断，无论是五要件说还是三要件说，均存在四要件平面体系所具有的缺陷，如难以合理诠释正当事由缘何出罪等。因此，无论构成要件的数量是多少，各种平面体系要想避免四要件平面体系的不足，在逻辑上具有周延性，犯罪构成要件就必须彰显出行为以及对行为分别进行的客观价值判断、主观价值判断和混合价值判断。

　　综上所述，犯罪构成要件之间的层级和判断次序的不同，虽然是平面体系与阶层体系的主要区别，但并不能代表犯罪构成论体系的逻辑性差异。根据逻辑推演模式不同，犯罪构成论体系可以划分为分解式犯罪构成论体系和合成式犯罪构成论体系。在分解式犯罪构成论体系中，对作为联言命题的构成要件该当行为（包含行为心理），通过客观价值判断、主观价值判断和混合价值判断进行价值"褪色"，就能推演出作为支命题的犯罪。在合成式犯罪构成论体系中，以作为联言支的刑法规定的行为（不包含行为心理）为基础，通过客观价值判断、主观价值判断和混合价值判断进行价值"着色"，才能推演出作为联言命题的犯罪。在犯罪成立的逻辑推演过程中，只要能充分进行客观价值判断、主观价值判断和混合价值判断，最终结果就不会有实质不同。在具有逻辑上的合理性、有效性和周延性的基础上，根据犯罪构成要件数量的不同，完全可以将分解式犯罪构成论体系和合成式犯罪构成论体系划分为不同类型。因此，犯罪构成论体系不应是单一的固定格式。

　　一直以来，学界对犯罪构成理论的研究往往局限于刑法学理论本身，根据犯罪构成论体系的结构及其优缺点来品头论足，这种结构合理主义的方法论无疑有自说自话之嫌，导致理论界"有可能连篇累牍地充满了'争论'，但是毫无结果，至多磨快了自己的武器，各抒己见"。[1]其实，科学的理论体系不可能是"躲进小楼成一统"的，而应充分吸纳其他学科的有益成分，夯实自身的理论基础和哲理根基。"'常规科学'是指坚实地建立在一种或多种过去科学成就基础上的研究，这些科学成就为某个科学共同体在一段时期内公认为是进一步实践的基础。"[2]刑法学理论体系的构建同样如此，它不应该局限在刑法学学科之内自说自话，而是应当充分吸纳哲学、法哲学、社会学乃至逻辑学等学科的知识作为哲理基础，使理论本身更具高度和深度，才能增强说理性与信服力，这从自然科学实证主义、事实与价值关系论等在犯罪构成论体系的产生和发展演变进程中发挥过重要作用就能得到证实。正是基于这样的思考，本书试图运用逻辑学知识来诠释犯罪构成论体系的逻辑结构和特征，期待从不同的学科角度进一步剖析犯罪构成论体系内在机理，以抛砖引玉。

四、不同模式犯罪构成论体系下的行为机能

在大陆法系国家刑法理论中，行为具有何种机能往往是界定行为含义的出发点，因而行为机能是行为概念的前提和基础。"为了掌握刑法上的行为概念，应首先观察行为论在刑法中具有何种功能。因为若揭示刑法上的行为论的功能，可谓尽其功能的理论就是正确的理论。"[3]在诸多有关行为机能的理论中，三机能说即行为具有界限机能、统一机能（分类机能）和结合机能（定义机能）获得多数人的肯定。如德国学者耶赛克认为，行为概念首先必须具有分类功能，即能够适用于所有种类的对刑法具有重要意义的人的作用——故意的和过失的行为，积极的作为和消极的不作为；同时，行为具有定义功能，即行为概念必须具备许多实质内容，使诸如构成要件适当性、违法性和罪责等刑法的体系概念作为较详细的说明包含其中；最后，行为具有界限功能，即行为概念应当排除不能作为犯罪的行为。[4]

〔1〕［德］卢曼：《社会的法律》，郑伊倩译，人民出版社2009年版，第3页。

〔2〕［美］托马斯·库恩：《科学革命的结构》，金吾伦、胡新和译，北京大学出版社2003年版，第9页。

〔3〕［韩］李在祥：《韩国刑法总论》，［韩］韩相敦译，中国人民大学出版社2005年版，第66页。

〔4〕参见［德］汉斯·海因里希·耶赛克、托马斯·魏根特：《德国刑法教科书（总论）》，徐久生译，中国法制出版社2001年版，第268~269页。

三机能说虽有其合理之处，但在逻辑上存在问题。从行为机能推断行为概念，有本末倒置之嫌。行为概念作为行为本质特征的高度概括，能够充分揭示行为在刑法上的性质、意义及其所具有的机能，因而行为机能只能从行为概念中推导出来，而不是相反。"大陆法系关于行为机能的探讨实际上都是以建构行为概念为目的的，问题是：如果先有确定的行为概念，然后考察这一概念在整个刑法理论和实践中的作用是可行的，但是反过来从行为的机能推导行为概念，就有可能因为考察机能的视角不同，从而将不同方面的问题放在一个概念中解决，而无从得出结论。并不是行为机能决定行为概念，而是行为概念决定行为机能。"〔1〕从三机能说的内容来看，也具有明显的倾向性。例如，定义机能就是为了迎合三要件阶层犯罪论体系的分解式归罪需要而概括出来的，因为该当构成要件的行为作为观念上的犯罪，必须涵涉违法性、有责性，才能体现三要件之间层层递进的、密切联系的逻辑关系。

对大陆法系国家刑法理论中的三机能说，我国有学者予以认同。"行为概念具有多种功能。首先，行为概念具有界限功能。犯罪是行为，没有行为就没有犯罪。因此，任何举动，只要它不是行为，一开始便可以排除在刑法的考察范围之外。其次，行为概念具有定义功能（结合要素的机能）。行为概念具有许多实质内容，使犯罪的特征、成立条件等包含在其中，如'犯罪是违法有责的行为'。最后，行为概念具有分类功能。一方面，刑法规定的具体犯罪类型，都以行为为其构成要件要素，行为不同，构成要件亦异，从而犯罪类型不同；另一方面，对犯罪的其他一些分类也离不开行为概念，如故意行为与过失行为，实行行为、教唆行为与帮助行为等。"〔2〕还有学者深入分析了行为三机能之间的关系。"行为论机能之间不应是茫然无绪之并存关系，界限机能在逻辑思考上应位于统一机能与结合机能之前，统一机能与结合机能则对界限机能则能起到消极制约作用：当经过界限机能之过滤所形成犯罪判断之客体在观念上无法包摄全体犯罪行为形态时，即说明之前经由界限机能所形成之'行为概念'对评价客体进行了过多的过滤，因而应作出调整；同样，当经过界限机能过滤所形成之行为概念无从发挥结合机能时，则有必要将行为概念中可能混同于'构成要件该当性''违法性'或'有责性'之要素予以

---

〔1〕　邹佳铭编著：《刑法中的行为论纲》，中国人民公安大学出版社2011年版，第29页。
〔2〕　张明楷：《刑法学》（第4版），法律出版社2011年版，第143页。

排除，以保持其价值中立。"[1]

笔者认为，上述观点值得商榷。如上所述，基于定义行为的需要推定行为具有何种机能，本身在方法论上就存在问题。同时，鉴于在不同的归罪模式中行为具有不同的含义，其机能必然有所不同，因而脱离行为的归罪模式妄谈行为机能是不可取的。例如，在平面四要件犯罪论体系中，并不需要行为与其他犯罪构成要件之间具有层层递进的、密切联系的逻辑关系，所谓的定义机能就无容身之处。因为，定义功能揭示了行为包含所有事实判断与价值判断在内，因而也就包容犯罪在内，它在分解式归罪模式中具有独特意义，但在合成式归罪模式中则有越俎代庖之嫌，是不应当为行为所具有的。同时，上述观点认为行为具有分类机能也是不确切的。例如，在平面四要件犯罪论体系中，如果为了使行为发挥分类作用而将故意行为、过失行为归入行为之中，那么行为就具有主观价值判断功能，则犯罪客观要件与犯罪主观要件之间的界限也就变得模糊了，这是不可取的。另外，认为行为的界限机能位列统一机能与结合机能之前，后者对界限机能能起到消极制约作用，也存在疑问。这是因为，并非所有的行为必然具备界限机能、统一机能和结合机能。论者指出"经过界限机能过滤所形成之行为概念无从发挥结合机能"，却没有认识到在不同的归罪模式中，界限机能与结合机能有时并不能兼得。例如，在合成式归罪模式中，故意和过失本为主观要素（责任要素），是对行为进行的主观价值评价，如果行为也包含故意行为和过失行为的话，那么所谓的主观方面要件（责任要件）就会变得多余。因此，合成式归罪模式中的行为不能包含故意行为和过失行为在内，因而行为也就不具有结合机能。

通过分析可以发现，在我国传统的合成式归罪模式中，行为只具有传达机能（界限机能）。这是因为，在传统的合成式归罪模式中，作为支命题的诸犯罪构成要件均具有各自的价值蕴含，发挥不同的入罪功能。行为作为犯罪客观构成要件的核心要素，只要保持价值无涉便可，通过承担主客观价值判断的犯罪主体、犯罪主观方面和犯罪客体进行价值"着色"，犯罪便可宣告成立。如果赋予行为以客观的价值内涵或者主观的价值内涵，那么就会混淆行为与其他犯罪构成要件的界限，甚至混淆行为与犯罪之间的界限，这是不允

---

[1] 阎二鹏："行为概念的厘清——以行为论机能之反思与再造为视角"，载《法制与社会发展》2013年第5期，第118页。

许的。行为的传达机能的主要作用是宣示与识别。立法者通过该当犯罪的行为类型向社会大众宣示特定行为及其在刑法上所具有的特定含义，以传达该类行为与其他行为的界限以及其中的此类行为与彼类行为的界限，这样既能使人们知晓有些行为是不纳入刑法评价的范围的，又能使人们认识到不同行为可能在刑法上获得不同的评价。例如，强奸向人们传达的是需要接受刑法评价的行为类型，而通奸传达的只是一种不道德的行为类型形象；抢劫与敲诈勒索虽然同属于刑法评价的行为类型，但由于性质有所不同因而会获得不同评价。

在德、日等国通行的分解式归罪模式中，行为具有传达机能和概括机能（统一机能）。行为的概括机能是指行为能够囊括各种各样的行为类型，如故意行为、过失行为、作为、不作为等在其内，使得作为评价结果的犯罪行为能够包容不同的犯罪类型和犯罪形态。在分解式归罪模式中，行为之所以具有概括功能，是由其承载的价值判断决定的。由于行为包含完全的价值判断，因而能够涵摄各种行为类型。这样，犯罪、犯罪的不同形态以及非犯罪的行为类型等，都是该当构成要件的行为的组成部分，这样行为便能概括各种行为类型，从而成为抽象、概括、观念的"犯罪"形象。否则，该当构成要件的行为与违法性、有责性就难以形成阶层的逻辑推演关系。

如果说行为的传达机能是为了向人们传达不同的行为类型以及行为之间存在界分的话，那么概括机能则是将形形色色性质不同的行为涵摄其中，使得行为能够征表不同的犯罪类型和犯罪形态，能够代表所有在刑法上具有的性质和意义的行为类型。行为的传达机能使得刑法具有初步的可预测性和安定性，行为的概括机能由于赋予行为各种价值判断，有助于刑法获得最终的可预测性和安定性。"由于（被认为是可信赖的）价值判断，也就是'价值秩序'的存在，人们才获得了行为安定性。任何具体的法律秩序都是以立法者肯定的、通过规范证实和巩固的价值秩序为基础。"[1]总之，行为的传达机能与概括机能均是贯彻罪刑法定原则的需要，有利于维护刑法的可预测性与安定性。

---

〔1〕　〔德〕魏德士：《法理学》，吴越、丁晓春译，法律出版社 2005 年版，第 52~53 页。

第七章 犯罪构成本土化

本土化是相对于全球化而言的，在故步自封、几乎不存在对外交流的国家或者民族，一切事物都是本土的、民族的，本土化之提法自然毫无意义。在经济高度发展、科技日新月异的今天，随着经济、文化、贸易、科技交流的日益频繁，地域的概念变得越来越淡薄，全球化问题逐渐成为关注的重点，引起人们对本土的、民族的经济、文化等在全球化过程中的地位的忧虑，本土化遂成为人们关切的问题。犯罪构成及其理论作为一种法律文化，在全球化的浪潮中不可能岿然不动，这也是近年来犯罪构成体系问题成为我国刑法学研究热点的原因。本章立足于全球化这一大趋势，旨在探究跨文化交流下的犯罪构成理论研究的方向及趋势，为我国今后的犯罪构成理论研究提供有益的参考和帮助。

第一节　文化交融与法律本土化

在人类历史上，人们对更为美好事物的追求一直激励着全球范围内的人口流动、贸易往来和思想文化的交流。1962年，"全球化"第一次出现在我们的词汇中，直至演变成今天的一个口头禅。近几十年来，全球化趋势不断增强，速度也进一步加快，随之而来的优势与弊端也逐渐明朗化。今天，全世界的物质、思想、机构以及人员的交流持续增长，这种现象是一个长期的历史趋势，是几千年的文化和社会相互接触和影响的结果，将不可避免地促进全球人类社会的整合。不管是普通公民、学者或者政治家，我们的任务都应该是去更好地理解和把握全球化，尽我们的努力去发展其优势、规避其负面影响。

一、跨文化交流

关于"全球化"一词的起源，人们认识不一。有人认为，第一个阐述全球化概念的人是加拿大的麦克卢汉，因为他在 1962 年提出"地球村"的设想。有人认为，第一个提出"全球化"概念的是美国卡特总统时期的国家安全顾问布热津斯基，他在 1969 年出版的《两代人之间的美国》一书中首次使用了"全球化"一词。[1]还有学者指出，"全球化"（英语为 Globalization）一词在英语词典中出现的时间为 1944 年，而与之相关的"全球主义"（Globalism）则是 1943 年问世的。[2]正如美国学者乔治·洛奇所说："全球化的概念是如此广泛、深奥、模糊而神秘，以至于像我这样的学术界人士往往会通过现有的经济学、政治学或社会学等专业来分别探讨它所涵盖的内容。"[3]对"全球化"的含义作出全面、准确阐述的是美国学者泰奥多尔·莱维特。1985 年，莱维特在《哈佛商报》上发表的"谈市场的全球化"一文中，用全球化形容过去 20 年间国际经济发生的巨大变化，即"商品、服务、资本和技术在世界性生产、消费和投资领域中的扩散"。[4]

全球化是一个以经济全球化为核心的概念，通常指 20 世纪 80 年代以来以先进科学技术为支撑，各国、各民族、各地区在政治、文化、科技、军事、安全、意识形态、生活方式、价值观念等多层次、多领域的相互联系、影响、制约。"全球化的概念是从经济开始的。因为全球化要讨论经济的需要，达到一种经济互通有无、减少消耗、增加效益的状态，让每个国家都能够参与，形成像 WTO 这样的组织。"[5]人们通常认为，全球化进程将世界的各个部分有机地联系起来，形成一个相互依赖、相辅相成的利益共同体，整个星球由此成为密切相关、不可分割的大家庭，即所谓的"地球村"。文化作为经济和

---

〔1〕　参见刘建明："全球化的终极与国际传播架构"，载 http://www. studa. net/xinwen/080514/14241027. html。

〔2〕　参见马俊如等："全球化概念探源"，载《中国软科学》1999 年第 8 期。

〔3〕　[美] 乔治·洛奇：《全球化的管理——相互依存时代的全球化趋势》，胡延泓译，上海译文出版社 1998 年版，第 1 页。

〔4〕　Alan M. Kantrow（ed.），*Sunrise Sunset：Challenging the Myth of Industrial Obsolescence*，John Winley & Sons，1985，pp. 53~68。

〔5〕　[美] 成中英："全球化中的东西方文化差异与交融"，载《中国海洋大学学报（社会科学版）》2004 年第 6 期，第 27 页。

社会活动的产物，在全球化进程中越来越成为活跃因素，在国际政治中的地位和作用也越来越突出，经济全球化的加速发展以及随之而来的经济、科技和国际关系的变化，为文化的交流与融合提供了契机，使文化交融出现新的特点。经济全球化突破了传统文化局限于民族和国家的狭隘视野，使人们在发展本民族、本国文化的同时，越来越注意民族之间关系以及本国利益与他国利益的协调。各国都意识到，闭关自守只能更加远离世界文明；要获得发展，必须同其他国家开展交流，充分吸收他国的长处，融合一切有利于本国发展的因素。〔1〕

全球化时代，每个民族在吸收世界最先进的文化的同时，也使自己民族文化成为整个人类文化的有机构成，每个民族的文化都是其民族性和世界性的有机统一。在世界文化交往中，文化民族性与世界性是相辅相成的。在当前这个文化荟萃和交融的时代，如何看待文化的世界性与民族性，正确处理民族文化、世界文化以及文化整合之间的关系，是一个颇受人们关注的重大课题。

多数学者认为，在处理文化交融与文化冲突的关系时，应坚持辩证统一的观点。振兴民族文化，首先要立足于本国传统文化，积极地借鉴和吸收其他民族文化中的有益成分，加速和加深本民族文化与其他民族文化的交流与融合，促使各民族文化的特殊性逐步融入全人类文化的普遍性之中。〔2〕这就需要反对两种倾向：一是固守本土文化，排斥世界文化。全球化时代，必须积极倡导民族文化或本土文化参与文化的全球化过程，力促文化的交流和整合，使本土文化在文化的全球化过程中得到修正、补充和完善。如果故步自封，拒绝任何外来文化，将造成国家和民族文化的僵化，严重制约国家和民族的发展、繁荣。"在所有文化中，在所有文化成规系统中，我们至少可以假设一种一切文化都共有的成规。也许这一可为所有文化都接受的成规便是，自己文化的基本宗旨是可以得到讨论、解释、辩护、重新思考甚至批评和补充的。如果这样的辩论和批评全然不可行的话，那么同样在一个范围狭窄的层面上，相关的文化仅仅包含受到机械的考察的一套规则。这种文化实际上

---

〔1〕 参见张骥、赵斌："经济全球化与文化交融"，载《外交学院学报》2002 年第 3 期，第 17～18 页。

〔2〕 参见张骥、赵斌："经济全球化与文化交融"，载《外交学院学报》2002 年第 3 期，第 22～23 页。

是僵死的。"[1]民族文化只有在世界文化的熏陶中，才能够充分认识到自身的缺陷和不足，使自身得到丰富和完善。二是抛弃本土文化，倡导文化世界化。文化全球化，绝不意味着只能走文化世界化之路，乃至于抛弃民族文化。文化的世界化与民族化、世界文化与本土文化是相辅相成、共生共长、互为依存的。全球化时代的世界文化不是一元的文化专制主义，而是多元文化的互动所形成的一种关系到人类生存和社会发展的共同的价值取向和追求。[2]全球化背景中，民族、本土文化不但不能抛弃，相反还是检验和构筑世界文化的标尺，只有民族文化才能促进世界文化健康发展，形成人类社会发展的共同氛围和文化机理。总之，我们既要反对现代西方中心主义式的全球化，也要反对传统的东方沙文主义的傲慢，至少在后现代和后殖民时代，全球化与多元化是并行不悖的。[3]

中国作为一个现代化的后发国家，受独特的历史传统和现实情境的影响，在包括文化在内的许多方面都不同于西方。虽然现代的市场经济、民主政治和法治，可以跨越国界，但中国并非必须经历西方国家的现代化路径。无数历史教训表明，处于发展中的国家如果试图急于求成地实现现代化超越，往往欲速不达，物极必反，导致灾难性的倒退。从中国近几十年的发展历程来看，进入现代化过程和被卷入到全球化的过程多少具有形势所迫的意味，故中国的现代化不可能效仿西方。中国在文化交流与合作过程中，受制于诸多因素制约，出现"历史浓缩"和"时空交叠"的现象是难以避免的。面对各种思潮和主张，我们必须准确地把握历史的脉络和现实的方向，避免误入歧途。当前，我国正在如火如荼地进行社会主义法制建设，依法治国成为我国的治国方略。法律文化与制度文明建设，已经成为我国建设社会主义现代化国家的重要依靠。全球化时代，面对已经成熟和丰满的西方法律文化，如何辩证扬弃，是值得每个法律工作者深思的。

---

〔1〕　〔荷〕杜威·佛克马："走向新世界主义"，载王宁、薛晓源主编：《全球化与后殖民批判》，中央编译出版社1998年版，第252~253页。

〔2〕　参见衣俊卿：《文化哲学十五讲》，北京大学出版社2004年版，第343页。

〔3〕　参见麦永雄："全球化语境中的文明误读与文化交流"，载王宁、薛晓源主编：《全球化与后殖民批判》，中央编译出版社1998年版，第297页。

二、法律本土化

（一）全球化时代的本土化问题

理论上，本土化大致可以分为三种情形：一是简单移植。即把外来理论直接照搬过来，应用于本土社会。虽然是外来理论，但由于使用的地域是本土社会，适用、解释的主体、对象是本地人，故理论移植也都带有本土化的意味。如果将外来理论比作一件嫁衣，理论移植便是将他人的嫁衣直接搬过来穿在自己身上，不管是否合身和得体。理论移植是学术本土化的初始阶段。二是外来理论本土特色化。即因为本土社会的特殊性而对外来理论作出补充、修订和否定。社会科学理论不可避免地带有条件性，搬到另一个社会，如果相关条件一旦改变，原有理论必然有所修订。通过修订，理论变得更全面，使我们对社会现象了解更透彻。理论本土特色化意味着根据自身条件和特点，对症下药，将他人的嫁衣做恰如其分的裁剪、修改。三是本土理论原创化。这种新理论主要有两种形式：第一种是基于当地社会的独特性，因而引发新的理论建构；第二种是有关的社会并非独特，其实同样存在于其他国家，但本地研究者捷足先登，建构成一种新理论。在上述几种理论本土化的情形中，理论移植在学术界的地位很低，因为缺少原创性，那只是重复利用。理论的本土特色化带有修订和补充性质，其重要意义在于它具有创新特征，在现实中发生的可能性也比较大。本土理论原创化是学者的理想，它不但是理论的开拓，也会为本地研究社群带来最大的认同。

本土化由于在某种程度上与全球化针锋相对，致使相当一部分学者在理解本土化时，针对全球化时代日益高涨的价值观念、制度建设、生活模式等趋同性表示出极大的担忧，并极力捍卫、复兴地方的、传统的具有民族特色的价值观念、制度建设、生活模式。"尤其是非当西方的地方和民族发现西方输出的价值观念和社会制度并不能有效地解决本地方、本民族问题时，对本土文化怀旧的、思乡的情绪就更加高涨。这种怀旧的、思乡的情绪有时极端化地表现为对本土文化的同质性、纯洁性的向往和追求，对外来文化、异质文化的排斥和抵制。"[1]近来比较显著的本土化倾向发生在伊拉克。在美国发动伊拉克战争之初，饱受萨达姆政权独裁之苦的伊拉克人民对以美国为首发

---

〔1〕 黄文艺：《全球结构与法律发展》，法律出版社 2006 年版，第 36 页。

动的伊拉克战争还是比较欢迎的。但是，当萨达姆政权被推翻后，伊拉克人民不但没有得到所谓的民主与和平，连日常生活的安宁也得不到保证。在这种情形下，时任美国总统布什访问伊拉克时当众遭鞋击，也就不难理解了。伊拉克战争后，崇尚极端形式的本土主义运动的伊斯兰原教旨主义运动，并没有被削弱的迹象，反而有强化的倾向。

（二）法律的全球化与本土化

对于法律全球化，不同学者具有不同认识。美国学者夏皮罗认为，法律全球化是指全世界生活在一套单一的法律规则之下的程度。[1]我国有学者认为，法律全球化是全球分散法律体系向全球法律一体化的运动或全球范围内的法律整合为一个法律体系的过程。[2]还有学者将法律全球化的基本标志和内容概括为三项：世界法律多样化；世界法律的一体化；全球治理的法治化。[3]法律全球化论通常认为，世界法律走向调和与统一，是不可阻挡的历史潮流，也是全球社会法律发展的趋势和规律。从现实情况来看，如果说法律全球化在冷战时期遥不可及，但在冷战早已终结、科学技术日益发展以及全球经济联系越来越紧密的情形下，法律全球化并非完全不可能。"制度文化层面的交融比较复杂，相对于物质层面来说有一定难度，交汇中碰撞较为明显。尤其是社会根本制度之间的相互对立、排斥。在冷战时期，由于意识形态的差异，东西方两种制度文化之间的交流更多地表现为冲突对抗。冷战结束后，意识形态因素在国际关系中的作用相对淡化。同时，在制度层面上，也有一些具体制度属于世界文明成果，或合乎经济发展规律的某些操作方法，可以交汇和被吸收。市场经济体制在全世界的普及是制度层面文化融合的一个典型范例。"[4]

其实，早在法律全球化之前，探寻人类共同法的努力就曾有过。"萨莱伊以文明人类共同法之名所探寻的正是这种自然法，而非永恒不变的自然法。"[5]在人类社会刚刚跨入 20 世纪的门槛时，法学家们就法律的共同化问题就曾商

---

〔1〕 M. Shapiro, *The Globalization of Law*, *Indiana Journal of Global Legal Studies*, Vol, 1, No1, 1993, p. 37.

〔2〕 参见周永坤："全球化与法学思维方式的革命"，载《法学》1999 年第 11 期，第 10~11 页。

〔3〕 参见黄文艺：《全球结构与法律发展》，法律出版社 2006 年版，第 19~26 页。

〔4〕 张骥、赵斌："经济全球化与文化交融"，载《外交学院学报》2002 年第 3 期，第 20 页。

〔5〕 ［日］大木雅夫：《比较法》，范愉译，法律出版社 2006 年版，第 53~54 页。

讨过。"1900 年，在世界博览会之际召开的国际代表大会上，比较法学者齐聚巴黎，设想建立一种以'文明国家'之共同原则为基础的'文明人类的共同法'；也就是在同一时期，中国的大法学家沈家本也在考虑中国法律与西方法律的融合问题。"〔1〕到了第二次世界大战之后，由于社会主义法和亚、非各国法纷纷登上历史舞台，并开始提出强烈的自我主张，此时对文明人类共同法的信赖与乐观气氛已经消失殆尽，共同法逐渐成为只遗留在梦的过度中的思考。〔2〕

全球化时代如何看待法律全球化呢？笔者认为，对于法律全球化，应当辩证地看待。那种试图建立类似于萨莱伊的文明人类共同法的主张，显然是不可能实现的。全球化时代，法律的趋同形式是多种多样的，不应该单纯地理解为法律规则的趋同化发展，实际上还包括法律价值、权力、习惯法、正义观念以及法律文化等。〔3〕全球化时代的法律趋同，更主要的是针对技术较强的法律部门而言的，不应该普遍化。在一些技术性较强的法律部门，如商法、知识产权法、所得税法、交通控制法、大气污染治理法、自然资源保护法等法律之中，法律被看作一种技术，轻松地跨越了政治边界，强化了全球范围内的趋同趋势。〔4〕但是，对于那些社会伦理、价值观念较强的法律部门，如刑法、宪法等来说，片面追求法律趋同并不可取。因为，这些法律部门包含着鲜明的本土资源，既有从本土历史上传承下来的、实际影响人们的行为观念以及在行为中体现出来的行为模式，也包括当前社会实践中已经形成或正在萌芽发展的各种正式、非正式的制度，如各种民间习惯、乡规民约等，外来的法律制度并不容易获得人们的接受和认可。〔5〕

众所周知，日本是一个擅长文化继受和移植的国家，在法律文化方面也不例外，近现代日本从来就没有中断过这方面的努力。那么，日本的法律继受与移植是不是想象中的那样，能轻易承继外来法律文化呢？答案是否定的。全球化时代法律的移植、继受，无论在什么国家都不是一个简单的概念，脱

〔1〕 ［法］米海依尔·戴尔玛斯-马蒂：《世界法的三个挑战》，罗结珍等译，法律出版社 2001 年版，第 3 页。

〔2〕 ［日］大木雅夫：《比较法》，范愉译，法律出版社 2006 年版，第 55 页。

〔3〕 参见程琥：《全球化与国家主权——比较分析》，清华大学出版社 2003 年版，第 145 页。

〔4〕 参见何勤华等：《法律移植论》，北京大学出版社 2008 年版，第 219~220 页。

〔5〕 参见何勤华等：《法律移植论》，北京大学出版社 2008 年版，第 241 页。

离一定的条件妄谈法律的继受和移植，是难以获得成功的。有学者通过对日本法律文化的继受与移植的历史过程及其中的功过，总结出外国法继受、移植的条件。"第一，外国法继受和移植常常需要以外部权力压力为契机。第二，以往的法律秩序基础崩溃，政治、经济、社会条件要求出现取代以往法律秩序的新法律秩序。第三，将要被继受或移植的法能够得到接受国规范意识的支持，并存在能够得到遵守的文化、伦理价值。第四，接受国通过法律继受使自国法律文明化。第五，将要被继受或移植的法律制度能够与接受国的法律传统维持整合性，具备纠正以往法律制度缺陷的合理的卓越性。第六，从法律、文化、宗教传统与教育水准的角度考察接受国国民是否具有适应异文化的国民性。"〔1〕这些有关法律文化继受和移植的条件，对我们应当具有重要的借鉴作用。

我国有着两千多年的道德伦理治国传统，封建时期的统治者不欢迎依法治国，普通百姓也惧怕、厌倦诉讼，法律实际上成为伦理道德的附庸。〔2〕中国法律文化的这种独特性，决定了我们不可能效法西方法制建设，而是必须考虑中国本土的政治、经济、文化、伦理、价值观念等背景因素。如果社会生活未发生与法律所确定的社会规范不相适应的冲突，就没有必要轻易进行法律变革。"为一国人民而制定的法律应该是非常适合于该国人民的；所以如果一个国家的法律竟能适合于另外一个国家的话，那只是非常凑巧的事。"〔3〕如果将一种异质法律注入原有稳定的社会生活中，这将打破人们在原有社会生活中所建立起来的合理预期。这种破坏人们惯常合理预期的变革力量，民众如果无法接受和适应，将会出现法律文化层面上的断裂，影响民众对法律的信仰。〔4〕因此，对于全球化时代的文化交流，应当秉着辩证扬弃的态度，对外来法律文化结合本国实际情况进行本土化改造，避免法律异化现象发生。"必须记住法律是特定民族的历史、文化、社会的价值与一般意识形态与观念的集中表现。任何两个国家的法律制度都不可能完全一样。法律是一种文化

---

〔1〕　华夏、赵立新、〔日〕真田芳宪：《日本的法律继受与法律文化变迁》，中国政法大学出版社2005年版，第35页。

〔2〕　田默迪：《东西方之间的法律哲学——吴经熊早期法律哲学思想之比较研究》，中国政法大学出版社2004年版，第90页。

〔3〕　〔法〕孟德斯鸠：《论法的精神》，张雁深译，商务印书馆1997年版，第6页。

〔4〕　参见杨安琪、陶红鉴："论法律移植过程中的本土化问题"，载《中南财经政法大学研究生学报》2006年第2期，第139页。

的表现形式，如果不经过某种本土化的过程，它便不可能轻易地从一种文化移植到另一种文化。"〔1〕

当前，对于广大法律工作者来说，首先要立足于本土实情，了解和掌握中国的政治、经济、文化、伦理、价值观念等背景因素的历史、现状和未来发展趋势，充分考虑特定区域的法律文化的特殊性与发展的独立性，总结经验得失，继承并发扬久经考验、具有中国特色的优秀法律文化，并使外来法律文化符合本土发展需要。"我们应当注意在研究中国的现实的基础上，总结中国人的经验，认真严格地贡献出中国的法学知识。"〔2〕如果不考虑本土国情，将在他国或者异民族行之有效的法律移植到本土，很可能适用时水土不服。毕竟，有些法律深深扎根于特定历史传统和时代背景，具有鲜明的民族个性，脱离原有的土壤后不易存活。因此，"不能仅满足于以西方的理论框架、概念、范畴和命题来研究中国，因为这样弄不好只会把中国人的经验装进西方的概念体系中，从而把对中国问题的研究变成一种文化殖民的工具"。〔3〕总之，"我们处于一个社会的巨大变革之中，我们不需要那么急迫地寻求自己的学术定位；我们有中国的现实和历史；而且又正在出现一批很有潜力的二十多岁的年轻人，这一切有可能使我们的学术本土化，包括法学的本土化，即形成中国的学科，提出中国的学术命题、范畴和术语，形成中国的学术流派"。〔4〕

第二节　犯罪论体系的本土化历程

刑法作为在社会生活中具有重大影响的法律部门，一举一动都备受人们关注。作为刑法理论中的核心组成部分和司法机关认定犯罪的主要理论依据的犯罪构成理论及其体系，在全球化时代同样面临巨大冲击。不管全球化对犯罪构成理论产生何种影响，也不管各国犯罪论体系研究出现何种新的潮流，至少有一点可以肯定：各国的犯罪构成理论体系研究，都是以本国的法律文

---

〔1〕　[美] 格伦顿、戈登、奥萨魁：《比较法律传统》，米健等译，中国政法大学出版社 1993 年版，第6～7页。

〔2〕　苏力：《法治及其本土资源》（修订版），中国政法大学出版社 2004 年版，第 229 页。

〔3〕　苏力：《法治及其本土资源》（修订版），中国政法大学出版社 2004 年版，第 229 页。

〔4〕　苏力：《法治及其本土资源》（修订版），中国政法大学出版社 2004 年版，第 231 页。

化、价值观念以及司法传统等为基点，在此基础上充分吸纳其他国家和民族优秀的理论模式，以便构建更为合理、科学、完善的理论体系。片面移植别人多彩绚丽的犯罪论体系，除了在特殊的历史环境中能够寻找到蛛丝马迹外，基本上是不可取的。否则，无异于缘木求鱼，无功而返。

一、国外犯罪论体系的本土化历程

（一）国外犯罪论体系的本土化

1. 犯罪论体系的本土化历程概述

（1）日本犯罪论体系的本土化历程。众所周知，日本近现代史上三次成功的法律移植：一是明治维新时期对法国法、德国法的移植，成为此后日本成文法的主要法律渊源；二是昭和时期（第二次世界大战后）对美国法的移植，主要是诉讼程序上的借鉴与吸纳；三是当代对欧美法和国际法的移植，重点是在本国已有法律的基础上加以辩证扬弃，吸收外来优秀的法律成果。通过三次成功的法律移植，形成了兼有大陆法系风格、英美法系风格以及日本某些固有法传统的混合型法制。就刑法来说，日本主要还是移植了德国法与法国法，明治政府在1889年颁布的宪法的基础上，于1890年至1898年期间又颁布了包括刑法和刑事诉讼法在内的五个基础法律。移植过来的法律是否适合于当时的日本社会呢？对此，日本学者川岛武宜有过精辟分析。"这样的历史背景中作成的诸法典，绝大部分在基本用语、观念、逻辑结构、思想等方面过分西化（当然，也有像民法的'家庭制度'，规定了在西欧近代法典里看不到的封建式家庭制度）。更具体地说，这些法典西化的原因，并非因为在当时一般国民生活里，普遍存在着西化法律的现实性或思想性基础。相反，不可否认，废止不平等条约这一政治目的需要用这些法典来做装潢。尽管当时的日本生活中广泛地遗留着与'近代'要素无缘、非常落后的一面，但读到那些法典，就好似当时的日本无异于当时最发达的资本主义国家。在这个意义上、也仅在这个意义上可以说，明治时期那壮大的法典体系与'鹿鸣馆'一样，是'文明开化'的日本的点缀，也是落后国家日本的点缀。当然，毫无疑问，法典起草者认为，从长远来看，随着日本的生活变化，这些法典会符合实情。可是，农村、山村、渔村中广泛地遗留着旧生活方式，对此政府不得不采取措施，使其得以留存。在当时情况下，这些法典最初开始实际上限制着国民生活。制定法典时，在多大程度上考虑到了这一点，是一个很大

的疑问。"〔1〕

进入 20 世纪以后，随着牧野英一、小野清一郎等在日本有着重大影响的刑法学者相继赴欧，欧洲大陆特别是德国的各种犯罪论体系相继被介绍到日本。如比克迈尔的区分犯罪的客观要素和主观要素的体系；李斯特的区分行为、违法性、责任及构成要件这四个要素的体系；科勒将犯罪构成要素四分为行为、构成要件符合性乃至侵害性、违法性和责任加以理解的体系；M. E. 迈尔承认构成要件符合性、违法性及责任这三个要素的体系；梅茨格尔使构成要件包含在不法之中并考虑行为、不法和责任这三个要件的体系；坎托罗维奇、拉德布鲁赫等的行为和行为人的二元犯罪论体系。〔2〕特别值得一提的是小野清一郎，他于 1919 年赴欧洲留学，先在巴黎学习一年，1920 年转入柏林大学，师从德国著名刑法学家贝林。"在德国，从 1905 年至 1920 年的 15 年间，刑法学界就对今日犯罪论中的几乎所有问题进行了研究，贝林的构成要件理论和犯罪论体系是对当时德国刑法学界研究成果的一个总结。恰在这个壮丽的体系完成时期，小野清一郎得以在德国留学，使他体验到一种发现宝岛的喜悦，也使他后来的研究向德国理论刑法学倾斜。"〔3〕小野清一郎回国后，对贝林的犯罪论体系加以辩证扬弃和改良，创立了违法有责类型说。这种犯罪论体系得到了团藤重光、大塚仁等日本当代著名刑法学者的支持，在日本成为多数说，小野清一郎也据此奠定了自己在日本刑法学界的地位，从而成为现代日本刑事古典学派的代表人物之一。

日本刑法学界有关犯罪论体系的研究，从来没有中断过对世界其他国家，特别是对德国的最新犯罪论研究的辩证扬弃。可以说，作为岛国的日本，自 20 世纪以来，在犯罪论体系研究领域一直就没有放弃过"全球化"的历程。他们主要师从以德国为首的欧洲大陆法系国家，并加以本土化改良。当前，日本有关犯罪论体系之代表性的见解有：①两要件体系。如日本学者大场茂马博士将犯罪成立要件区分为犯罪的客观要素和主观要素。主观要素包括

---

〔1〕 [日] 川岛武宜：《现代化与法》，申政武等译，中国政法大学出版社 2004 年版，第 131~132 页。

〔2〕 参见 [日] 大塚仁：《刑法概说（总则）》，冯军译，中国人民大学出版社 2003 年版，第 104~107 页。

〔3〕 李海东主编：《日本刑法学者》（上），中国法律出版社、日本国成文堂 1995 年版，第 127~128 页。

"行为是人""行为者有负担责任的能力"和"该行为应该由行为人负责"；客观要素包括"行为存在""该行为是违法的""该行为在刑法上有作为犯罪科以处罚的规定"。这些要素还可以分为中心要素和附加要素，作为中介要素的责任则负责将这两个要素结合起来。[1]两要件体系显然出自比克迈尔的区分犯罪的客观要素和主观要素的体系。②三要件体系。该体系有几种不同见解。如有学者主张构成要件符合性、违法性及责任三个要素，如小野清一郎。[2]也有学者将构成要件包含在不法之中，认为犯罪成立包括行为、不法和责任三个要件。如日本学者野村稔认为，犯罪是违法有责的行为，犯罪论在体系上应当由行为论、违法论和责任论三大部分组成。[3]三要件体系则源自 M. E. 迈尔承认构成要件符合性、违法性及责任这三个要素的体系和贝林体系。③四要件体系。如有学者将犯罪成立要件区分行为、违法性、责任和构成要件四个要素，源自德国的李斯特以及贝林。如根据李斯特的立场，犯罪的标志可分为"作为行为的犯罪""作为违法行为的犯罪""作为有责行为的犯罪""作为可罚性不法的犯罪"，根据贝林体系区分"行为""行为的违法性""行为的有责性"和"犯罪类型及其刑法上的意义"。日本学者铃木茂嗣就支持该体系。[4]也有学者将犯罪构成要素四分为行为、构成要件符合性乃至侵害性、违法性和责任的体系。如泷川幸辰将犯罪构成要件划分为行为、构成要件、违法和责任。[5]四要件体系主要源自科勒、李斯特等人的体系。

　　总之，日本犯罪论体系主要师从欧洲大陆国家，特别是德国的相关理论，这主要得益于日本源远流长的德国法和法国法的情结。自 20 世纪以来，日本从来没有中断过对欧洲国家先进、成熟的犯罪论体系的介绍、引进，从某种程度上讲，将此视为其犯罪论体系全球化的一种表现，并非全无道理。

　　（2）意大利犯罪论体系的本土化历程。根据杜里奥·帕多瓦尼的总结，意大利代表性的犯罪构成理论主要有以下几种：古典的二分理论、三分的犯

---

〔1〕　参见李海东主编：《日本刑事法学者》（上），中国法律出版社、日本成文堂 1995 年版，第 45~46 页。

〔2〕　参见［日］小野清一郎：《犯罪构成要件理论》，王泰译，中国人民公安大学出版社 2004 年版。

〔3〕　参见［日］野村稔：《刑法总论》，全理其、何力译，法律出版社 2001 年版。

〔4〕　参见［日］大塚仁：《刑法概说（总则）》，冯军译，中国人民大学出版社 2003 年版，第 105 页。

〔5〕　参见［日］泷川幸辰：《犯罪论序说》，王泰译，法律出版社 2005 年版。

罪理论、新的二要件论以及犯罪构成多样说。

早在 18 世纪，意大利的古典大师们就根据自然法理论创建了古典的二分理论。他们认为，犯罪由客观方面和主观方面组成。前者即主体的行为，而其客观方面表现为犯罪造成的危害结果；后者指行为人的意志，其客观方面表现为犯罪造成"精神损害"。在这种"力"的二分模式中，犯罪的本体性因素与评价性因素结合成一个整体。[1]在二分的犯罪理论之后，德国刑法学界在 20 世纪初提出了"三分的犯罪理论"，并于 20 世纪 30 年代传入意大利。在这种理论中，犯罪被分为三个基本的构成因素：犯罪事实、客观的违法性与罪过。犯罪事实即典型事实，指符合犯罪规范所描述的行为模型的具体事实；客观违法性指从满足整个法律制度的客观需要的角度，对典型事实所作的非个人的"违法性"评价；罪过指行为主观方面的应受谴责性，要求查明行为人在没有正当化理由的情况下实施的具有客观违法性的典型事实，是否可以行为人"认识能力与控制能力"、行为人与典型事实之间的心理联系以及影响行为人意志形成的条件为根据，作出归咎于行为人的判断。古典理论将犯罪视为自在自为的，与法律的实际规定无关的理性实体，而三分理论则完全将自己的出发点建立在现行法律制度之上，两者出发点存在明显不同。另外，意大利的三分理论虽然源于德国，但是也作了一些改造，如将违法性限制为"客观违法性"等。[2]该体系获得许多学者的赞成。

与三分的犯罪理论不同的是，新的二要件论认为客观违法性不是一个独立的犯罪成立条件，只是一个纯粹的否定因素，即行为不具备正当化理由，对这种否定性因素没有理由给予特别强调。因此，新的二要件论肯定犯罪成立包括有客观方面和主观方面两个要件，只是犯罪的客观方面包括肯定与否定两种因素。这里所谓"肯定的因素"，是指犯罪成立必不可少的因素，包括刑法规定的行为、结果和因果关系等；"否定的因素"，则指犯罪成立必不能有的因素，即不存在正当防卫等从客观方面否定犯罪成立的正当化事由。[3]

犯罪构成多样说则是另一种由三分的理论发展起来的学说，在方法论上

---

〔1〕 参见［意］杜里奥·帕多瓦尼：《意大利刑法学原理》（注评版），陈忠林译评，中国人民大学出版社 2004 年版，第 92~93 页。

〔2〕 参见［意］杜里奥·帕多瓦尼：《意大利刑法学原理》（注评版），陈忠林译评，中国人民大学出版社 2004 年版，第 93~95 页。

〔3〕 陈忠林：《意大利刑法纲要》，中国人民大学出版社 1999 年版，第 156 页。

与三分的理论并无原则分歧，但不同意对所有的犯罪都毫无差别地适用同一种犯罪构成理论进行分析。这种理论认为，对行为的违法性与罪过的评价只能根据具体的规定来进行，故以作为方式实施的犯罪规范不能混同于以不作为方式实施的犯罪规范，故意犯罪的构成要件也应有别于过失犯罪的构成要件。[1]

（3）法国犯罪论体系的本土化历程。在法国历史以及那些重大事件中，除一些革命、公共的改良之外，人们总能看到带有一些普遍性的思想与相应的学说。智力活动与实践才干、思考和应用的这种双重性，在法国历史上的一切巨大事件和法国社会一切大的阶级里都留下了烙印，赋予它们在其他地方所看不到的面貌。[2]法国的犯罪论体系发展，如同其历史、文化所具有的延续性与普遍性一样，没有中断过，形成了具有独特个性的理论体系。在渊源上，法国犯罪构成理论与德、日等国犯罪构成理论并无不同，只是到了19世纪后，在概念和称呼上出现分歧。德国学者沿袭 Tatbestand（构成要件），对构成要件理论加以大力发展，成为独特的阶层性犯罪论体系，并为日本继承。法国并没有对构成要件理论加以大力改造，而是保留古典学派犯罪论体系的特色，从而形成不同于德、日等国的犯罪论体系。

法国犯罪构成要件有二，即犯罪的特有构成要件和责任要件。犯罪的特有构成要件包括事实要件和心理要件。事实要件是指刑法规定的表现犯罪意图或刑事罪过的事实或行为，而不是行为的结果。[3]事实要件主要区分非事实的单纯的思想活动与犯罪意图，保证刑法不惩治对客观事物不能造成危害的思想意图。只有当犯罪思想、意图或者决定通过某种行为或者事实从外部表现出来时，刑法始予惩处。责任要件指应负刑事责任的主体要件和应负刑事责任的原因。法国传统观念认为，犯罪人这一概念与犯罪概念紧密相连，只有实施了犯罪的人，才能成为犯罪人。由于犯罪要求具备心理要件，所以既没有意志也没有才智的物或动物，不可能成为犯罪的积极主体。人只能指

---

[1] 参见［意］杜里奥·帕多瓦尼：《意大利刑法学原理》（注评版），陈忠林译评，中国人民大学出版社2004年版，第95~96页。

[2] 参见［法］基佐：《法国文明史》（第1卷），沅芷、伊信译，商务印书馆1993年版，第10页以下。

[3] 参见［法］卡斯东·斯特法尼等：《法国刑法总论精义》，罗结珍译，中国政法大学出版社1998年版，第214页。

自然人，法律规定法人可以成为犯罪主体除外。[1]对于不负刑事责任的原因，具体包括不负刑事责任的客观原因、不负刑事责任的主观原因和某些犯罪人的刑事责任的特殊规则。不负刑事责任的客观原因即具有证明效力的事实，指在存在具有证明效力事实的情况下，犯罪人的刑事责任并不消失，而是依据实施行为时的特别情形，对法律条文的有关规定不予适用。具体包括三种情形：一是以有法律命令或合法当局的指挥作为行为合法的证明，包括法律命令、合法当局的指挥两种情形；二是以有法律允许作为行为合法的证明，主要包括正当防卫、紧急避险两种情形；三是受害人同意。不负刑事责任的主观原因指精神错乱、不可抗力引起的不负刑事责任的情形。具体包括：一是"精神紊乱"或"神经—精神紊乱"，即完全不能辨别或控制自己行为的人。二是强制，指在不可抗拒之力量或者不可抗拒之强制力下实施行为的人。三是刑法上的认识错误，包括行为人在法律上的认识错误与事实上的认识错误。对于法律上的认识错误，法国理论界坚持不得以"不知法"为由免除刑事责任，但对不可排除的对法律的认识错误不负刑事责任。某些犯罪人的刑事责任的特殊规则，乃根据不同人的性别、年龄情形设定刑事责任，主要不负刑事责任的人乃不满 13 周岁的未成年人。[2]

在法国，由于责任要件由法律予以明确规定，故又可称为法律要件。[3]如果把负刑事责任的主体情况作为一种当然的事实，没有必要予以特别考虑的话，那么所谓的责任要件实质上类似于英美法系刑法中的责任充足要件，其内容不是通过肯定形式体现的，而是通过否定的、排斥的形式使犯罪成立。犯罪的认定过程，首先是从犯罪的特有构成要件开始，只有在符合这一前提条件的情形下，才可能进入下一个环节，即责任要件的判断。通过犯罪的特有构成要件的肯定，再到不负刑事责任情形的否定，最终完成对行为构成犯罪的评价。从这一角度来看，法国现行刑法规定的犯罪构成体系是具有一定的阶层性的。法国学界对犯罪论体系的构建虽然存在不同观点，但分歧并不大。

---

〔1〕 参见［法］卡斯东·斯特法尼等：《法国刑法总论精义》，罗结珍译，中国政法大学出版社1998 年版，第 278 页。

〔2〕 ［法］卡斯东·斯特法尼等：《法国刑法总论精义》，罗结珍译，中国政法大学出版社 1998年版，第 344~375 页。

〔3〕 有学者因此认为，法国的犯罪构成要件有三，即事实要件、心理要件和法律要件。

（4）苏俄犯罪论体系的本土化。如前所述，十月革命之前，沙皇俄国已经涌现了塔甘采夫、斯巴索维奇、基斯佳科夫斯基等一大批著名刑事法理论工作者，他们立足于费尔巴哈理论体系，尝试构建自己独特的犯罪构成理论体系，开创了平面的犯罪构成理论体系的先河。虽然说20世纪初，俄国不少学者留学德国，但他们并非有些学者所说的那样完全照搬德国犯罪论体系到俄国，而是立足于本国传统，对德国犯罪构成理论进行了辩证扬弃。虽然说特拉伊宁理论体系也有意识形态影响的成分在内，但这充其量只表现在横向区别于当时的资产阶级德国而已，如果就纵向与沙皇俄国的刑法理论比较来看，存在明显的承继迹象是不言而喻的。由此来看，完全认为特拉伊宁创立的犯罪构成理论是出于意识形态因素，未必确切。通过分析不难发现，特拉伊宁的犯罪构成理论一方面保留了塔甘采夫、基斯佳科夫斯基等人的平面性质，另一方面在内容和架构上又有所创新，是在立足本国实情的基础上，辩证吸收他国理论的可取之处的结果，这与各国犯罪论的发展历程并无实质不同。

（5）英美法系国家的犯罪论体系的本土化。受不成文法影响，英美法系犯罪理论研究相对薄弱，这并不等于他们没有犯罪论体系。以美国为例，刑法学者 Richard G. Singer 和 John Q. Fond 在美国法学院教材《刑法》中，将犯罪构成要件划分为：犯罪行为、犯罪意图、错误、严格责任、因果关系、缺乏辩护理由等。[1]罗伯特则认为一个行为当具备了以下七个要素时才能被认为成立犯罪：危害、合法性、行为、罪过、因果关系、一致性、刑罚。[2]与前述列举的要件不同的是，也有学者主张认为犯罪包括两大要件：犯罪的本体要件和责任充足要件。如胡萨克在《刑法哲学》一书中认为，犯罪构成要件包括犯罪的客观要件、犯罪的主观要件和实体辩护缺失。[3]罗宾逊则在《刑法的结构与功能》一书中，认为犯罪构成要件包括犯罪要件与一般辩护理由缺失。[4]总的来看，虽然英美法系国家也有自己的犯罪论体系，但远远谈

---

〔1〕 See Richard G. Singer, John Q. Fond, *Criminal Law*: *Examples and Explanations*, Second Edition, Aspen Pulishers, ING. , Gaithersburg, Maryland.

〔2〕 See Robert M. , Bohm Keith N. Haley, *Introduction to Criminal Justice*, Glencoe Mcgraw – Hill, pp. 26~32.

〔3〕 参见［美］道格拉斯·N. 胡萨克:《刑法哲学》，谢望原等译，中国人民公安大学出版社2004年版。

〔4〕 参见［美］保罗·H. 罗宾逊:《刑法的结构与功能》，何秉松、王桂萍译，中国民主法制出版社2005年版。

不上完善、成熟，与大陆法系国家相关理论体系难以媲美。

近年来制定法越来越多，学者们对犯罪构成理论的研究也不断发展，特别是加大了对大陆法系刑法理论的研究力度，使得犯罪构成理论研究不断得以深入。其中，以美国哥伦比亚大学教授乔治·弗莱彻最具代表性。弗莱彻在其《反思刑法》一书中，按照成文法系国家常有的惯例，分别对刑法总则和刑法分则的个罪进行了反思。在该书中，弗莱彻不但论述了行为、意图、违法和归责的概念，还对犯罪论中的主观与客观、违法的结构以及责任理论进行了系统的论述。[1]

目前，英美法系国家多数学者对犯罪构成采取两要件说（我国学者归纳为双层次模式），即认为犯罪成立包括犯罪要件与责任要件。[2]犯罪要件又称犯罪本体要件，包括犯罪行为和犯罪意图。犯罪行为广义上指除犯罪心态以外的一切犯罪要件，包括犯罪行为、犯罪结果和犯罪情节等。狭义上的犯罪行为指有意识的行为，它由行为（act）和意识（voluntariness）构成。"actus"一词意味着一种"行为"，是人类行动的有形结果。当刑事政策把某种行为视为十分有害时，就对之加以禁止并通过对违反它的人施以刑罚的方式来防止它的出现。长期以来，法学家们惯用"actus reus"一词来描述这类法律禁止的行为。因此，actus reus 可以定义为法律力求防止的、本身包含着危害结果的人类行为。[3]犯罪意图（mens rea），又称为犯罪心理（guilty mind），是英美法系犯罪构成的主观要件。在美国刑法中，犯罪意图包括蓄意（mention）、明知（knowingly）、轻率（recklessly）和疏忽（negligence）。犯罪意图的内容指行为人对于犯罪行为的一种心理状态。英国学者认为，犯罪意图是指在被指控的犯罪定义中有明示或默示规定所要求的那种心理状态，在不同的犯罪中是不同的，一般有故意、放任和明知故犯。过失也是一种典型的心理状态。[4]责任要件亦称辩护理由缺失，亦即缺乏免除责任的情形，如未成年、精神病、错误、醉态、胁迫或者强制、警察圈套、安乐死、紧急避险和正当防卫等。

---

〔1〕 参见［美］乔治·弗莱彻：《反思刑法》，邓子滨译，华夏出版社 2008 年版。

〔2〕 参见储槐植：《美国刑法》，北京大学出版社 1996 年版，第 47 页以下。

〔3〕 参见［英］J. W. 塞西尔·特纳：《肯尼刑法原理》，王国庆、李启家等译，华夏出版社1989 年版，第 18 页。

〔4〕 参见［英］鲁珀特·克罗斯、菲利普·A. 琼斯：《英国刑法导论》，赵秉志等译，中国人民大学出版社 1991 年版，第 40 页。

如果行为人能够证明自己是未成年、精神病，或受到胁迫或者强制，或误入警察圈套，或属于紧急避险和正当防卫等，不负刑事责任。[1]

2. 小结

从上述诸国的犯罪论体系的本土化历程来看，各自呈现不同的特征。日本的犯罪论体系基本移植德国并适当改良而成，虽然其中也存在与本土文化和民族习俗等相冲突的地方，但并没有构成决定性的妨碍。这与日本一直以来善于借鉴、移植他国先进文化有着密切关系，多少冲淡了本土文化和民族因素对外来文化的影响，使后者能够从容地在日本本土生根发芽。德意志民族作为一个勤于思考、精于分析推理的民族，他们讲理性、守纪律，办事严谨认真、一丝不苟，崇尚自强不息、精益求精、永不满足，使得德国在犯罪论体系构建上从来就不乏新颖和创造。可以说，自费尔巴哈以来，德国的犯罪论体系就锁定了本土理论原创化的道路。时至今日，德国犯罪论体系百花齐放、百家争鸣，基本上立足于本土文化与思维观念，走的都是原创之路。法国具有独树一帜的风格和大国气质，与法兰西民族标新立异、个性鲜明、浪漫热情的民族性格不无关系。历史上，法国在政治经济文化等各方面从来不缺乏优秀出色的人物和典范，为人类社会发展留下了许多极其宝贵的文化财富。热情、奔放、勇于进取、富于创造的法兰西民族，当然不会醉心于德国等邻国的文化、精神财富。可以说，自古典学派以来，法国的犯罪论体系始终保留本土理论原创化的特色，至今依然如故。意大利处于地中海之滨，文明发展源远流长，在历史上创造了一系列光辉灿烂的文化财富。意大利人的性格开朗、热情、浪漫，喜欢结交朋友，具有很强的创造性，对外来文化也注意辩证扬弃，取长补短。自古典学派以来，意大利的犯罪论体系在保留本土理论特色的同时，并没有忘记吸纳其他国家（如德国等）的优秀成果，走的是一条外来理论本土特色化的道路。至于英美法系国家，由于属于不成文法系，对其犯罪论体系本土化不便置评。不过，有一点必须肯定，他们是实践的，不擅长理论。以英国人为例，他们大概是世上最保守、最尊重传统的民族，从议会到大学的所有典礼，都严格按照中世纪传下来的那套进行。同时，英国人思想极度活跃，富有创造性。这就不难理解，为什么英国认定犯罪还保留中世纪的诉讼性质，程序要件在犯罪构成中具有重要作用。

---

[1]　参见彭文华：《犯罪构成范畴论》，中国人民公安大学出版社 2009 年版，第 189~190 页。

对于英、德、意、法等国犯罪论体系同宗却又存在差异的深层次缘由，或许法国著名历史学家基佐的分析更令我们深思。基佐在分析欧美各国文明史时指出，在英国，社会的发展比起人性的发展更为广泛、更为辉煌。在那里，社会的利益和社会的实际情况要比一般的思想占有更显著的位置，发挥更大的力量。无论你从什么观点来考察这种文明，你总会在它身上看到这种基本是实际的和社会的性质。在英国，到处占压倒优势的是功利和实用的原则，这便是它的文明的面貌和力量。在德国，智力的发展总是超越社会的发展，人的精神在那里比人的状况要繁荣得多。没有人不知道，近50年来的德国的精神活动是怎么一种情况：在哲学、历史、文学、诗歌等一切领域里它都进展得非常快。英国文化的特征是到处出现实际的天才，而纯粹的智力活动则是德国文明的象征。在意大利，基本上找不到英、德两种性质的文明。意大利文明既不像英国那样基本上是实践的，又不像德国那样几乎完全是思辨的；个人智力的巨大发展，社会技巧和活动力这些东西在意大利并不缺乏；个人和社会在那里都表现得很辉煌；意大利人在纯科学、艺术、哲学方面，也像在事物的实践和生活方面一样，是卓越和擅长的。可是它缺少对真理的信心，这就是15世纪及其后的意大利文明的弱点所在，也使得它的思辨的天才和有实际能力的人往往给人以某种思想贫乏的印象。在法国，精神的发展和社会的发展彼此从未消失过。法国历史上的那些重大事件，除一些革命、公共的改良之外，人们总能看到一些带有普遍性的思想与相应的学说。智力活动与实践才干、思考和应用的这种双重性在法国历史上的一切巨大事件和法国社会一切大的阶级里都留下了烙印，赋予它们以我们在其他方面所看不到的面貌。[1]确实，从基佐关于四国不同文明发展的阐述中，我们似乎能够感觉到它们的犯罪构成理论同宗不同流的内在原因。

（二）各国犯罪论体系本土化的经验总结

当历史的车轮前进到21世纪的今天，人们的思维方式、生存手段、生命状态等无不处于全球化的背景下、全球化的语境里、全球化的进程中。[2]在这种情形下，面对外来优秀研究成果，如何充实、完善本国的犯罪论体系，

---

［1］ 参见［法］基佐：《法国文明史》（第1卷），沅芷、伊信译，商务印书馆1993年版，第10~16页。

［2］ 参见张策华：《全球化进程中法律文化的同构与异质》，中国矿业大学出版社2005年版，第1页。

构建一种科学的理论体系，是各国刑法学者需要面对的一大课题。当前，西方各国刑法学者仍然在为创建何种犯罪论体系孜孜以求，谁也无法肯定何种理论体系才是最佳选择。"21 世纪的社会如前所述与第二次世界大战刚结束的社会具有明显不同的特征。20 世纪末苏联解体，电脑网络社会或危险社会、环境社会的来临，都要求新的社会秩序，淘汰作为 19 世纪残余的一国主义、经济优先主义和无限制的自由主义。应对犯罪的方法也被要求有新的构想。然而，在这个时代里，到底什么样的犯罪论更为合适，现在谁也无法回答。"〔1〕但是，从上述诸国的犯罪论体系研究历程中，我们可以发现，各国在发展、完善本国犯罪论体系时，既不是固守本土僵化模式，也不是一味移植他国成果。虽然说各国学者对本国犯罪论体系构建具有各自的独特理解，但在辩证发展本国犯罪论体系的过程中，他们又有许多共通之处。

1. 立足本民族文化思维模式是构建科学的犯罪论体系的前提和基础

全球化时代可以跨越时空进行文化交融，但要割断沉积和延续数百、数千年的文化脐带是不可能的，因为这些传统的文化、价值观念等已经与特定的国家或民族的实情融为一体。"从 11 世纪后期到 12 世纪起，除了革命变革的某些时期，西方的法律制度持续发展到数代和数世纪之久，每一代都在前代的基础上有意识地进行建设；这种持续发展的自觉过程被认为是一个有机发展的过程。"〔2〕

在所有法律部门中，刑法应该是与国家或民族的社会生活、价值观念、风俗习惯、民族精神、文化传统等联系最为紧密的法律部门之一。纵观一个国家或民族的法律发达史，可以发现早期的法律都是作为社会伦理规范的替补形式出现的，是一个国家社会伦理及价值观念在制度上的现实反映。例如，杀人、盗窃、强奸、抢劫等犯罪，既是一种触犯刑法的行为，更是一种严重违反社会伦理和道德情感的行为。正是基于这一点，加罗法洛才提出犯罪不完全是一种法律概念。"立法者并未创造这个词，而是从大众词汇中借用来的。他们甚至没有给出他的定义，所做的一切就是对某些行为进行归类并将它们称为犯罪。这就是为什么在某个相同时期且常常在同一国家的范围内，

---

〔1〕　［日］山中敬一："刑法中犯罪论的现代意义"，武汉大学法学院讲演，2009 年 5 月 18 日。

〔2〕　［美］哈罗德·J. 伯尔曼：《法律与革命——西方法律传统的形成》，贺卫方等译，中国大百科全书出版社 1993 年版，第 6 页。

我们会发现某种行为在这里以犯罪对待而在那里却根本不予处罚。"〔1〕他通过对犯罪所侵犯的一个国家或者民族的道德情感加以分析,提出了自然犯罪概念。不管加罗法洛提出的自然犯罪概念是否合理,至少说明一点:犯罪与一个国家或者民族的社会伦理、道德情感是密不可分的。因此,一个国家建立何种犯罪论体系,不可能脱离该国或者本民族的哲理思维、价值观念、文化传统等民族意识形态。我们从各国犯罪构成理论的发展历程中,可以发现本民族文化思维模式在其中的基础性地位。

如前所述,德国的犯罪论体系研究经历了古典犯罪论体系、新古典犯罪论体系、目的性行为理论三个阶段。就目的论犯罪论体系来说,也有新古典学说合目的性学说的犯罪论体系、目的理性的(功能性的)犯罪论体系以及目的论和刑事政策性的犯罪论体系之分(罗克辛体系)。当代德国,占主导地位的犯罪论体系是目的论体系,有学者甚至认为无目的地确定责任是值得怀疑的。"如果应该真正地对待责任的话,就必须提出这样一个限定的责任理论和均衡性理论都缺乏的根据:正是责任与目的的联系给刑罚分量提供了本质意义。它涉及引起刑罚的归属和归属的分量。"〔2〕其思想源流依旧是自然科学实证主义,主张通过严密的逻辑分析和形式推理来构建犯罪论体系,依旧是目的法学的主题。"耶林的目的法学——认为构成法的成立和发展的决定性因素是为历史演变中生成的现代社会实际目的服务的注释学派——认为成文法尤其是议会通过的法律是绝对性的,而其他的皆予以排斥,主张通过对条文进行严密的形式逻辑推理来探索立法者意图是法注释的任务。"〔3〕无论哪种犯罪论体系,都没有脱离自身的生存根基,尽管它们都在不断吸收外来的优秀成果。"尽管有各种辩证的方向性变化,这些观点仍然处在一条连续发展的路线上:在从自然主义直到今天,在所有内容上的变化方面,各种基础的范畴都保持了自身的性质,并且,各种'体系时代'在继续发展、修改或者离开自身反映的对象时,都作出了走在时代前列的努力。这里更深刻的原因在于,人们如果想要理解当前的讨论状况,就必须认识世界更替以来刑法体系性思想

---

〔1〕 [意]加罗法洛:《犯罪学》,耿伟等译,中国大百科全书出版社 1996 年版,第 19~20 页。

〔2〕 [德]格吕恩特·雅科布斯:《行为·责任·刑法——机能性描述》,冯军译,中国政法大学出版社 1997 年版,第 6 页。

〔3〕 [日]西原春夫:《刑法的根基与哲学》,顾肖荣等译,法律出版社 2004 年版,第 35 页。

的发展。"〔1〕今天的德国，不仅刑法学科没有脱离本土民族信念和民族意识而走向殊途，几乎所有的人文社会科学都在反思重拾本土的文化传统、价值观念，以期真实反映本民族的民族信念与民族意识。"为了确保法律之为民族信念与民族意识的真实映像，成为适合民族生活状况，造福人世生活的人间规则，必须首先考察民族的现实生活，并在对于往日民族生活的历史考察中，今古观照，厘清一切立法之得立基的生命源泉所在。事实上，在当今的德国，整个学术领域正在从事这一宏伟的'田野调查'。不仅在法的历史研究中，而且，在民歌、民间童话、民间话本、民间习俗以及语言、诗歌和宗教等等一切领域的研究中，民族意识均如沛然春水般涌流。而在民族生活本身尚未整合成形，这一切心智努力益且未见成效之时即贸然立法，其法根基必然浅薄，等而下之者，甚至与民族生活两相忤逆，新法颁行之日，必是对生活本身的摧残之时，'国族的统一与团结'云乎哉！"

对于日本，我国学者了解更多的是对包括犯罪论体系在内的西方法治的移植，乃至于忽视了这种移植是否能成为法治建设成功的例证。一方面，这种移植并非想象的那么纯粹。中国人通常认为，日本社会深受华人文化和儒家思想影响，古代日本对唐律的移植就是很好的说明。这种理解多少有些一厢情愿。日本学者大木雅夫认为，"与律令相比，武士法对日本人法观念的形成所起的作用更大"。〔2〕日本武士法以处罚法规为基础，具有较律令和御书更尊崇的地位，它有着抑制恣意审判和处分的一贯性，带来了法制原理——法律面前平等的价值观念，并在镰仓幕府时代得到显著发展的司法制度的支持。〔3〕因此，明治以前的日本法与中国法并非一回事，其所蕴含的法治观念以及培养出来的日本民间法意识。"尤其是日本法史也走进了这个误区，可以说除少数专家之外的日本法学者，甚至把外国法继受之前的固有法都几乎忘到九霄云外了。甚至完全忘记或忽视了远远早于继受成功的法和权利意识的高潮。难道不应该说，承认文化的发展具有连续性的同时，却又在

---

〔1〕　[德] 克劳斯·罗克辛：《德国刑法学　总论》（第1卷），王世洲译，法律出版社2005年版，第126页。

〔2〕　[日] 大木雅夫：《东西方的法观念比较》，华夏、战宪斌译，北京大学出版社2004年版，第104页。

〔3〕　[日] 大木雅夫：《东西方的法观念比较》，华夏、战宪斌译，北京大学出版社2004年版，第104~108页。

讨论日本法律文化时认为可以忽视日本固有法的奇妙的习性，使我们之间的通说采取了一个被严重扭曲的形式吗？"〔1〕另一方面，明治以后的法律移植并非完全适合日本本土的法治需求，而是存在着众多与日本民族观念和民族意识并不合拍的内容，甚至导致日本社会出现了"纸面上的法律"与"行动上的法律"之别。"在近现代日本社会，除去由国家权力制定的西洋化的文字上的法律之外，还存在着受传统法律观念、传统法律意识所支配的现实生活中备受重视的行为规范——'活的法'。写在纸面上的法与人们观念意识中的'活的法'共存互动，形成了日本法的双重结构。"〔2〕"故而，在成为日本近代化杠杆、又是近代化的象征或招牌的西洋式法体制下，传统的法意识扭曲了它的现实的机能，产生了'纸面上的法律'与'行动上的法律'之分歧的日本式形态。"〔3〕这种情形即使在全球化时代的今天，也并没有得到彻底的改变。"即使赖以生存的社会基础或背景发生了变化，曾一度在人们的心中生根的意识——观念、思想、感情——也继续抵抗着上述变化。因此，尽管发生了令世界瞩目的激烈的经济、政治及社会生活的近代化——传统法意识仍根深蒂固地生存于国民中间。"〔4〕"更为重要的是，尽管法学家们根据继受来的法学理论孜孜不倦地著书立说，并将其传授给法学院的学生们，法院也严格地适用西洋化的法律，但是，大多数民众却在很大程度上仍然受到'活的法'的主宰，遵循千百年形成的社会规范去生活，去处理各种各样的社会关系。"〔5〕今天的日本犯罪论体系，虽然主要源自德国等欧洲大陆法系国家，但谁又能够肯定其完全脱离了本国的法律意识与文化传统，乃至于是一种纯粹照搬、简单移植的结果呢？另外，日本众多的犯罪论体系，多少也给日本刑法学界带来了扑朔迷离的感觉，是否适应日本本土价值观念与司法实践的需要，还有待考证。可以肯定的是，日本犯罪论体系的构建并没有完全脱离本

---

〔1〕 ［日］大木雅夫：《东西方的法观念比较》，华夏、战宪斌译，北京大学出版社 2004 年版，第 141 页。

〔2〕 华夏、赵立新、［日］真田芳宪：《日本的法律继受与法律文化变迁》，中国政法大学出版社 2005 年版，第 8 页。

〔3〕 ［日］川岛武宜：《现代化与法》，申政武等译，中国政法大学出版社 2004 年版，第 205 ~ 206 页。

〔4〕 ［日］川岛武宜：《现代化与法》，申政武等译，中国政法大学出版社 2004 年版，第 205 页。

〔5〕 华夏、赵立新、［日］真田芳宪：《日本的法律继受与法律文化变迁》，中国政法大学出版社 2005 年版，第 8 页。

土法律文化和价值观念。除早期对欧洲大陆国家法律的引进具有强烈的移植色彩之外，日本在多数时间里将引进的犯罪论体系加以本土化改良，形成了欧化特色和本土特色相结合的混合理论体系。"如同继受了西洋文化的日本人并没有因此而变成西洋人一样，承载着个别文化价值的日本法即使可以称为西洋化的法，但从其所承担的社会功能的角度来看，绝未演变成为西洋法。不清楚这一点，就不可能对日本法有一个深刻的理解，也不可能对日本法的特性做出准确的判断。"[1]

在意大利，刑法学界有关犯罪构成理论的各种体系，体现了一定的层次性和逻辑性。以三分的理论体系为例，从犯罪事实的判断开始，到客观的违法性判断，再到罪过的判断，层次鲜明，顺序严明。只不过，各要件之间的关系仍然保留着古典学派的风格，独立性是主要的，相互之间不存在德、日犯罪论体系中的那种特殊的推定关系。更难能可贵的是，自从古典大师们根据自然法理论开创了具有现代意义的犯罪论体系以来，意大利的犯罪论体系研究基本沿着这一主线进行。虽然意大利国内也有对德国、法国等国的犯罪论体系的研究，但充其量只是引进某种理论加以本土化改良，时至今日依然如此。

至于法国，在刑法学研究历程中先后诞生多个犯罪论体系，既有一元的犯罪论体系，也有二元的犯罪论体系。"法国犯罪理论体系的历史表明，法国先后诞生了7个有代表性的犯罪论体系。其中，既有二元论体系，也有一元论体系。而且，任何时候，这两种体系都不乏其拥护者，只不过是有多少之分而已。拥护者的多少，决定了该体系在刑法理论上的地位及影响力，当然也决定该体系对立法和司法实践的影响程度。"[2]1994年3月1日，法国《新刑法典》生效，该法典确立了二元论犯罪论体系模式，从而使相应理论在法国有了法律依据，并取得支配性地位。不过，这并非意味着法国的其他犯罪论体系即告消失，理论的多元化在法国依旧存在。"尽管由于1994年法国《新刑法典》的颁布与施行，确立了二元论犯罪论体系在当代法国的传统地位，但是，并不意味着当代法国犯罪论体系的一元论体系已不复存在。两种

---

〔1〕 华夏、赵立新、〔日〕真田芳宪：《日本的法律继受与法律文化变迁》，中国政法大学出版社2005年版，第8~9页。

〔2〕 中国政法大学："犯罪论体系"，全球化时代的刑法理论新体系国际研讨会文件之二，2007年10月，第264页。

体系并存，也是法国犯罪论体系多样性的一种表现。"〔1〕可见，法国犯罪论体系的研究深受古典学派理论影响，并一直沿袭至今。

不难看出，在意大利和法国的刑事法律发展史中，更多时间里它们扮演的是输出先进的刑法思想和刑法典的角色。例如，贝卡里亚系统地提出罪刑法定主义思想，孟德斯鸠加以完善、充实，发展为成熟的理论，并在全世界兴起罪刑法定主义风潮。而《十二铜表法》和19世纪初的《法国刑法典》，无疑对欧洲大陆以及世界诸国的刑法典的创制产生过深远影响。"意大利法学对于德国、法国和日本等大陆法系国家的刑法具有决定性的影响。《洛林纳刑法典》就是在意大利法学的影响下制定的。"〔2〕意大利、法国的刑法理念在滋润、哺育欧洲大陆以及世界其他国家的刑事法律文化的同时，自身却总是永葆本色，这不能不说是一大别致景象。总之，无论意大利还是法国，犯罪论体系还是充分体现了本土特色的。

英美法系国家也大体如此。主张在英美法系国家引进德、日等大陆法系国家的犯罪论体系的观点，至少在今天附和者并不多。在美国，赞成弗莱彻主张者甚寡，这与普通法传统和不成文法特征不无关系。由此看来，英美法系国家的犯罪论体系也是立足于本土特色，之中虽然也有国外犯罪论体系的引进和研究，终究未能成为主流。

综上所述，不同的民族的文化思维及价值理念等因素，始终是一国犯罪构成理论体系构建的基础，即便在全球化时代，本土特色依旧在文化交流中处于基础地位。"如果我们进一步假定全球历史的参照框架，就有可能查明，甚至能够解释认同和广泛的策略组合之间的差异，因此也能够解释消费和生产的策略组合之间的差异，也能解释它们在时间上的转变。至少，总是地方性的认同的不同策略，正像它们被吸收的消费和生产形式一样，在互动中出现在全球舞台的程度，正是这样的一种情况。"〔3〕尽管分属于不同法系，受同质的哲理思维、价值观念、文化传统等影响，西方诸国对犯罪论体系的研究，在方法论、认识论、模式论上还是比较接近的。但是，基于各国特有的历史

---

〔1〕 中国政法大学："犯罪论体系"，全球化时代的刑法理论新体系国际研讨会文件之二，2007年10月，第265页。

〔2〕 吴振兴：《罪数形态论》，中国检察出版社2006年版，第8页。

〔3〕 ［美］乔纳森·弗里德曼：《文化认同与全球性过程》，郭建如译，商务印书馆2003年版，第174页。

传统、价值观念、文化思维等，他们的犯罪论体系并非千篇一律。"有必要强调的是：本土影响以及大陆法系要素的混合、制定法典时受到的时代影响，法国、意大利以及德国对各国法律程序的影响在整个大陆法系国家各不相同。大陆法系国家分享着大陆法系的同一传统，但分享的程度却不尽相同。"〔1〕在构建犯罪论体系时，西方诸国基本上都立足于本土，却不排斥对他国成熟、完善的犯罪论体系的研究与学习，各国犯罪论体系正是在这种不断地辩证扬弃中得到了充实、完善。

2. 辩证扬弃其他国家或民族优秀成果是构建科学的犯罪论体系的保证

刑事法治本土化，虽然不能忘却传统法律文化，但要想使刑事法治保持旺盛的生命力，还离不开对其他国家和民族刑事法律文化的辩证扬弃，这是刑事法治能否保持长久魅力的倚靠。

事实上，德、日犯罪论体系赖以创立的严密的体系性与鲜明的形式主义，即使在德国也遭到学者们的质疑。如恩吉施就对法学中的体系思想提出过批评。他认为，法学不可能构成像数学，或其他可精确计算的科学那样严格的"公理式"体系。那种严格的体系首先需要定量的基本概念或"公理"；这些公理彼此在逻辑上必须能够相容，并且必须是"最终的"，质言之，它们不能由其他公理导出。恩吉施论及：假使大家尝试，想将属于特定法秩序的一大堆概念还原为少数几个类似公理的基本概念，大家或许会得到（如施塔姆勒的"基本范畴表"所示的）一些不能表达任何内容的、纯粹形式的概念，或许大家会寻得若干"最终的、经验性的观念要素"，但其"数量之多，将一如自然及社会的世界所能够提供给吾人者一般"，因此，其本身不能构成一个封闭完结的概念群。〔2〕对于法的形式主义，考夫曼也指出了其弊端。"在这种形式主义盛行的情况下，法学方法论上亦流行这样一种观点，即法律发现大概是一种极为简单的逻辑进程，即对某种生活客观状况以法律规范形式所作的'归纳'（Subsumtion）。但是，法律发现实质上表现为一种互动的复杂结构。这种结构包括创造性的、辩证的，或许还有动议性的因素，任何情况下都不会仅仅只有形式逻辑的因素，法官从来都不是'仅仅依据法律'引出其裁判，

---

〔1〕 ［美］约翰·亨利·梅利曼：《大陆法系》，顾培东、禄正平译，法律出版社 2007 年版，第 150 页。

〔2〕 参见［德］卡尔·拉伦茨：《法学方法论》，陈爱娥译，商务印书馆 2003 年版，第 43 页。

而是始终以一种确定的先入之见，即由传统和情境确定的成见来形成其判断。对此，形式主义却干脆视而不见。"〔1〕上述分析是比较中肯的。

在依靠庞杂的理论学说支撑起阶层性犯罪论体系的理论大厦的同时，德、日犯罪论体系也陷入了重重迷宫之中，致使在一些重要理论或者细枝末节上纠缠不清，很难想象司法人员会在这种理论迷宫中寻找解决问题的最佳办法，多数理论学说最终难免沦为"鸡肋"的命运。2006年在深圳召开的犯罪论体系研讨会上，有学者就指出："陈兴良老师主张要学习德日刑法学，但是在德国有99%的法官是不会用犯罪构成的理论的，实践中既然不用这个理论，那这个理论其实就是我们学者自娱自乐的一个理论。它在实践中不能解决问题，当然这个理论也不可能解决问题。"〔2〕还有学者质疑："德国的犯罪论体系您说有99%的都不用，但是根据我考察中国的四要件理论99%都在用，主要是四要件理论在我们中国是有其实际的操作价值的，为什么要否定它呢？"〔3〕看来，从司法实践的角度出发，德、日犯罪论体系使用率之低，确实是一大诟病。"今天，大陆法系的某些制度已不时地受到抨击。……德国法学的原则和方法已完全与社会的呼声隔绝，但它却仍在维持着一系列已经过时的对社会、经济的假想……大陆法系法学家曾经具有的那种重要的潜在影响、巨大创造力以及成熟的学术思想，今天已变成人们枯燥乏味的追求。"〔4〕

由上可知，作为全世界最为成熟、完善的理论体系之一，德、日犯罪论体系无论在方法论还是认识论上，并非完美无缺，同样需要吸收其他国家的法律文化和犯罪论体系的新鲜营养。否则，任由其发展，很有可能脱离现实生活，走进毫无人烟的荒郊野岭，最终难以避免被历史抛弃的命运。"人类的文化本是多元化的，而不同的民族文化之间的交往是不可避免的。交往使文化成为人类的共同财富。每个民族都在贡献自己的文化，也在享受着其他民族创造的文化。即使是最优秀的民族，他们创造的文化同他们所享用的文化，也不成比例。交往是文化的属性，文化只能在交往中成长。……现在，在世

---

〔1〕［德］阿图尔·考夫曼：《后现代法哲学——告别演讲》，米健译，法律出版社2000年版，第21~22页。

〔2〕梁根林主编：《犯罪论体系》，北京大学出版社2007年版，第452页。

〔3〕梁根林主编：《犯罪论体系》，北京大学出版社2007年版，第454页。

〔4〕［美］约翰·亨利·梅利曼：《大陆法系》，顾培东、禄正平译，法律出版社2007年版，第151页。

界范围内，文化交往呈现出一个新特点：这就是在保持多元化的基本态势下，相互吸收、相互融合、相互借鉴、相互影响的文化交往空前加强了。"[1]即使在善于吸纳德国犯罪论体系精髓的日本，也并非唯德国犯罪构成理论所是从。日本就出现了否认三要件理论体系的观点。"内田文昭、曾根威彦等教授提倡行为类型论，认为所谓构成要件是给犯罪以轮廓的观念的形象，作为刑法体系的理论，构成要件是均等地包括违法的行为与合法的行为、有责任的行为与无责任的行为形式上价值中立的行为的类型。新派学者牧野英一则持构成要件否定论，在其《日本刑法》一书中，无视构成要件的概念，而采取独立的体系。"[2]更有日本学者还主张引进中国的犯罪论体系。[3]

总之，全球化时代犯罪论体系构建，离不开对其他国家或民族成果的辩证扬弃。本土的刑事法律文化发展模式，并非完美无缺，不可避免地蕴涵着矛盾与斗争。其中，既有依循传统保持旧法的保守力量，也有突破旧法改革创新的进步力量，两者随着社会的进步、时代的变迁而变化发展。当社会发展日新月异、外部条件发生变化时，犯罪构成的功能和使命就会发生相应变化，因而迫切需要新的内容进行填补、充实，需要新的秩序规范加以完善，乃至产生强大的变革力量，孕育并产生新的法律制度和理论体系。因此，在坚持传统的价值理念、文化传统的情形下，不能守着传统模式或者结构一成不变，犯罪构成理论本身需要与时俱进，这是避免其成为遗忘角落的必经途径。犯罪构成的本土化，并不是说要坚持过去的传统模式故步自封，相反还应当注重借助本土资源条件，充分吸纳外来优秀成果，构建适合本土条件的犯罪论体系。

3. 吸收其他学科的营养成分是构建科学的犯罪论体系的必要补充

作为人文社会科学，法学不可能脱离其他人文社会科学而独立存在，更不能闭门造车，必须充分吸收人类文化的可取之处。"法学不能满足于自给自足，而需要从其他的人文社会学科的研究中汲取营养。"[4]一方面，如果法学研究工作者只关注法学的发展变化，对其他社会科学不闻不问，就容易使法

〔1〕　李荣善：《文化学引论》，西北大学出版社 1996 年版，序言，第 1 页。

〔2〕　马克昌：《比较刑法原理：外国刑法学总论》，武汉大学出版社 2002 年版，第 119 页。

〔3〕　参见［日］大塚仁：《刑法概说（总则）》，冯军译，中国人民大学出版社 2003 年版，第 104~105 页。

〔4〕　贺卫方："法学：自由与开放"，载《中国社会科学》2000 年第 1 期，第 17 页。

学脱离社会生活和实际情况，走向形式主义的道路，乃至于不能适应社会需要，这对视实用性为生命的法律来说，是难以承受之重。如此，法学工作者将与法学一道，最终被社会所抛弃。"人们普遍认为，法学的纯粹性——不考虑任何法律以外的因素，已经把法学和社会生活割裂开来，同它所应当研究解决的具体问题对立起来。这种对社会、经济和政治问题不闻不问的态度，割断了法与其他文化之间的联系，使得法学家愈来愈不适应社会的需要。"〔1〕另一方面，同为人类社会的成果，法学与其他学科本来就不可分割。"法律文化与文化是个别与一般、部分与整体、子系统与系统的关系。因此，它必然具有文化现象共有的一般性质、特征和功能，而且与其他子文化系统，如宗教文化、道德文化、政治文化等相互作用、互为补充。脱离总体文化，与其他子文化系统不相干的单纯的法律文化是不存在的。"〔2〕例如，法学中的诚实信用原则、平等原则、对规范的解释等，离不开哲学、社会学、逻辑学、诠释学等方面的知识。包括法学在内的各学科之间，不可能彼此孤立隔绝，同样存在着剪不断的关系，呈现出你中有我、我中有你的默契。"比较法律文化的研究不仅需要摆脱以国家的制定法为中心的传统的比较法的方法，而且需要与包括法律史学、法律社会学、法律解释学等相关学科的通力协作，需要宗教学、文化人类学、社会人类学的密切配合。只有如此，才能不辱其历史使命。"〔3〕

对相关学科的研究，也是西方近现代许多著名的刑法学家取得成功的经验。在西方刑事法律发达史上，孟德斯鸠、贝卡里亚、康德、黑格尔、龙勃罗梭许多闻名于世的大师，都得益于法律科学之外的推演，才成就其不朽成就。"康德、黑格尔以自成体系的哲学理论对刑法做出精辟论述，边沁则以经济学为基础对古典刑法的基本观点进行的深入论证，龙勃罗梭以人类学为视角的研究对刑法学产生的深远的影响，费利、李斯特以社会学为基础对古典学派的诸多基本观点发起挑战，导致并极大地推动了刑法的研究深度和广度的轰轰烈烈的主观主义和客观主义的刑法学派之争，以及法国思想家福科则以其独创的'知识考古学'对刑法理论作出的诸多贡献，就不仅仅是借鉴，

---

〔1〕 ［美］约翰·亨利·梅利曼：《大陆法系》，顾培东、禄正平译，法律出版社 2007 年版，第154 页。

〔2〕 张文显："法律文化的释义"，载《法学研究》1992 年第 5 期，第 32 页。

〔3〕 华夏、赵立新、［日］真田芳宪：《日本的法律继受与法律文化变迁》，中国政法大学出版社 2005 年版，第 271 页。

而只能说是多视角研究的产物。"[1]例如，孟德斯鸠就是一位著名的法学家、社会学家、政治学家。1721 年，他的《波斯人信札》正式出版，受到普遍的欢迎和重视。虽是匿名发表，却使孟德斯鸠声名大振。《波斯人信札》是一部书信体小说。孟德斯鸠把在巴黎所见所闻的不合理现象加以记录，经十年积累整理而成。孟德斯鸠借两个在法国游历的波斯贵族青年在旅途中给友人或家人写信，对法国人熟视无睹的许多荒诞现象进行针砭。书中以此借题发挥，对一些问题进行了讨论——这些信实际上是文学化的政论，对法国封建朝廷和社会生活方面的种种弊端进行无情的揭露和批判。孟德斯鸠的社会学知识和政治学理论，为其以后撰写出不朽的法学著作——《论法的精神》，打下了坚实的基础。

作为法律部门之一的刑法，其理论研究同样离不开其他学科的滋润。例如，研究刑法上的因果关系，不能脱离哲学上的因果关系的基本特征和规律。哲学上的因果关系的客观性、关联性、相对性、复杂性等，同样适用于刑法中的因果关系，而且是其得以科学阐释的理论前提和基础。又如，研究刑法上的主观心理态度，离不开心理学、医学等方面的知识的指导。因此，刑法学研究离不开对其他的相关学科的研究，如犯罪学、刑事政策学、监狱学等。"我们这一代学人还应当特别注意不要为我们的学科所限定，应当注意交叉学科的法学研究。所谓交叉学科，也并不是要事先确定学科，而是根据对研究的问题的对象需要来丰富扩大自己的知识，不让自己的学科把我们的研究角度和方法限定死了，而是以一个多面手和通才的眼光来研究中国的法律问题。"[2]

二、中国犯罪构成理论的本土化历程

(一) 中国犯罪构成理论体系本土化概况

1. 民国时期的犯罪构成理论体系

晚清以前，中国并无有关犯罪构成的完整的、系统的理论学说。"中国古代的中华法系，尽管有着发达的刑律制度和律学研究，也孵化了丰富的刑法思想并对周边诸国产生深远影响，但其旨趣与抱负，却是与近代以来发轫于西方的'法律科学'大相径庭。概言之，精于条文解释而疏于理论体系的建构，是晚清以前中国刑法学（实际上就是律学）的总体特点，在这样的土壤

---

[1] 齐文远、周详：《刑法、刑事责任、刑事政策研究——哲学、社会学、法律文化的视角》，北京大学出版社 2004 年版，自序，第 3 页。

[2] 苏力：《法治及其本土资源》（修订版），中国政法大学出版社 2004 年版，第 229 页。

中，很难滋生出某种一般性的、具有内在逻辑性的理论模型。"〔1〕

民国时期，中国有过短暂的理论梳理期，一方面沿袭德、日等大陆法系国家的犯罪论体系，另一方面又结合本土特色进行改造。民国时期中国刑法学是"洋化"的刑法学，帝国主义的刑法思想大多可以发现于当时的中国刑法学界，但却趋于低劣化和简单化——理论上和事实上都不是原装货，中国刑法之次殖民地性却须眉必现。〔2〕时下，学界相当一部分学者认为，民国时期我国犯罪构成理论体系就已经西化。〔3〕这种理解要看从什么角度看问题，如果认为民国时期德、日具有代表性的三要件阶层式犯罪论体系就占据主导地位，那就大错特错了。因为，费尔巴哈当初将构成要件实体化，只是就其中的犯罪构成要件作了基本论述，并没有提出如何构建犯罪论体系。费尔巴哈之后的早期德、日犯罪论体系只是简单地根据犯罪构成要件的属性分为犯罪的客观要素和主观要素。"如 Birkmeyer 将犯罪要件分为'客观的构成要件'与'主观的构成要件'；Hellmuth Mayer 将犯罪要素分为'客观的违法'和'主观的归责可能性'；日本的大场茂马将犯罪的要素分为'客观的要素'和主观的要素与'中介要素'（责任）。"〔4〕德、日具有代表性的三要件阶层式犯罪论体系的成熟与完善，则基本属于 20 世纪 30 年代以后的事。〔5〕至于该犯罪论体系传入国内并得到理论界的普遍支持和实务界的普遍遵循，则一直到中华人民共和国成立也没有出现过。相反，民国时期的多数刑法学者所认可的犯罪构成理论体系是平面式的，并不讲究严格的阶层结构与逻辑分析。

〔1〕 车浩："未竟的循环——'犯罪论体系'在近现代中国的历史展开"，载《政法论坛》2006年第 3 期，第 65 页。

〔2〕 参见蔡枢衡：《刑法学》，独立出版社 1947 年版，第 72~73 页。

〔3〕 在写作过程中，有人就该问题质疑我犯罪构成文化论的核心观点，认为民国时期就已经西化，如何解释当时的犯罪构成理论体系的构建与中国文化脱节呢？事实上，如下文所示，民国时期我国就根本没有存在过三要件阶层式等严格讲究形式逻辑的犯罪论体系，更多的学者是秉承费尔巴哈以来的传统，构建的是平面的犯罪论体系。从这一角度看，民国时期的犯罪构成理论体系，不但不能成为反驳犯罪构成文化因素的理由，反而是支持犯罪构成中的文化因素的有力证据。

〔4〕 参见张明楷编：《外国刑法纲要》，清华大学出版社 1999 年版，第 68 页。该观点在民国时期刑法学者王觐的相关著作中得到体系。（参见王觐：《中华刑法论》，中国方正出版社 2005 年版，第80 页。）

〔5〕 如小野清一郎的违法有责类型说及其所《犯罪构成要件理论》中的多数观点，都是在昭和三年，即 1928 年以后所发表的论文中体现出来的，其成熟与完善之时间当更晚。（参见［日］小野清一郎：《犯罪构成要件理论》，王泰译，中国人民公安大学出版社 2004 年版之作者自序，第 1 页。）至于德国的新古典犯罪论体系的成熟与完善，也大体是这个时间。

民国时期刑法学者陈瑾昆对当时学者们有关犯罪论体系及犯罪要件的各种观点进行了概括：一是普通要件与特殊要件的划分。前者指犯罪之一般构成或处罚要件，后者则指该犯罪特别应具备之构成或处罚要件。二是主观要件与客观要件之分。即以责任条件与责任能力属于前者，以行为之危险性与行为之违法性属于后者。三是积极要件与消极要件之分。前者主要指行为及其要素，后者指责任能力及违法所规定之消极要件事实。[1]当时，学者们对犯罪构成要件之间的关系和层次，也没有予以普遍的关注。如王觐认为犯罪构成要件包括客观要件和主观要件，两者所包含的要素有所不同。"余辈亦用分类方法，分为客观的要件与主观的要件而说明之，惟要件中分子之配置，略有不同耳。"[2]王觐在《中华刑法论》中论述犯罪构成要件时，是按照从客观的要件到主观的要件排序进行的。另一位刑法学者陈瑾昆则认为犯罪构成要件包括行为要件、责任要件和违法要件。"余谓成立犯罪，必有法条及主体与客体，此三者为其要素或要件，乃为当然，故于刑法上所称犯罪不可缺之成分，……"[3]在论述犯罪构成要件时，陈瑾昆是按照行为—责任—违法这样的顺序进行的。[4]不难看出，民国时期学界的犯罪构成理论体系并不普遍体现严谨、典型的德国特色，犯罪构成要件之间的排序也不是学者们需要解决的首要因素，多数刑法著作中对相关问题并没有详细论述。因此，那种认为民国时期犯罪构成理论体系是典型的西化的结果，并以此排除犯罪构成理论体系中的中国文化因素的观点，是站不住脚的，是对彼时犯罪构成理论体系建构的误解。

2. 中华人民共和国成立后四要件平面式犯罪构成理论体系权威地位的确立

中华人民共和国成立伊始，在经济建设、上层建筑等领域无过往经验可循，不得不全盘接受苏联社会主义模式，在法制建设以及刑法学理论建构上也不例外。当时，我国陆续翻译、出版了一批苏联学者的刑法学专著、教材和论文。这些刑法学著作主要包括苏维埃司法部全苏法学研究所主编的《苏联刑法总论》、贝斯特洛娃著《苏维埃刑法总论》、贝斯特洛娃著《苏维埃刑法总则》、苏维埃司法部全苏法学研究所集体编著《苏维埃刑法总则》、中国人民大学刑法教研室编译《苏维埃刑法论文选译》（共3辑）、孟沙金等编

---

〔1〕 参见陈瑾昆：《刑法总则讲义》，中国方正出版社2004年版，第66页。

〔2〕 王觐：《中华刑法论》，中国方正出版社2005年版，第80~81页。

〔3〕 陈瑾昆：《刑法总则讲义》，中国方正出版社2004年版，第65页。

〔4〕 陈瑾昆：《刑法总则讲义》，中国方正出版社2004年版，第75页以下。

《苏维埃刑法纲要》等。以这些译著为基础，中国人民大学刑法教研室于1957 年编写了我国首部刑法学教材——《中华人民共和国刑法总则讲义》。该书承继苏联刑法中的犯罪构成理论，把犯罪构成要件分为犯罪客体、犯罪客观要件、犯罪主体和犯罪主观要件。[1] 这一时期的总体特征是，以学习、引进苏联犯罪构成理论为主，同时结合我国现实情况与司法实际，初步建立了具有中国特色的犯罪构成理论体系。[2] 特别值得一提的是，1958 年由薛秉忠、王作富等翻译、苏联学者特拉伊宁著《犯罪构成的一般理论》得以顺利出版。该书共分 14 章，全面、深入、系统地阐述了社会主义犯罪构成理论。该书有关犯罪构成理论的观点、结构以及体系等，为日后我国犯罪构成理论体系的建立打下了坚实基础。

1978 年 12 月，我国确立了改革开放和加强社会主义法制建设的战略决策，第一部刑法典得以顺利诞生，并于 1979 年颁行，为我国犯罪构成理论提供了法律依据。1982 年，由法律出版社出版、高铭暄任主编、马克昌、高格任副主编的高等学校法学教材《刑法学》一书，初步确立了四要件平面式犯罪构成体系在我国犯罪构成理论中的权威地位，其他教材、著作无不以该书确立的犯罪论体系为蓝本。[3] 此后，学者们陆续推出一些以犯罪构成理论为

---

〔1〕 参见高铭暄主编：《刑法学原理》（第 1 卷），中国人民大学出版社 1993 年版，第 443 页。

〔2〕 当初，特拉伊宁在论述犯罪构成时，并没有将之看成是一体化的产物，而是参照德、日罪论体系的一些特征。例如，他认为犯罪主体等责任能力因素并不是犯罪构成的因素，而是刑事责任的主观条件。"当然，犯罪主体只能是有责任能力的自然人这一点，是不用怀疑的。没有责任能力，刑事责任问题本身就不会发生，因而犯罪构成的问题本身也就不会发生。正因为如此，所以责任能力并不是犯罪构成的因素，也不是刑事责任的根据；责任能力是刑事责任的必要的主观条件，是刑事责任的主观前提；刑事法律惩罚犯罪人并不是因为他心理健康，而是在他心理健康的条件下来惩罚的。……正因为如此，所以关于无刑事责任能力的问题，可以在解决是否有杀人、盗窃、侮辱等任何一个犯罪构成的问题之前解决。责任能力通常在犯罪构成的前面讲，它总是被置于犯罪构成的范围之外。"（［苏］A. H. 特拉伊宁：《犯罪构成的一般学说》，王作富等译，中国人民大学出版社 1958 年版，第 60~61 页。）

〔3〕 必须指出的是，由于翻译和理解上的原因，我国现行犯罪构成体系并非原封不动地照搬苏联犯罪构成理论体系，无论是在犯罪构成要件还是在其内容的理解上，均存在一些差异。只不过，在犯罪构成的本体论、方法论、认识论等方面，基本上没有太大差别，谓之移植也是不过分的。（具体情形可以参见：［苏联］A. H. 特拉伊宁：《犯罪构成的一般学说》，王作富等译，中国人民大学出版社 1958 年版；［俄］H. Φ. 库兹涅佐娃、И. M. 佳日科娃主编：《俄罗斯刑法教程（总论）》（上卷·犯罪论），黄道秀译，中国法制出版社 2002 年版，第 170 页以下；赵微：《中俄犯罪构成要件、要素考》，《法学》2003 年第 5 期，第 119 页以下；何秉松、［俄］科米萨罗夫、科罗别耶夫主编：《中国与俄罗斯犯罪构成理论比较研究》，法律出版社 2008 年版，第 469 页以下，等等。）

专题研讨的论著和译著。如樊凤林主编《犯罪构成论》、曾宪信等著《犯罪构成论》、张明楷著《犯罪论原理》、何秉松著《犯罪构成系统论》、刘生荣著《犯罪构成原理》、日本学者大塚仁著《犯罪论的基本问题》等。此外，还发表了一系列有关犯罪构成理论的学术论文。同时，中国法学会刑法学研究会也对犯罪构成方面的问题作过专题研讨。如1986年刑法学年会讨论的争议较大的问题就包括"我国犯罪构成理论的总评价""犯罪构成有哪些要件"以及"犯罪构成是否是构成犯罪和应负刑事责任的基础"等。[1]1998年刑法学年会也将犯罪论和犯罪构成理论作为年会主题之一。值得注意的是，由于对外学术交流的不断进展，有学者从比较研究的角度分析我国犯罪构成理论存在的问题和缺陷。[2]与此同时，这一时期国家在政治上纠正了"一边倒"策略，确立了"独立自主、自力更生"的战略方针，随着犯罪构成理论在我国初步确立，出现了一些质疑刑法学研究秉承苏联的声音。特别是部分学者经过对国外刑法理论的学习研究，对大陆法系国家和英美法系国家犯罪论体系与我国犯罪论体系进行了详实的比较，反思我国犯罪论体系的不足。[3]

总体来说，这一时期是我国犯罪构成理论不断发展深入的阶段，虽然有过一些颇有建树的探索，但丝毫没有动摇传统的"四要件"犯罪构成理论的地位，国内各大通用教材、著作多数还是秉承传统的"四要件"犯罪构成理论体系。

（二）全球化时代我国犯罪构成理论体系本土化探索

2000年以后，国内许多大学的刑法学科都与国外，特别是以德、日为主的一些大学的相应学科建立了定期学术交流机制，一批青年学子被派往海外研读刑法学理论，大量的国外学术专著得以翻译出版，极大地丰富了人们的视野。代表性的有德国学者耶赛克、魏根特著《德国刑法教科书》、德国学者罗克辛著《德国刑法学（总论）》、日本学者大塚仁著《刑法概说（总则）》、意大利学者杜里奥·帕多瓦尼著《意大利刑法学原理》、李在祥著《韩国刑法总论》等。在所有翻译、介绍国外学术理论的书籍中，尤其以日本学者著作

---

〔1〕　参见高铭暄、赵秉志主编：《新中国刑法学研究历程》，中国方正出版社1999年版，第77~78页。

〔2〕　参见高铭暄、赵秉志主编：《新中国刑法学研究历程》，中国方正出版社1999年版，第355~356页。

〔3〕　参见李洁："三大法系犯罪构成论体系性特征比较研究"，载陈兴良主编：《刑事法评论》（第2卷），中国政法大学出版社1998年版，第440页以下。

为最。同时，出版的与犯罪构成有关的专著也十分丰富，代表性的有肖中华著《犯罪构成及其关系论》、杨兴培著《犯罪构成原论》、陈兴良主编《犯罪论体系研究》、梁根林主编《犯罪论体系》等。这一时期，高校自行决定本校使用何种教材的意愿明显增强，出版社则更倾向于"百花齐放、百家争鸣"的方针，统编教材、专著对犯罪构成理论也出现了分歧。如张明楷教授著《刑法学》（第2版）、陈兴良教授著《规范刑法学》主张三要件论，张明楷教授著《刑法学》（第3版）、陈兴良教授著《本体刑法学》主张两要件论。从国内公认的法学类权威、核心杂志，如《法学研究》《中国法学》《法学家》《法律科学》《法学》《法商研究》《法学评论》等发表的有关犯罪构成方面的论文来看，也达到了空前的地步。此外，《法学》《政法论坛》《环球法律评论》等杂志还专门组织专家、学者探讨犯罪构成理论课题，并发表了关于犯罪构成理论的系列专题论文。

应当说，多数学者是不主张严格固守传统犯罪构成体系的。有学者据此指出四要件犯罪构成理论在细节上确实存在诸多矛盾之处。主要表现为：一是犯罪构成的定义与辩证唯物主义原理相矛盾；二是把犯罪构成要素表述为犯罪构成要件与概念的种属关系相矛盾；三是犯罪客体的定义与犯罪客体的地位相矛盾；四是犯罪对象的定义与刑法理论自身相矛盾；五是危害结果的理论与哲学原理相矛盾；六是刑事责任能力与刑法理论相矛盾；七是直接故意的意志因素与行为人的心理态度相矛盾；八是单位犯罪主体与双罚制度相矛盾。[1]在这种情形下，学者们通过对国外犯罪构成体系的深入研究和探索，对我国犯罪构成体系进行了深层次的分析和思考，基本上可以划分为两派：一是重构派；[2]二是改良派。[3]

重构派认为，我国传统犯罪构成理论存在诸多缺陷。主要有：罪与非罪认定标准混乱，内容相互矛盾，导致犯罪构成不能独立完成认定犯罪任务；犯罪构成判断过程缺乏阶层判断，无法让人判断主观要件与客观要件的先后次序，没有充分发挥控辩双方的权利，不利于保障人权，等等。重构派主张

---

[1] 参见侯国云："当今犯罪构成理论的八大矛盾"，载《政法论坛》2004年第4期，第101页以下。

[2] 重构派以陈兴良教授为代表，得到了相当一部分年轻学者的首肯与支持。

[3] 其主要支持者除了一些老一辈刑法学人外，还包括一批中青年学者，如黎宏教授、肖中华教授、刘艳红教授等。

推翻我国传统犯罪论体系，移植国外特别是以德、日为首的大陆法系国家犯罪论体系，用以重构中国犯罪构成理论。陈兴良教授还在自己主编的刑法学教科书中，首次尝试按照德、日刑法学中的犯罪判断三阶段论的分析方法，采用构成要件该当性、违法性、有责性的三阶段的递进式体系，对我国刑法中的犯罪构成体系进行了重构。[1]

改良派则认为，我国犯罪构成模式有其存在的历史、社会政治，以及民族思维习惯等原因，从我国刑法理论的体系框架以及刑事司法的实践来看，我国刑法中的犯罪构成理论在总体上是合理的，也基本上与我国的刑法理论和刑事实践需要相吻合，经得起推敲和实践的检验。而且，我国传统平面式犯罪构成理论经过几十年的推广、传播，已深入人心，没有必要推翻重来，否则会顾此失彼、得不偿失。改良派指出，我国目前的犯罪构成理论是科学合理的，在司法实践中已经并正在起着积极的指导作用，应当维护；我国的犯罪构成理论并未机械照搬苏联当时的犯罪构成理论。我们对犯罪构成理论进行深入研究，促进其发展、完善，是因为他同其他科学一样，目前尚存在不够完善的地方。[2]改良派又分化出诸多不同意见。例如，有学者主张对传统的四要件说加以适当调整，去除不必要的构成要件，使犯罪构成理论体系更加简洁、科学、合理。张明楷教授就曾主张犯罪构成包括三要件，即犯罪客观方面、犯罪主体要件和犯罪主观要件；[3]杨兴培教授则主张犯罪构成由主观要件和客观要件组成。[4]有学者则在分析德、日犯罪论的递进式结构、英美国家犯罪认定的双层模式和苏中四要件耦合结构的基础上，提出犯罪构成应当采取二分体系或者三分体系。二分体系认为，犯罪构成包括罪体要件与罪责要件，以"罪体"为犯罪构成的客观要件，以"罪责"为犯罪构成的主观要件，实现犯罪构成客观与主观的统一。[5]三分体系认为，犯罪构成应当包括罪体要件、罪责要件与罪量要件，以"罪体"为犯罪构成的客观要件，以"罪责"为犯罪构成的主观要件，以"罪量"要件体现我国刑法以行为之

---

〔1〕 参见陈兴良主编：《刑法学》，复旦大学出版社 2003 年版。

〔2〕 参见高铭暄主编：《刑法学原理》（第 1 卷），中国人民大学出版社 1993 年版，第 454~457 页。

〔3〕 参见张明楷：《刑法学》（第 2 版），法律出版社 2003 年版。

〔4〕 参见杨兴培：《犯罪构成原论》，中国检察出版社 2004 年版。

〔5〕 参见陈兴良：《本体刑法学》，商务印书馆 2002 年版。

量（社会危害性程度）作为入罪标准的特征，实现犯罪构成客观与主观的统一。[1]还有学者主张现有犯罪构成体系没有必要重构，但应当贯彻客观优先的阶层递进理念。如有学者认为："评析重构论者的批判，指出德日体系的软肋，并不是说我国现有的犯罪构成体系尽善尽美，完全没有必要加以改进完善。笔者也承认，我国现有的犯罪构成体系存在一些问题，特别是在犯罪构成论的研究当中，这种现象更为明显。但是，这些问题并未对现有的犯罪构成体系形成致命威胁，完全可以通过改良或者重新理解来加以解决。笔者认为，在各国目前关于如何判断犯罪均无绝好的方法的现状下，针对我国现有犯罪构成体系的不足，可以进行一些温和的改良，没有必要对现有的犯罪构成体系大动干戈，推倒重来。……在我国今后的犯罪构成体系研究中，应当着手在以下两个方面下功夫：一是在现有的犯罪构成体系上，贯彻客观优先的阶层递进理念。……二是树立不同意义的犯罪概念。"[2]

概括地说，进入 21 世纪以后的全球化时代，我国犯罪构成理论研究进入了难得的繁荣期。随着对外学术交流的加强，人们眼界越来越开阔，对于犯罪构成及其理论体系有了更加深入的认识，对传统犯罪论体系及结构等提出越来越多的质疑，这是值得理解的。在充分吸纳大陆法系国家和英美法系国家犯罪构成体系的优点基础上将之本土化，成为一种新的时髦。如何对国外的犯罪构成体系进行本土化，是体系、结构上的彻底革新还是内容上的增减组合，成为重构派与改良派僵持不下的主要缘由。

第三节　犯罪构成本土化的中国经验

一、中国犯罪构成本土化的本体论经验

（一）主客观统一原则与苏俄犯罪构成理论

1. 主客观一致原则的哲学基础与主客观相一致的犯罪构成观

黑格尔的辩证法概念是在受康德的二律背反和费希特的正题、反题的合题的三一式过程的影响下形成的。黑格尔认为，矛盾是普遍存在的，它说明

---

[1] 参见陈兴良：《规范刑法学》，中国政法大学出版社 2003 年版。

[2] 黎宏："我国犯罪构成体系不必重构"，载《法学研究》2006 年第 1 期，第 44~47 页。

了思想和世界的一切变化和运动。按照辩证法，思想作为知性，首先把范畴看作是有限的和独立于其他概念的概念；其次，思想作为否定的理性认识到，原初的概念其意义依赖于与它的否定者的对比；最后，思想作为肯定的理性达到了更高的范畴，它把先前的矛盾范畴包含于对立统一之中，但自身也包含着矛盾。简言之，用黑格尔的话来说，"一种思想必然从另外一种思想而来，一种思想激起一矛盾的思想，同这种矛盾的思想相结合而形成另一种思想"。[1]黑格尔主张，辩证法不单纯是思维过程，而且是概念本身和绝对理念所进行的发展。他认为，事物通过变为它的对立面，然后解决矛盾而发展为综合。在黑格尔看来，"实在时而如此，时而那样；在这个意义上，它充满否定、矛盾和对立……理智所能做的不过是区分、对立和联系，它不能思考对立面的统一，不能理解生命和事物的内在目的……一切存在物的真理只存在于理念中，因为理念是唯一的真正的存在。一理念遍布于整体和整体所有的部分中；一切个别事物的实在性存在于这一统一体中。看事物整体或把对立面统一起来的活动，是心灵的高级智能，但是，我们要记住，心灵不能弃绝理智。这两种职能相偕而行"。[2]黑格尔针对康德关于主体只是自我意识的活动、而不是实体的观点，明确了主体与实体的同一，其意义是主观与客观的统一。黑格尔指出，我们考虑主观性，我们便发现主观的知识和意志就是"思想"。但是，在有思想的认识与意志的活动中，我便欲望普遍的对象——绝对的"理性"的实体。所以我们看出在客观方面——"概念"——和主观方面中间有一种本身的结合。[3]同时，黑格尔也不否认主体对客体的独立性与能动性。"实体不是现成的、被给予的存在，也不是永恒不变的本质。实体是辩证运动的主体，它的特征在于能动性：它自己设定自身，并在克服矛盾对立面的辩证发展过程中实现自身，完善自身。"[4]通过对物质和精神、主观与客观的关系加以论证分析，黑格尔提出了主客观对立统一的辩证法思想。

对黑格尔的辩证法思想，马克思主义起初在一定程度上予以否定，认为黑格尔对哲学提出的任务超出了一个哲学家的能力范围，是一种想象，无实质意义。"这样给哲学提出的任务，无非就是要求一个哲学家完成那只有全人

〔1〕　[美]梯利著，伍德增补：《西方哲学史》，葛力译，商务印书馆1995年版，第301页。

〔2〕　[美]梯利著，伍德增补：《西方哲学史》，葛力译，商务印书馆1995年版，第301页。

〔3〕　参见[德]黑格尔：《历史哲学》，王造时译，商务印书馆2007年版，第30页。

〔4〕　赵敦华：《西方哲学简史》，北京大学出版社2000年版，第478页。

类在其前进的发展中才能完成的事情，那么以往那种意义上的全部哲学也就完结了。我们把沿着这个途径达不到而且任何单个人都无法达到的'绝对真理'撇在一边，而沿着实证科学和利用辩证思维对这些科学成果进行概括的途径去追求可以达到的相对真理。"[1]在对黑格尔哲学批判的同时，马克思主义经典学者提出了自己对主客观关系的独特理解，即主客观相一致。早在19世纪，马克思针对资产阶级刑法中的客观主义或主观主义倾向，提出了主客观并重的法律思想。他指出，在法律创制过程中，立法者"是在制造法律，不是在发明法律，而仅仅是在表达法律。他把法律关系的内在规律表现在有意识的现行法律之中"[2]这里的"法律关系的内在规律"，是指构成行为社会危害性的主观方面要素。接着，马克思又提出，法律是"事物的法的本质的真正表达者。因此，事物的法的本质不应该迁就法律，恰恰相反，法律倒应该去适应事物的法的本质"[3]其中的"事物的法的本质"，无疑指构成行为社会危害性的客观方面要素。可见，马克思主义的犯罪观是以主观与客观辩证统一为前提的。

马克思主义的主客观一致的哲学观，被德国学者伯尼尔运用到犯罪认定中。"由于受到承认主观与客观、主体与客体对立统一的黑格尔哲学影响，他不仅把客观要件——行为，而且也把主观要件——罪过列入犯罪构成。"[4]作为黑格尔哲学的追随者，伯尼尔对黑格尔哲学中的主客观一致非常关注，认为客观和主观、主体和客体的统一是明确、科学的命题，并将之引入评价行为构成犯罪的命题中，这便是将行为的客观属性（作为、不作为）和主观属性（行为人的罪过）都归入犯罪构成中。[5]于是，主客观相一致作为犯罪构成指导原则的地位得以确立，这与西方传统的主客观二分的犯罪构成指导原则迥然不同。

2. 主客观相一致原则与苏俄犯罪构成理论体系的确立

十月革命后，人类历史上第一个社会主义国家——苏联宣告诞生。作为

---

〔1〕《马克思恩格斯选集》（第4卷），人民出版社1995年版，第219页。

〔2〕《马克思恩格斯全集》（第1卷），人民出版社1995年版，第183页。

〔3〕《马克思恩格斯全集》（第1卷），人民出版社1995年版，第139页。

〔4〕[苏] A. 皮昂特科夫斯：："资产阶级刑法中的犯罪构成"，载北京政法学院刑法教研室编：《外国刑法研究资料》，1982年，第152页。

〔5〕何秉松、[俄]科米萨罗夫、科罗别耶夫主编：《中国与俄罗斯犯罪构成理论比较研究》，法律出版社2008年版，第5页。注：原文翻译成贝尔纳，实质上与上文使用的伯尔尼为同一人，是翻译造成同人不同名。

新生的社会主义政权，在意识形态领域内的首要课题是如何在经济、文化、法律制度建设等方面与资产阶级决裂。当时，康德哲学及其二元论思想成为苏俄强烈批判的对象，其《纯粹理性批判》等哲学著作及其中的思想，一度被打入冷宫，遭到严厉禁止。[1]虽然说黑格尔哲学及其辩证法思想对苏联学者影响巨大，但人们清楚黑格尔哲学是具有纯粹的资产阶级血统的，照搬过来行不通。刑法作为无产阶级专政的重要工具，自然要在否定资产阶级意识形态上充当排头兵的角色。

"十分重要的是：法律要求法院不是一般的'依据自己的社会主义法权意识'，而是以'考虑犯罪的社会危害程度、案件情况和犯罪人的个人情况为出发点'，去根据自己的社会主义法权意识。因此，社会主义的法权意识并不是创造阶级审判的资产阶级法官的'裁量'，社会主义的审判应当奠定在事实的基础上，应当以考虑全部案情为根据。"[2]遵照这一精神，苏联刑法学家将德国等资本主义国家的犯罪论体系赖以建立的各种思想，一律当作剥削阶级压迫劳动人民的理论工具，予以全面否定。"各种各样的资产阶级唯心主义的哲学派别，企图寻找根据来从思想上为破坏资产阶级法制和资产阶级国家的法西斯化作辩护。在这方面，新康德主义者、新黑格尔主义者、实用主义者、唯实主义者、新汤姆主义的拥护者以及科学上的其他反动分子，彼此争论不休。"[3]"苏维埃法学家的职责，就是要为法学中的唯物主义、为实现社会主义审判权及巩固社会主义法制的唯物主义基础而进行坚持不渝的斗争；就是要同刑法领域内的反动思想进行积极的斗争。"[4]特别是特拉伊宁和毕昂特科夫斯基，他们针对贝林等德国学者的犯罪论体系，针锋相对地进行了批判，强调犯罪认定的主客观相一致原则，为平面的四要件犯罪构成理论体系的确立提供了理论上的保证。

特拉伊宁首先对资产阶级形式的犯罪概念进行了批驳，认为资产阶级的

---

〔1〕 参见姚海：《俄罗斯文化之路》，浙江人民出版社 1992 年版，第 17 页。

〔2〕 〔苏〕A. H. 特拉伊宁："正确理解犯罪构成的因素是巩固社会主义法制的必要条件"，载中国人民大学刑法教研室编译：《苏维埃刑法论文选集》（第 3 辑），中国人民大学出版社 1955 年版，第 24 页。

〔3〕 〔苏〕A. A. 毕昂特科夫斯基："社会主义法制的巩固与犯罪构成学说的基本问题"，载中国人民大学刑法教研室编译：《苏维埃刑法论文选集》（第 1 辑），中国人民大学出版社 1955 年版，第 76 页。

〔4〕 〔苏〕A. A. 毕昂特科夫斯基："社会主义法制的巩固与犯罪构成学说的基本问题"，载中国人民大学刑法教研室编译：《苏维埃刑法论文选集》（第 1 辑），中国人民大学出版社 1955 年版，第 78 页。

形式主义犯罪概念是一种概念法学的体现，并没有揭示犯罪的阶级性和实质特征，因而是片面的。他认为："'古典学者'在刑法方面反映了资产阶级的民主原则，他们在研究刑法问题时，遵循了严格的形式主义的方法的俄国古典学派的代表人之一 В. Д. 纳博科夫写道：'我认为，如果说刑法科学中的犯罪和刑罚是概念，刑事社会学中的犯罪和刑罚是社会生活现象，那么就可以极明确地说明刑法科学的对象和刑事社会学的对象是有所不同的。'由此可见，'古典学者们'不仅把阶级斗争和犯罪的阶级性的问题置于刑法科学之外，而且连作为实际生活现象的犯罪的问题也置于刑法科学的范围之外。正因为如此，所以在古典学派的信徒们看来，刑法科学具有概念法学的一切特征。"[1]特拉伊宁认为："在社会主义的刑法体系中，犯罪构成的学说应当以犯罪的阶级性的一般学说和它的实质定义与形式定义为基础。立法者也正是通过综合那些统一起来即构成社会危害性的特征来制定犯罪构成的。因此，犯罪构成永远是而且首先是危害社会的行为。"[2]

接着，特拉伊宁对资产阶级古典学派的客观主义刑法和实证学派的主观主义刑法分别进行了驳斥。特拉伊宁认为，古典学派的客观主义刑法的立场，适应了新生的资产阶级维护法权秩序的需要。"不把主体而把行为提到首要地位的客观的立场，是同资产阶级'民主'的整个体系所特有的趋向有机地联系着的；这种趋向就是不超出从形式上解决法权问题的范围，不超出保护'法权秩序'的范围。……因而，犯罪构成的客观结构，不是资产阶级刑法发展中的枝节性的、偶然的现象。这种结构并不是'古典学派'的刑法学者们对行为的问题在理论上偏颇的结果。这种结构是同代替了封建专制制度的新的社会关系的发展密不可分地联系着的。"[3]对于人类学派和社会学派，特拉伊宁认为两者在反对古典学者的客观结构问题上是志同道合的，这不是偶然的。两者主张惩罚的重点由行为转向行为人，显然扩大了法院的权限，使资产阶级法官的法权意识成为判决的基础。"在龙勃罗梭和他的追随者们企图提

---

〔1〕［苏］A. H. 特拉伊宁：《犯罪构成的一般学说》，王作富等译，中国人民大学出版社 1958 年版，第 13~14 页。

〔2〕［苏］A. H. 特拉伊宁：《犯罪构成的一般学说》，王作富等译，中国人民大学出版社 1958 年版，第 43 页。

〔3〕［苏］A. H. 特拉伊宁：《犯罪构成的一般学说》，王作富等译，中国人民大学出版社 1958 年版，第 18~19 页。

出一类天生的犯罪人来代替犯罪行为的反动的和庸俗的人本主义以后，又有了新的进展，不过这种进展已经不属于人类学而属于社会学了，但他也违背'古典学者'的愿望，宣扬了从行为转向主体的刑法思想。……在人类学和社会学的主观主义的掩护下，培植出来帝国主义国家的惩罚政策的新方法，即向资产阶级的'民主'基础进攻的新形势。……立法者不可能见到犯罪人，而同犯罪人打交道的是法院。因而就扩大了法院的权限。……这样，资产阶级法官的法权意识，应当成为法院判决的基础。"〔1〕"可见，人类学者和社会学者的犯罪构成的主观结构，完全像早时的'古典学者'的客观结构一样，是阶级斗争发展的不同阶段在刑法方面反应的特殊形式。"〔2〕据此，特拉伊宁得出自己的结论："不能说有'纯粹的'没有主观色彩的行为，而且犯罪构成也不可能建立在这种不带主观色彩的'纯粹的'行为的基础之上。主体和他的行为永远是不可分割地联系着的。"〔3〕

特拉伊宁针对资产阶级的客观主义和主观主义提出了主客观并重的刑法理论，毕昂特科夫斯基则对贝林的三要件阶层式犯罪论体系中的违法性和有责性的"阶级弊端"提出了尖锐的批评。毕昂特科夫斯基认为，违法性作为犯罪构成的要件，只不过是资产阶级法院意图扩大自己的自由裁量权的借口。"法院并不根据法律，而是依自己的裁量来确定行为的违法性。这样，关于某人在实施犯罪中是否有罪的问题，也就由法院裁量解决了。法院可以依自己的裁量来规避法律，如果这样做，是符合剥削阶级的利益的话。"〔4〕毕昂特科夫斯基还指出，有责性作为犯罪构成的要件，更是资产阶级法官肆意进行有罪裁量的幌子。"唯心主义的罪过'评价'理论，也是为破坏犯罪构成服务的。根据这种'理论'，法院对被告人行为的是否评价，和对被告人行为的谴责，被认为是罪过。罪过的评价概念是以新康德主义的'存在'和'当为'的对立为前提的。新康德派刑法学者们否认人的罪过是实际现实世界的确定

---

〔1〕　［苏］A. H. 特拉伊宁：《犯罪构成的一般学说》，王作富等译，中国人民大学出版社 1958 年版，第 23～24 页。

〔2〕　［苏］A. H. 特拉伊宁：《犯罪构成的一般学说》，王作富等译，中国人民大学出版社 1958 年版，第 27 页。

〔3〕　参见［苏］A. H. 特拉伊宁：《犯罪构成的一般学说》，王作富等译，中国人民大学出版社 1958 年版，第 43 页。

〔4〕　［苏］A. A. 毕昂特科夫斯基："社会主义法制的巩固与犯罪构成学说的基本问题"，载中国人民大学刑法教研室编译：《苏维埃刑法论文选集》（第 1 辑），中国人民大学出版社 1955 年版，第 77 页。

的事实。按照他们的'理论',当法院认为某人的行为应受谴责时,法院就可以以自己否定的评价,创造出该人在实施犯罪中的罪过。主观唯心主义的罪过评价理论,使得资产阶级的法官们可以任意对所有他们认为危险的人宣布有罪。"[1]通过对贝林的三要件阶层式犯罪论体系的批驳,毕昂特科夫斯基否定了犯罪构成中的阶层结构,认为犯罪构成乃集犯罪一切本质特征于一体的总和。"犯罪构成包含着某一犯罪行为的一切本质的特征。在每一犯罪构成中,对于说明该罪的客体和客观方面、主体和主观方面的各个特征,都加以描述。犯罪构成是一定行为的客观特征和主观特征的总和,由于具备这些特征,该行为才被认为是苏维埃刑事立法上的犯罪。"[2]

在否定资产阶级刑法观和犯罪观的同时,苏联刑法学界急需一套自己的价值理念与资本主义的价值理念相抗衡,以示与资本主义国家在理论阵营上的界限。在康德哲学及其二元论思想成为苏联强烈批驳的对象以及马克思主义对黑格尔哲学的批判之时,要想寻找到一个指导犯罪构成理论的行之有效的准则并非易事。在这种情形下,将黑格尔辩证法分割开来,摈弃主观与客观、主体与客体之间的对立关系的主客观统一的论调浮出水面。巧合的是,苏俄刑法学者在抨击资产阶级的形式的犯罪概念的同时,发现了社会危害性这一与资产阶级刑法关于犯罪的形式主义立场相对立、又能揭示犯罪的本质特征的要素,而社会危害性本身就是行为的客观危害和行为人的主观恶性相结合的体现。于是,犯罪构成的主客观相一致原则具备了存在的事实根基。通过特拉伊宁和毕昂特科夫斯基的努力,德国刑法学大师贝林、李斯特等人创立的犯罪论体系在苏联彻底被否定,为主客观统一下的平面式四要件犯罪构成理论体系诞生创造了条件。

苏俄学者通过马克思主义的主客观相统一的哲学观,找到了新生的社会主义国家认定犯罪的指导原则。这样,以社会危害性为核心,坚持主客观相一致,就成为苏俄犯罪构成理论构建的基本准则。由于具有马克思主义血统,主客观相一致原则以及社会危害性中心论不仅是人们评价犯罪行为的出发点和归宿,甚至是评价一切行为的指导性原则。"辩证唯物主义在考察人们的行

---

〔1〕〔苏〕A.A.毕昂特科夫斯基:"社会主义法制的巩固与犯罪构成学说的基本问题",载中国人民大学刑法教研室编译:《苏维埃刑法论文选集》(第1辑),中国人民大学出版社1955年版,第77页。

〔2〕〔苏〕A.A.毕昂特科夫斯基:"社会主义法制的巩固与犯罪构成学说的基本问题",载中国人民大学刑法教研室编译:《苏维埃刑法论文选集》(第1辑),中国人民大学出版社1955年版,第80页。

为时所持的出发点，是行为中的客观因素和主观因素的统一。"〔1〕作为界定罪与非罪的具体标准，在主客观一致原则的指导下，犯罪构成要件理所当然地分解为客观方面要件与主观方面要件。客观方面要件又进一步细分为客体要件与客观要件，主观方面要件也具体分为主体要件和主观要件。于是，经过特拉伊宁的大力提倡，包括客体要件、客观要件、主体要件和主观要件的四要件平面式犯罪构成理论体系，最终得以在苏联扎根。尽管有人提出异议，但"纯正"的马克思主义"血统"和社会危害性中心地位的发现，还是使该犯罪构成理论体系很快在苏联刑法学界获得权威地位，成为苏联刑法学界的通说。

（二）主客观统一原则指导下的犯罪构成理论体系的先天不足

以主客观统一为指导的苏俄犯罪构成理论，自建构之初就存在先天不足。主要表现在：

1. 马克思主义并没有否认黑格尔辩证法，主客观不但是统一的也是对立的

马克思主义对黑格尔辩证法思想的批判，并非意味着对黑格尔辩证法思想的彻底否定。实质上，马克思当时对黑格尔哲学进行批判，并不是从具体事物自身的角度论述的，而是站在人与自然的整体关系的立场上论述的，具有合理性。"在马克思那里，实践成了人与自然统一的基础。人不仅是现实的、感性的自然存在物，而且是'类的''普遍的'、自由自觉的自然存在物，人通过主体意识和劳动同人之外的自然存在物发生对象性关系，……"〔2〕在马克思主义看来，对于自然实在物，必须从客体的或者直观的形式去理解，将之当作感性的人的活动，当作实践去理解，并从主观方面去理解。〔3〕这种通过人的认识对自然存在物的反映，上升到人与自然的关系上，自然是主客观一体的。主客观统一的整体评价特征，运用到犯罪认定中，便是从整体、宏观、抽象的角度界定罪与非罪。正因为如此，所以我们揭示犯罪概念，认为其是主客观的统一体，并无不妥。但是，犯罪构成并非从整体、宏观、抽象的角度界定罪与非罪。与犯罪概念相对应，犯罪构成旨在从个别、微观、具体的角度揭示单个行为的罪与非罪的界限。如果将一个评价整体、宏观、抽象的事物的方法运用到对个别、微观、具体的事物的评价活动中，不可避免地会抹杀

〔1〕［苏］A. A. 毕昂特科夫斯基："社会主义法制的巩固与犯罪构成学说的基本问题"，载中国人民大学刑法教研室编译：《苏维埃刑法论文选集》（第1辑），中国人民大学出版社1955年版，第86页。

〔2〕王贵友：《科学技术哲学导论》，人民出版社2005年版，第104页。

〔3〕参见《马克思恩格斯选集》（第1卷），人民出版社1995年版，第54页。

后者的个性，陷入机械、片面之中。因此，将主客观统一作为犯罪构成的基本准则，是不合适的。事实上，后期的马克思主义注意到主客观一致所代表的特定立场，对黑格尔哲学及其辩证法思想的态度还是有所转变的，即充分肯定其中的合理内核。"辩证法在黑格尔手中神秘化了，但这绝没有妨碍他第一个全面地有意识地叙述了辩证法的一般运动形式。在他那里，辩证法是倒立着的。为了发现神秘外壳中的合理内核，必须把它倒过来。"〔1〕"现代唯物主义本质上都是辩证的。"〔2〕在这里，马克思主义充分肯定了黑格尔辩证法的合理性。

遗憾的是，马克思主义的对黑格尔辩证法的这些科学诠释，对苏俄刑法学者而言已经变得无足轻重了，重要的是社会主义阵营终于发现了属于自己的哲理武器，能够对资产阶级的犯罪构成理论这一"剥削思想"加以"无情"抨击。习惯于意识形态斗争的苏俄刑法学者们，尽管并非真的不知道分割主客观统一与对立的关系是一个方法论上的错误，但对于好不容易发现的足以抗衡资产阶级法哲学思想和犯罪观的主客观统一原则，当然不会轻易放弃。相反，他们还以此为据对资产阶级刑法理论予以大肆批驳。批驳本身是否科学，已经丝毫不影响主客观统一的原则在苏俄刑法学中占据的主导地位。可见，苏俄犯罪构成理论从其确立之日起，就存在天然缺陷，这种缺陷在后天的发展过程中得以承继。

2. 犯罪构成内部构造和特征，并非坚持主客观一致可以解决

在中西方不同的文化本体论中，我们可以发现一个思维和方法上的区别："天人合一"观强调整体和谐，对事物的考察能够舍弃枝节末梢上的琐碎，以便勾勒出一个总体的、宏观的事物形象；"征服自然"观立足于千变万化、枝节末梢的琐碎事实内部，从局部、微观上认识、把握事物，勾勒出一个个鲜明活泼的事物个体。不难发现，强调整体和谐，必然会忽略事物内部的机理和个体；强调个体特征，就会造成对事物整体认识的不足。抛开两者各自的局限性、片面性不谈，我们不难得出两者的长处："天人合一"观能够发挥团队优势，适合于对事物的整体、概括的评价和认识；"征服自然"观重视事物个性，有利于对事物的局部的、具体的认识。因此，从整体、宏观上评价事物，主客观一致的本体论较之主客观二分的本体论更恰当。对"宇宙科学对

---

〔1〕《马克思恩格斯选集》（第 4 卷），人民出版社 1995 年版，第 112 页。
〔2〕《马克思恩格斯选集》（第 4 卷），人民出版社 1995 年版，第 364 页。

象的研究，人们不得不接受一种主客观浑然一体的认识论框架。……如根据控制论观点，科学观测-实验系统作为一种控制论系统，人与自然对象之间不断进行着控制信息与反馈信息的变换和循环，其中作用与反作用构成不断调整的反馈关系，人与自然对象构成了一个互为条件、互为因果的统一整体。"[1]如果要从具体、微观的角度评价事物，则主客观二分的本体论较之主客观一致的本体论要优越。"在一定的科学认识范围内，这种主客观之间的区分对于获取比较可靠的、精确的客观事实（科学事实）与客观知识（科学理论）是十分必要的。"[2]这也造成了在近代科学发展中，西方往往偏向理想的、绝对的、纯粹的主客观关系，严格区分主客体，坚持主客观决然二分的本体论观念。不过，忽视个性的"天人合一"观恐怕很难充分认解决事物内部对立的矛盾，因为整体的和谐从来都是以牺牲个体对立为前提的。[3]

通过对主客观一致的本体论与主客观二分的本体论的利弊进行分析，不难发现两者在指导犯罪论体系上的优缺。众所周知，犯罪概念与犯罪构成是密切联系的一对范畴。犯罪概念侧重从宏观上、整体上概括地区分罪与非罪，而犯罪构成侧重从微观上、局部上具体地区分罪与非罪，两者是抽象与具体、宏观与微观、整体和局部的关系。主客观一元化的本体论由于侧重在整体、宏观上评价，作为犯罪概念这样的宏观、整体的观念形象的指导原则，应当说是有合理性的。但是，它在局部、微观方面，如对犯罪构成这种通过微观的要件或者要素揭示行为具体的、实质的特征的概念，就难以说合适了。主客观二分的本体论由于侧重从局部的、微观的角度评价事物，也许在揭示犯罪概念这样的宏观、整体的观念形象的特征方面没有主客观一致科学、合理，但是，它能够充分揭示作为微观、具体的概念——犯罪构成的内部各要件或

---

〔1〕 王贵友：《科学技术哲学导论》，人民出版社 2005 年版，第 102~103 页。

〔2〕 王贵友：《科学技术哲学导论》，人民出版社 2005 年版，第 101 页。

〔3〕 中西文化本体论的这种差别在医学上表现得非常明显。众所周知，中医就重视人体机理，以整体为主导思想，以脏腑经络的生理、病理为基础，以辨证论治为诊疗依据，具有朴素的系统论、控制论内容。但是，中医对于官能性疾病，如四肢受伤等，是无能为力的。西医则不然，也许在机体的养生、调理等方面不及中医，但对治疗官能性疾病非常有效。强调机体的养生、调理，能使人更健硕、鹤发童颜，但一旦遇到官能受损就无能为力。西医通过对患者的血液、体液、分泌物、排泄物、细胞取样和组织标本等进行个别检查来诊断患者的疾病，对局部官能损伤疗效显著。中医重视整体、长远，却难解燃眉之苦；西医能够有效解决官能损伤，却对机体调理功效不大。不过，中医遇外伤因无能为力可能导致生命戛然终止，但西医通过脚痛医脚、手痛医手却能苟延生命。从这一点来看，西医比中医更实用。

者要素的对立关系，准确剖析犯罪行为内部的、局部的特征。而且，在整体、宏观上，只要将各要件或者要素简单地整合，就是犯罪的观念形象。因此，主客观在犯罪构成要件或者要素上的分立，并不影响对犯罪整体上所作的主客观统一的评价。可见，在构建犯罪构成这样的通过微观、局部的、具体的要件或者要素解释犯罪特征的概念时，主客观二分显然比强调主客观一致更为合理，对犯罪构成内部特征进行分析，不应该抛弃主客观对立原理。否则，所构建的犯罪构成理论体系必将存在难以避免的弊端。

值得庆幸的是，俄罗斯刑法学者已经意识到了这一方法论上的错误。"方法论是辩证唯物主义和历史唯物主义各种范畴的体系，这一体系使人们能够研究和实际应用已经认识到的刑法同犯罪做斗争的规律性、实质和内容，在辩证唯物主义中，这就是关于对立统一斗争这一发展源泉的学说，关于物质的质和量、现象和概念的形式和内容、主观和客观、可能性和现实性、因果关系和其他各种确定性等之间普遍相互作用的学说。"[1]俄罗斯学者的拨乱反正，无疑是对以主客观统一为指导的苏俄犯罪构成理论之先天不足的最好解释。

（三）中国移植苏俄犯罪构成理论体系的后天不良

中华人民共和国成立伊始，对苏联法律制度全面移植，使平面式四要件犯罪构成体系输入中国，并很快确立其权威地位。与这一犯罪构成理论体系同时输入的，便是主客观统一这一犯罪构成的基本原则。有学者就指出，将主客观统一原则看作是在方法论上对于规范科学的基本背离，在基本思维的形式逻辑上是典型的似是而非的诡辩。[2]这种论断并非完全没有道理。

主客观相统一，在解释犯罪构成由何种要件和要素建构时，不可避免地分解成主观方面要件和客观方面要件，而不可能出现一个主客观相统一的要件。如果单纯的主观方面要件和客观方面要件范畴过大，不利于具体问题具体分析，于是主观方面要件又细分为主体要件和主观要件，客观方面要件又被分为客体要件和客观要件，各个要件又包含若干要素。所有要件和要素结合在一起，便是主客观相统一，形成一个完整的犯罪认定模型。摈弃主客观

---

〔1〕 参见［俄］Н. Ф. 库兹涅佐娃、И. M. 佳日科娃主编：《俄罗斯刑法教程（总论）》（上卷·犯罪论），黄道秀译，中国法制出版社 2002 年版，第 8 页。

〔2〕 参见李海东：《刑法原理入门（犯罪论基础）》，法律出版社 1998 年版，第 10 页。

对立的主客观相统一的犯罪构成理论体系，由于违背辩证法原理，必然面临难以克服的矛盾。

1. 排斥了不属于主观或客观的违法性要素成为犯罪构成要件的可能

由正当化事由组成的影响行为构成犯罪的违法性要件，在性质上究竟是属于客观要件还是主观要件，中外均存在不同意见。在我国，通说认为，"正当行为不具有社会危害性，大多数正当行为对社会有益"。[1]如果以社会危害性作为评价正当化事由的标准，鉴于社会危害性的主客观属性，违法性要件应当是主客观混溶的要件。实质上，违法性作为规范要素，乃通过两种不同利益衡量比较的结果来评价行为的性质，因而以社会危害性作为判断标准，是合乎情理的。不难看出，作为主客观混溶的要件，违法性（违法阻却事由）在纯粹的主观或客观要件组成的犯罪构成中是难觅藏身之处的。

当前，我国学界有一种持两阶层犯罪构成体系的观点。在该体系中，犯罪构成由客观（违法）构成要件与主观（责任）构成要件组成；客观构成要件是表明行为具有法益侵害性的要件，又称为违法构成要件。主观构成要件是揭示行为具有非难可能性的要件，也称为责任构成要件。德、日犯罪论体系中的违法阻却事由和责任阻却事由，分别被归入客观构成要件和主观构成要件之中。[2]仔细分析这一犯罪构成体系就会发现，论者对大陆法系犯罪论体系中的违法性要件，坚持的是客观违法性论，这与意大利学界的多数说一致。该观点本身是否合理，值得探讨。

首先，即使在意大利，类似的二要件体系也很少有人支持。如意大利学者杜里奥·帕多瓦尼对抛弃违法性要件的新的二要件论体系评价时，就指出了这种犯罪论体系的缺陷。"这种理论从根本上扭曲了具有不同性质的事实，将实质意义不同的现象搅混在一起（参见第六章第一节）：缺乏典型事实肯定因素的那些非典型事实，根本就不可能具有危害；而包含正当化事由的事实，则永远包含损害某种利益的内容。"[3]杜里奥·帕多瓦尼的见解不无道理。确实，在以行为为核心的客观要件中，价值评价只存在有与无之分，即行为要么具有社会危害构成犯罪，要么不具有社会危害不构成犯罪。而正当化事由

---

〔1〕　高铭暄、马克昌主编：《刑法学》，北京大学出版社、高等教育出版社 2007 年版，第 138 页。

〔2〕　参见张明楷：《刑法学》（第 3 版），法律出版社 2007 年版，第 78 页以下。

〔3〕　［意］杜里奥·帕多瓦尼：《意大利刑法学原理》（注评版），陈忠林译评，中国人民大学出版社 2004 年版，第 95 页。

则是两种行为的利益、价值的衡量，导致行为的犯罪性被排除。如果将行为和正当化事由混合在一起，等于将"实质意义不同的现象搅混在一起"，其效果类似于水和油混溶，是否可取可想而知。

其次，正当化事由在本质上是两种利益得失比拼，所得出的结论是具有犯罪形式特征的行为之实质社会危害性没有达到犯罪程度，因而排除其犯罪性。换句话说，正当化事由之所以不构成犯罪，源于其社会危害性没有达到犯罪程度。作为评价其性质的核心要素——社会危害性，本来就蕴含了主客观要素在内。我国学界通说认为，行为的严重社会危害性是犯罪的本质特征，是主客观要素的统一。造成客观损害的人的行为是受人的主观因素即意识和意志支配的，是行为人主观恶性的表现。社会危害性不可能离开人的主观因素，而必然是主观因素与客观因素的统一。社会危害性的有无以及程度，不只是由行为在客观上所造成的损害来评价的，还包括行为人主观方面的要件在内。[1]"社会危害性及其程度，不只是由行为客观上所造成的损害来说明，还包括行为人的主体要件和主观要件。"[2]如果认为社会危害性不包含主观因素，是与我国刑法规定相矛盾的。

再次，正当化事由与行为等客观要件存在根本不同。正当化事由并非因主体受"强制"而排除精神力所能解释。因为，行为人在实施不法行为时，通常在身心上并没有受到强制，更谈不上被排除精神力。在正当防卫的场合，行为人对不法侵害的侵犯是积极的、主动的。特别是在为了保护他人而非自己的利益进行正当防卫时，这种意向更加明显。从实质方面讲，无论是作为"在法全体即法秩序的观念中被认为无价值性或无价值判断"的违法性，还是刑事违法性，都不是用主观要件或者客观要件能解释清楚的。作为违反法秩序的违法性，由于要接受法秩序的目的、利益衡量、社会相当等一系列包含社会伦理、价值观念、风俗习惯等可变性的因素的制约，使得违法性的标准具有不确定性，需要具体问题具体分析，这并非客观属性能够解释。总之，违法性并不能归属于纯粹的客观因素或主观因素之列，不能简单地将之归纳到犯罪构成的客观要件或者主观要件之中。

---

[1]　高铭暄、马克昌主编：《刑法学》（上编），中国法制出版社 1999 年版，第 72~73 页。
[2]　马克昌主编：《犯罪通论》，武汉大学出版社 1999 年版，第 19 页。

2. 排斥了其他主客观一体的要素成为犯罪构成要件的可能

除违法性以外，是不是其他犯罪构成要件或要素都可以划分到主观要件或者客观要件之中呢？答案是否定的，至少在我国并非如此，社会危害性程度便是例证。根据我国《刑法》第 13 条规定："一切危害国家主权、领土完整和安全，分裂国家、颠覆人民民主专政的政权和推翻社会主义制度，破坏社会秩序和经济秩序，侵犯国有财产或者劳动群众集体所有的财产，侵犯公民私人所有的财产，侵犯公民的人身权利、民主权利和其他权利，以及其他危害社会的行为，依照法律应当受刑罚处罚的，都是犯罪，但是情节显著轻微危害不大的，不认为是犯罪。"但书规定，肯定了行为的社会危害性程度是构成犯罪必须具备的要素。那么，行为的社会危害性程度之内涵究竟是什么呢？

行为的社会危害性程度，是指行为对社会造成的危害的大小。如前所述，作为犯罪的本质特征，行为的社会危害性理当包含行为的客观危害和行为人的主观恶性，故行为的社会危害性程度包容主观要素与客观要素，与犯罪构成具有相同的结构特征。这样一来，就出现一个问题：社会危害性与犯罪构成究竟属于什么关系？

在我国，社会危害性作为决定行为是否构成犯罪的核心要素，首先能从综合、宏观的角度将具体行为的罪与非罪区别开来。"只有行为的严重社会危害性才能说明犯罪的根本特征，才能用以将犯罪与一般违法行为区别开来。"[1]任何行为，只要社会危害达到一定程度，都可以以犯罪论处。我国刑法规定的所有犯罪行为，都是以社会危害性及其程度作为入罪标准的。其次，社会危害性还可以从具体的、微观的角度评价具体行为，作为其是否构成某一具体犯罪的核心依据。具体行为的社会危害性如果达到一定程度，就可能受到刑罚处罚。否则，至多只是一般违法行为。我国刑法规定的每一种具体犯罪，都是因为具体行为具有社会危害性并达到犯罪程度。因此，社会危害性与犯罪、具体的社会危害性与犯罪构成，是相互对应的。既然如此，行为的社会危害性及其程度当然可以归入犯罪构成的某一个具体要件之中。然而，由于我国犯罪构成要件的纯粹客观或主观性质，使得包含客观因素和主观因素在内的社会危害程度难以成为犯罪构成要件，这不能不说是遗憾。通常，学者

---

〔1〕 马克昌主编：《犯罪通论》，武汉大学出版社 1999 年版，第 19 页。

们在概括某一行为的犯罪构成特征时，总是将犯罪情节等表征社会危害程度的要素放置于犯罪的客观要件之中论述，作为行为的一个客观要素，这显然是一厢情愿。实质上，由于混合了主客观因素，社会危害性程度是不可能归入我国通行犯罪构成四个要件中的任何一个要件的。那种将犯罪情节等放置于犯罪客观要件之中论述的情形，是典型的鱼目混珠，造成我国犯罪构成要件在归类上的混乱。

由于我国通行犯罪构成理论体系中缺乏一个综合（包含主客观因素）的犯罪构成要件，从体系的客观和科学的角度来看，犯罪情节等是难以归入犯罪构成要件中的。究其缘由，无疑是坚持主客观一致的犯罪构成原理使然。

3. 主客观一元化的犯罪构成理论体系与违法性要件的对立与冲突

在我国，坚持主客观一元化的犯罪构成本体论，具有自身特有的性质，与违法性的评价是一种决然相对的关系。具体表现为：①义务规范与权利规范的对立。在主客观一元化的犯罪构成中，行为具备的客体要件、客观要件、主体要件和主观要件都是正面积极的评价行为，在性质上具有一致性，以达到评价上的综合、一体化，形成一个有机统一的犯罪模型。对于行为人来讲，刑法分则中的罪名规范通常是命令规范，禁止行为人实施规范内容下的行为，而刑法总则规范中的正当行为规范属于权利规范，只要行为人实施了规范内容下的行为便不构成犯罪。于是，问题便出现了。作为权利规范的正当化事由与作为义务规范的四要件的关系如同油和水的关系一样，难以相容。违法性只有超脱于犯罪构成要件，孤独地完成刑法交给自己的使命。②犯罪构成要素的混溶。前面提到，违法性是一种综合评价，包括主观要素与客观要素。而在主客观一元化的犯罪构成中，主客观要件之间界限分明，只有结合起来才能形成一个主客观一致的评价体系，如果把违法性纳入犯罪构成要件中，将会发现难以适从。③形式与实质的对立。根据我国犯罪构成理论，无论是犯罪客观要件还是主观要件，都是站在刑法的角度，作为犯罪意义上一个概念加以评价的。具备犯罪构成四个要件，就被认为具有刑事违法性，触犯刑法并构成犯罪。不具备犯罪构成四个要件或者其中的任意一个，不具有刑事违法性，不构成犯罪。体现在违法性上，便是只存在刑事违法性的有无。不违反刑法的行为，即使违反其他法律规定，在刑法上也是合法的。符合刑事违法性，行为必然具有社会危害性。"社会危害性与刑事违法性是统一的关系。立法机关认为行为的社会危害性达到了应当追究刑事责任的程度，才将该行为规定为刑法所禁止的行为。……司法机关根据刑法认定为犯罪的行为，当然具有应当追究刑事责任程度的社会危害性。因此，不管是就观念上的犯罪（刑法所规定的犯罪）而言，还是就现实的犯罪（司法机关根据刑法认定的犯罪）而言，犯罪的本质特征是统一的，而不是分裂的。"[1]总之，社会危害性是犯罪成立的出发点和归宿，刑事违法性是犯罪在刑法上的表征，我国《刑法》第13条规定的犯罪概念便是犯罪的实质概念与形式概念的统一，是从犯罪的阶级实质和法律形式的统一上给犯罪所下的一个完整的定义。[2]符合犯罪构成的行为，在违法性上是一元化的，是形式违法性与实质违法性的统一。相对来说，正当行为就有些不同了。一方面，正当行为至少在形式上是符合犯罪构成的，即表面上看是刑法规定的一种犯罪行为，具有形式违法性。但是，正当行为本质上没有社会危害性，不具有实质的违法性。这样，形式的违法性与实质的违法性，在正当行为那里就被分割开来。[3]违法性的这种双重性质，是主客观一元化的犯罪构成难以兼容的。

二、中国犯罪构成本土化的方法论经验

正义可以分为实质正义与形式正义。实质正义即具体正义、事实正义，是一种连贯而规律的理性规则和人们完全自由的选择，是根据衡平精神适用的原则。形式正义即法律正义、规范正义，包含规则的存在、适用的普遍性以及公正无私的实施三个基本特征。[4]刑法作为法律部门之一，具有不同于其他法律部门的特殊之处，即它是最为严厉的制裁规范，是所有部门法的最后保护伞。可见，刑法是法律体系内维护正义的最后防线，是法律实现正义的最后保障，刑法的正义性是法律正义性的关键命题。刑法正义也包括形式正义与实质正义。在成文法国家，刑法规范如果能够在现实生活中普遍适用且得到法院与法官的遵守和执行，就成就了形式正义；如果刑法的规范内容

---

〔1〕　张明楷：《刑法学》（上），法律出版社1997年版，第84~85页。

〔2〕　参见马克昌主编：《犯罪通论》，武汉大学出版社1999年版，第14页。

〔3〕　需要注意的是，我国刑法中的正当防卫与紧急避险的在刑事违法性上的形式与实质的对立，与德、日大陆法系国家刑法理论中的形式违法性和实质违法性不同。后者是从本质上探讨违法究竟是违反法规范还是侵害法益，其前提是肯定违法性的否定评价。前者是从形式和实质两个方面探讨正当防卫与紧急避险是否违法，其前提揭示的是刑事违法性与社会危害性的冲突问题。

〔4〕　［英］丹尼斯·罗伊德：《法律的理念》，张茂柏译，新星出版社2005年版，第94~100页。

总是能够遵循一个社会普遍的、共同的价值观念，具有合理性，就体现了实质正义。意合的犯罪构成与形合的犯罪构成，正是适应实质正义与形式正义的价值诉求而生的。

在中国历史上，由于以追求天命、天道、天理等绝对正义为核心，人们总是试图通过天判神罚这样的超人力量以及良心等道德说教实现实质正义，很容易混淆刑法与道德的界限，纵容司法不公，使实质正义流于形式。"一般而论，人固然应当超越感性层面而达到理性的升华，但如果仅仅注重理性精神的发展而无视乃至抑制感性生命的充实，则理性的精神境界亦不免趋于抽象化和玄虚化，在'纯乎天理'的精神世界中，理性的丰富内涵已为抽象的道德律令所取代，而主体的创造活力也为'存天理'所抑制。"[1]"'天听自我民听，天视自我民视'，'天明畏自我民威'，民意即天意就成了千古不移之论。"[2]韦伯就尖锐地指出："具有明显的'实质的-不理性的'特质，重视具体案例的实质的公道与正义，忽略实定法的形式理性与拘束性，容易流于'卡迪审判'式的自由裁量。"[3]确实，"由秦汉一直到明清，中国传统法律一直都没有多少改变。法律与道德难分之外，法律与政治、行政也难分，所以中国传统法律司法始终没有独立运作的空间，具有'实质的-不理性的特征'，充满自由裁量与不可预计性。当西方现代法律已经逐步形式化与理性化的时候，中国传统法律一直停留在西方中古社会的法律发展阶段"[4]追求实质正义的结果，造就了中国古代几千年来不理性的司法裁判制度，使情理左右法律，巩固了个人凌驾于法律制度之上、置法治于不顾的人治社会的根基。"哪种行为要定为犯罪，科以刑罚，未必全部用法律来解决，而是由法官或者掌权者根据当时的事件恣意裁定的。为此，国民的自由行动范围很不明确，结果往往是国民容易遭受到来自于国家的意外打击。不仅如此，刑法由掌权者单方面决定，国民一直没有自律权，只能服从于刑法。"[5]正是看到了封建法制"实质的——不理性的特征"，人们才对贯彻罪刑法定原则、实现刑法的

---

〔1〕 张岱年、方克立主编：《中国文化概论》，北京师范大学出版社 2004 年版，第 117 页。

〔2〕 陈顾远：《中国文化与中国法系——陈顾远法律史论集》，范忠信等编校，中国政法大学出版社 2006 年版，第 25 页。

〔3〕 〔德〕韦伯：《中国的宗教》，简惠美译，远流出版公司 1989 年版，第 167 页。

〔4〕 林端："中西法律文化的对比——韦伯与滋贺秀三的比较"，载《法制与社会发展》2004 年第 6 期，第 31 页。

〔5〕 〔日〕西原春夫：《刑法的根基与哲学》，顾肖荣等译，法律出版社 2004 年版，第 11 页。

形式正义极力推崇。"罪刑法定原则是即便具有处罚的必要性，但是如果在事前没有明文规定的话，也不得予以处罚的原则，因此，在确定处罚范围的时候，不应当加入处罚的必要性考虑。罪刑法定原则是即便牺牲处罚的必要性，也要保障国民基于预测可能性进行行动的自由的原则。"[1]

坚持形式正义也存在缺陷。罪刑法定主义就面临两个挑战：一是语言逻辑上的缺陷导致立法、司法偏离规范目的。受认识水平、立法技术、语言性质、伦理观念以及立法者所代表的不同利益集团等诸多因素的影响，犯罪构成要件不可避免地具有模糊性、抽象性、形式化等特征，需要进一步诠释在所难免。然而，解释能否达到刑法条文的真实含义，符合规范体系的要求，合于规范适用的目的，顺利实现实质正义，并不是容易的事。现代法学业已达成的一个共识是，无论立法者多么充满理性和睿智，他们都不可能全知全觉地洞察立法所要解决的一切问题，也不可能基于语言文字的确定性和形式逻辑的完备性而使法律文本的表述完美无缺、逻辑自足。[2]这就可能导致规范治理偏离处罚必要这一规范的终极目标，造成本末倒置。二是导致司法适用上的难题，甚至对罪刑法定造成冲击。规范治理与处罚必要是两回事，刑法规范并不当然体现实质正义。有一种观点认为，罪刑法定原则并不只是排斥类推解释，而是排斥一切不合理的解释，因为一切不合理的任意解释，都可能使成文刑法失去其固有的含义，刑法也就失去了其应有的效力。在此意义上说，即使是限制解释、严格解释，只要它不合理，也是罪刑法定原则所不允许的。[3]笔者认为，这种观点值得商榷。如果将罪刑法定原则与处罚合理性等同起来，实质上抹杀了规范与事实、刑法规范性与处罚必要性的界限，混淆了刑法的实质正义与形式正义，是不符合实际的。一方面，由于立法技术和水平的限制，立法者不可能将现实生活中值得处罚的行为规定在刑法条文中，也不可能将现实生活中不值得处罚的行为全部剔除出刑法条文。另一方面，规范本身具有稳定性与滞后性，不可能及时反映现实生活中的公平和正义。通常情况下，当规范含义涵盖处罚必要时，对规范进行解释既能贯彻罪刑法定原则又能合于处罚目的，体现刑法的形式正义与实质正义，是最为

---

[1]　[日]曾根威彦：《刑法学基础》，黎宏译，法律出版社2005年版，第15页。

[2]　参见张志铭：《法律解释操作分析》，中国政法大学出版社1995年版，第1~2页。

[3]　参见张明楷：《刑法格言的展开》，法律出版社1999年版，第34页。

理想的刑法解释模式。但是，在规范含义并没有体现处罚必要时，坚持罪刑法定原则还是处罚必要性、维护形式正义还是体现实质正义，就是刑法解释面对的难题。此时，背离罪刑法定原则，坚持实质的刑法解释，往往成为实现实质正义的借口，从而对罪刑法定原则构成挑战。

以形式正义为核心的形合的犯罪构成，始终有脱离现实的危险；以实质正义为目标的意合的犯罪构成，虽然以规范为前提，却容易淡忘规范的存在，乃至于架空规范本身。这实际上就是西方哲学中由来已久的经验论与唯理论的冲突。经验论强调认识的事实方面，唯理论强调认识的规范方面，两者的争论是关于事实性与有效性的争论。经验论与唯理论，在法哲学上表现为法规范论与法事实论，在犯罪构成上体现为意合性与形合性。当代西方著名法哲学家哈贝马斯认为："事实性与有效性之间的来回折腾，使得政治理论和法学理论目前处于彼此无话可说的境地。规范主义的思路始终有脱离社会现实的危险，而客观主义的思路则淡忘了所有规范的方面。"[1]哈贝马斯由此提出了真理的"共识论"，认为"在自然科学领域范围以外的道德、法律、政治等领域，人们通过理性探讨达成的共识便是真理，当然这'真理'并不是绝对或永恒的，而是相对于当时的历史和社会环境的。于是，道德、法律、政治等社会准则的真理基础便得以重建"。[2]哈贝马斯所主张的真理"共识论"，寄希望于立法者将人们通过理性探讨达成的共识，制定出真理的法律，消除法规范论与法事实论的矛盾根源，使规范永久垂范。不难看出，哈贝马斯的真理"共识论"具有明显的理想主义色彩。

通过分析，我们似乎可以认为，犯罪构成的意合与形合，不存在谁对谁错的问题。在以中国为代表的东方法律文化与思维模式，注重内容与实质性，不刻意追求形式，体现的是"意合"的价值观念。西方法律文化与思维模式则注重形式与规范性，认为是内容与实质的保证，体现的是"形合"的价值观念。意合与形合，作为中西方两种法律文化的不同之处，各有其产生与发展的历史背景与文化渊源，适用于各自的文化领域与价值圈，各有利弊，谈不上哪一个更优越。或许，在两种不同方法论中找到共识，是克服自身缺陷、

---

〔1〕［德］哈贝马斯：《在事实与规范之间——关于法律和民主法治国的商谈理论》，童世骏译，生活·读书·新知三联书店 2003 年版，第 9 页。

〔2〕李龙主编：《西方法学经典命题》，江西人民出版社 2006 年版，第 276 页。

解决两者冲突的有效手段。因此，不能过于强调我国现行平面的犯罪构成体系的缺陷与不足，对西方国家刑法的犯罪构成体系的优点大加赞赏，乃至于照搬大陆法系或者英美法系的层次性犯罪构成体系。我国犯罪构成总体上并非某些学者想得那么糟糕，而德、日等大陆法系国家的犯罪论体系也并非想象的那么完美。从方法论上讲，一国刑法采取何种犯罪构成理论体系，不能脱离该国国情。任何犯罪构成理论体系及其方法论的存在，本身说明其存在的合理性。在司法实践中，一种犯罪构成理论体系在方法上是否科学、合理，与赋予该理论体系的内容和贯彻其方法等不无关系。我国刑法理论界和司法实践中，就存在赋予构成要件体系的内容不科学与贯彻模式的方法不得当的缺陷，造成认定犯罪的标准不统一、不协调。例如，如何在坚持"意合"的犯罪构成体系的前提下，赋予犯罪构成体系在认定犯罪上的全部功能，使之成为界定具体犯罪的罪于非罪的唯一标准，就做得很不够。此外，不管何种犯罪构成理论体系，都需要人去贯彻，故司法人员的职业素养、品格情操始终是处于第一位的。理论的弊端不可能约束一位富有正义感的高尚的法官并使之误入歧途，再完美的理论体系也难以钳制卑鄙的小人滥施刑罚。在坚持实质正义却担心缺乏规范约束致使法官滥施裁量权和坚持形式正义但顾忌刑法规范背离实质正义的两难中，以目前我国现实情状来看，似乎不应该偏颇一方。[1]也许，根据我国目前的社会发展水平、文化思维传统以及法治发达程度，以社会危害性为核心的意合的犯罪构成，在兼顾形式正义这一前提下，不失为一种比较理想的选择。

三、中国犯罪构成本土化的认识论、模式论经验

"中国的犯罪理论体系来源于苏联，而苏俄的犯罪理论体系最初又发端于德国，尽管系一脉相承，但其知识统一体内部诸要素的组合方式、运作方式和方法论意义却相去甚远，其原因可以归结为不同文化背景下的思维方式价值范式的差异而导致这一模型在体系建构上的差别。"[2]主客观相一致原则指

---

[1] 最近对坚持罪刑法定主义和形式正义的论者有力的回击，便是许霆案的改判。如果彻底坚持形式正义，则一审对许霆判处无期徒刑并无任何不可。然而，这样的判决严重背离社会现实，引起社会的普遍反感，其规范作用到底是否积极令人生疑。终审判决判处许霆 5 年有期徒刑，虽然违背罪刑法定，但毕竟符合社会普遍的正义观，这种对罪刑法定主义的背叛的"积极"意义，让人称道。

[2] 陈兴良主编：《犯罪论体系研究》，清华大学出版社 2005 年版，第 176 页。

导下的平面的犯罪构成理论体系经苏联传入我国后，与之一并输入的还有相应的方法论、认识论和模式论。我国平面式四要件犯罪构成在认识论上体现的是直觉体悟，这与以社会危害性及其程度为核心的实质的犯罪概念以及意合的犯罪构成是相匹配的。与直觉体悟的认识论相对应的是机体的犯罪构成模式，两者相辅相成。"由于直观体验和'用心'思维相联系，具体注重整体认知和事物有机联系的特点，所以一般适用于各种有机整体（包括生命体、社会有机体和精神有机体）的认识。有机整体的内部联系不可能被完全割裂开来进行研究，而直观体验的认知方式能够在并不割裂事物内部有机联系的条件下洞察事物的本质和变化规律，所以有可能完整把握事物的本来面目，这是逻辑分析思维方式所不具有的长处。"[1]

我国现行犯罪构成理论体系不但在本体论、方法论上，而且在认识论和模式论上，均与我国传统文化及思维模式相契合。"定性因素和定量因素统合的犯罪界定，是我国'法不治众'传统社会心理和我国隆礼轻法的传统治世经验的反映，表明立法者要把有限的司法力量用以集中对付严重的社会危害行为的战略思想意图。与西方刑法相比，我国现行刑法的这种犯罪圈界立法模式所圈定的犯罪要少得多，是一种小犯罪圈。从反社会行为都应进行相应的处置这一意义上讲，东西方社会治安制裁体制也可以说没有实质性差异，但是二者在总体战略设计和实际效果方面却颇不相同。造成这种差异性反应方式的底蕴就是法文化传统。"[2]如果片面追求标新立异，脱离中国社会之现状，抛弃中国特有的哲理观念、法律传统、文化背景、思维模式等需要，盲目移植国外犯罪论体系，实践证明并不可取。"在我国，包括刑法在内的现代意义的基本法律制度都是来自西方或外域的舶来品，这种法律的现代化运动始至清末，但迄今为止，有些具有现代性的规则虽说已经固定了，成为白纸黑字的法典条文了，但是这些规则离开了其原生的文化母体进入中国文化体系后，水土不服的情况并不鲜见……"[3]

有学者认为，"从晚清开始效法日本，移植大陆法系，到中华人民共和国成立后以苏联为师，加入社会主义法系的阵营，直到近年来反思求变，再度

---

〔1〕 王前：《中西文化比较概论》，中国人民大学出版社2005年版，第106页。
〔2〕 许发民：《刑法的社会文化分析》，武汉大学出版社2004年版，第181页。
〔3〕 许发民：《刑法的社会文化分析》，武汉大学出版社2004年版，第11页。

将目光投向德日——回首走过百年历程的中国刑法学，是一段向异域学习的历史，是一段移植的历史，这段历史的轨迹也是很清晰的：德日-苏联-德日"。[1]言下之意，我国法治建设受苏联影响只是一个中间插曲。这种观点显然是思维定式使然，并不客观。实质上，自晚清以来，苏联对中国法制的影响是非常深刻的。"自清末以来开始的法制近代化主要内容之一就是移植西方法。在这一进程中，苏联法对中国法制的影响程度最为深刻。从孙中山领导的民族民主革命时期，到中国共产党领导创建的革命根据地时期，再至中华人民共和国成立后的 20 世纪 50 年代，近现代中国大量移植了苏联法制，其影响之深远及于现在乃至将来很长一段时间。"[2]中国法制受苏联影响并非始于中华人民共和国成立后，如前所述，我国现行犯罪构成理论体系移植于苏联还是有其渊源和必然性的，并非单纯受意识形态影响决定。非常巧合的是，自苏联犯罪构成理论体系移植入我国之后，在发展过程中通过注入本土特色加以适当改造、完善，使得该犯罪构成体系以本体论为核心的一系列本原特征，恰好与我国文化背景、价值观念和思维模式等达成默契，以至于在司法实践中获得了极高的运用率，相关教材一版再版，深刻地影响着一代又一代的司法工作者。由此看来，我国犯罪构成理论体系是在经由短暂的简单移植后，走上外来理论本土特色化之路的，在此过程中与我国文化观念、思维模式等实现了对接并达成默契。

以德、日为代表的立体式三要件犯罪构成在认识论上体现的是严密的逻辑分析，这是由形式的犯罪概念以及形合的犯罪构成决定的。与逻辑分析的认识论相对应的，便是机器的犯罪构成模式，两者是紧密联系的。"由于逻辑分析思维同'用脑'思维相联系，具有条分缕析解剖事物内部细节的特点，所以一般适用于对各种不依赖于有机联系的事物的研究，包括对自然界中的各种无机物、机器、按严格规则组织起来的各种社会群体以及按逻辑规则组织起来的观念体系的研究。逻辑分析特别适于对已有知识体系的整理，使之条理化、严格化、精确化，获得局部而深入的认识。"[3]这些本体论、方法论、认识论及模式论与中国传统的文化背景、价值观念和思维方式等还是存

---

〔1〕 车浩："未竟的循环——'犯罪论体系'在近现代中国的历史展开"，载《政法论坛》2006年第 3 期，第 74 页。

〔2〕 何勤华等：《法律移植》，北京大学出版社 2008 年版，第 170 页。

〔3〕 王前：《中西文化比较概论》，中国人民大学出版社 2005 年版，第 106 页。

在某种程度的对立的。这种对立，一如语言、风俗习惯上的一些冲突一样。如果片面移植，将会导致知识体系本身的水土不服，从而失去生存的土壤。在这种情形下，再完美的理论体系，也避免不了沦为水中月、镜中花的命运。"当今中国固然制定了不少的法律，但人们实际上的价值观念与现行法律是有差距的，而且，情况往往是，制度是现代的或接近于现代的，意识则是传统的或更接近于传统的。"〔1〕其实，西方崇尚的德、日犯罪论体系所倚重的形式逻辑等认知方式，同样存在一些缺陷和不足。"形式逻辑在解决法律问题时只具有相对有限的作用。当一条制定法规则或法官制定的规则——其含义明确或为一个早先的权威性解释所阐明——对审判该案件的法院具有拘束力时，它就具有了演绎推理工具的作用。但是另一方面，当法院在解释法规的词语、承认其命令具有某些例外、扩大或限制某一法官制定的规则的适用范围或废弃这种规则等方面具有某种程度的自由裁量权时，三段论逻辑·方法在解决这些问题时就不具有多大作用了。"〔2〕有西方学者就感叹，"要使法律……成为一个完整的演绎制度，是永远不会成功的"。〔3〕

时下，部分中青年学者对我国四要件平面式犯罪构成理论及其体系进行了激烈批判，大有彻底颠覆并以欧陆、日本刑法理论取而代之之势。应当说，主张引进以德、日为代表的立体式三要件犯罪构成理论体系，作为一种学术研究，并非不可。但是，不知论者是否考虑，以德、日为代表的立体式三要件犯罪构成理论体系，并非放之四海皆准的标尺。在引进该理论之前，"我们必须分析研究西方刑法理论背后的哲学基础、民族精神、社会文化、政治经济的背景。我们要借鉴的是他们用以解决刑法特有问题的那种睿智，而不是表层的永远在流变的具体的概念、术语。只有这样，才可能避免拿过来的刑法概念、理论、观念、原理，对人家而言是那样的理所当然，而输入到中国就可能有一种血型不对应的异质感，并且还带有一种我们永远也跟不上他们的脚步的挫折感"。〔4〕法律移植及其理论借鉴，需要的不仅仅是纯粹的法条、

---

〔1〕 梁治平：《新波斯人信札——变化中的法观念》，中国法制出版社 2000 年版，第 98 页。

〔2〕 参见 ［美］E. 博登海默：《法理学——法律哲学与法律方法》，邓正来译，中国政法大学出版社 2004 年版，第 517 页。

〔3〕 Clarence Morris, The Justification of the Law (Philadelphia, 1971), pp. 7~8, 89~109.

〔4〕 齐文远、周详：《刑法、刑事责任、刑事政策研究——哲学、社会学、法律文化的视角》，北京大学出版社 2004 年版，自序，第 2 页。

机械的教科书，而是能够适应司法实践要求、具有强大生命力。否则，再美好的理论体系也会成为人们茶余饭后的笑柄。"注意要植入与之相适应的法律制度、理论和观念，为所移植外国法提供予以支持和奠基的相配套的文化背景，使其真正发挥应有价值和作用。对于法律变革的主导者而言，仅仅移植法律文本、法学家著作是不够的，必须对于法律制度的运行机制、法律制度适用的对象予以考察。"[1]

　　另外，平面、机体式犯罪构成理论体系与立体、机器式犯罪构成理论体系之间的差异，也没有人们想象的那么大。"在规范评价的意义上，大陆法系犯罪构成所谓的层次递进体系，其实并不能产生不同'规范'的递进问题——即仍然是在同一规范的平面内进行评价。故事实上大陆法系构成体系的'三层次'和苏式构成体系的'四要件'在规范注释论（如何理解和运用规范的学说）上并无任何实质性的差异（有异曲同工之妙），而仅仅只是在技术上、方法上对规范所设定的成立犯罪的总体条件如何进行分解有所不同。"[2]必须指出的是，在德、日犯罪论体系中，构成要件具有推定功能，是违法的有责的行为类型，这是以形式的犯罪概念为前提的。我国刑法由于以社会危害性及其程度作为犯罪的本质特征，构成要件不可能具有德、日刑法中对违法性和有责性的推定功能，这与德、日犯罪论体系的本质是相违背的。如果要强行推行德、日犯罪论体系，则必然与我国刑法关于犯罪本质的规定相冲突。因为，我国刑法坚持以社会危害性及其程度作为犯罪的本质特征，否定了根据行为性质定性，这等于从规范的角度拒绝了以犯罪形式概念为基础的德、日犯罪论体系。

　　综上所述，从认识论、模式论角度讲，我国现有犯罪构成理论体系虽然存在不少缺陷，但德、日犯罪论体系也不例外。我们不能只看到别人的优点，过分夸大自身的缺陷。"不管是大的理论构造、刑法思想、刑事制度，还是具体的个罪问题，都因民族思维方式（民族精神）的差异以及文化、政治、经济社会背景的差异而呈现出多样性。作为实践理性的刑法学研究，不能像哲学家行走在路上而眼观遥远的星空，一心想着'生活在别处'。"[3]任何情形

---

　　[1]　See Jeremy J. Kingsley, *Legal Transplantation*, 2004, *Arizona Board of Regents Arizona Journal of International and Comparative Law*, p. 48.

　　[2]　冯亚东、胡东飞："犯罪构成模型论"，载《法学研究》2004 年第 1 期，第 79 页。

　　[3]　齐文远、周详：《刑法、刑事责任、刑事政策研究——哲学、社会学、法律文化的视角》，北京大学出版社 2004 年版，自序，第 2 页。

下，不能"一叶障目，不见泰山"，将本土的传统和优势割舍并抛弃，那样只能将理论研究导入脱离本土实际的死角。"且不说'哲学—形而上学'作为'科学'的一个'超越'形态在近现代所受到的批评及其自身确实存在的缺点，就学科体系之完善及思维之缜密来说，是中国哲学家理应向西方学者学习的地方，但在学习的同时，切莫要把我们传统中那深入之处丢弃了。"〔1〕此外，我们当然要克服自身的缺陷，使理论体系日趋完善，同时切忌对国外相关理论盲目崇拜。"我们在特定的文化背景中生长，并在该背景下从事研究，也可能对自己的理论过于偏爱，因而希望'维护'现有的犯罪构成理论体系；另一方面，我们也可能由于某种原因而对国外的相关理论产生特别的新鲜感，因而希望尝试'借鉴'乃至'照搬'国外的相关理论。"〔2〕

第四节　犯罪构成本土化的逻辑检视

一、平面犯罪构成论体系本土化的逻辑缺陷

（一）平面犯罪构成论体系本土化的逻辑问题

学界对平面四要件犯罪论体系的逻辑缺陷有着诸多质疑。其中，在认定共同犯罪时，认为平面犯罪构成论体系存在一定的逻辑缺陷，不如阶层犯罪论体系，是一种常见观点。例如，当未满14周岁的男性教唆已满14周岁的男性共同实施强奸犯罪，按照阶层犯罪论体系以及行为共同说，未满14周岁的男性是主犯，因不能归责而不处罚，已满14周岁的男性系从犯，但考虑到其与未满14周岁的男性共同实施犯罪，社会危害性较个人实施犯罪要重，可以从犯论并适当加重处罚。这样不但可以区分主犯与从犯，还能将未满14周岁的人的强奸行为考虑在内。但是，按照平面犯罪论体系，就很难区分主犯与从犯以及适当将未满14周岁的人的强奸行为考虑在内。笔者认为，这种观点是片面的。客观地说，从逻辑性与直观性上看，在这种情况的责任认定上，平面犯罪构成论体系确实不如阶层犯罪构成论体系。但是，不能说平面犯罪论体系难以解决该问题。主犯与从犯的区别以及处罚上的酌情考量，归根结

---

〔1〕叶秀山：《中西智慧的贯通——叶秀山中国哲学文化论集》，江苏人民出版社2002年版，第157页。

〔2〕张明楷："犯罪构成理论的课题"，载《环球法律评论》2003年第3期，第262页。

底还是属于量刑问题。对此，在平面犯罪论体系的框架内同样能够合理解决，只需分析两人在犯罪时的作用和分工等就可以顺利解决，这种作用和分工的判断与是否构成犯罪无关。在未满 14 周岁的人的强奸行为不构成犯罪的情况下，我们依旧可以认定他在犯罪中起主要作用，可以认为已满 14 周岁的男性与他人共同实施犯罪，在危害上比个人实施犯罪更重，适当加重处罚也在情理之中。因为，量刑情节从来就不以构成犯罪作为判断前提。

还有人可能以《刑法》第 269 条为例说明阶层犯罪构成论体系在逻辑上的合理性。该条规定："犯盗窃、诈骗、抢夺罪，为窝藏赃物、抗拒抓捕或者毁灭罪证而当场使用暴力或者以暴力相威胁的，依照本法第二百六十三条的规定定罪处罚。"由于其成立的前提条件是"犯盗窃、诈骗、抢夺罪"，于是有人认为在实施盗窃、诈骗、抢夺却不构成犯罪的情况下，根据平面犯罪构成论体系难以转化成抢劫犯，这是不合理的。根据阶层犯罪构成论体系，则能轻松判断构成转化型抢劫犯，因为无须进行先期的犯罪成立判断，只要存在行为便可。实际上，这种情况并非由犯罪论体系的不同造成的，而是刑法规定使然。如果刑法规定转化型抢劫犯成立的前提条件是"犯盗窃、诈骗、抢夺罪"，则无论何种犯罪构成论体系，均需要以成立犯罪为前提，以行为替代犯罪作为前提条件，显然是不合适的。事实上，司法解释后来也明确了，实施盗窃、诈骗、抢夺，即使没有达到数额较大而不构成盗窃、诈骗、抢夺罪的，情节严重仍然可以按照抢劫罪论处。这表明问题的根源在于刑法规定，而非犯罪论体系的问题。

类似于这样的问题，事实上都是与犯罪论体系无关的，在此不再赘述。平面犯罪构成论体系真正的逻辑缺陷，在于正当防卫等排除犯罪性事由的体系地位。关于该问题，理论上一直存在争议。质疑者认为其游离于体系之外。"我国传统的刑法理论，一方面认为行为符合犯罪构成就成立犯罪，犯罪构成是认定犯罪的唯一依据；另一方面又在犯罪构成之外甚至在罪数之后研究正当防卫与紧急避险，同时认为正当防卫、紧急避险等行为是形式上符合犯罪构成，实质上是没有社会危害性的行为。"[1]于是，有学者提出，在犯罪论体系上将排除犯罪性行为置于犯罪构成体系之外，是非常到位得当的安排：一则由于该部分内容庞大，不宜置入任一要件中；二则因其至少涉及两方面要

---

[1]　张明楷："违法阻却事由与犯罪构成体系"，载《法学家》2010 年第 1 期，第 34 页。

件单独列示更便于以不同要件之规定性分别深入剖析,以从不同角度完整地揭示出罪理由;三则因其在性质上亦属同犯罪直接相关的特殊行为形态,将其置入"特殊形态"部分专门阐述,可使犯罪论内部三大块之逻辑关系更清晰。〔1〕如果认为排除犯罪性事由可以在犯罪构成论体系外解决,面临的最大问题是否定了犯罪构成作为判断罪与非罪的唯一标准的地位,这是冲击犯罪构成理论根基的。笔者认为,排除犯罪性事由完全可以在一元论犯罪评价体系内解决。

在四要件体系中,犯罪客体是决定行为性质的要件。通说认为,犯罪客体是我国刑法所保护的、为犯罪行为所侵害的社会关系,涉及社会生活的方方面面,包括国家安全、公共安全、社会主义经济基础、公民的人身权利、民主权利和其他权利、社会主义社会管理秩序、国防利益、军事利益等。〔2〕在通说看来,犯罪客体是刑法分则规定的具体社会关系的整合。"刑法所保护的社会关系是多方面的。从刑法分则各个条文的规定中,尤其可以看到,每一具体犯罪都要直接侵犯一个或几个具体的社会关系,如果将各种具体犯罪所侵犯的各个具体社会关系进行归纳,即成为犯罪所侵犯的社会关系的整体,即犯罪一般客体。"〔3〕由于刑法分则规定的个罪侵犯的具体社会关系,是通过对具体对象或者特定权益造成侵犯体现出来的,因而是一种事实化的社会关系。这种社会关系是由刑法分则规定的犯罪的性质决定的,因为刑法分则规定的犯罪往往只有单向功能,即体现为对具体对象或者特定权益的侵犯,故其侵犯的社会关系仅仅根据一定的事实就足以判断。刑法总则规定的行为则不然。有时,仅仅根据对具体对象或者特定权益的侵犯,并不能反映特定行为的全部特性。以紧急避险为例,仅仅以对某种合法权益的侵害来揭示紧急避险的特征,就有所不妥。因为,除了侵犯某种合法利益外,紧急避险还保护某种合法利益,而且后者是前者的目的。紧急避险所产生的一得一失的效果,表明其具有双向功能,在特征上不像刑法分则规定的行为那样只是对具体对象或者特定权益的侵犯,因而不能通过侵犯一定的事实揭示其所侵犯的社会关系。换句话说,由于需要考虑保护与损害的利益,就需要对两种社会

〔1〕 冯亚东:"犯罪构成与诸特殊形态之关系辨析",载《法学研究》2009年第5期,第134页。

〔2〕 高铭暄、马克昌主编:《刑法学》,北京大学出版社、高等教育出版社2007年版,第59~60页。

〔3〕 马克昌主编:《犯罪通论》,武汉大学出版社1999年版,第113页。

关系进行整体、综合的衡量，才能正确判断行为性质。这种整体、综合的衡量无疑属于价值评价，体现这种评价的社会关系便是价值化的社会关系。为了避免情绪化倾向与理解上的偏颇，法规范往往会对这种价值衡量加以适当明确或者宣示，成为某种法律关系。法律关系往往是价值化的社会关系的外在的、形式的体现，也是德、日犯罪构成论体系设置违法性要件的根本原因。

（二）犯罪客体包含法律关系

对通说所谓的犯罪客体是刑法保护的社会关系，笔者是赞同的。根据《辞海》，所谓社会关系是指"人们在共同的实践活动过程中所结成的相互关系的总称。可分为物质关系和思想关系两大类。物质关系即生产关系，决定思想关系即政治、法律、道德、艺术、宗教等其他社会关系的性质，而其他社会关系又反作用于生产关系"。[1]应当说，社会关系的内容在我国刑法分则中得到了集中的体现。例如，危害国家安全犯罪侵犯的社会关系是政治关系，财产犯罪侵犯的社会关系就是典型的物质关系，组织、强迫、引诱、容留、介绍卖淫犯罪、制作、贩卖、传播淫秽物品犯罪等侵犯的社会关系主要是道德风尚，侵犯知识产权犯罪中侵犯美术作品等的社会关系属于艺术关系，非法剥夺公民宗教信仰自由罪侵犯的社会关系是宗教关系，等等。不过，只要仔细分析就会发现，法律关系在刑法分则所保护的十类社会关系中并无体现。这是否意味着法律关系被排除在刑法保护的社会关系之外呢？答案是否定的。

虽然法律关系在刑法分则所保护的社会关系中没有体现，但是在刑法总则保护的社会关系中有所体现，《刑法》第20条、第21条有关正当防卫、紧急避险的规定就是例证。"紧急避险所产生的一得一失的效果，表明其具有双向功能，在特征上不像刑法分则规定的行为那样只是对具体对象或者特定权益的侵犯，因而不能通过侵犯一定的事实揭示其所侵犯的社会关系。换句话说，由于需要考虑保护与损害的利益，就需要对两种社会关系进行整体、综合的衡量，才能正确判断行为性质。这种整体、综合的衡量无疑属于价值评价，体现这种评价的社会关系便是价值化的社会关系。为了避免情绪化倾向与理解上的偏颇，法规范往往会对这种价值衡量加以适当明确或者宣示，成为

---

[1] 辞海编辑委员会编：《辞海》，上海辞书出版社1990年版，第1781页。

某种法律关系。"〔1〕此外，有些法律关系即使没有在刑法中有所体现，也应成为刑法所保护的社会关系，不应排除在外。这是由我国刑法的后位法性质决定的。〔2〕"当某项法律本身规定的制裁手段不足以保护该项法律规定的权益时，需要借助刑法的强制手段来加以保护。可见，刑法是其他法律保护权益的坚强后盾。"〔3〕例如，根据《医疗事故处理条例》第 2 条规定，医疗事故是指医疗机构及其医务人员在医疗活动中，违反医疗卫生管理法律、行政法规、部门规章和诊疗护理规范、常规，过失造成患者人身损害的事故。这意味着，如果没有违反医疗卫生管理法律、行政法规、部门规章和诊疗护理规范、常规，即使造成患者人身损害也非医疗事故。这样，根据需要对患者进行医疗截肢，虽然从形式上看是故意伤害行为，但因为符合相关规范而不能认定为医疗事故，因而不能构成犯罪。同样，在其他如足球、拳击等竞技活动中，虽然存在故意伤害行为，如果符合相关竞技法律的规定，是不能认定为犯罪的。

事实上，通说并非没有意识到犯罪客体包括法律关系在内。"社会关系分为物质关系和思想关系。物质关系是社会的生产关系，即经济关系，它是人们在社会生产过程中形成的，是一切社会关系的基础。人们的政治、经济、法律、道德、宗教、文化、教育、科学艺术等关系，都是建立在社会生产关系基础之上，并受其制约和决定的。思想关系是由经济基础所决定的上层建筑，是建立在生产关系基础之上的政治关系和意识形态关系。……意识形态关系是纯粹的精神生活，是由一定的政治、法律、哲学、宗教、艺术等概念所形成的人与人之间的关系。"〔4〕遗憾的是，受制于犯罪客体是相对重要的社会关系和刑法分则具体犯罪侵犯的社会关系之狭隘认识，通说间接地将法律关系排除在犯罪客体之外，从而在犯罪客体的理解上难以自圆其说：一方面，在通说看来，犯罪本质上是对社会的危害，因所侵犯的社会关系不同而在刑

---

〔1〕 彭文华："犯罪构成：从二元论体系到一元论体系——以事实和价值关系论为视角"，载《法制与社会发展》2012 年第 6 期，第 109 页。

〔2〕 在这一方面，我国刑法迥异于许多国家刑法。在大陆法系国家刑法中，刑法上的行为通常与其他法律上的行为不存在交叉，因而其所谓的刑法的"后位性"，主要通过将刑法上的行为理解为危害更严重的行为来诠释的。我国刑法则不然。刑法上的行为通常与其他法律上的行为一般存在交叉，只有危害更严重的行为才能受到刑罚制裁，因而其"后位法"的特点十分突出。

〔3〕 马克昌主编：《刑法学》，高等教育出版社 2003 年版，第 4 页。

〔4〕 苏惠渔主编《刑法学》，中国政法大学出版社 2007 年版，第 63 页。

法上表现出不同的类型，故犯罪客体决定犯罪性质。"各种犯罪由于所危害的社会关系的种类不同，决定了其犯罪性质的不同，从而使此罪与彼罪得以区分。"[1]另一方面，由于犯罪客体不能合理诠释正当防卫、紧急避险等正当事由为什么不构成犯罪，故谓之决定犯罪性质显得言过其实。究其根源，在于通说将代表价值评价的法律关系排除在犯罪客体的内容之外，导致犯罪客体失去价值评价功能，乃至于有时不能决定行为性质。

（三）正当事由的出罪理由：没有侵犯犯罪客体

在四要件体系中，如何合理解释正当事由为什么出罪，一直是理论难题。根据通说，正当事由是指外表上似乎符合某种犯罪构成，实质上不仅不具有社会危害性，而且对国家和人民有益的行为，它们都不是犯罪行为。[2]在这里，通说一方面认为正当事由"符合某种犯罪构成"，另一方面又指出正当事由"不是犯罪行为"，显然自相矛盾。于是，不少学者提出了自己的见解。代表性的观点主要有二：一是主观要件说。如有学者认为，"回到我国刑法对正当防卫、紧急避险的法律内容来看，已经明确规定了行为人主观上必须是为了保卫国家、社会公共利益、本人或者他人的合法权益，这种目的的正当性显然排除了行为人主观上具有故意或者过失的罪过内容"。[3]二是实质要件说。该说认为正当行为之所以不构成犯罪，是因为缺乏犯罪构成的实质要件，即社会危害性或者说相当程度的社会危害性。如有学者认为，"从理论上讲，在说行为符合具体犯罪的构成的时候，实际上也意味着该行为不可能是正当防卫、紧急避险等正当事由，换言之，在得出这种结论之前，已经进行了该行为不是正当防卫、紧急避险等正当行为的判断，否则就不可能做出这样的结论来。因为犯罪构成符合性的判断是唯一的、终局性的判断"。[4]

上述观点中，主观要件说的缺陷在于：首先，主观要件说认为正当行为缺乏主观要件并不客观。以正当防卫杀人行为为例，行为人对杀人行为完全可以有意识，对剥夺他人生命的结果也可以持希望态度，故并不缺乏罪过内容。有学者认为，防卫行为是行为人"故意"实施的，但这种"故意"不是刑法上的故意。刑法上的故意是明知自己的行为会发生危害社会的结果并希望或

---

[1]　高铭暄、马克昌主编：《刑法学》，北京大学出版社、高等教育出版社2007年版，第61页。

[2]　参见高铭暄主编：《中国刑法学》，中国人民大学出版社1989年版，第145页。

[3]　杨兴培：《犯罪构成原论》，中国检察出版社2004年版，第309页。

[4]　黎宏：《刑法总论问题思考》，中国人民大学出版社2007年版，第43页。

者放任其发生的心理态度，而正当防卫行为人是明知正在进行的不法侵害会给国家和人民利益造成危害，希望国家和人民利益免受不法侵害。由此看来，行为人不仅没有主观恶性，而且品德高尚，故主观上完全没有罪过。[1]笔者认为，这种解释很勉强。以正当行为的主观目的合法推断缺乏犯罪故意，是不科学的。一方面，目的并不必然决定行为的性质及其在刑法上的意义。"目的正当是一种价值性的判断，目的正当性意味着行为人对自己行为不具有社会危害性的一种主观判断，但行为在客观上是否具有社会危害性，并不以行为人的意志为转移，因而行为人自己的价值判断并不具有刑法意义上的绝对参考价值。目的的正当与否并不影响其对自身行为的性质、行为对象、行为结果的认识，以及在此认识基础上的意志因素，那么因目的正当而自然排除主观罪过的说法就行不通。"[2]另一方面，正当目的属于行为的特殊目的而非普遍目的，不能决定行为的主观心理态度。在正当防卫杀人的场合，防卫目的只是杀人的一种特殊目的或者说理由，它不能抹杀行为人所具有的剥夺他人生命的目的。事实上，即使杀人的特殊目的是"品德高尚"的，如大义灭亲，也不应该成为行为人缺乏杀人故意的理由。因此，否定正当防卫杀人场合行为人具有杀人故意是不客观的。其次，如果以正当行为的目的要件推断行为人缺乏主观罪过，就无法解释防卫过当、避险过当为什么构成犯罪。因为，在防卫过当、避险过当的场合，行为人同样具有为了避免国家、公共利益、本人或他人的人身、财产或者其他权益免受损失或者更大的损失的目的，为什么却能构成犯罪呢？主观要件说对此无法自圆其说。

实质要件说的最大不足，是在四要件体系之外寻求正当事由出罪的原因，从而造成犯罪评价的二元化标准。根据实质要件说，在认定行为构成犯罪之前，已经进行了不是正当防卫、紧急避险的判断，这意味着正当防卫、紧急避险的判断与犯罪的认定是分两个阶段进行的。于是，在犯罪构成判断之外，又多了一重判断，即行为是否成立正当防卫、紧急避险的判断，从而使犯罪评价的标准呈现二元化，这与犯罪构成理论的本质是相背离的。

值得注意的是，有学者通过重构犯罪论体系，将正当事由作为犯罪客观

---

〔1〕 参见张明楷：《犯罪论原理》，武汉大学出版社1991年版，第320页。

〔2〕 欧明艳、梅传强："犯罪构成与犯罪阻却事由关系论"，载梁根林主编：《犯罪论体系》，北京大学出版社2007年版，第310页。

构成要件的内容。论者认为，犯罪构成由客观（违法）构成要件与主观（责任）构成要件组成。客观构成要件即违法构成要件是表明行为具有法益侵害性的要件，主观构成要件是揭示行为具有非难可能性的要件，也称责任构成要件。德、日犯罪论体系中的违法阻却事由和责任阻却事由，分别被归入客观构成要件和主观构成要件之中。[1]换句话说，正当事由之所以不构成犯罪，是因为缺乏犯罪的客观构成要件。这种观点与意大利刑法理论中的新的二要件论极为一致。新的二要件论认为，客观违法性不是一个独立的犯罪成立条件，只是一个纯粹的否定因素，没有理由给予特别强调。因此，犯罪成立应当包括有客观方面和主观方面两个要件，犯罪的客观方面包括肯定与否定两种因素。"肯定的因素"是指犯罪成立必不可少的因素，包括刑法规定的行为、结果和因果关系等；"否定的因素"则指犯罪成立必不能有的因素，即不存在正当防卫等从客观方面否定犯罪成立的正当事由。[2]然而，意大利刑法理论中的新的二要件论是存在严重缺陷的：

第一，正当事由与行为等客观要素存在根本不同，将两者混溶一体并不合适。在大陆法系国家刑法理论中，违法性是评价行为在法律上的属性的价值标准，并非是一种客观现象，其与行为、结果等客观事实存在本质不同。如果将正当事由与行为等客观因素一道，作为犯罪构成的客观要件内容，则等于将水与油混为一处，难以相容。意大利学者杜里奥·帕多瓦尼在评价二要件体系时就指出："这种理论从根本上扭曲了具有不同性质的事实，将实质意义不同的现象搅混在一起（参见第六章第一节）；缺乏典型事实肯定因素的那些非典型事实，根本就不可能具有危害；而包含正当事由的事实，则永远包含损害某种利益的内容。"[3]

第二，正当事由包含主观因素，不能作为犯罪客观要件。正当事由在本质上是两种利益比拼的结果，使得行为的社会危害性没有达到犯罪程度，因而排除犯罪性。由于评价其性质的核心要素——社会危害性包含主客观要素，故违法性评价也应当决定于主客观因素。另外，德、日等国刑法理论均承认

---

〔1〕 参见张明楷：《刑法学》，法律出版社 2007 年版，第 78 页以下。

〔2〕 参见陈忠林：《意大利刑法纲要》，中国人民大学出版社 1999 年版，第 156 页。

〔3〕 ［意］杜里奥·帕多瓦尼：《意大利刑法学原理》（注评版），陈忠林译评，中国人民大学出版社 2004 年版，第 95 页。

主观的违法要素,[1]这也表明违法性并非纯粹客观的。因此,将正当事由作为犯罪客观要件内容,是不妥的。

笔者认为,将法律关系纳入刑法所保护的社会关系之列,在避免上述观点的缺陷与不足的同时,完成了在四要件体系内对正当事由之出罪加以合理诠释的重任,这是赋予犯罪客体以新内涵的积极意义。将法律关系纳入刑法所保护的社会关系之列,使得犯罪客体具备了事实判断与价值评价的双重功能。价值评价功能的恢复,是犯罪客体得以合理解释正当事由出罪的基础。因为,正当事由符合相关法律规定,也就没有侵犯犯罪客体,故而不构成犯罪。这样,犯罪构成就真正成为判断具体行为的罪与非罪的唯一标准。另外,由于法律关系具有开放性,不限于刑法规范的规定,这使得判断行为有无侵犯犯罪客体时,对刑法没有规定的行为,如医疗行为、体育竞技行为、被害人承诺等阻却犯罪事由,也能进行合理评价。[2]于是,犯罪构成对正当事由的评价也就具有开放性特征,从而大大强化了其本身的犯罪评价功能。

(四) 理解犯罪客体中的法律关系需要注意的两个问题

1. 侵犯法律关系与刑事违法性不存在冲突

如果将法律关系作为犯罪客体内容,那么其与刑事违法性如何区分呢?笔者认为,两者的区别是显然的。刑事违法性是国家对犯罪的一种否定评价和谴责,是针对具体行为在刑法上的整体性质和意义而言的。刑事违法性是所有犯罪构成要件有机整合后,整体上对行为性质的一种判断与评价,它代表着对行为的社会危害性及其程度的总体评价——即社会危害达到严重程度并构成犯罪。因此,任何时候刑事违法性都是判断罪与非罪的唯一标准。作为犯罪客体内容的法律关系则不然。是否侵犯法律关系主要是针对刑法保护的两种利益发生冲突时提出的。如果不存在两种利益的冲突,通常不需要判断行为是否违反某种法律关系,直接根据刑法分则的禁止性规范就能够认定犯罪。当存在两种利益冲突时,根据刑法分则的禁止性规范并不能合理判断行为在刑法上的价值,此时就需要法律进行明确的价值评价,这便是犯罪客

---

〔1〕 参见张明楷编:《外国刑法纲要》,清华大学出版社1999年版,第142页。

〔2〕 传统犯罪构成理论所谓的犯罪客体由于没有包括法律关系,因而不具有开放性,不但造成无法合理解释正当防卫等为什么排除犯罪性,而且受制于罪刑法定,在陈述行为排除犯罪性时只能立足于刑法规定的正当防卫、紧急避险,至于医疗行为、被害人承诺等,是难以进行评价的。这使得犯罪构成在评价行为时出现真空。

体离不开法律关系这一内容的原因所在。因此，行为是否侵犯法律关系只是在特定情形下发挥价值评价的作用，对具体行为进行罪与非罪的判断。总的来看，法律关系所体现的价值评价是具体的、局部的、微观的，刑事违法性所体现的综合性、整体性、宏观性的价值评价，两者是存在差异的。其实，在德、日等大陆法系国家犯罪构成论体系中，同样存在不同的法律关系。例如，该当刑法规定的构成要件的行为，属于刑法规范的范畴，违法性中的法规范则显然与此不同，但这并不妨碍两者可以同时并存。这也从另一个方面说明了侵犯犯罪客体中的法律关系与刑事违法性并不存在冲突。

2. 避免将法律关系与行为、罪过中的规范要素混淆

行为、罪过等也具有违法性质（由刑法明确规定），特别在行为要件的范畴中，还存在一些需要依赖价值评价、具有典型规范特征的因素，如"他人财产""违禁物品"等。此时，如果在犯罪构成中增添规范要件，如何认定其与违法性要件的界限，或者说如何区分它们之间的规范性呢？笔者认为，行为、罪过等虽然也有规范性，但与规范要件还是存在明显区别。意大利学者杜里奥·帕多瓦尼就将犯罪构成中以行为为中心的典型事实区分为描述性因素与规范性因素。前者是指那些可以简单根据人们的经验直接进行判断的因素；后者是指必须根据某种特定标准进行价值判断的因素。[1]行为要件中的描述性因素虽然具有规范性，但通常标准明确，与人们的日常生活联系紧密，一般根据日常经验就可以充分判断。如抢劫、杀人行为，虽然有刑法规定，但其判断标准确定、客观，乃至于在刑事立法之初，立法者就可以根据这种相对客观的标准将之予以犯罪化。"由于判断描述性因素的标准是如此地深入人心，并与判断对象结合得如此地紧密，所以人们在感受到该因素的客观面时，立即就能作出该因素是否存在的判断。"[2]至于规范性因素，则是一种单方面的价值评价和判断，在缺乏特定的价值判断标准时，这种规范性因素对犯罪认定将无法发挥作用。"如果没有找到正确的价值判断标准，规范性因素

---

〔1〕　参见［意］杜里奥·帕多瓦尼：《意大利刑法学原理》（注评版），陈忠林译评，中国人民大学出版社2004年版，第99页。

〔2〕　［意］杜里奥·帕多瓦尼：《意大利刑法学原理》（注评版），陈忠林译评，中国人民大学出版社2004年版，第99页。

的客观存在对犯罪的认定就毫无作用。"[1]例如，在判断违禁品时，如果没有国家相关部门明确界定的、作为判断违禁品与非违禁品的正确依据，则违禁品对于犯罪认定就不具有任何意义。

与上述描述性因素和规范性因素不同的是，法律关系是在两种法律保护的利益发生冲突时，对行为合法与否的这一种取舍、判断和抉择。与描述性因素相比，它与判断对象的结合不存在紧密与否的关系，也难以根据人们的日常经验来进行判断。否则，就没有必要在刑法中特别规定了。如正当防卫杀人和大义灭亲杀人，很多情况下人们会认为前者构成犯罪，而后者却是合法的。与规范性因素相比，它不存在以正确的价值判断标准为前提才能加以合理判断的问题。当两种合法利益发生冲突时，无论是根据利益衡量，还是站在社会相当的角度，法官总是能够根据某种价值和标准进行评价，使之在犯罪认定中发挥稳定的、不可磨灭的作用。因此，法律关系与行为、罪过等的规范要素是不同的，不可混淆。

最后需要说明的是，不能对犯罪客体的价值评价功能进行切割式理解。例如，紧急避险也会侵犯财产关系等社会关系，但由于紧急避险还保护了更大的社会利益，维护了更重要的社会关系，因而在综合进行一体化评价后，确定没有触犯某种法律关系，也就没有侵犯任何犯罪客体。此时，紧急避险侵犯的财产关系等已经为一体化的价值评价所消解，是否侵犯法律关系成为唯一的评价结果。

二、阶层犯罪构成论体系本土化的逻辑挑战

移植德、日犯罪构成论体系，最主要的挑战来自于我国刑法规范的冲击，即与刑法规范的规定存在逻辑上的不自洽。德、日犯罪论体系的核心是构成要件理论，它具有以下特征：一是构成要件是犯罪的抽象的、一般的观念形象。在德、日犯罪论体系中，犯罪成立由诸多要素组成，这些要素包括客观要素和主观要素两大类，它们组合在一起形成犯罪类型，成为人们认定犯罪的指导形态。该统摄犯罪成立的诸多要素的指导形态，就是构成要件。[2]构

---

〔1〕〔意〕杜里奥·帕多瓦尼：《意大利刑法学原理》（注评版），陈忠林译评，中国人民大学出版社2004年版，第99页。

〔2〕〔日〕泷川幸辰：《犯罪论序说》，王泰译，法律出版社2005年版，第4~5页。

成要件作为观念的犯罪形象，在功能上能够圈定抽象的、宏观的犯罪类型。行为符合构成要件，便成立观念上的犯罪，如果不存在违法阻却事由和责任阻却事由，犯罪遂宣告成立。二是构成要件作为行为类型，赖以发挥功能的根基是行为之质。作为犯罪类型，构成要件包括诸多主客观要素。其中，行为是核心要素。"构成要件的核心是行为。行为可以由不同情况决定，如行为与人或物的关系、与时间和空间的关系、行为实施的方式、方法和与其他行为的联系等。"[1]构成要件的行为只有质的（行为性质）制约，没有量的（社会危害程度）限制。德、日阶层犯罪论体系的上述特点，与中国刑法的相关规定存在明显的逻辑冲突。

（一）德、日犯罪论体系与中国《刑法》第13条规定的冲突

在德、日犯罪论体系中，构成要件不能对行为的社会危害程度，即行为之量加以评价。主要原因有三：一是刑法规定使然。德、日等大陆法系国家刑法都是根据行为性质圈定刑罚权发动的范围，并不考虑行为的社会危害程度。二是刑法的法益保护机能使然。构成要件保护的法益不允许行为有量的差别。在德、日等大陆法系国家，"构成要件的出发点和指导思想是法益"。[2]由于刑法保护的法益与民法等其他部门法保护的法益不存在交叉关系，而是一种互补，构成要件是以行为性质为基础成就的犯罪的观念指导形象。因此，任何刑法上的行为，不管社会危害程度如何，都会侵犯这种法益。"对于构成要件符合性的举止必须要在一个特别的评判层面上以整个法制秩序作为标准（ander Gesamtrechtsordnung gemessen）来进行评判，以这个方式对它作附加的审查。"[3]三是构成要件作为违法的、有责的行为类型，只能以行为性质为基础。在德、日犯罪论体系中，构成要件作为犯罪类型的观念形象，只能回答哪种行为类型符合构成要件，不能回答什么样的社会危害程度的行为符合犯罪构成。这既是由构成要件作为犯罪事实的类型化性质决定的，也是由构成要件在体系中的地位决定的。"构成要件到底只不过是犯罪的大框架，对构成要件符合性的有无这个第一犯罪成立要件问题的回答，只有符合或者不符合

---

[1] ［德］汉斯·海因里希·耶赛克、托马斯·魏根特：《德国刑法教科书（总论）》，徐久生译，中国法制出版社2001年版，第335页。

[2] ［德］汉斯·海因里希·耶赛克、托马斯·魏根特：《德国刑法教科书（总论）》，徐久生译，中国法制出版社2001年版，第314页。

[3] ［德］约翰内斯·韦塞尔斯：《德国刑法总论》，李昌珂译，法律出版社2008年版，第155页。

的答案，不能回答到什么程度的问题。但是，关于违法性，不仅要解决是否违法的问题，在违法的问题解决之后，还要解决违法性的程度问题。所以，构成要件符合性的判断只是是否符合法律规定的类型的所谓的类型性判断，而违法性判断则是具有更实质意义的非类型性判断的性质。"[1]

行为构成之所以仅仅确定不法类型的轮廓，而将不法程度等情节留给违法性进行判断，是因为在行为构成中为不法提供根据的特征和在正当化根据中排除不法的特征，在以下范围内具有同样的功能，即它们都共同地和相互补充地允许对构成行为的不法作出一种连续性判断。[2]如果构成要件包含对行为之量的评价，将会使具有实质意义的非类型性判断，由违法阶段提前到构成要件符合阶段进行，这不但造成构成要件的违法推定功能丧失，也使得违法性存在的价值被剥夺，三阶层实质上沦为两阶层，从而对德、日通行的犯罪论体系造成毁灭性冲击。总之，在德、日犯罪论体系中，构成要件作为行为类型不受行为的社会危害程度制约，是由体系性质决定的，也符合刑法规定，与刑法的法益保护机能相吻合。

如果我国移植德、日三阶层犯罪论体系，将与我国刑法规定相冲突。我国《刑法》第 13 条规定："一切危害国家主权、领土完整和安全，分裂国家、颠覆人民民主专政的政权和推翻社会主义制度，破坏社会秩序和经济秩序，侵犯国有财产或者劳动群众集体所有的财产，侵犯公民私人所有的财产，侵犯公民的人身权利、民主权利和其他权利，以及其他危害社会的行为，依照法律应当受刑罚处罚的，都是犯罪，但是情节显著轻微危害不大的，不认为是犯罪。"不难看出，我国刑法设定的犯罪类型，包括两个核心要素：行为之质与行为之量。一个行为要想构成我国刑法上的犯罪，必须符合刑法规定的行为类型，并且行为的社会危害性达到一定程度。假如我国犯罪构成理论也秉承德、日的构成要件符合性、违法性、有责性三阶层体系，那么构成要件的客观内容不但要包含行为类型，还必须容纳行为之量。这就将造成违法性的具有实质意义的非类型性判断提前到构成要件中解决，构成要件符合性与违法性判断将合二为一，这是违背阶层犯罪论体系原理的。

---

[1] [日]大塚仁：《犯罪论的基本问题》，冯军译，中国政法大学出版社 1993 年版，第 38~39 页。

[2] 参见[德]克劳斯·罗克辛：《德国刑法学 总论》（第 1 卷），王世州译，法律出版社 2005 年版，第 185 页。

有学者或许认为，当刑法明确规定行为之量这一入罪标准时，可以通过德、日犯罪论体系中的可罚的违法性理论解决问题。这种观点是经不起推敲的。

首先，我国《刑法》第13条规定的行为类型具有二元性，行为之量作为行为类型化的特征，不能归于违法性范畴。德、日犯罪论中的构成要件，作为观念的、形式的犯罪类型，具有形式违法性特征，这是其具有违法推定机能的前提。所谓形式违法性，是指行为违反国家法规、违反法制的要求或禁止规定。[1]"在德国法中，违法行为应受处罚的形式，基于法安全性，被包含于特别的、在法律中确定的犯罪描述中，这种对犯罪的描述被称为犯罪构成要件（Tatbestaende）。"[2]构成要件符合性的判断，是与价值有关的形式上的事实判断，不是对事实的实质价值判断。这种形式的价值判断，是为了将作为犯罪轮廓的行为与其他行为区别开来。由于德、日刑法中的行为在性质上是一元的，即归属于刑法上的构成要件行为，不可能是民事违法行为等，故纳入构成要件符合性判断的作为犯罪轮廓的行为，均具有刑事违法性。我国《刑法》第13条规定的行为类型，是由行为之质与行为之量两个因素决定的，具有二元性。同一行为，基于行为的社会危害程度不同，可以是刑事违法行为，也可以是民事违法行为等。在这种情况下，构成要件作为行为类型的轮廓，要想完成形式上的价值判断使命，必然要包含行为之质与行为之量两个因素。

其次，根据行为之量不能对行为进行事实的价值判断，故行为之量不能成为违法判断因素。如果说构成要件符合性具有形式上的价值判断功能的话，那么违法性则是对符合构成要件的行为进行事实的实质判断，以确定行为是否违法。从这个意义上讲，构成要件符合性与违法性的关系，是形式与实质的关系。[3]作为事实的实质判断，"违法性的实质是违反国家、社会的伦理规范，给法益造成侵害或者威胁"。[4]这样一来，根据行为的社会危害性程度，

〔1〕　参见［德］弗兰茨·冯·李斯特：《德国刑法教科书》，徐久生译，法律出版社2000年版，第201页。

〔2〕　［德］汉斯·海因里希·耶赛克、托马斯·魏根特：《德国刑法教科书（总论）》，徐久生译，中国法制出版社2001年版，第301页。

〔3〕　参见［日］曾根威彦：《刑法学基础》，黎宏译，法律出版社2005年版，第194页。

〔4〕　［日］大塚仁：《刑法概说（总论）》，冯军译，中国人民大学出版社2003年版，第303页。

并不能完成对违法性本质的判断。因为，同一性质的行为，不管社会危害程度如何，都是违反国家、社会的伦理规范，给法益造成侵害或者威胁的。正是由于根据行为之量确定行为性质与违法性的本质相冲突，故将行为之量置于违法性中，作为界定行为是否具有违法性的因素，不可能达到对行为进行事实的价值判断的目的。

再次，可罚的违法性理论自身存在矛盾，难以自圆其说。根据可罚的违法性理论，某种行为即使在形式上符合构成要件，也不具有违法阻却事由，但如果不具有可罚的违法性，则不成立犯罪。[1]该理论源于德国，但在德国理论界基本被否定，在刑法体系上也不占据任何地位，几乎没有学者对之予以认同。[2]可罚的违法性理论在日本得到不少学者支持，并不表明该理论没有问题。例如，既然有可罚的违法性，那么违法性到底是一元的还是二元的？可罚的违法性在体系上处于何种地位？它与违法阻却事由是何种关系？等等。正是由于存在诸多问题，许多日本学者并不赞成可罚的违法性理论。如木村龟二批判说，该理论承认刑法上特殊的违法性概念，破坏了违法的统一性；井上祐司批判道，"违法但不可罚的说法"有将原来正当的行为认为是违法的可能性；白井滋夫批判说，可罚的违法性理论适用标准不明确，有扩大适用或者滥用之虞，会招致无视法律的危害。[3]可见，可罚的违法性理论本来就矛盾重重，缺乏说服力。

总之，移植德、日三阶层犯罪论体系，会与我国《刑法》第13条规定产生严重冲突。如果彻底贯彻该体系，将造成理论与刑法规范脱节，违背立法精神，不符合刑事法治国要求；如果遵循刑法规范，将对三阶层犯罪论体系造成毁灭性冲击，致使违法性要件被架空，从而使该体系蜕变为两阶层体系，不符德、日阶层犯罪论体系的基本原理。

（二）德、日犯罪论体系与中国《刑法》第14条规定的冲突

德、日刑法没有规定故意概念，主要依赖理论和实务的探讨。在德、日刑法理论中，关于故意在犯罪论体系中的地位，有构成要件要素说、构成要

---

〔1〕 参见张明楷编：《外国刑法纲要》，清华大学出版社1999年版，第145页。

〔2〕 参见彭泽君："日本刑法中的可罚的违法性理论及其对我国的借鉴"，载《法学评论》2005年第6期，第126页。

〔3〕 参见马克昌：《比较刑法原理：外国刑法学总论》，武汉大学出版社2002年版，第321页。

件故意与责任故意说、责任要素说等不同观点。[1]多数学者认为，故意不但是构成要件的主观要素，而且是责任的主观要素。德、日学者一般根据故意中的知（认识）与欲（意志）的差异，来区分构成要件的故意与责任的故意。"从内在心理作用中画出两个主观要素，即所谓之'知（Wissen）与'欲（Wollen）'，试着透过这两个要素的交互作用，界定出各种主观构成要件的形式。"[2]

在德国，多数学者站在责任的立场，认为故意包括知（认识）与欲（意志），少数学者站在构成要件的立场，认为故意的构成仅以行为人对于一定事实的认知为要素，至于所谓的意（欲），和故意的构成并没有关系。[3]日本学者对故意的理解则有所不同。绝大多数学者站在构成要件的立场，主张故意指实体故意，是对客观事实的"知"。如大塚仁认为，故意是具有对犯罪事实的表象和认容。[4]野村稔认为："所谓故意，是指实现犯罪事实的意思。"[5]曾根威彦认为，"所谓故意，就是对犯罪事实的认识（事实的故意）"。[6]少数学者站在责任的立场，认为故意包括"知"与"欲"。"所谓故意，是指对犯罪事实即符合客观的构成要件事实有认识，并且实现该认识内容的意思。"[7]不管两国学界赞成者多寡，站在构成要件的立场考察，人们一般认可故意主要是指对构成要件事实的认知，不应包括意欲。正如有学者指出，故意是对构成要件事实的"知"，是"日常用语中的故意，指'意图''明明知道'等含义，杀人罪等就是其例。"[8]在构成要件中，意欲被认为是超过构成要件故意的主观要素。"在基础构成要件是否该当的判断上，除对相合致构成要件部分需实现外，仍须额外判断超出的主观要件是否成立。"[9]德、日学者对故意

---

〔1〕　参见［日］川端博：《刑法总论二十五讲》，余振华译，中国政法大学出版社 2003 年版，第 51 页。

〔2〕　柯耀程：《变动中的刑法思想》，中国政法大学出版社 2003 年版，第 245 页。

〔3〕　参见黄荣坚：《基础刑法学》（上），元照出版有限公司 2004 年版，第 334 页。

〔4〕　参见［日］大塚仁：《刑法概说（总论）》，冯军译，中国人民大学出版社 2003 年版，第 303 页。

〔5〕　［日］野村稔：《刑法总论》全理其、何力译，法律出版社 2001 年版，第 86~87 页。

〔6〕　［日］曾根威彦：《刑法学基础》，黎宏译，法律出版社 2005 年版，第 113 页。

〔7〕　［日］大谷实：《刑法讲义总论》，黎宏译，中国人民大学出版社 2008 年版，第 117 页。

〔8〕　参见［日］西田典之：《日本刑法总论》，刘明祥、王昭武译，中国人民大学出版社 2007 年版，第 163 页。

〔9〕　柯耀程：《变动中的刑法思想》，中国政法大学出版社 2003 年版，第 254 页。

的理解，与构成要件作为犯罪的观念、类型的形象有直接关系。如果构成要件故意包含认知与意欲，则可能会与责任故意混淆，架空责任的体系功能，这被认为是违背构成要件理论的。总之，在德、日三阶层犯罪论体系中，故意呈现多元化。构成要件故意作为确定行为类型的主观要素，只要求对构成要件的客观事实能够认知便可，这与构成要件符合性作为积极要件的地位相吻合的。责任的故意则主要司职于不同意欲的主观心理态度，保证将意志不同、责任不同的各种主观态度予以轻重有别的非难。不同的故意，在不同的犯罪成立要件中，具有不同的性质和功能，这是由德、日犯罪论体系的阶层特征决定的。

德、日三阶层犯罪论体系对构成要件故意与责任故意的划分及界定，与我国《刑法》第 14 条规定存在严重冲突。《刑法》第 14 条规定，犯罪故意是指明知自己的行为会发生危害社会的结果，希望或放任这种结果发生的心理态度。犯罪故意包含"知"和"欲"。特别是在直接故意犯罪中，行为人对危害社会的结果具有积极的意欲和追求。这样的故意，是一元的，与过失一道统摄犯罪成立的主观要素。毫无疑问，如果我国也采纳德、日三阶层犯罪论体系，那么我国刑法规定的一元化故意与该犯罪论体系中的多元化故意，必然产生矛盾：一方面，如果严格按照刑法规定，则故意的概念只能是一元的、无差别的，这样的故意将会抹杀构成要件故意与责任故意的区别，与德、日三阶层犯罪论体系的基本原理相冲突；另一方面，如果秉承德、日三阶层犯罪论体系的原理，那么就必须设置两种不同的故意形象，分别在构成要件与责任领域发挥各自功能，使得体系内的阶层性、逻辑性得到充分展现，这又与刑法规定相冲突。

（三）德、日犯罪论体系与中国《刑法》第 22~23 条规定的冲突

德、日刑法理论一般认为，从犯罪行为开始实施到犯罪既遂，可以划分为不同阶段，是一个不断发展、循序渐进的过程。随着这一过程的推进，犯罪到达不同阶段，法益受到侵害的危险逐渐增大，直至最后导致法益受到侵害。在犯罪发展不同阶段，法益受到的危险不一样。"从行为人抱有犯罪意图到开始发生犯罪结果为止，犯罪有一个时间顺序上的发展过程；这个过程也是侵害法益的危险逐步增大以致最终发生法益侵害结果的过程。"[1]在德、日

---

〔1〕 张明楷：《未遂犯论》，中国法律出版社、日本国成文堂 1997 年版，第 7 页。

刑法理论中，犯罪过程中出现的预备形态、未遂形态等，被当作不同的犯罪类型看待。德国学者贝林就认为："一个犯罪类型仅通过缩小其构成要件要素而形成另一个犯罪类型，这样，如果后者在法律上没有被规定为一种特殊的类型，则会完全被包含在前一种犯罪类型中。那么，范围广泛的犯罪类型就表现为类型之罪（Gattungsdelikt）或基本犯罪（Grunddelikt）、上位犯罪类型；另一种犯罪类型（范围更狭窄的类型）就表现为特殊的犯罪类型，表现为下位的犯罪类型。"[1]在贝林看来，犯罪类型性是一切犯罪共通的概念要素，刑法分则直接规定各个犯罪的独立类型，属于基本、上位的犯罪类型，总则规定的未遂犯、共犯等犯罪形式，是缩小构成要件要素的特殊犯罪类型。

根据犯罪阶层论与犯罪类型论，行为与构成要件的客观事实与主观要素符合，是犯罪成立的基本形态。但是，不同阶段的行为类型并非总与主观要素和客观事实之间一致，有时主观事实缺失或者客观事实不完整，如预备犯、未遂犯、共犯等，是客观存在的。"故意的作为犯罪的法定构成要件所规定的一般情况，是实现了客观和主观要件的被禁止行为。但是，客观事实和主观事实之间并非总能保持完全一致。如果行为只能实现客观的构成要件，不能或者只能实现部分主观要件，如果这时缺乏必要的认识，则只能成为构成要件错误（上文第八节，编号88及以下）；且至少只能因为过失犯罪（或者其他的故意犯罪）而承担责任。反过来，如果只实现了故意的作为犯罪的主观构成要件，没有或者只是部分实现了客观要件，则还须讨论。"[2]因此，预备犯、未遂犯等的构成要件并不是犯罪成立的基本形态，不能按照构成要件符合性—违法性—有责性的阶层模式加以逻辑推理。如果认为基本的犯罪类型齐备了具体犯罪构成全部要件，必然得出预备犯、未遂犯等没有齐备具体构成要件全部事实，不成立犯罪。为解决这一矛盾，修正的构成要件论应运而生。如小野清一郎认为，关于未遂犯和共犯，与其说是"现象形式"或"样态"，倒不如首先承认它们都是"特殊的"构成要件。未遂犯和共犯都是这一前提下的被修正了的"现象形式"或"样态"。它们作为犯罪，必须以构成

---

〔1〕［德］恩施特·贝林：《构成要件理论》，王安异译，中国人民公安大学出版社2006年版，第134页。

〔2〕［德］冈特·施特拉滕韦特洛塔尔·库伦：《刑法总论Ⅰ——犯罪论》，杨萌译，法律出版社2006年版，第248~249页。

要件的修正形式为基本的、一般性的、阶段的或方法的类型。[1]大塚仁指出："刑罚法规所表示的基本构成要件，本来是预想着既遂犯而制作的。未遂犯是修正这种基本的构成要件，处罚到达既遂之前的阶段中的一定犯罪行为本身。"[2]修正的构成要件理论的提出，使得德、日刑法理论存在两种犯罪判断标准、两种犯罪既遂。一方面，预备犯、未遂犯、中止犯等适用修正的构成要件理论，既遂犯适用基本的构成要件理论，犯罪判断标准便有了两种不同形式。另一方面，虽然观念上未遂犯等相对于既遂犯是不完整的、修正的，但由于其具有独立的判断依据，即修正的构成要件，因而不失为一种犯罪既遂形态。只不过，根据基本的构成要件判断成立的犯罪既遂是实质的，而根据修正的构成要件判断成立的犯罪既遂是形式的。"如果法律将为了实现原来的不法结果而实施的预备或未遂行为，规定为（形式上的）犯罪既遂，间或还规定了特殊的中止规则，这反过来肯定说明了，立法者认为，这些时候就不能适用第 24 条的规定。……至少有必要通过类推，对形式上的既遂发生之后但还未达到实质上的既遂时，所实施的中止，普遍减轻刑罚处罚。"[3]修正的构成要件的提出，是有法律依据的。德、日刑法分则均对未遂犯和预备犯加以明文规定，站在刑法分则各本条的立场，认为其是既遂形态未尝不可。

如果移植德、日阶层犯罪论体系，就会得出我国刑法也存在两种犯罪不同的判断标准、两种犯罪既遂，这是不符合事实的。首先，我国犯罪构成始终是主客观统一体，是完整的，不存在完整与不完整的犯罪构成之别。《刑法》第 22 条规定，为了犯罪，准备工具、制造条件的，是犯罪预备；第 23 条规定，已经着手实行犯罪，由于犯罪分子意志以外的原因而未得逞的，是犯罪未遂。这两条均规定了处罚上比照既遂犯。可见，在中国刑法中，犯罪预备行为和犯罪实行行为都是犯罪行为。预备犯、未遂犯、既遂犯等是在行为发展的不同阶段体现出来的不同样态。不管何种行为样态，在性质上均属于犯罪行为，完全可以根据犯罪构成的四要件判断犯罪成立。有学者认为：

---

〔1〕 参见 [日] 小野清一郎：《犯罪构成要件理论》，王泰译，中国人民公安大学出版社 2004 年版，第 122~123 页。

〔2〕 [日] 大塚仁：《刑法概说（总论）》，冯军译，中国人民大学出版社 2003 年版，第 213 页。

〔3〕 [德] 冈特·施特拉滕韦特洛塔尔·库伦：《刑法总论 I——犯罪论》，杨萌译，法律出版社 2006 年版，第 283~284 页。

"犯罪的未完成形态与完成形态的犯罪构成，模式是不同的，各有其自己的特点。如果说故意犯罪完成形态的构成是基本的犯罪构成，那么，故意犯罪未完成形态的构成就是修正的犯罪构成。"〔1〕笔者认为，以修正的犯罪构成解释犯罪预备、犯罪未遂等形态，并不符合中国刑法规定。从我国刑法规定来看，根本不需要修正的犯罪构成来解释。正如论者所言，"修正的犯罪构成也是要件完整齐备的犯罪构成，因为犯罪只能是一个主客观诸要件有机统一和紧密结合的整体，无论是基本的犯罪构成还是修正的犯罪构成，都只能作为一个诸要件完备的统一体而存在，缺少任何要件，犯罪构成都是不可能存在的"。〔2〕其次，预备犯、未遂犯与既遂犯规定存在于我国刑法总则与分则之中，具有完整性与协调性，修正的犯罪构成并无法律依据。我国学界通常认为，行为完全符合刑法分则条文规定的某种犯罪构成的全部要件时就是既遂。这一结论是建立在这样一种假设基础上的，即立法者总是将犯罪既遂作为独立的犯罪类型进行特定配刑，而对犯罪未遂等规定比照犯罪既遂论处。这种论断似乎有道理，却值得商榷。一方面，无论是犯罪既遂与未遂，都属于犯罪行为，均应按照刑法分则各本条规定定罪处罚。〔3〕如果认为刑法分则各本条规定针对犯罪既遂，就意味着该条处罚规定排除未遂犯适用，这显然不符合事实。司法实践中，对于未遂犯的量刑，仍然是根据刑法分则各本条规定的。因此，认为刑法分则各本条规定针对犯罪未遂，也是可以的。另一方面，将我国刑法分则规定理解成针对犯罪既遂形态，不符合立法现实。就犯罪未遂概念来说，日本刑法与我国刑法规定大致相同。日本刑法坚持以惩罚犯罪既遂为原则、惩罚犯罪未遂为例外，故在第44条规定了处罚未遂的情形只能由各本条规定。这样，在日本刑法分则各本条当中，不存在处罚未遂犯的预留空间。我国刑法则不然。分则没有就预备犯、未遂犯及其处罚加以特别规定，这表明刑法总则规定的预备犯、未遂犯、既遂犯，同样存在于刑法分则各本条规定的所有直接故意犯罪之中。这种规定体现的是对犯罪既遂与未遂一并处罚的原则，意味着我国刑法分则各本条当中，包含了处罚未遂犯的预留空间。

---

〔1〕 高铭暄、马克昌主编：《刑法学》（上编），中国法制出版社1999年版，第262页。

〔2〕 高铭暄、马克昌主编：《刑法学》（上编），中国法制出版社1999年版，第262页。

〔3〕 我国司法实践中，对犯罪人判处刑罚并不特别注明构成犯罪既遂或者犯罪未遂，而是统一定性为××罪，然后在判决中认定是否有犯罪未遂情节。若有该情节，通常在刑法分则本条规定的相应法定刑幅度内、选择较低的法定刑裁量决定刑罚。

"规定具体犯罪的分则条文，不仅包含了犯罪既遂，而且包含了其他可能出现的形态；认为我国刑法分则规定的犯罪以既遂为模式就没有法律依据。"[1]正是由于刑法总则和刑法分则的规定具有完整性、协调性，故修正的犯罪构成并无法律依据。

（四）德、日犯罪论体系与中国《刑法》第 25 条规定的冲突

德、日刑法通常不明确共同犯罪概念，只是规定两人以上（或数人）共同实施犯罪的，是共同正犯。（《德国刑法》第 25 条、《日本刑法》第 60 条）这使得理论界在如何认定共同犯罪上，存在分歧。在德、日刑法理论中，对于两人以上的行为究竟在哪些方面共同才能称为共犯，存在犯罪共同说与行为共同说。犯罪共同说是客观主义的共犯理论，行为共同说是主观主义的共犯理论。前者认为，二人以上共同实行特定犯罪的场合就是共犯；后者认为，不仅二人以上共同实现特定犯罪的场合是共犯，即便是出于各自的犯罪意图而共同实施行为的场合，也是共犯。[2]犯罪共同说中的"共同"，是指以犯同一犯罪的意思，对同一犯罪事实的协同加功。[3]其中的"同一犯罪"，是指作为犯罪类型的构成要件的同一。"共同正犯的成立，要求二人以上的行为符合某个构成要件。"[4]行为共同说中的"共同"，"不是两人以上共犯一罪的关系，而是共同表现恶性的关系，所以，共犯应理解为两人以上基于共同行为而各自实现自己的犯意"。[5]其中的"共同行为"，"不是从构成要件意义上所说的共同行为，而是在构成要件之前的自然意义上所说的共同行为。因而被称为构成要件之前的行为共同说"。[6]

另外，在利用未达到刑事责任年龄的人实施犯罪的场合，对利用者和被利用者如何定性，德、日犯罪论体系亦有自己独特的见解。"判例并未作简单划一的判决，而是在对背后者有无实施强制性行为及其强制程度、有无压制未成年人的意思及压制程度等作了实质性考察之后，才作判决的。"[7]以日本判例为例，对于利用未达到刑事责任年龄的人实施犯罪的情形，既可能判决

---

〔1〕 张明楷：《犯罪论原理》，武汉大学出版社 1991 年版，第 467 页。

〔2〕 参见［日］大谷实：《刑法讲义总论》，黎宏译，中国人民大学出版社 2008 年版，第 365 页。

〔3〕 参见马克昌：《比较刑法原理——外国刑法学总论》，武汉大学出版社 2002 年版，第 653 页。

〔4〕 张明楷编：《外国刑法纲要》，清华大学出版社 1999 年版，第 293 页。

〔5〕 马克昌：《比较刑法原理：外国刑法学总论》，武汉大学出版社 2002 年版，第 654 页。

〔6〕 张明楷编：《外国刑法纲要》，清华大学出版社 1999 年版，第 294 页。

〔7〕 陈兴良主编：《犯罪论体系研究》，清华大学出版社 2005 年版，第 7 页。

构成间接正犯，也可能判决构成共谋共同正犯，还可能判决构成共同正犯。例如，对于被告人让 12 岁的养女实施盗窃的行为，日本判例认定构成间接正犯，理由是被告人对被利用者存在强制性支配。(1983 年 9 月 21 日刑集 37 卷 7 号第 1070 页)；[1]如果母亲指示、命令 12 岁零 10 个月的长子实施抢劫行为，判例认为此行为既不构成抢劫罪的间接正犯，也不构成抢劫罪的教唆犯，而是构成共同正犯。因为，该长子具有是非辨别能力，母亲的指示、命令不足以压制长子的意思，长子是基于自己的意思而决定实施抢劫行为，并且还随机应变地处理问题而最终完成了抢劫。[2]

　　如果将上述德、日犯罪论体系中的共犯与间接正犯理论移植到中国，则会与中国刑法规定产生冲突。根据我国《刑法》第 25 条的规定，共同犯罪是指两人以上共同故意犯罪。结合《刑法》第 14 条对故意的规定，就会发现我国刑法规定在如何认定共犯和间接正犯上，与德、日犯罪论原理完全不同。我国刑法中的共同犯罪之共同故意，具有两个鲜明特点：一是指各共同犯罪人主观上具有意思联络，认识到自己不是一个人在实施犯罪，而是与他人共同实施犯罪；二是各共同犯罪人都认识到共同犯罪行为的性质、危害社会的结果，并决意参与共同犯罪，希望或者放任这种结果发生。[3]与此不同的是，德、日犯罪论中的共犯理论并不否定过失犯可以成立共同犯罪。不仅是行为共同说，就是主张犯罪共同说的学者，也越来越倾向于承认过失犯的共同正犯，肯定共同犯罪并非仅由故意犯构成。"我虽然认为泷川、团藤两博士的否定论有其充分的意义，但是，也认为关于过失犯的成立，在进行适应犯罪论体系的考察时，就可以看出其成立共同正犯的余地。……在由各人违反其共通的注意义务的共同行为发生了犯罪性结果时，就可以认为是由该过失犯的共同实行惹起了该过失犯的构成要件性结果，就存在作为过失犯的共同正犯的构成要件性过失。"[4]然而，根据我国刑法规定，共同犯罪只能由故意犯罪构成，过失犯罪是不可能成立共犯的。可见，犯罪共同说与行为共同说所主张的过失犯的共同正犯理论，与我国刑法规定是背道而驰的。

---

〔1〕　参见陈兴良主编：《犯罪论体系研究》，清华大学出版社 2005 年版，第 7 页。

〔2〕　参见马克昌、莫洪宪主编：《中日共同犯罪比较研究》，武汉大学出版社 2003 年版，第 78~80 页。

〔3〕　参见马克昌主编：《犯罪通论》，武汉大学出版社 1999 年版，第 510 页。

〔4〕　[日] 大塚仁：《犯罪论的基本问题》，冯军译，中国政法大学出版社 1993 年版，第 259~260 页。

此外，根据我国《刑法》第 14 条和第 17 条的规定，未达到刑事责任年龄的人对自己的行为的性质、后果和意义，缺乏辨认能力和控制能力，其行为在刑法上没有任何意义，故不可能具有犯罪故意或者过失，不能以犯罪论处。[1]这样一来，站在规范的立场，在利用未达到刑事责任年龄的人犯罪的场合，鉴于未达到刑事责任年龄的人的行为在刑法上不具有任何意义，就不可能构成共谋共同正犯或者共同正犯，只能成立构成间接正犯。可见，在德、日阶层犯罪论体系中，认为利用未达到刑事责任年龄的人犯罪可以构成共谋共同正犯、共同正犯，是违背我国刑法规定的。

综上所述，德、日三阶层犯罪构成论体系与德、日刑法规定是相辅相成的。德、日刑法以行为之质确定犯罪类型，是构成要件作为类型的、观念的犯罪形象的客观基础。同时，德、日刑法对故意概念不作限定，使故意脱离法律羁绊，呈现多元化。根据德、日犯罪论原理，构成要件故意是对构成要件客观事实的认知，不包括意志因素，这使得构成要件作为类型的、观念的犯罪形象具备了主观基础。这样，构成要件以行为之质和构成要件故意为核心，确定了一个宽泛的、观念的犯罪圈，为违法性、有责性以消极要件的身份，通过层层递进确定犯罪成立打下基础。在德、日刑法总则和分则中，对预备犯、未遂犯等作了明文规定，使得刑法分则各本条确定的犯罪类型呈现不同的构成要件特性，构成要件便有了基本与修正之分，并造成犯罪判断与既遂上的双重标准。德、日刑法一般不规定共同犯罪概念，致使如何界定共同犯罪存在分歧。根据我国刑法，犯罪概念包含行为之质与行为之量两个核心要素，犯罪故意包括认识因素与意志因素，预备犯、未遂犯等犯罪未完成形态涵涉于所有的直接故意犯罪中，共同犯罪则指两人以上共同故意犯罪。这些规定完全不同于德、日刑法。犯罪成立标准的双重化、犯罪故意的一元化等，是与德、日三阶层犯罪构成论的基本原理相矛盾的。因此，移植德、日三阶层犯罪构成论体系，有必要考虑与刑法规定所存在的逻辑冲突。不可否认，较之平面犯罪构成论体系，阶层犯罪构成论体系在认定犯罪时确实在某些方面存在逻辑优势，但是，只有在消除其与我国刑法规定的逻辑冲突的前提下，才能更好地发挥阶层犯罪论体系在认定犯罪时的优势。

---

〔1〕 参见张明楷：《刑法学》（第 2 版），法律出版社 2003 年版，第 187 页。

三、不同逻辑下的概念差异

平面犯罪构成论体系与阶层犯罪论体系的逻辑差异，导致两者的相关概念在内含、功能等方面也存在很大不同。法益和犯罪客体便是如此，法益和犯罪客体两个概念都是舶来品，均在各自的理论体系与规范体系中具有重要地位。作为传统平面犯罪论体系的犯罪构成要件之一，犯罪客体早就为人们所熟知，言及犯罪总是先会谈到侵犯什么客体。在德、日阶层犯罪论体系中，侵犯法益几乎成为犯罪的代名词。在我国刑法理论中，随着阶层犯罪论体系的声名日盛，法益越来越受到人们关注。

时至今日，法益在很大程度上取代了犯罪客体的位置。言及犯罪，人们往往会先讨论侵犯何种法益。即使坚持传统刑法理论的学者，也会将法益与犯罪客体等同视之。"犯罪客体，就是我国刑法所保护的，而为犯罪行为所侵犯的社会主义社会关系，这些关系通常表现为各种合法利益，因而犯罪客体也可以称为法律保护的利益，即'法益'。"[1]有学者甚至主张以法益概念取代社会关系。[2]不过，近年来随着刑法处罚范围的不断扩张，法益的精神化、抽象化态势加剧，引起人们对法益概念及其所"肩负的重任"的反思。尽管如此，正如传统刑法理论并未否定犯罪客体一样，法益理论支持者依旧对之持肯定态度。

法益与犯罪客体的地位转换及两者所遭受的困惑，难免会让人深思两者的体系特征及相互关系。客观地说，对法益与犯罪客体的研究与运用，不应脱离其所滋生的理论体系与规范体系，否则会导致水土不服。对此，学界其实早有警觉。例如，对于将犯罪客体纳入犯罪本质特征及其内容应当是刑法法益之类的观点，早先将法益概念引进我国的杨春洗教授就曾指出，这与过去的论著以及某些传统观点有所不同。[3]这显然是立足于不同犯罪论体系而言的。据此，本书立足于不同的犯罪论体系和规范体系，拟对法益和犯罪客体的概念、内容、体系性地位以及功能等问题进行深入探究，以期深化人们

---

〔1〕　张绍谦：《刑法与生活》，法律出版社 2018 年版，第 54 页。

〔2〕　参见冯亚东、胡东飞、邓君韬：《中国犯罪构成体系完善研究》，法律出版社 2010 年版，第180 页。

〔3〕　参见杨春洗、苗生明："论刑法法益"，载《北京大学学报（哲学社会科学版）》1996 年第 6 期。

对法益、犯罪客体及两者关系的认识。

（一）法益和犯罪客体的概念

1. 法益的概念

法益是大陆法系国家刑法理论中的概念。基于结果无价值与行为无价值之不同立场，以确定刑罚处罚范围为目标，法益概念在不同的历史时期有着不同含义，经历了由物质化法益到精神化法益的发展演变过程，具有典型的多元化特征。即使是立足于结果无价值或行为无价值之单一立场，对法益亦存在诸多不同认识和理解。

宾丁是物质化法益概念的倡导者。他从法实证主义角度出发，认为法益是立法者通过规范使其免受不期望的侵害或危险而必须努力予以保护的全部利益。[1]宾丁反对抽象的法益概念，指出"抽象概念，如国家、公共秩序、道德这些概念外延过大，没有确定性，在实定法中加以规定并无太大的现实意义，所以这些抽象概念都应该分解为具体的法益"。[2]麦兹格承袭了宾丁的观点，认为法益就是指通过作为评价规范的法所考虑存在平均利益的状态。[3]李斯特是精神化法益概念的力主者。他从法目的论的立场来诠释法益，认为近代国家因为全部的法都被定义为人类的利益应该被保护、被促进的，因此法益被认为是人类的利益。不是法秩序，而是生活产生了这些利益。[4]李斯特之后，霍尼希等人在区别保护客体（即法益）与行为客体的基础上，提出了保护客体的概念。"保护客体不过是特殊的——法律学构成概念的产物，或者用其他的表现方式的话，保护客体作为它自身并不存在，而是通过我们作为以共同体价值为刑罚法规目的的客体放入视野而初次获得生命的。"[5]

第二次世界大战以后，联邦德国颁布了《基本法》，法学家的重要任务之一便是检讨实定法规是否与基本法内容相一致。[6]"以保护法益的方式，刑法在为实现公共福祉和维护共同秩序服务。它是一个建立在我们国家宪法所蕴

〔1〕　参见［日］伊东研祐：《法益概念史研究》，秦一禾译，中国人民大学出版社2014年版，第69页。

〔2〕　王安异："法益侵害还是规范违反"，载赵秉志主编：《刑法论丛》（第11卷），法律出版社2007年版，第286页。

〔3〕　参见［日］伊东研祐：《法益概念史研究》，秦一禾译，中国人民大学出版社2014年版，第131页。

〔4〕　参见［日］伊东研祐：《法益概念史研究》，秦一禾译，中国人民大学出版社2014年版，第70页。

〔5〕　［日］伊东研祐：《法益概念史研究》，秦一禾译，中国人民大学出版社2014年版，第105页。

〔6〕　参见张明楷：《法益初论》，中国政法大学出版社2003年版，第96页。

含的社会伦理价值之上、以我们国家宪法之制定目的为其指导思想和依照准则起着保护和安定作用的秩序。"〔1〕例如，德国学者罗克辛就试图从宪法中引导出法益概念。"法益是在以个人及其自由发展为目标进行建设的社会整体制度范围之内，有益于个人及其自由发展的，或者是有益于这个制度本身功能的一种现实或者目标设定。"〔2〕日本学者则以宪法的尊重基本人权和国民主权原则为指导，将法益分为保护个人的生活利益（个人法益）和作为其集合的社会利益（社会法益），以及保护为维持、促进上述利益而设置的各种机构、组织（国家法益）。〔3〕

　　无论何种表述，法益概念始终离不开两个核心要素：法和利益。"这个法益概念，正如是由'法'和'利益'这两个词汇的记述所表明的那样，是一个由利益的要素和法的要保护性要素相结合的复合概念。"〔4〕因此，可以简单地说，法益是法律保护的利益。至于法律保护的利益是什么，则是法益的内容问题，诸多不同理解与分歧皆源自于此。

　　2. 犯罪客体的概念

　　犯罪客体的概念在大陆法系国家刑法理论中就已存在。起初犯罪客体包括保护客体与行为客体。后来，行为客体从犯罪客体中分类里出去以后，犯罪客体就仅指保护客体，即法益。"通常称犯罪客体，均指被害法益，盖犯罪莫不以侵害一定法益而成立，故通常称犯罪之客体……"〔5〕此种意义之犯罪客体与阶层犯罪论体系同孕育共发展。

　　在平面犯罪论体系中，犯罪客体的核心要素是社会关系。世界上第一位把犯罪客体表述为刑法所保护的社会关系的是苏维埃刑法学者皮昂特科夫斯基。〔6〕与法益概念的千变万化不同，平面犯罪论体系中的犯罪客体概念一经确立，就具有相对稳定性。不过，围绕社会关系定义有不同认识和理解。"在苏俄时期，虽然社会关系被认为是犯罪的客体，但是对社会关系的定义还是

　　〔1〕　〔德〕约翰内斯·韦塞尔斯：《德国刑法总论》，李昌珂译，法律出版社 2008 年版，第 5 页。

　　〔2〕　〔德〕克劳斯·罗克辛：《德国刑法学　总论》（第 1 卷），王世洲译，法律出版社 2005 年版，第 15 页。

　　〔3〕　参见〔日〕曾根威彦：《刑法学基础》，黎宏译，法律出版社 2005 年版，第 6 页。

　　〔4〕　〔日〕関哲夫："法益概念与多元的保护法益论"，王充译，载《吉林大学社会科学学报》2006 年第 3 期。

　　〔5〕　陈瑾昆：《刑法总则讲义》，吴允锋勘校，中国方正出版社 2004 年版，第 72 页。

　　〔6〕　参见薛瑞麟：《犯罪客体论》，中国政法大学出版社 2008 年版，第 3 页。

存在着不同的理解。"[1]在"社会关系"之外，也有学者提出利益说等学说，但基本上属于少数观点，不足以挑战通说地位。苏联解体后，不少俄罗斯学者就犯罪客体的含义提出新的见解。"犯罪客体是受刑法保护而被犯罪侵害的、具有普遍意义的社会价值（包括财富、利益和社会关系）。"[2]但这些观点均不足以撼动"社会关系说"的地位。"由于在苏维埃时期，将社会关系作为犯罪客体的这一刑法理论研究得相对而言比较完善，因此，当今的俄罗斯，还没有哪种犯罪客体的理论能够和这一理论相媲美。"[3]

将社会主义社会关系作为犯罪客体的理论，是以马列主义理论学说为基础构建的，具有强烈的时代色彩。尽管如此，犯罪客体理论确立后很快便在苏俄刑法理论中占据通说地位，并在包括我国在内的社会主义国家得到广泛传播。"我国刑法上的犯罪客体，就是我国刑法所保护的而为犯罪行为所侵害的社会主义社会关系。"[4]直至今日，尽管也存在其他不同观点，但"社会关系说"在我国仍居通说地位。[5]

3. 述评

在大陆法系国家刑法理论中，法益早先包括保护客体与行为客体。后来，在行为客体被排除后，法益概念逐渐精神化。原因在于，"如果不将法益概念精神化理解，则其又不具备对所有犯罪的违法性本质的定义力，尤其是不能犯。还有扰乱秩序的犯罪，如风化犯罪，也很难以具体的生活利益之侵犯来概括其犯罪的本质"。[6]但是，精神化的法益概念并非没有问题。"精神的东西是难以受到侵害的，即使受到了侵害也难以准确评价；如果坚持法益概念的精神化，那么，法益概念就难以发挥规制立法者的机能，也难以成为评价行为是否违法的实质标准。"[7]在法益概念迎来保护客体时代后，围绕着结果

---

[1] 董玉庭、龙长海："俄罗斯犯罪客体理论的历史沿革"，载赵秉志主编：《刑法论丛》（第14卷），法律出版社 2008 年版，第366页。

[2] [俄] 伊诺加莫娃-海格：《俄罗斯联邦刑法（总论）》（第2版），黄芳等译，中国人民大学出版社 2010 年版，第52页。

[3] 董玉庭、龙长海："俄罗斯犯罪客体理论的历史沿革"，载赵秉志主编：《刑法论丛》（第14卷），法律出版社 2008 年版，第366页。

[4] 邓定一："关于犯罪客体的几个问题"，载《现代法学》1980 年第3期。

[5] 参见贾宇主编：《刑法学》（上册·总论），高等教育出版社 2019 年版，第99页。

[6] 王安异："法益侵害还是规范违反"，载赵秉志主编：《刑法论丛》（第11卷），法律出版社 2008 年版，第296页。

[7] 张明楷：《法益初论》，中国政法大学出版社 2003 年版，第155页。

无价值和行为无价值以及如何确定刑罚处罚范围，对何谓法益产生诸多不同见解。第二次世界大战以后，宪法学意义上的法益概念既是规范的，同时也是开放的。"法益构想是规范性的，但是，这个构想并不是静态的，而是在符合宪法的目的的设定范围内，向历史的变化和经验性知识的进步开放的。"〔1〕

比较而言，犯罪客体在内含上相对稳定。当然，在我国社会发展过程中，由于经济上发生一些质的变化，出现了不属于社会主义生产关系的经济形态，有学者据此认为不能将非社会主义社会关系排除在犯罪客体之外。"如果把非社会主义社会关系排除在刑法所保护的范围之外，不利于促进生产力发展，也不符合我国目前的司法实践。"〔2〕于是，犯罪客体不再是我国刑法保护的社会主义社会关系，而是我国刑法保护的社会关系。尽管有此变化，但无论是在苏俄时期还是在我国学界，迄今为止"社会关系"依旧是犯罪客体的核心要素。不过，自法益概念引进我国后，在理论界与实务界产生积极影响，对传统犯罪客体理论造成很大冲击。应当说，法益理论自身的某些优点以及传统犯罪客体理论存在的不足，是法益说颇具吸引力的主要原因。

（二）法益与犯罪客体的内容

1. 法益的内容

如前所述，法益的核心要素是"法"与"利益"。关于"法"的范畴，除"法律"这一常态表述外，也有将之限定为刑法的。"刑法上的法益，是刑法所保护的社会生活利益。"〔3〕还有从宪法角度加以限定的，除罗克辛外，我国学者张明楷教授亦持此观点。"法益是指根据宪法的基本原则，由法所保护的、客观上可能受到侵害或者威胁的人的生活利益。"〔4〕从宪法学角度限定法益的内容，在德、日等国是有力学说。关于利益的内容，可谓意见纷呈。主要有三种不同见解：一是主观说，认为利益是意识的属性，使人们对于满足一定需要的意志指向；二是客观说，认为利益可以形成意识、意志，但它是意识、意志之外的客观存在；三是折中说，认为利益是主体与客观环境的统

---

〔1〕　〔德〕克劳斯·罗克辛：《德国刑法学　总论》（第1卷），王世洲译，法律出版社2005年版，第16页。

〔2〕　马克昌主编：《犯罪通论》，武汉大学出版社1999年版，第111页。

〔3〕　许玉秀主编：《新学林分科六法·刑法》，新学林出版股份有限公司2008年版，第39页。

〔4〕　张明楷：《法益初论》，中国政法大学出版社2003年版，第167页。

一。〔1〕我国有学者主张以客观说为基础的折中说，认为"利益是指在一定的社会形式中满足社会成员生存、发展需要的客体对象"。〔2〕总的来说，学界对法益的内容缺乏统一认识，没有相对一致的判断标准。"盖法益既是一种受保护的权利或利益，则权利与利益本属具有相当程度抽象性的概念，故不论是将刑法的法益概念界定在'人类社会共同生活维系的价值'，或是'社会秩序中必须加以尊重或保护的利益'，或者'具体生活上具有法律最低保护价值的利益'等等，对于法益的内容，似乎都无法赋予一个具体的形象，只能从理念上的认知与感受，其体验法益概念的内涵。"〔3〕

2. 犯罪客体的内容

犯罪客体的核心要素的社会关系，对其内容学界众说纷呈。苏联学者特拉伊宁认为，"在它的具体的实际体现中，可能是物质有价物，也可能是政治上、道义上、文化上及其他方面的东西"。〔4〕还有苏联学者将法律规范理解为社会关系的调剂或者辅助部分。"社会主义的社会关系以及调剂并辅助其向共产主义发展的社会主义国家的相应的法律规范，同时就是一切犯罪的客体。"〔5〕苏联解体后俄罗斯学者对社会关系的内容进行了限缩。即认为犯罪客体在内容上包括三类：一是个人权利体系，包括生命、健康、荣誉、尊严、性自由、人和公民的权利和自由，以及财产权、从事企业和其他经济活动的权利等。二是由保障社会安全体系，如健康安全、自然环境、交通运输、计算机信息安全等。三是指保障国家及其制度的职能体系，如俄罗斯联邦宪法制度和外部安全、政权机构正常活动以及司法审判等。〔6〕我国学者何秉松教授指出，"犯罪所侵犯的客体，还应当包括社会生产力、自然环境"。〔7〕还有学者认为，"'关系'既可表述利益，也可表述秩序与正义，也完全可表述生产力与

---

〔1〕 参见张明楷：《法益初论》，中国政法大学出版社 2003 年版，第 167~169 页。

〔2〕 张明楷：《法益初论》，中国政法大学出版社 2003 年版，第 169 页。

〔3〕 柯耀成：《刑法释论Ⅰ》，一品文化出版社 2014 年版，第 28~29 页。

〔4〕 ［苏］A. H. 特拉伊宁：《犯罪构成的一般学说》，王作富等译，中国人民大学出版社 1958 年版，第 102 页。

〔5〕 苏联司法部全苏法学研究所主编：《苏联刑法总论》（下册），彭仲文编译，大东书局 1950 年版，第 323 页。

〔6〕 参见何秉松、［俄］科米萨罗夫、科罗别耶夫主编：《中国与俄罗斯犯罪构成理论比较研究》，法律出版社 2008 年版，第 49~50 页。

〔7〕 参见何秉松："论犯罪客体"，载《北京大学学报（哲学社会科学版）》1987 年第 3 期。

自然环境"。[1]薛瑞麟教授则认为社会关系之构成要素如下：社会关系的主体或参加者；社会关系的物质表现如公私财物等；社会关系主体或参加者的相互关系；刑法所保护的社会关系主体的利益。[2]

3. 述评

无论是法益还是犯罪客体，其内容均具有两个特征：一是不确定性；二是概括性。法益尽管问世时间相对较长，但其内容迄今为止未能有相对清晰的边界。"尽管作出了种种努力，但是我们迄今为止都未能更清楚一点地澄清法益的概念。所有的尝试都因遇到了一个原则上不可能解决的困难——找到一个考虑到了所有的肯定合法的犯罪构成要件的定义，并能言之成理——而失败。"[3]作为法益核心要素的所谓的"利益"或者说"社会生活利益"，几乎涵摄社会生活的方方面面。社会关系更是如此，因其广泛而又似乎无所不包的特点，容易让人理解其可以涵盖社会生活中的一切。"苏俄学者几乎把社会关系视为社会的代名词，对社会的研究主要就是对社会关系的研究。在这样一个含义宽泛的社会关系背景下，犯罪客体具有较大涵括力，同时也必然带来空泛性的缺陷。"[4]

与法益相比，犯罪客体有两个特点：一是没有明确将犯罪对象分离出去。在传统刑法理论中，教科书一般将犯罪对象放在犯罪客体部分阐述，但犯罪对象不是犯罪客体的当然内容，却是与犯罪客体密切联系、不可分割的。其优点是必要时祭出来能使犯罪客体避免过分精神化、抽象化，缺点是使犯罪客体与犯罪对象之间的关系变得含混不清。法益与行为对象是两个不同的概念，它们之间界限分明。正是由于与行为对象泾渭分明，法益概念容易陷入精神化、抽象化的泥淖中。二是更具有形式上的合理性。这是因为，将"社会关系"理解成包容万象的概念，多少还值得理解。但是，将"法益"作此理解，那么其中的"法"就失去应有的价值和意义，沦为中看不中用的"花瓶"。有观点认为，"社会关系"一语过于隐晦和抽象，应借鉴"法益侵害

〔1〕 蒋羽杨："犯罪客体的内涵还应包括人和自然的关系"，载《法学》1996 年第 7 期。

〔2〕 参见薛瑞麟："关于我国犯罪客体的几个问题"，载《法学研究》1988 年第 2 期。

〔3〕 〔德〕施特拉腾韦特、库伦：《刑法总论Ⅰ——犯罪论》，杨萌译，法律出版社 2006 年版，第 30 页。

〔4〕 陈兴良："犯罪客体的去魅——一个学术史的考察"，载《政治与法律》2009 年第 12 期。

说"的合理内容，对犯罪客体做重新界定。[1]问题是，法益在内容上也颇有抽象性、概括性。在行为客体剥离后，精神化的法益也极为隐晦、抽象。

（三）法益和犯罪客体的体系性地位

1. 法益在阶层犯罪论体系中的地位

在德、日等国刑法理论中，法益是与刑法目的或者说处罚范围相关的概念，揭示的是犯罪的本质是什么。关于刑法目的，早先针对同性性行为、卖淫等无被害人犯罪，有社会伦理主义与法益保护主义之争。前者认为犯罪的本质是违反了事关宗教的"伦理"，这些行为在传统上一直被视为犯罪，这些行为有损"社会的共同价值观"，听之任之会降低"社会质量"。后者主张只要不侵害他人的利益，无论做什么都是个人的自由，国家没有资格予以禁止。[2]现在，两者之争为法益保护说与规范违反说替代。规范违反说从违反规范的角度来寻求犯罪的处罚根据与本质所在，因其本质是人对规范有违反的意思，所以需要重视主观犯罪意思。[3]规范违反说又可划分为主观规范违反说与客观规范违反说。前者认为不法是否定或损害作为精神力量的法律；后者认为不法是与法律的外在客观状态不一致。[4]此外，还有折中说即修正的法益保护主义。根据折中说，犯罪是违反社会上的一般人当然应当遵守的社会伦理规范的侵害法益的行为，以及具有侵害法益的危险的行为。因为，刑法的目的是通过保护法益来维持社会秩序，只要行为不违反法益或者对法益造成危险，即使违反社会伦理规范，也不能作为刑法上的违法行为。不过，刑罚是以社会伦理规范为基础的，仅以对法益有侵害或危险来定义犯罪是不够的，还必须违反社会伦理规范。[5]

在德、日等国教科书中，保护法益是刑法的目的与任务，侵犯法益便是犯罪，故而通过法益可以揭示犯罪的本质特征。法益的这种体系性地位是有法律依据的，即以民刑、行刑两分的二元化规范体系为依托。具体地说，便是

---

〔1〕 参见胡学相："犯罪客体新论"，载《法学评论》2004年第2期。

〔2〕 参见［日］松原芳博：《刑法总论重要问题》，王昭武译，中国政法大学出版社2014年版，第11页。

〔3〕 参见［日］西田典之：《日本刑法总论》，刘明祥、王昭武译，中国人民大学出版社2007年版，第23页。

〔4〕 参见王安异："法益侵害还是规范违反"，载赵秉志主编：《刑法论丛》（第11卷），法律出版社2008年版，第279页。

〔5〕 参见［日］大谷实：《刑法讲义总论》，黎宏译，中国人民大学出版社2008年版，第36页。

刑法与民法、行政法规定的违法行为类型不存在重合，刑法与民法、行政法之行为类型是二元化的，故而触犯刑法规范的行为便是犯罪。因此，侵犯法益作为宏观性、统领性的概念，在"亲缘"上与犯罪概念更接近。这就不难理解法益在德、日等国刑法教科书中的地位，即由于不是犯罪构成要件，在具体的犯罪评价中，法益的作用明显不如具体犯罪构成要件，在认定具体犯罪时象征意义大于现实意义。在刑法总论中，除了在刑法的目的和任务或者基本原则中会论述法益保护主义外，并无专门章节介绍法益；在刑法分论中，提及法益的也很少，倒是论述行为客体较多，如有关货币犯罪之论述会论述行为客体是货币，往往无侵犯何种法益之阐述。

2. 犯罪客体在平面犯罪论体系中的地位

在我国传统平面犯罪论体系中，犯罪客体属于犯罪构成要件之一。"行为之所以构成犯罪，首先就在于侵犯了一定的社会关系，而且侵犯的社会关系越重要，其对社会的危害性就越大。"[1]由于犯罪客体决定行为性质和犯罪类型归属等，因而往往被认为是犯罪构成的首要要件，甚至被尊为刑事违法的最高价值标准。"客观构成要件是刑事违法的具体价值标准，犯罪客体是刑事违法的最高价值标准。"[2]

但是，犯罪客体不能等同于犯罪概念。在我国，由于民刑、行刑是并合的一元化规范体系，即刑法与民法、行政法规定的违法行为类型存在重合，故而触犯刑法规范的行为不一定是犯罪。根据《刑法》第13条但书规定，情节显著轻微危害不大的，不认定为犯罪。犯罪客体只是揭示犯罪基本特征的概念之一，故其在内涵上小于犯罪概念。犯罪客体与犯罪的社会危害性同样不能等同。"犯罪客体则只是说明犯罪行为所侵害的东西。仅仅犯罪客体是不可能决定或说明犯罪这个有机整体的社会危害性的。"[3]尽管犯罪客体的地位没有犯罪概念高，但因其是犯罪构成要件之一，是认定具体犯罪的基本依据之一，因而在我国传统刑法理论中地位显赫。在教科书的刑法总论部分，会有专门章节介绍犯罪客体。在刑法分论中，由于犯罪客体是评价具体犯罪不可或缺的要素，在论述犯罪构成要件时一般会被论及。

---

〔1〕　高铭暄、马克昌主编：《刑法学》，北京大学出版社、高等教育出版社2016年版，第54页。

〔2〕　邵维国："犯罪客体是刑事违法的最高价值标准"，载《河北法学》2010年第12期。

〔3〕　何秉松："论犯罪客体"，载《北京大学学报（哲学社会科学版）》1987年第3期。

3. 述评

以民刑、行刑两分的二元化规范体系为依托的法益理论，孕育于阶层犯罪论体系中，侵犯法益与构成犯罪几乎具有同等含义。根据德、日等国刑法规定，凡是刑法规定的类型行为都是犯罪，如盗窃一张纸也构成盗窃罪。这意味着触犯刑法规定的行为就是犯罪，这与侵犯法益具有同等含义。理论上，法益虽不是犯罪构成要件，但并非与犯罪构成要件没有关系。在犯罪构成要件中，法益有自己的"代言人"，即违法性。"违法是指一行为在形式上与法制的要求或禁止背道而驰，破坏或危害一种法益。"[1]在阶层犯罪论体系中，构成要件符合性的判断是形式判断，不考虑实质性内容，至于通过现象看本质则被放在犯罪判断过程的违法性阶段予以考虑。[2]学者林山田就指出："法益乃成为解释与适用不法构成要件所不可或缺的指标，唯有通过构成要件所要保护的法益，才能妥适而明确地解释不法构成要件，正确无误地把握不法构成要件本所要掌握的犯罪行为，精确地界定出各个不相同的单一构成要件彼此间的界限。"[3]正因有违法性要件，故而在判断具体行为是否构成犯罪上，完全可以不需要法益。

法益的这种体系地位，也使得其不可避免地存在一定的片面性。众所周知，在德、日等大陆法系国家，触犯刑法规定的类型行为是犯罪，但司法实践中不会对轻微危害行为一律给予刑罚制裁，理论上同样如此。在德国诸如向邮递员赠送新年礼物等，尽管是刑法禁止的，但会以"社会适当性"来排除犯罪性。[4]在日本，对为何不处罚轻微危害行为，通说认为不具有可罚的违法性。[5]于是，对于是否处罚轻微危害行为，法律与实务、理论之间是存在冲突的，这种冲突便是造成法益理论片面性的根源。德国学者帕夫克利就指出："除了指明特定的法益之外，还必须说明的是，为什么以及在什么范围

---

〔1〕 [德] 弗兰茨·冯·李斯特：《德国刑法教科书》，许久生译，法律出版社2000年版，第167页。

〔2〕 参见黎宏："我国犯罪构成体系不必重构"，载《法学研究》2006年第1期。

〔3〕 林山田：《刑法各罪论》（上册），北京大学出版社2012年版，第10页。

〔4〕 参见 [德] 克劳斯·罗克辛：《德国刑法学　总论》（第1卷），王世洲译，法律出版社2005年版，第391页。

〔5〕 参见 [日] 前田雅英：《刑法総論》（第4版），東京大学出版会2011年版，第89页；[日] 山中敬一：《刑法総論》（第2版），成文堂2008年版，第407页；[日] 井田良：《講義刑法学》，有斐閣2008版，第247页；[日] 曾根威彦：《刑法総論》，弘文堂2008年版，第93页，等等。

内可以要求他人来维护法益的完整性。我只想起了一个前置性的难题。"[1]

比较而言，犯罪客体就不存在这样的问题。由于我国刑法规定的行为类型与行政法、民法等规定的行为类型存在同一性，即使是刑法规定的行为类型，如果是情节显著轻微危害不大的，不构成犯罪。于是，对于是否处罚轻微危害行为，法律与实务、理论之间口径是完全一致的，并不存在冲突。对于犯罪客体而言，成立犯罪尽管需要其受到侵犯，但其受到侵犯却不一定构成犯罪。这是因为，犯罪成立所需社会危害性是行为社会危害之质与行为社会危害之量的有机统一，犯罪客体虽然可以在一定程度上体现行为的危害性质，却不能决定行为的危害量度，故而不能决定犯罪成立。犯罪客体虽然不能全面揭示犯罪的本质特征，却可以在某一方面揭示犯罪的本质特征，并借此反映行为的社会危害性，而这也是犯罪客体作为犯罪构成要件之一所应尽的"本职工作"。

（四）法益与犯罪客体的机能

1. 法益的机能

关于法益具有何种机能，学界存在较大分歧。有学者认为，法益具有刑事政策机能、违法性评价机能、解释论机能以及分类机能。[2]有学者认为："法益对刑法体系基底的建构，大体上体现出两种重要的机能，即体系性的解释构造与批判立法的方法论机能。"[3]还有学者认为，法益在不同领域讨论会发挥不同功能。犯罪立法概念中的法益之功能在于为刑事立法者提供适当的刑事政策标准。犯罪司法概念中的法益在入罪判断时可以指导解释刑法规定的行为构成，在出罪判断时可以对符合行为构成的行为进行正当化处理。[4]

不过，对法益在刑法立法方面的功能，不少学者并不认可。德国学者金德霍伊泽尔认为，法益概念主要体现在司法上的方法论功能，即指导构成要件解释的方法论机能。[5]我国也有学者否认法益之立法方法论机能。"对犯罪

〔1〕　［德］米夏埃尔·帕夫利克：《目的与体系：古典哲学基础上的德国刑法学新思考》，赵书鸿等译，法律出版社 2018 年版，第 168 页。

〔2〕　参见张明楷：《法益初论》（修订版），中国政法大学出版社 2003 年版，第 196～149 页。

〔3〕　张凯："法益嬗变的困境与坚守"，载《中国刑事法杂志》2017 年第 2 期。

〔4〕　参见刘孝敏："法益的体系性位置与功能"，载《法学研究》2007 年第 1 期。

〔5〕　参见［德］乌尔斯·金德霍伊泽尔："法益保护与规范效力的保障——论刑法的目的"，陈璇译，载《中外法学》2015 年第 2 期。

化立法只能在立法草案阶段通过宪法和法律委员会对法益保护手段进行事前监督，'手段正当'的评价标准直接源自宪法的比例原则，法益保护原则完全被包含于比例原则，因而法益可有可无、应被替换。"〔1〕还有学者在否认法益的立法方法论机能基础上，认为应注重法益的解释规制功能。"法益理论已经不可能再发挥规制立法的作用。对刑事立法的检讨与批判应直接借助于宪法性理论，并需要构建相应的保障机制。刑法学应专注于法益的解释规制机能。"〔2〕

2. 犯罪客体的机能

关于犯罪客体的机能（意义），学界也存在不同认识和理解。广义说认为，犯罪客体确定行为性质、正确定罪、区分此罪与彼罪以及界定犯罪停止形态、罪数形态等均能发挥作用。如有俄罗斯学者认为，犯罪客体的主要功能有：对于刑事立法的编纂具有原则性的意义；正确确定犯罪客体就能划清犯罪与其他违法行为和不道德行为的界限；可以确定犯罪行为的社会危害性的性质和程度；对于正确定罪和区别一罪与他罪有着重要的、有时是决定性意义。〔3〕我国学者欧锦雄也认为，犯罪客体在立法上能起引导作用，在司法实践中可以在区分罪与非罪、此罪与彼罪界限上发挥重大作用，在罪数形态、故意犯罪形态的判断认定上可以起到重要作用，还能在量刑等领域发挥其应有作用。〔4〕狭义说则认为犯罪客体具有某些特定机能。如有学者认为，犯罪客体有助于认识犯罪本质特征；有助于准确定罪；有助于正确量刑。〔5〕有学者认为，犯罪客体有助于划分犯罪的类型，建立刑法分则的科学体系；有助于认定犯罪的性质，分清此罪与彼罪的界限；有助于评价犯罪行为的社会危害程度，正确裁量刑罚。〔6〕还有学者指出，犯罪客体的基本机能有规范评价机能和出罪机能。〔7〕尽管见解不同，但学界一般认为，犯罪客体至少具有以下三种机能：一是揭示犯罪所侵害的社会主义社会关系的具体性质和种类；

---

〔1〕 冀洋："法益保护原则：立法批判功能的证伪"，载《政治与法律》2019年第10期。

〔2〕 陈家林："法益理论的问题与出路"，载《法学》2019年第11期。

〔3〕 参见［俄］Н.Ф.库兹涅佐娃、И.М.佳日科娃主编：《俄罗斯刑法教程（总论）》（上卷·犯罪论），黄道秀译，中国法制出版社2001年版，第208页。

〔4〕 参见欧锦雄："犯罪客体的实践价值"，载《广西政法管理干部学院学报》2015年第3期。

〔5〕 参见高铭暄、马克昌主编：《刑法学》，北京大学出版社、高等教育出版社2016年版，第55页。

〔6〕 参见赵秉志主编：《当代刑法学》，中国政法大学出版社2009年版，第180页。

〔7〕 参见李希慧、童伟华："'犯罪客体不要说'之检讨"，载《法商研究》2005年第3期。

二是决定犯罪的社会危害性的首要因素；三是区分法定行为属性。另外，犯罪客体是刑法分则犯罪分类的依据也是得到普遍认可的。

3. 述评

近些年来，在德、日等国以及我国学界，对包括法益机能在内的相关问题讨论的较为热烈。人们在理解上的分歧无关法益机能之范畴宽窄，而在于对法益机能之类型（如立法方面的机能）存在不同认识。法益的精神化、抽象化，对理论分歧起了推波助澜作用。在某种程度上可以说，人们对法益概念有何种不同理解，对其机能就有何种不同理解。为了明确法益概念及其机能的范围，使之在司法上更具可操作性，有学者主张方法论制约。"如果没有方法论上的法益概念，那我们就无法对重要的教义学问题做出回答。譬如，规范所保护的究竟是某种个人法益——例如某人身体的完整性，还是某种集体法益——例如司法机关的运行能力，这对于我们解释某一罪刑条文来说具有根本性的意义。"[1]总之，机能的抽象化削弱了法益机能的意义。

需要提出的是，对于法益机能还需要澄清一些问题。否则，理解时可能会让人感觉困惑。例如，根据大陆法系国家刑法理论，法益具有揭示违法性实质之违法性评价功能。关于违法性的本质，向来有法益侵害说与规范违反说之争。根据法益侵害说，违法性的实质是行为造成了法益侵害或者威胁。需要澄清的问题是，法益之"法"与违法性之"法"究竟是何种关系？若是完全不同的概念范畴，那么它们的界限在哪里？若属同一范畴或者说存在重合，那么作为与犯罪概念同等级的侵犯法益与作为犯罪构成要件之一的违法性之间，为何在体系性地位上存在如此巨大差异？究竟如何理解侵犯法益与违法性之间的关系？等等。诸如此类问题如果不厘清，势必让人们理解起来破费思量。另外，法益与违法性中的"法"与规范违反说中的"规范"有何不同？它们之间的界限是什么？澄清这些问题，对认识和理解法益机能是有助益的。

对于犯罪客体的机能，学界虽有分歧但主要是在范畴之宽窄上，对某些机能还是存在共识。如前所述，对于犯罪客体具有厘定行为性质以及定罪和量刑上的功能，学界基本是认同的。至于犯罪客体的其他功能，则值得进一

[1]　[德]乌尔斯·金德霍伊泽尔："法益保护与规范效力的保障——论刑法的目的"，陈璇译，载《中外法学》2015年第2期。

步探讨。例如，在划清犯罪与其他违法行为和不道德行为的界限上，犯罪客体的作用就十分有限。因为，同性质的行为，不管是违法行为还是犯罪，侵犯犯罪客体是相同的，此时犯罪客体并不能界分犯罪与其他违法行为。对犯罪停止形态的判断同样如此，无论是预备犯、未遂犯还是既遂犯，侵犯的客体也是相同的，因而根据犯罪客体似乎难以界分犯罪的不同停止形态。

总体来看，法益与犯罪客体的机能，乃由各自的体系性地位决定。法益的功能是由其作为犯罪本质特征的属性所决定的。这就决定了只要是与定罪和量刑有关的问题，法益都能发挥作用和影响。因此，若认为法益不具有立法上的政策性功能，很难说得过去。认为法益具有指导构成要件的解释功能，只不过侧重点不同罢了。不过，由于侵犯法益揭示犯罪本质特征，因而其机能更主要的是发挥宏观性、指导性作用，如果过于苛求机能的具体化，则可能导致与违法性的机能发生混淆，毕竟侵犯法益不是犯罪构成要件。犯罪客体则相反，其功能主要是由其作为犯罪构成要件所决定的，对定罪量刑主要发挥微观性、具体化作用。犯罪客体不具有确定犯罪本质特征等宏观性、指导性机能，否则容易将之与犯罪概念混淆。

（五）需要澄清的两个问题

法益和犯罪客体生成于一定的理论体系和规范体系之中，有其自身发展演变的特定土壤。如果说"存在就是合理"的话，那么特定理论和规范体系中沿袭以来的概念，必然有其存在的合理性。尽管两者存在某些缺陷与不足，但不能成为否定概念自身的理由。

1. 不能将犯罪客体要件驱逐出平面犯罪构成要件体系

学界关于犯罪客体的争议较多，既有质疑其内容等是否恰当，亦有否定其犯罪构成要件地位的。质疑犯罪客体内容是否恰当，因无关犯罪客体的构成要件地位，在此不作评述。否定犯罪客体构成要件地位，既有站在阶层犯罪论体系立场的，又有立足于平面犯罪论体系角度的。站在阶层犯罪论体系的立场否定犯罪客体构成要件的地位，是无可厚非的。下面重点分析平面犯罪论体系内的否定论。

否定论的主要理由有二：其一，降低了犯罪客体在犯罪论中的地位。如有学者认为，犯罪客体的价值在于说明犯罪的社会危害性，反映犯罪本质特征。构成要件是行为被规定为犯罪的理由，是反映犯罪本质的现象。将犯罪客体作为犯罪构成的要件，混淆了本质与现象的关系，降低了犯罪客体在犯罪论中的应有地位。[1]其二，犯罪客体是政治需要而非法律产物，不应具有独立评价功能。如有学者指出："犯罪客体本身是政治需要而非法律的产物，刑法作为一种规范表现不应有犯罪客体存在的空间，刑法要保护的社会利益可以体现在刑事立法的原则性规定中，一旦刑事立法确定后，犯罪客体不应再具有独立的评价功能。"[2]

第一点理由的问题在于，误读了犯罪客体在犯罪论体系中的地位。一般来说，只有完全揭示犯罪本质特征的概念，如法益等，才能表明其在位阶上与犯罪属于同一级别，是上位概念。说明犯罪的社会危害性，反映犯罪本质特征，并不等于能完全揭示犯罪本质特征。众所周知，犯罪的本质特征是严重的社会危害性，它是犯罪所有的主客观要素有机统一所表现出来的特征。包括犯罪客体在内的任何一个犯罪构成要件，都能从某方面说明和反映犯罪的社会危害性，但均不足以完全揭示犯罪的社会危害性。因此，将犯罪客体作为犯罪构成要件，并未降低其在犯罪论中的地位。

第二点理由以犯罪客体是政治需要而非法律产物为由，否定其犯罪构成要件之地位，是不能成立的。没有理由表明，法律概念若是政治需要而非法律产物，就不能成为犯罪构成要件。事实上，法益也是政治性选择的结果。"这个理论的真正自由的内容，是纯粹的政治性选择。"[3]但这并不妨碍法益成为大陆法系国家刑法理论中揭示犯罪本质特征的因素。如果考虑到法律属于上层建筑范畴，就应当知道其不可能脱离政治需要。从这一点来看，更不应以政治需要为由否定犯罪客体的犯罪构成要件地位。另外，认为犯罪客体不具有独立的评价功能也是不客观的。例如，一直以来，理论界认为平面犯罪论体系的一大缺憾，是将正当防卫等正当事由置于犯罪构成之外，使得犯罪构成难以成为罪与非罪的唯一界定标准。对此，有学者指出，犯罪客体具有事实判断与价值评价双重功能，法律关系是犯罪客体的重要内容，正当事由符合特定法律关系，没有侵犯犯罪客体，不能认定为犯罪。[4]这种观点应

---

〔1〕　参见朱建华："论犯罪客体不是犯罪构成要件"，载《广东社会科学》2005 年第 3 期。

〔2〕　杨兴培："'犯罪客体'非法治成分批评"，载《政法论坛》2009 年第 5 期。

〔3〕　[德] G. 雅各布斯："刑法保护什么：法益还是规范适用？"，王世洲译，载《比较法研究》2004 年第 1 期。

〔4〕　参见彭文华："犯罪客体：曲解、质疑与理性解读——兼论正当事由的体系性定位"，载《法律科学》2014 年第 1 期。

当说有其道理，犯罪客体确实可以对正当防卫等正当事由进行独立评价。

那么，在平面犯罪构成论体系中，因何需要犯罪客体要件呢？笔者认为，主要理由有二：一是体系性需要。在德、日阶层犯罪论体系中，也存在类似于犯罪客体这样的犯罪构成要件，即违法性。黎宏教授就指出，在阶层犯罪论体系中，违法性阶段最重要内容就是看行为是否侵害或者威胁到了刑法所保护的合法利益即犯罪客体，因此在德、日并非不考虑犯罪客体。[1]如果在平面犯罪构成论体系中将犯罪客体要件驱逐出去，会使犯罪构成成为一个徒具形式内容的空壳，完全偏离我国刑法中犯罪构成体系的特征。[2]二是功能性需要。犯罪客体作为犯罪构成要件，在平面犯罪构成论体系中具有其他犯罪构成要件无法替代的独立评价功能。不考虑犯罪客体，将无法把握犯罪构成中的客观方面要件和主观方面要件的实体内容；将犯罪客体从犯罪构成中排除出去，也无法对具体犯罪进行认定，从而使犯罪构成的犯罪个别化机能丧失。[3]例如，对强制侮辱、猥亵罪和侮辱罪而言，在对人身采取暴力等场合，有时它们在客观方面、主体和主观方面是完全一致的。两者区别的关键在于侵犯何种客体，前者侵犯的客体是身心健康，后者侵犯的客体是人格、名誉。

2. 法益与犯罪客体不能相互替代

法益与犯罪客体能否相互替代是个值得探讨的问题。在平面犯罪论体系中，以法益替换犯罪客体是一种有力观点。"法益一概念，有极强烈的针对性并具非常宽泛的涵盖力，可兼容'社会关系''制度''权利''秩序'等不同犯罪所侵犯的内容，既能包容不同犯罪场合对'客体'之不同表述，又使分析思路始终定格某种实在具体的生活现象。"[4]当然，也有学者认为可以社会关系概念取代法益概念。"法益作为法律所保护的生活利益，无论具体抑或抽象，都表明了一种人与人之间的关系，与其费尽心机地修正法益的概念，倒不如回到法益的本来含义，从社会关系的角度对利益进行理解，以法律所保护的社会关系概念来取代法益的概念，这样就直接表达了犯罪所侵犯的价

---

〔1〕 参见黎宏："我国犯罪构成体系不必重构"，载《法学研究》2006年第1期。

〔2〕 参见黎宏："我国犯罪构成体系不必重构"，载《法学研究》2006年第1期。

〔3〕 参见于志刚："论刑事和解视野中的犯罪客体价值"，载《现代法学》2009年第1期。

〔4〕 冯亚东："犯罪概念与犯罪客体之功能辨析"，载《中外法学》2008年第4期。

值关系，将规范违反与法益侵犯融为一体。"[1]笔者认为，法益与犯罪客体不能相互替代。主要理由如下：

首先，法益与犯罪客体具有各自特定的体系性性质和地位，不能相互替代。如前所述，法益产生于阶层犯罪论体系的土壤中，与德、日等大陆法系国家规范体系也是匹配的。作为解释犯罪本质特征的要素，侵犯法益与犯罪和刑事违法性具有同等含义。犯罪客体则不然。它只是犯罪构成要件之一，能从某方面揭示犯罪的本质特征，也能揭示刑事违法性某方面的特征。但是，侵犯客体与犯罪和刑事违法性并非同等含义。另外，大陆法系国家刑法理论中法益本为保护客体，其与传统刑法理论中的犯罪客体并不相同。"保护客体产生于刑事立法颁布之，它不以犯罪是否实际发生为转移。而犯罪客体则不同，它发生在犯罪实施的场合，并且以被侵害的想时利益受刑法保护为条件。从时间上看，先有保护客体而后有犯罪客体。"[2]

其次，法益与犯罪客体的内容各异，不宜相互替代。学界对法益和犯罪客体的内容存在争议，界限也不是很明确。不过，受体系之性质和地位影响，还是存在明显不同。例如，日本判例就认为"健全的性风俗"（猥亵犯罪侵犯）"勤劳的美好风俗"（赌博罪等侵犯）就不能称之为"法益"的实体，而属于"社会伦理"。[3]但是，"健全的性风俗""勤劳的美好风俗"等在我国成为犯罪客体不成任何问题。既然在内容和功能上有所不同，两者不宜相互替换。另外，如果说犯罪客体的内容较为庞杂、模糊，法益何尝不是如此？而且，精神化、抽象化的法益之内容并不比社会关系清晰、具体，故替代犯罪客体并不能解决问题。

最后，法益与犯罪客体有各自体系性功能，相互替代会导致体系内概念在功能上不协调。法益与犯罪客体与各自的理论体系及其中的概念等自洽性。例如，在平面犯罪论体系中，犯罪客体与犯罪客观方面一道，完成对犯罪的客观价值判断，犯罪主体和犯罪主观方面完成对犯罪的主观价值判断。如果将犯罪客体换成法益，就存在对法益的理解问题。如果将法益形式地理解成法律保护的利益，特别是刑法保护的利益，那么侵犯刑法保护的利益就等同

---

[1]　王安异："法益侵害还是规范违反"，载赵秉志主编：《刑法论丛》（第11卷），法律出版社2007年版，第296页。

[2]　雪千里："关于犯罪客体的几个问题（续）"，载《中国刑事法杂志》2006年第3期。

[3]　[日]松原芳博：《刑法总论重要问题》，王昭武译，中国政法大学出版社2014年版，第12页。

于刑事违法性。具有刑事违法性意味着完成犯罪的全部价值判断，这与其作为犯罪构成要件之一的地位是不协调的。同时，犯罪客体与其他三个要件在表述上也是协调一致的。如果将之替换成法益，则"法益"与犯罪客观方面、犯罪主体和犯罪主观方面在形式上就不协调，明显不合适。

（六）结语

经过杨春洗教授早期引进、介绍，以及张明楷教授的大力倡导，如今法益概念在我国理论界可以说深入人心。犯罪客体则在传统刑法理论中"负重"而行，在法益理论的冲击下逐渐丧失昔日"风采"。尽管犯罪客体仍为许多教科书力捧，但其"话语权"呈萎缩状态是不争事实。不过，无论是法益还是犯罪客体，在各自的理论与规范体系中均具有独特的价值和功能，两者难以相互替代。站在阶层犯罪论体系的立场不认可甚至否定犯罪客体，或者从平面犯罪论体系的视角不接受甚至排斥法益，都是值得理解的。但是，以法益之独特价值和功能否定平面犯罪论体系中的犯罪客体，或者以犯罪客体之独特价值和功能否定阶层犯罪论体系中的法益，是不合适的。

风险社会时代为法益理论的运用提供了广阔的空间，同时也给其带来了挑战。诸如预备行为实行化、中立帮助行为正犯化以及抽象危险犯泛化等，引起人们对法益过度精神化的反思。有学者就指出，法益精神化在风险社会时代的助推下又焕发出新的理论生机，其在超越法益物质观的同时也伴有相应的理论隐忧，如以安全感法益化为代表的法益过度精神化。[1] 当然，犯罪客体也因其固有的问题与不足，一直以来受到不少学者的诘难。反思与诘难能够让我们正视法益与犯罪客体存在的问题，其积极意义毋庸置疑。同时，反思与诘难的目的显然不在于否定，而在于充实和完善理论本身。对于法益理论而言，"法益概念的抽象化并不意味着法益论的衰落和可以被取代"[2]。而"要使得犯罪客体（法益）真正起到解释论的机能，必须对每一个罪名的客体（法益）进行精细化、实证化的研究"。[3]

法益理论中国化拓展了传统刑法理论的宽度和厚度，夯实了我国刑法学的理论基础，其理论价值与现实意义值得肯定。不过，法益理论中国化不应

---

〔1〕 参见刘炯："法益过度精神化的批判与反思——以安全感法益化为中心"，载《政治与法律》2015 年第 6 期。

〔2〕 黎宏："法益论的研究现状和展望"，载《人民检察》2013 年第 7 期。

〔3〕 周详、齐文远："犯罪客体研究的实证化思路"，载《环球法律评论》2009 年第 1 期。

该是简单的理论移植，如何有效化解本土化过程中遇到的问题才是关键。"反思的结果不是否定法益保护理论中国化，而是针对法益保护理论中国化过程中可能出现的问题提出更加有效的解决途径。"[1]另外，还应正视理论体系之外的其他问题，如不同规范体系之差异。我国《刑法》第13条但书有犯罪定量规定，同时刑法中的许多行为类型也是民法、行政法中的行为类型，这样的规范体系显然不同于德、日规范体系。在民刑、行刑并合的一元化规范体系下，如何对法益加以恰当定位，充分发挥其在犯罪认定中的价值和功能，使阶层犯罪论体系能完成本土塑型，是法益理论中国化必须考虑的课题。

---

〔1〕　苏永生："法益保护理论中国化之反思与重构"，载《政法论坛》2019年第1期。

一、中国部分

（一）古典文献

1.《尚书》。

2.《诗经》。

3.《易传》。

4.《论语》。

5.《老子》。

6.《庄子》。

7.《孟子》。

8.《荀子》。

9.《礼记》。

10.《中庸》。

11.《左传》。

12.《春秋繁露》。

13.《汉书》。

14.《晋书》。

15.《盐铁论》。

16.《正蒙》。

17.《阳明全书》。

18.《王文成公全书》。

19.《程氏文集》。

20.《朱子语类》。

21.《朱文公文集》。

22.《五服图解》。

23.《要语》。

（二）近现代著作

1. 马克昌：《比较刑法原理：外国刑法学总论》，武汉大学出版社 2002 年版。

2. 马克昌主编：《犯罪通论》（第 3 版），武汉大学出版社 1999 年版。

3. 马克昌主编：《近代西方刑法学说史略》，中国检察出版社 1996 年版。

4. 马克昌主编：《刑法学》，高等教育出版社 2003 年版。

5. 马克昌、莫洪宪主编：《中日共同犯罪比较研究》，武汉大学出版社 2003 年版。

6. 高铭暄、马克昌主编：《刑法学》（上编），中国法制出版社 1999 年版。

7. 高铭暄、马克昌主编：《刑法学》（第 3 版），北京大学出版社、高等教育出版社 2007 年版。

8. 高铭暄主编：《新中国刑法学研究综述（一九四九——一九八五）》，河南人民出版社 1986 年版。

9. 高铭暄主编：《新中国刑法科学简史》，中国人民公安大学出版社 1993 年版。

10. 高铭暄主编：《刑法学原理》（第 1 卷），中国人民大学出版社 1993 年版。

11. 高铭暄主编：《新编中国刑法学》（上册），中国人民大学出版社 1998 年版。

12. 高铭暄、赵秉志编著：《新中国刑法学研究历程》，中国方正出版社 1999 年版。

13. 吴振兴：《罪数形态论》（修订版），中国检察出版社 2006 年版。

14. 林亚刚：《犯罪过失研究》，武汉大学出版社 2000 年版。

15. 许发民：《刑法的社会文化分析》，武汉大学出版社 2004 年版。

16. 齐文远、周详：《刑法、刑事责任、刑事政策研究——哲学、社会学、法律文化的视角》，北京大学出版社 2004 年版。

17. 陈兴良、曲新久：《案例刑法教程》（上卷），中国政法大学出版社 1994 年版。

18. 陈兴良：《刑法哲学》，中国政法大学出版社 1997 年版。

19. 陈兴良：《走向哲学的刑法学》，法律出版社 1999 年版。

20. 陈兴良：《当代中国刑法新视界》，中国政法大学出版社 1999 年版。

21. 陈兴良主编：《刑事法评论》（第 4 卷），中国政法大学出版社 1999 年版。

22. 陈兴良：《本体刑法学》，商务印书馆 2001 年版。

23. 陈兴良主编：《刑法学》，复旦大学出版社 2003 年版。

24. 陈兴良：《规范刑法学》，中国政法大学出版社 2003 年版。

25. 陈兴良主编：《刑法方法论研究》，清华大学出版社 2006 年版。

26. 陈兴良、周光权：《刑法学的现代展开》，中国人民大学出版社 2006 年版。

27. 张明楷：《刑法格言的展开》，法律出版社 1999 年版。

28. 张明楷：《刑法学》（上），法律出版社 1997 年版。

29. 张明楷：《刑法学》（第 2 版），法律出版社 2003 年版。

30. 张明楷：《刑法的基本立场》，中国法制出版社 2002 年版。

31. 张明楷编：《外国刑法纲要》，清华大学出版社 1999 年版。

32. 冯军：《刑事责任论》，法律出版社 1996 年版。

33. 侯国云：《过失犯罪论》，人民出版社 1993 年版。

34. 杨兴培：《犯罪构成原论》，中国检察出版社 2004 年版。

35. 刘生荣：《犯罪构成原理》，法律出版社 1997 年版。

36. 蔡墩铭：《现代刑法思潮与刑事立法》，汉林出版社 1977 年版。

37. 储槐植：《美国刑法》（第 2 版），北京大学出版社 1996 年版。

38. 柯耀程：《变动中的刑法思想》，中国政法大学出版社 2003 年版。

39. 林山田：《刑法通论》，三民书局 1986 年版。

40. 薛瑞麟：《俄罗斯刑法研究》，中国政法大学出版社 2000 年版。

41. 何秉松、［俄］科米萨罗夫、科罗别耶夫主编：《中国与俄罗斯犯罪构成理论比较研究》，法律出版社 2008 年版。

42. 何秉松主编：《新时代曙光下刑法理论体系的反思与重构——全球性的考察》，中国人民公安大学出版社 2008 年版。

43. 何秉松主编：《刑法教科书》，中国法制出版社 1995 年版。

44. 何勤华、夏菲主编：《西方刑法史》，北京大学出版社 2006 年版。

45. 梁根林主编：《犯罪论体系》，北京大学出版社 2007 年版。

46. 曾宪信、江任天、朱继良：《犯罪构成论》，武汉大学出版社 1988 年版。

47. 韩忠谟：《刑法原理》，中国政法大学出版社 2002 年版。

48. 李海东主编：《日本刑事法学者》（上），法律出版社、成文堂 1995 年版。

49. 陈忠林：《意大利刑法纲要》，中国人民大学出版社 1999 年版。

50. 蔡枢衡：《刑法学》，独立出版社 1947 年版。

51. 陈瑾昆：《刑法总则讲义》，中国方正出版社 2004 年版。

52. 李海东：《刑法原理入门（犯罪论基础）》，法律出版社 1998 年版。

53. 肖中华：《犯罪构成及其关系论》，中国人民大学出版社 2000 年版。

54. 高绍先：《中国刑法史精要》，法律出版社 2001 年版。

55. 彭文华：《犯罪构成范畴论》，中国人民公安大学出版社 2009 年版。

56. 王志远：《犯罪成立理论原理——前序性研究》，中国方正出版社 2005 年版。

57. 任喜荣：《伦理刑法及其终结》，吉林人民出版社 2005 年版。

58. 冯友兰：《中国哲学简史》，赵复三译，新世界出版社 2004 年版。

59. 钱穆：《文化学大义》，中正书局 1981 年版。

60. 陈顾远：《中国文化与中国法系——陈顾远法律史论集》，范忠信等编校，中国政法大学出版社 2006 年版。

61. 何勤华等：《法律移植论》，北京大学出版社 2008 年版。

62. 苏力：《法治及其本土资源》（修订版），中国政法大学出版社 2004 年版。

63. 梁治平：《新波斯人信札——变化中的法观念》，中国法制出版社 2000 年版。

64. 梁治平编：《法律的文化解释》，生活·读书·新知三联书店 1994 年版。

65. 王前：《中西文化比较概论》，中国人民大学出版社 2005 年版。

66. 张中秋：《中西法律文化比较研究》，中国政法大学出版社 2006 年版。

67. 杨仁寿：《法学方法论》，中国政法大学出版社 1999 年版。

68. 吴国盛主编：《自然哲学》（第 1 辑），中国社会科学出版社 1994 年版。

69. 徐行言主编：《中西文化比较》，北京大学出版社 2004 年版。

70. 周辅成编：《西方伦理学名著选辑》（上卷），商务印书馆 1987 年版。

71. 高亮华：《人文主义视野中的技术》，中国社会科学出版社 1996 年版。

72. 全增嘏主编：《西方哲学史》（上册），上海人民出版社 1983 年版。

73. 谷春德主编：《西方法律思想史》，中国人民大学出版社 2004 年版。

74. 郑春苗：《中西文化比较研究》，北京语言学院出版社 1994 年版。

75. 万斌、陈柳裕：《西方法理思想的逻辑演变》，人民出版社 2006 年版。

76. 张文显：《二十世纪西方方法哲学思潮研究》，法律出版社 2006 年版。

77. 张岱年、方克立主编：《中国文化概论》（第 2 版），北京师范大学出版社 2004 年版。

78. 林端：《儒家伦理与法律文化：社会学观点的探索》，中国政法大学出版社 2002 年版。

79. 中国哲学教研室、北京大学哲学系编：《中国哲学史》，商务印书馆 1995 年版。

80. 张宏生、谷春德主编：《西方法律思想史》，北京大学出版社 1990 年版。

81. 张志铭：《法律解释操作分析》，中国政法大学出版社 1999 年版。

82. 李龙主编：《西方法学经典命题》，江西人民出版社 2006 年版。

83. 周春生：《直觉与东西方文化》，上海人民出版社 2001 年版。

84. 田默迪：《东西方之间的法律哲学——吴经熊早期法律哲学思想之比较研究》，中国政法大学出版社 2004 年版。

85. 叶秀山：《中西智慧的贯通——叶秀山中国哲学文化论集》，江苏人民出版社 2002 年版。

86. 高浣月：《清代刑名幕友研究》，中国政法大学出版社 2000 年版。

87. 王森洋：《比较科学思想论》，辽宁教育出版社 1992 年版。

88. 彭林、黄朴民主编：《中国思想史参考资料集——先秦至魏晋南北朝卷》，清华大学出版社 2005 年版。

89. 赵敦华：《西方哲学简史》，北京大学出版社 2001 年版。

90. 黄维新：《法律与社会理论批判》，台湾时报文化出版企业有限公司 1991 年版。

91. 叶浩生主编：《心理学理论精粹》，福建教育出版社 2000 年版。

92. 张彩风：《英国法治研究》，中国人民公安大学出版社 2001 年版。

93. 徐亚文：《程序正义论》，山东人民出版社 2004 年版。

94. 贾泽林等编：《苏联当代哲学》，人民出版社 1986 年版。

95. 王宁、薛晓源主编：《全球化与后殖民批判》，中央编译出版社 1998 年版。

96. 王宁编：《全球化与文化：西方与中国》，北京大学出版社 2002 年版。

97. 衣俊卿：《文化哲学十五讲》，北京大学出版社 2004 年版。

98. 黄文艺：《全球结构与法律发展》，法律出版社 2006 年版。

99. 程琥：《全球化与国家主权——比较分析》，清华大学出版社 2003 年版。

100. 张策华：《全球化进程中法律文化的同构和异质》，中国矿业大学出版社 2005 年版。

101. 李荣善：《文化学引论》，西北大学出版社 1996 年版。

102. 姚海：《俄罗斯文化之路》，浙江人民出版社 1992 年版。

103. 史广全：《礼法融合与中国传统法律文化的历史演进》，法律出版社 2006 年版。

104. 史广全：《中国古代立法文化研究》，法律出版社 2006 年版。

105. 王贵友：《科学技术哲学导论》，人民出版社 2005 年版。

106. 华夏、赵立新、[日] 真田芳宪：《日本的法律继受与法律文化变迁》，中国政法大学出版社 2005 年版。

107. 王觐：《中华刑法论》，姚建龙校，中国方正出版社 2005 年版。

（三）论文

1. 莫洪宪、彭文华："社会危害性与刑事违法性：统一还是对立"，载赵秉志主编：《刑法论丛》（第 11 卷），法律出版社 2007 年版。

2. 陈家林："论我国刑法学中的几对基础性概念"，载《中南大学学报（社会科学版）》2008 年第 2 期。

3. 齐文远、周详："论刑法解释的基本原则"，载《中国法学》2004 年第 2 期。

4. 储槐植、张永红："善待社会危害性观念——从我国刑法第 13 条但书说起"，载《法学研究》2002 年第 3 期。

5. 陈兴良："犯罪构成的体系性思考"，载《法制与社会发展》2000 年第 3 期。

6. 陈兴良："犯罪构成理论与改革：论犯罪构成要件的位阶关系"，载《法学》2005 年第 4 期。

7. 陈兴良："刑法知识的去苏俄化"，载《政法论坛》2006 年第 5 期。

8. 张明楷："犯罪论体系的思考"，载《政法论坛》2003 年第 6 期。

9. 张明楷："犯罪构成理论的课题"，载《环球法律评论》2003 年第 3 期。

10. 冯亚东："犯罪认知体系视野下之犯罪构成"，载《法学研究》2008 年第 1 期。

11. 李洁："中日刑事违法行为类型与其他违法行为类型关系之比较研究"，载《环球法律评论》2003 年第 3 期。

12. 侯国云："当今犯罪构成理论的八大矛盾"，载《政法论坛》2004 年第 4 期。

13. 赵秉志："论犯罪构成要件的逻辑顺序"，载《政法论坛》2003 年第 6 期。

14. 黎宏："我国犯罪构成体系不必重构"，载《法学研究》2006 年第 1 期。

15. 杨书文："刑法规范的模糊性与明确性及其整合机制"，载《中国法学》2001 年第 3 期。

16. 童德华："哲学思潮与犯罪构成——以德国犯罪论的谱系为视角"，载《环球法律评论》2007 年第 3 期。

17. 田宏杰："刑法中的正当化行为与犯罪构成关系的理性思考"，载《政法论坛》2003 年第 6 期。

18. 刘木林、欧阳涛："苏维埃刑事诉讼中被告人的陈述"，载《法学研究》1957 年第 4 期。

19. 周光权："犯罪构成理论：关系混淆及其克服"，载《政法论坛》2003 年第 6 期。

20. 蔡道通："当代刑法的两大基本理念及其意义"，载《南京师大学报（社会科学版）》2003 年第 4 期。

21. 陈瑞华："在公正与效率之间——英国刑事诉讼制度的最新发展"，载《中外法学》1998 年第 6 期。

22. 陈正云、曾毅、邓宇琼："论罪刑法定原则对刑法解释的制约"，载《政法论坛》2001 年第 4 期。

23. 蒋慧玲："俄罗斯当代刑事立法关于犯罪概念的变革——兼与中国现行刑事立法相比较"，载《现代法学》2003 年第 5 期。

24. 车浩："未竟的循环——'犯罪论体系'在近现代中国的历史展开"，载《政法论坛》2006 年第 3 期。

25. 彭文华："刑法规范：模糊与明确之间的抉择"，载《法学评论》2008 年第 2 期。

26. 欧明艳、梅传强："犯罪构成与犯罪阻却事由关系论"，载梁根林主编：《犯罪论体系》，北京大学出版社 2007 年版。

27. 杨兴培："中国刑法学对域外犯罪构成的借鉴与发展选择"，载《华东政法大学学报》2009 年第 1 期。

28. 张文显："法律文化的释义"，载《法学研究》1992 年第 5 期。

29. 贺卫方："法学：自由与开放"，载《中国社会科学》2000 年第 1 期。

30. 张骥、赵斌："经济全球化与文化交融"，载《外交学院学报》2002 年第 3 期。

31. 周永坤："全球化与法学思维方式的变革"，载《法学》1999 年第 11 期。

32. 董燕萍："中国人的思维方式与中国的语言学研究思维取向"，载《现代外语》2003 年第 4 期。

33. 刘自美："中西思维方式的差异及其原因之管见"，载《理论学刊》2006 年第 10 期。

34. 陆文静："中西方传统思维方式差异研究"，载《学术交流》2008 年第 4 期。

35. 朱海波："理性主义视角下的中西传统法律文化差异"，载《比较法研究》2007 年第 6 期。

36. 杨安琪、陶红鉴："论法律移植过程中的本土化问题"，载《中南财经政法大学研究生学报》2006 年第 2 期。

37. 胡伟希："中国哲学：'合法性'、思维态势与类型——兼论中西哲学类型"，载《现在哲学》2004 年第 3 期。

38. 车文博、廖凤林："戈尔德斯坦的机体论心理学评析"，载《自然辩证法研究》2001 年 1 期。

（四）论文集

1. 中国政法大学："犯罪论体系"，《全球化时代的刑法理论新体系》国际研讨会文件之二，2007 年 10 月。

2. 中国政法大学、最高人民检察院检察官国际交流中心编："国家研讨会论文集"，中俄与德日两大法系犯罪论体系比较研究国际研讨会文件之二，2008 年 11 月。

3. 何秉松："'中俄、德日'两大犯罪论体系比较研究——塔甘采夫体系 VS 贝林格体系（讨论稿）"，中俄与德日两大法系犯罪论体系比较研究国际研讨会文件之三，2008 年 11 月。

4. 《苏维埃刑法论文选译》（第 1 辑），中国人民大学出版社 1955 年版。

5. 《苏维埃刑法论文选译》（第 3 辑），中国人民大学出版社 1956 年版。

（五）博士学位论文

1. 夏勇："定罪与犯罪构成"，武汉大学 2007 年博士学位论文。

2. 杜辉："刑事法视野中的出罪研究"，武汉大学 2008 年博士学位论文。

（六）博士后研究工作报告

1. 郭泽强："中国法治视野中的刑法主观主义研究"，武汉大学博士后研究工作报告，2007 年 11 月。

2. 郑军男："刑事违法性初论——基础篇"，武汉大学博士后研究工作报告，2008 年 12 月。

二、外国部分

（一）著作类

1. ［德］康德：《道德形而上学原理》，苗力田译，上海人民出版社 1986 年版。

2. ［德］黑格尔：《历史哲学》，商务印书馆 2007 年版。

3. ［德］黑格尔：《法哲学原理》，杨东柱等编译，北京出版社 2007 年版。

4. ［德］伊曼努尔·康德：《纯粹理性批判》，蓝公武译，商务印书馆 2007 年版。

5. ［德］亚图·考夫曼：《法律哲学》，刘幸义等译，五南图书出版有限公司 2000 年版。

6. ［德］H. 科殷：《法哲学》，林荣远译，华夏出版社 2003 年版。

7. ［德］弗兰茨·冯·李斯特：《德国刑法教科书》，徐久生译，法律出版社 2000 年版。

8. ［德］恩施特·贝林：《构成要件理论》，王安异译，中国人民公安大学出版社 2006 年版。

9. ［德］冈特·施特拉腾韦特、洛塔尔·库伦：《刑法总论 I：犯罪论》，杨萌译，法律出版社 2006 年版。

10. ［德］汉斯·海因里希·耶赛克、托马斯·魏根特：《德国刑法教科书（总论）》，徐久生译，中国法制出版社 2001 年版。

11. ［德］克劳斯·罗克辛：《德国刑法学　总论》（第 1 卷），王世洲译，法律出版社 2005 年版。

12. ［德］格律恩特·雅科布斯：《行为责任刑法——机能性描述》，冯军译，中国政法大学出版社 1997 年版。

13. ［德］约翰内斯·韦塞尔斯：《德国刑法总论》，李昌珂译，法律出版社 2008 年版。

14. ［德］卡尔·拉伦茨：《法学方法论》，陈爱娥译，商务印书馆 2003 年版。

15. ［德］阿尔图·考夫曼、温弗里德·哈斯默尔主编：《当代法哲学和法律理论导论》，郑永流译，法律出版社 2002 年版。

16. ［德］N. 霍恩：《法律科学与法哲学导论》，罗莉译，法律出版社 2005 年版。

17. ［德］莱因荷德·齐柏里乌斯：《法学导论》，余振豹译，中国政法大学出版社 2007 年版。

18. ［德］拉德布鲁赫：《法学导论》，米健译，中国大百科全书出版社 1997 年版。

19. ［德］英戈·穆勒：《恐怖的法官——纳粹时期的司法》，王勇译，中国政法大学出版社 2000 年版。

20. ［德］马克斯·韦伯：《新教伦理与资本主义精神》，于晓、陈维纲等译，生活·读书·新知三联书店 1987 年版。

21. ［德］韦伯：《中国的宗教》，简惠美译，远流出版公司 1989 年版。

22. ［德］马克斯·韦伯：《社会科学方法论》，韩永法、莫茜译，中央编译出版社 2008 年版。

23. ［德］京特·雅科布斯：《规范·人格体·社会——法哲学前思》，冯军译，法律出版社 2001 年版。

24. ［德］阿图尔·考夫曼：《后现代法哲学——告别演讲》，米健译，法律出版社 2000 年版。

25. ［德］尤尔根·哈贝马斯：《在事实与规范之间——关于法律和民主法治国的商谈理论》，童世骏译，三联书店 2003 年版。

26. ［德］尤尔根·哈贝马斯：《交往行为理论》，曹卫东译，世纪出版集团、上海人民出版社 2004 年版。

27. ［日］小野清一郎：《犯罪构成要件理论》，王泰译，中国人民公安大学出版社 2004 年版。

28. ［日］泷川幸辰：《犯罪论序说》，王泰译，法律出版社 2005 年版。

29. ［日］曾根威彦：《刑法学基础》，黎宏译，法律出版社 2005 年版。

30. ［日］大塚仁：《刑法概说（总论）》，冯军译，中国人民大学出版社 2003 年版。

31. ［日］大塚仁：《刑法概说（各论）》，冯军译，中国人民大学出版社 2003 年版。

32. ［日］大塚仁：《犯罪论的基本问题》，冯军译，中国政法大学出版社 1993 年版。

33. ［日］西田典之：《日本刑法总论》，刘明祥、王昭武译，中国人民大学出版社 2007 年版。

34. ［日］西原春夫：《刑法的根基与哲学》，顾肖荣等译，法律出版社 2004 年版。

35. ［日］西原春夫：《刑法·儒学与亚洲和平——西原春夫教授在华演讲集》，山东大学出版社 2008 年版。

36. ［日］川岛武宜：《现代化与法》，申政武等译，中国政法大学出版社 2004 年版。

37. ［日］野村稔：《刑法总论》，全理其、何力译，法律出版社 2001 年版。

38. ［日］川端博：《刑法总论二十五讲》，余振华译，中国政法大学出版社 2003 年版。

39. ［日］大木雅夫：《东西方的法观念比较》，华夏、战宪斌译，北京大学出版社 2004 年版。

40. ［日］大木雅夫：《比较法》，范愉译，法律出版社 2006 年版。

41. ［日］棚濑孝雄：《现代日本的法和秩序》，易平译，中国政法大学出版社 2002 年版。

42. ［日］六本佳平：《日本法与日本社会》，刘银良译，中国政法大学出版社 2006 年版。

43. ［意］贝卡里亚：《论犯罪与刑罚》，黄风译，中国大百科全书出版社 1993 年版。

44. ［意］加罗法洛：《犯罪学》，耿伟等译，中国大百科全书出版社 1996 年版。

45. ［意］菲利：《实证派犯罪学》，郭建安译，中国政法大学出版社 1987 年版。

46. ［意］杜里奥·帕多瓦尼：《意大利刑法学原理》（注评版），陈忠林译评，中国人民大学出版社 2004 年版。

47. ［意］D. 奈尔肯编：《比较法律文化论》，高鸿钧、沈明等译，清华大学出版社 2003 年版。

48. ［苏］A. H. 特拉伊宁：《犯罪构成的一般学说》，王作富等译，中国人民大学出版社 1958 年版。

49. ［苏］涅尔谢相茨：《古希腊政治学说》，蔡拓译，商务印书馆 1991 年版。

50. ［苏］B. M. 契柯瓦则主编：《苏维埃刑法总则》（下册），中国人民大学刑法教研室译，中国人民大学出版社 1955 年版。

51. ［俄］孟沙金等撰：《苏联刑法总论》（上册），彭仲文译，大东书局 1950 年版。

52. ［苏］安·杨·维辛斯基：《苏维埃法律上的诉讼证据理论》，王之相译，法律出版社1957年版。

53. ［俄］H.Φ.库兹涅佐娃、И.M.佳日科娃主编：《俄罗斯刑法教程（总论）》（上卷·犯罪论），黄道秀译，中国法制出版社2002年版。

54. ［法］孟德斯鸠：《论法的精神》，张雁深译，商务印书馆2006年版。

55. ［法］卡斯东·斯特法尼等：《法国刑法总论精义》，罗结珍译，中国政法大学出版社1998年版。

56. ［法］让·雅克·卢梭：《社会契约论》，徐强译，九州出版社2007年版。

57. ［法］基佐：《法国文明史》（第1卷），沅芷、伊信译，商务印书馆1993年版。

58. ［法］米海依尔·戴尔玛斯-马蒂：《世界法的三个挑战》，罗结珍等译，法律出版社2001年版。

59. ［比利时］R.C.范·卡内冈：《英国普通法的诞生》，李红海译，中国政法大学出版社2003年版。

60. ［比利时］普里戈金等：《从混沌到有序》，曾庆宏、沈小峰译，上海译文出版社1987年版。

61. ［韩］李在祥：《韩国刑法总论》，［韩］韩相敦译，中国人民大学出版社2005年版。

62. ［美］梯利著，伍德增补：《西方哲学史》，葛力译，商务印书馆1995年版。

63. ［美］乔纳森·弗里德曼：《文化认同与全球性过程》，郭建如译，商务印书馆2003年版。

64. ［美］格伦顿、戈登、奥萨魁：《比较法律传统》，米健等译，中国政法大学出版社1993年版。

65. ［美］哈罗德·J.伯尔曼：《法律与革命——西方法律传统的形成》，贺卫方等译，中国大百科全书出版社1993年版。

66. ［美］孟罗·斯密：《欧陆法律发达史》，姚梅镇译，中国政法大学出版社2003年版。

67. ［美］约翰·亨利·梅特曼：《大陆法系》（第2版），顾培东、禄正平译，法律出版社2004年版。

68. ［美］莫里斯：《法律发达史》，王学文译，中国政法大学出版社2003年版。

69. ［美］劳伦斯·M.弗里德曼：《美国法律史》，苏彦新等译，中国社会科学出版社2007年版。

70. ［美］伯纳德·施瓦茨：《美国法律史》，王军等译，法律出版社2007年版。

71. ［美］约翰·V.奥尔特：《正当法律程序简史》，杨明成、陈霜玲译，商务印书馆2006年版。

72. ［美］乔治·P.弗莱彻：《刑法的基本概念》，蔡爱惠等译，中国政法大学出版社2004年版。

73. ［美］詹姆斯·安修：《美国宪法判例与解释》，黎建飞译，中国政法大学出版社 1999 年版。

74. ［美］乔治·弗莱彻：《反思刑法》，邓子滨译，华夏出版社 2008 年版。

75. ［美］P. S. 阿蒂亚、R. S. 萨默斯：《英美法中的形式与实质——法律推理、法律理论和法律制度的比较研究》，金敏、陈林林、王笑红译，中国政法大学出版社 2005 年版。

76. ［美］盖多·卡拉布雷西：《制定法时代的普通法》，周林刚等译，北京大学出版社 2006 年版。

77. ［美］William Burnham：《英美法导论》，林利芝译，中国政法大学出版社 2003 年版。

78. ［美］德沃金：《法律帝国》，李常青译，中国大百科全书出版社 1996 年版。

79. ［美］道格拉斯·N. 胡萨克：《刑法哲学》，谢望原等译，中国人民公安大学出版社 2004 年版。

80. ［美］D. 布迪、C. 莫里斯：《中华帝国的法律》，朱勇译，江苏人民出版社 2004 年版。

81. ［美］罗斯科·庞德：《法律史解释》，曹玉堂、杨知译，华夏出版社 1989 年版。

82. ［美］博登海默：《法理学——法哲学及其方法》，邓正来、姬敬武译，华夏出版社 1987 年版。

83. ［美］艾德华·H. 列维：《法律推理引论》，庄重译，中国政法大学出版社 2002 年版。

84. ［美］丹尼斯·M. 帕特森：《法律与真理》，陈锐译，中国法制出版社 2007 年版。

85. ［美］爱伦·豪切斯泰勒·斯黛丽、南希·弗兰克：《美国刑事法院诉讼程序》，陈卫东、徐美君译，中国人民大学出版社 2002 年版。

86. ［美］保罗·H. 罗宾逊：《刑法的结构与功能》，何秉松、王桂萍译，中国民主法制出版社 2005 年版。

87. ［美］成中英：《中国文化的现代化与世界化》，中国和平出版社 1988 年版。

88. ［美］王国斌：《转变的中国：历史变迁与欧洲经验的局限》，李伯重、连玲玲译，江苏人民出版社 1998 年版。

89. ［美］成中英：《论中西哲学精神》，东方出版中心 1991 年版。

90. ［美］列奥、施特劳斯、约瑟夫·克罗波西主编：《政治哲学史》，李天然等译，河北人民出版社 1998 年版。

91. ［美］约翰·罗尔斯：《作为公平的正义——正义新论》，姚大志译，上海三联书店 2002 年版。

92. ［美］P. 诺内特、P. 塞尔兹尼克：《转变中的法律与社会：迈向回应型法》，张志铭译，中国政法大学出版社 2004 年版。

93. ［美］牟复礼：《中国思想之渊源》，王立刚译，北京大学出版社 2009 年版。

94. ［美］E. 希尔斯：《论传统》，傅铿、吕乐译，上海人民出版社 1991 年版。

95. ［英］马林若夫斯基:《原始社会的犯罪与习俗》,原江译,云南人民出版社 2002 年版。

96. ［英］约翰·哈德森:《英国普通法的形成——从诺曼征服到大宪章时期英格兰的法律与社会》,刘四新译,商务印书馆 2006 年版。

97. ［英］S. F. C. 密尔松:《普通法的历史基础》,李显冬等译,中国大百科全书出版社 1999 年版。

98. ［英］鲁珀特·克罗斯、菲利普·A. 琼斯:《英国刑法导论》,赵秉志等译,中国人民大学出版社 1991 年版。

99. ［英］伯兰特·罗素:《西方哲学史》,何兆武、李约瑟译,商务印书馆 2006 年版。

100. ［英］丹尼斯·罗伊德:《法律的理念》,张茂柏译,新星出版社 2005 年版。

101. ［英］哈特:《法律的概念》,张文显等译,中国大百科全书出版社 1996 年版。

102. ［英］弗里德利希·冯·哈耶克:《法律、立法与自由》(全三卷),邓正来等译,中国大百科全书出版社 2000 年版。

103. ［英］哈特:《法律的概念》,张文显等译,中国大百科全书出版社 1996 年版。

104. ［英］麦考密克、［奥］魏因贝格尔:《制度法论》,周叶谦译,中国政法大学出版社 1994 年版。

105. ［英］斯蒂芬·F. 梅森:《自然科学史》,周熙良等译,上海译文出版社 1980 年版。

106. ［英］J·W. 塞西尔·特纳:《肯尼刑法原理》,王国庆、李启家等译,华夏出版社 1989 年版。

107. ［爱尔兰］J·M. 凯利:《西方法律思想简史》,王笑红译,法律出版社 2005 年版。

108. ［古希腊］柏拉图:《理想国》,郭斌和、张竹明译,商务印书馆 1986 年版。

109. ［古希腊］亚里士多德:《政治学》,吴寿彭译,商务印书馆 1983 年版。

110. ［奥］路德维希·冯·贝塔朗菲:《生命问题——现代生物学思想评价》,吴晓江译,商务印书馆 1999 年版。

111. Hansjulius Wolff, *Roman Law, A Historical Introduction*, University of Oklahoma Press, Noman, 1951.

112. Harding Alan, *A Social History of English Law*, Penguin, 1966.

113. William Holdsworth, *A History of English Law*, Vol. II, Methuen & Co Ltd, 1982.

114. Derek Roebuck, *The Background of the Common Law*, Oxford University Press, 1990.

115. Faith Thyompson, Magna Carta: Its Role in the Making of the English Constitution 1300-1629.

116. University of Mineapolis Press, Mineapolis, Minnesota, 1948.

117. James Stephen, A History of the Criminal Law of England, Vol. I, Macmillan and Co., 1883.

118. such manuals as R. Burn, Justice of the peace and Parish Officer (1st edn., 1755).

119. James Stephen, A History of the Criminal Law of England, Vol. II, Macmillan and Co..

120. Lawrence M. Friedman, A History of American Law, 2nd ed., Simon & Schuster, Inc, 1985.

121. Kepner v. United States, 195 U. S 100 （1904）; United States, v. Oppenheimer., 242 U. S 85 （1916）.

122. Idaho-Title 18, *Criminal Code*, *State Criminal Codes*, *U. S. Law*, Regulations & Agencies, http://www. hg. org/crime. html.

123. D. D. Raphael, *Justice and Liberty*, Athloner Press, 1980.

124. Eugen Ehrich, *Fundamental Principles of the Sociology of Law selected from The Grest Leagal Philosophers*, University of Pennsylvania Press, 1958.

（二）论文

1. ［日］山中敬一：“刑法中犯罪论的现代意义”，武汉大学法学院讲演，2009 年 5 月。

2. ［苏］T. B. 采列捷里、B. F. 马卡什维里：“犯罪构成是刑事责任的基础”，载中国人民大学刑法教研室编译：《苏维埃刑法论文选集》（第 1 辑），中国人民大学出版社 1955 年版。

3. ［苏］A. H. 特拉伊宁：“犯罪的实质定义与《苏俄刑法典》第 6 条附则和第 8 条”，载中国人民大学刑法教研室编译：《苏维埃刑法论文选集》（第 3 辑），中国人民大学出版社 1957 年版。

4. ［苏］A. 皮昂特科夫斯基：“资产阶级刑法中的犯罪构成”，载北京政法学院刑法教研室编：《外国刑法研究资料》，1982 年。

5. ［苏］A. A. 毕昂特科夫斯基：“社会主义法制的巩固与犯罪构成学说的基本问题”，载中国人民大学刑法教研室编译：《苏维埃刑法论文选集》（第 1 辑），中国人民大学出版社 1955 年版。

6. ［苏］A. H. 特拉伊宁：“正确理解犯罪构成的因素是巩固社会主义法制的必要条件”，载中国人民大学刑法教研室编译：《苏维埃刑法论文选集》（第 1 辑），中国人民大学出版社 1955 年版。

7. ［美］成中英：“从本体诠释学看中西文化异同”，载《中外文化比较研究——中国文化书院讲演录第二集》，生活·读书·新知三联书店 1988 年版。

8. R. E. Cushman, "Due process of Law", *Encyclopedia of the Social Sciences*, Vol. V.

9. Wise, "The Doctrine of Stare Decisis", *21 Wayne L. Rev.* 1043, 1046-1047 （1975）.

10. John Rawls, "Legal Obligation and the Duty of Fair Play", *Collected Papers*.

11. Herbert L. Packer, "Two Models of the Criminal Process", *University of Pennsylvania Law Review* 1 （1964）.

后 记
Postscript

　　本书是在我的博士论文《犯罪构成本原论及其本土化研究——立足于文化视角所展开的比较与诠释》（中国人民公安大学出版社 2010 年版）的基础上，经过较大篇幅增补、删减和修改而成的。博士论文写作时，由于才疏学浅，留下了不少遗憾之处，如对犯罪构成论体系的研究缺少逻辑分析等。不料重拾初心，蓦然回首已隔十年，可谓弹指一挥间。然往事历历在目，历久弥新。恩师莫洪宪教授谆谆教诲、循循善诱的舐犊之情，犹如昨日。

　　十年间，我经历了不少变故，尤以工作为甚。每一次工作变动，都伴随留恋与无奈，唯对往事和故友的怀念，随时光流逝而日盛。从读博期间的工作单位佛山科学技术学院，到坐落在烟雨江南的杰出代表城市苏州的苏州大学，再到上海政法学院，其中甘苦唯有自知。我在佛山科学技术学院度过了非常难忘的十年，善良可爱的同事、无与伦比的美食、简单清逸的人情，还有 8 年的律师生涯，无不在我心中刻下深刻印记。后来，也许出于对学术研究的热爱和追求，我来到苏州大学工作。苏州是座梦幻般的城市，有保存完好的姑苏古城，有名满天下的园林古镇，有古韵悠长的人文底蕴。在王健法学院工作期间，我没有再做兼职律师，于是有更多的时间徜徉在古色古香的王健法学楼里，有更多的机会向才华横溢的师友同事们学习。在苏州，我有了可爱的女儿，她是上天赏赐给我的礼物。因为女儿缘故，我格外感念苏州！儿子上高中以后，我又调到上海政法学院工作。在上政工作期间，校领导对我的礼遇，同事们对我的接纳，让我常怀感恩之心与感激之情，唯恪尽职守、勤勉工作以回报。

　　十年来，我先后完成了《犯罪构成：从二元论体系到一元论体系》（《法制与社会发展》2012 年第 6 期）、《犯罪论体系的维度》（《现代法学》2013年第 1 期）、《犯罪客体：曲解、质疑与理性解读——兼论正当事由的体系性定位》（《法律科学（西北政法大学学报）》2014 年第 1 期）、《犯罪构成论体系的逻辑构造》(《法制与社会发展》2014 年第 4 期) 以及《犯罪的价值判断与行为的归罪模式》(《法学》2016 年第 8 期) 等论文，完全可以在这些研究成果的基础上弥补博士论文写作时留下的遗憾。但是，由于各种原因，一直没有时间静下心来了却初心。如今，终于将上述研究成果纳入本书内容，使其结构、层次更为完整、充实，心中顿时释然。此次增补、删减和修改，所涉原著前五章内容者不多。第六章"犯罪构成逻辑论"属于新增内容，第七章乃在原著第六章基础上经过大幅增减、修改而成。如此增补和修改，谓之"伤筋动骨"亦不为过。

本书之所以更名，缘起我在博士论文答辩时的一段趣事。事情经过与场景大致如下：时任答辩委员会主席的中南财经政法大学齐文远教授温和而又严肃地问我：为何取名"本原论"，有什么特别意义吗？言外之意，"本原"者少见寡用，何以谓之"本原"，是否有特别考究。说实话，我当时也不知道"本原"究竟指什么，对"本原"与书中"本体"之别，亦说不清楚。但问题还是要回答的。故而答曰：因为书中有本体论、认识论、方法论等内容，感觉上以"本原论"方可概括之，故谓"犯罪构成本原论"，虽自觉不妥，然一时无更好表述，不知齐老师是否有更合适"用语"，当求之不得。当时齐老师笑言："我没有"。该问题遂搪塞过去。彼时同为答辩委员会成员的吴振兴教授还曲径通幽地表扬我，大意是说："有时候论文答辩并非简单地对错或者自圆其说，技巧也很重要。"现在想来，承蒙吴老师谬赞，也感谢齐老师的谦虚与宽容，遂使我的狡辩得逞。当时的答非所问，实乃不得已为之。不过，齐老师一针见血的拷问，确实点出了论文题目不精当之憾，并一直存留心中。

将书名冠以"犯罪构成的经验与逻辑"，可谓了却曾经的遗憾。其益处有三：一是可大致消除题目与内容之不契合。无论是法源论、本体论、方法论、认识论还是模式论，旨在揭示犯罪构成理论的客观发展规律，谓之经验并无不妥。逻辑者，思维规律也。由于本书内容基本上围绕不同犯罪构成理论的客观发展规律及其思维规律展开，谓其名曰"犯罪构成的经验与逻辑"，亦在情理之中。二是此番对原著内容进行的大幅增补、删减和修改，主要表现在书中最为核心的后两章上，可以称得上对原著进行了实质性完善，冠以别名以示区分是必要的。三是免受构建新的犯罪论体系之苦。书名若为"犯罪构成本原论及其本土化研究"，因为突出本土化研究，难免会让人期待究竟要构建何种本土化的犯罪论体系。以"犯罪构成的经验与逻辑"替代之，则强调犯罪论体系构建的经验与逻辑，不在意构建何种本土化的犯罪论体系。如此一来，就避免了需要构建本土化犯罪论体系之苦。事实上，我撰写本书的目的和初衷，也不是为了构建新的犯罪论体系。

彭文华

2020 年 6 月于上海佘山之畔